VENTURE
CAPITALIST

ベンチャー・キャピタリスト

世界を動かす最強の「キングメーカー」たち

後藤直義
フィル・ウィックハム
Sozo Ventures＝監修

NEWS PICKS
PUBLISHING

はじめに
イノベーションの「最後尾」に私たちはいるのか

いつも、自分がイノベーションの「最後尾」にいると感じながら仕事をしてきた。日本という豊かな国で暮らし、新しいビジネスやテクノロジーを追いかける経済記者を生業にしながらも、新たにゼロからイチが生まれてくる現場から、はるか遠くに突き放されてゆく気持ちで一杯だった。

なぜこうも、日本から新しいものが生まれないのかという疑問を解消したかった。

そこで私は、古くはアップルやグーグルといった会社に始まり、半世紀にわたって最も成長してきたスタートアップたちにお金を投資する、ベンチャーキャピタルの世界を解き明かすことにした。玉石混交のスタートアップの中から、未来を創るようなインパクトある起業家を掘り起こして、リスクマネーを供給する。

特にシリコンバレーに密集して存在する彼らこそ、ゼロからイチが生まれる現場の、最高の目撃者たちでもあるからだ。

その衝撃を強烈に味わったのは、2017年5月のことだった。

筆者（後藤）は中国浙江省にある烏鎮《ウーチン》と呼ばれる町に、取材のために訪れていた。そこでは囲碁プレイヤーとして世界1位の座にランクインしていた柯潔《カ・ジエ》と、グーグルが買収した人工知能スタートアップ、ディープマインド（DeepMind）のつくった囲碁プログラムとの対決が待っていた。

多くの人が結果を知ってのとおり、世界ナンバーワンの囲碁プレイヤーであった柯潔は、ディープマインドがつくったプログラム「アルファ碁（AlphaGo）」との3番勝負において、あっけなくストレート負けした。こうした勝負の舞台裏は、すでにドキュメンタリー映画になって公開されているので、誰もが詳細を知ることができる。

この現場で私が最も印象を深くもったのは、この舞台にたった両雄の表情の差だった。まだ19歳だった天才囲碁プレイヤーは、呆然としたような表情を浮かべ、最後にはうなだれて涙をこぼした。

一方で、ディープマインドの創業者であるデミス・ハサビスは、この勝利をもともと確信していたような表情をしていた。三連勝をした後のスピーチでは、微笑んでこの戦いの意義を語ったが、もはや彼の頭の中は次のターゲットに移っているかのように見えた。


私がここで語りたいのは、人工知能のすごさではない。

このディープマインドというスタートアップがもたらすインパクトを、いち早く理解していたのは果たして誰だったのかという謎解きだ。

それは2014年に、ディープマインドを6.5億ドル（約687億円）で電撃買収したグーグルなのだろうか。それとも同年、ディープマインドによる研究論文を雑誌のカバーとして紹介した、名門のサイエンス誌「ネイチャー（Nature）」の編集者たちなのだろうか。

私が知っている答えはさらに4年さかのぼる。

それは米国のサンフランシスコ市にある、**小さなオフィスに入っているスタートアップ投資会社、**

つまりベンチャーキャピタル（VC）だ。

ゴールデンゲートブリッジという有名な橋のすぐそばにあるこの建物は、ペイパル（PayPal）共同創業者としても知られるピーター・ティールが率いるVC、ファウンダーズ・ファンド（Founders Fund）の本拠地になっている。

２０１０年8月16日の月曜日、ディープマインドが創業する1カ月前のこと。ファウンダーズ・ファンドのオフィスにやってきたのは、新しいスタートアップをつくろうと考えていたハサビスだった。

彼はまだ売上高もない、ビジネスの計画もない新会社のアイデアについて、ピーター・ティールと初めて意見交換のミーティングを行っている。ハサビスは世界的なチェスプレイヤーでもあり、自らのチェスについての分析を披露して、同じくチェスの名手であるピーターの気を引いたという。

一方のピーター・ティールはさらにその1年前から、当時まったく注目されていなかったニューラルネットワークというＡＩの学習モデルが、ある研究者たちのコミュニティで密かに話題になっていることを突き止めていた。そしてファウンダーズ・ファンドの担当者の一人に、このニッチ分野におけるトップ研究者や、彼らが関わっている学会、そしてスタートアップなどを訪ね歩いては、徹底的に調査するよう命じ、ハサビスを呼び寄せたのだった。

「なぜ、あなたがたはこの分野にそんなにくわしいのか」

このミーティングに参加した人物によれば、トップレベルの科学者でもあったハサビスらは、投げかけられる質問内容のマニアックさに驚愕したという。大学では哲学と法学を専攻しており、もともと理系ですらないピーター・ティールとその投資チームは、この分野における主たる研究論文なども精査済みだった。

そして、逆にいくつか助言をして返したという。

「あなたには今後10年間におよぶ研究計画しかありませんね。なにか一つでも、このＡＩを使ってビジネスになりそうなテーマを絞ったほうがいい」

このときのアドバイスに従って、ディープマインドはＡＩの活用先としてビデオゲームという分野を選んだ。それが7年後、アルファ碁となって「古代からのボードゲーム」である囲碁を呑み込んだのだった。

そして最初の投資家の一人となったピーター・ティールと、彼が率いるＶＣのファウンダーズ・ファンドは、２０１４年にグーグルがディープマインドを買収すると、約1億６０００万ドル（約１６９億円）というリターンをゆうゆうと手にした。

詳細は第3章のピーター・ティール氏へのインタビューでも書き記すが、このオフィスで働いていた投資家は、本人を含めてたった7人だった（P82）。

この極小の投資チームは、この他にも宇宙分野の最先端をゆくスペースＸ（SpaceX）から、金融業界のグーグルと呼ばれるフィンテックベンチャーのストライプ（Stripe）、ＣＩＡなどがテロ対策にも使っているビッグデータ解析ベンチャーのパランティア（Palantir）が無名のころに投資を行った、その大株主でもある。

星の数ほどあるスタートアップから、ゲームチェンジャーとなりうる特別な会社を見つけてくる。そして世界を上書きするための資本を注いで、急激な成長に導くさまは、まさにキングメーカーという名にふさわしい。

しかし次の時代を形づくるスタートアップをどのように探し、育てているのか、その泥臭いプロセスは普段は分厚いベールに包まれている。

「私たちが、これだけ徹底した調査プロセスを行っているなどと、口外することはありません。ただカリスマ投資家のピーター・ティールがいるから成功するんだと説明するほうが、よっぽど簡単ですから」

かつてファウンダーズ・ファンドで活躍した人物は、根掘り葉掘りそのメソッドを聞き出そうとする筆者に、そう告げると電話を切った。

勝者は決してしゃべらない

「本物の投資家たちは、口を閉ざしてしゃべらないんですよ」

シリコンバレーにある小さなオフィスのワンフロアで、Sozo Ventures共同創業者である中村幸一郎氏は、ベンチャーキャピタル業界の「暗黙のルール」をゼロから教えてくれた。

中村氏は、日本人で初めて米『フォーブス（Forbes）』誌が毎年選考している世界最高の投資家リスト「The Midas List」の2021年版にランクインした人物だ。Sozo Venturesについては、2章でその実績を紹介する。

ベンチャーキャピタルは米国だけで8000社以上あり、シリコンバレーでも2500社をゆうに超える。しかし世界をガラリと変えるような強烈なスタートアップたちを見つけ出し、彼らを成功させて、そのリターンの大部分を手にしているのは、上位1%ほどの極めてわずかなVCたちなのだ。

なぜ彼らは、黙して多くを語らないのか。それはベンチャーキャピタルが、ほとんど情報開示をする義務がない、未上場の世界をターゲットにしているからだ。

スタートアップは、売上高も成長率も開示しない。そこに投資するVCたちも、どのくらいの利益や損失を出したのか明らかにしない。もしネット上に情報があるとすれば、その多くはマーケティング上の理由から開示されたものだ。だから、いつだって誇大広告やハッタリがまかりとおる。

驚くべきことに、未だにまともなホームページすら開いていないVCもある。例えばツイッターやスナップチャット、ウーバー、ディスコードといった世界的なスタートアップたちに、創業期から投資してきた名門VCのベンチマーク（Benchmark）のウェブサイトには、オフィスの所在地がぶっきらぼうに書かれているだけだ。連絡用のメールアドレスすら、そこにはない。そのメッセージは「一見《いちげん》さんお断り」といったところだ。

より肝心なポイントは、ベンチャーキャピタル産業では、投資をするファンド全体のうち65%近くが「失敗」に終わるということかもしれない。

本書の7章でその仕組みを解き明かすが、10年間というスタートアップ投資の運用期間を終えたときに、その資金を目標どおり2～3倍に増やせるVCというのは、とても限られているのだ。そして**実はトップ1%のファンドが、この業界から生み出される利益の多くを独占している。**

ならばそのトップ1%の投資家たち、つまりは現代のキングメーカーたちをリストアップして、未来を見つける方法を聞いて回りたい――。そんな無謀ともいえる提案に、Sozo Venturesが全面協力してくれることになった。彼らはアメリカ全土と主要国に張り巡らせたVCネットワークを築いており、一つまた一つと、分厚いベールの裏側にいる人たちへのインタビューを実現させていった。

取材を重ねてゆくとトップレベルのVCは、一見まったく異なる戦略によって、革新的なスタートアップを掘り起こしているようだった。人工知能やライフサイエンス、金融、気候変動などの専門分野に特化したVC。中国や北欧、南米、インドなど特定地域にいち早く目をつけたVC、または黒人や女性などマイノリティな起業家の可能性に絞っているVCもある。

しかしすべてに共通するのは、独自の仮説によって勝ちパターンを見出すという「再現性」へのこだわりだ。だからこそ彼らは、世界を動かすようなスタートアップをまぐれ当たりではなく、計算されたリスクによって世に送り出す。

未来を創るようなアイデアへの投資が、きちんと利益を生み出して、さらなるお金を呼びこむ強固なサイクルをつくれるのか。それぞれのVCは、その点を厳しく検証しつづけている。そうした意味ではアートのように見える投資にも、とても泥臭い仕事が大量に隠れているのだ。

「ベンチャーキャピタルの本当の姿は、白鳥の水かきみたいなもんですよ」。Sozo Venturesによれば、優雅に見えるそのイメージとは裏腹に、水面下では必死で足をバタバタさせている。

もちろん一流であれば、そのバタつきを他人に見せることはない。しかし、それこそこの本で解き明かしてゆくエッセンスであり、どの国より地道な努力が得意であった日本へのメッセージだ。

今日よりも、はるかに進歩した明日を信じてビジネスを生み出す、この「やり方」を私たちはもっと徹底的に研究しなければならないのは明白だからだ。

新時代は発明家と資本家《キャピタリスト》がつくっている

実は日本にも、ベンチャーキャピタルが世界へ与えるインパクトの大きさを理解し、みずから最前線で奮闘している経営者がいる。それが、10兆円ファンドを率いるソフトバンクグループの孫正義会長兼CEOだ。

「ソフトバンクグループは、情報革命の資本家《キャピタリスト》である」

孫によれば、**世界はいつも「発明家（起業家）」と「資本家（投資家）」の二つによって進化を遂げてきたという。**19世紀の産業革命の時代にあっては、蒸気機関を発明したジェームズ・ワットと、そこに資本を投じたロスチャイルド家がいた。

21世紀においては、スティーブ・ジョブズやビル・ゲイツ、ジェフ・ベゾスのような発明家に対して、ベンチャーキャピタルのお金が注がれたことで、世界は大きく塗り替えられた。そしてソフトバンクグループは、AI分野に特化をした巨大なベンチャーキャピタルであると語っている。

そのメッセージを筆者なりに解釈すれば、孫正義はグーグルやフェイスブックのような発明はできなかったけれども、次の時代の覇者となるようなスタートアップたちに巨額の資本を提供し、新しい時代を創るキングメーカーを目指すということだ。

しかし多くの日本人のビジネスパーソンにとっては、これまでベンチャーキャピタルは縁のない世界だったはずだ。日本経済は伝統的な大企業のプレゼンスがとても強く、スタートアップという

世界的企業は、VC投資から生まれる

［図表1］世界時価総額ランキングトップ10

平成元年

順位	企業名	時価総額
1	NTT	22.5兆円
2	日本興業銀行	9.8
3	住友銀行	9.5
4	富士銀行	9.2
5	第一勧業銀行	9.1
6	IBM	8.9
7	三菱銀行	8.1
8	エクソン	7.5
9	東京電力	7.5
10	ロイヤル・ダッチ・シェル	7.4

令和元年

順位	企業名	時価総額	
1	アップル	105.1兆円	VC
2	マイクロソフト	103.4	VC
3	アマゾン・ドット・コム	101.2	VC
4	アルファベット	88.4	VC
5	ロイヤル・ダッチ・シェル	58.5	
6	バークシャー・ハサウェイ	56.1	
7	アリババ	52.3	VC
8	テンセント	51.8	VC
9	フェイスブック	47.5	VC
10	JPモルガン・チェース	40.1	

存在は、経済のメインストリームであると認められてこなかった。

しかし冷静になって歴史を見てみると、現在最もベンチャーキャピタル産業について学ばないといけないのは、日本人であることがはっきりとわかる。

図表1は平成元年（1989年）と令和元年（2019年）において、グローバルにおける時価総額トップ10位の会社をリストにしたものだ。平成の30年余りにおける、日本経済の凋落を語るのにたびたび引き合いに出される比較なので、見覚えがある読者も多いだろう。

まだ日本がバブル景気に踊っていた平成元年において、世界のトップ10位にランクインしている企業のうち、7社までが日本企業だった。テクノロジー企業の巨人であったIBMよりも上位につけている。

一方、令和元年のランキングで圧倒的な存在感を示しているのが、マイクロソフト、アップ

ル、アマゾン、アルファベット、テンセント、アリババといった、米国や中国のテクノロジー企業たちだ。

しかし**令和のランキングを、テックジャイアントが席巻した様子ではなく、ベンチャーエコシステムが世界を呑み込んでいる図だと理解すると景色が変わってこないだろうか。トップ10のうち7社が、ベンチャーキャピタルが投資した企業なのだ。**

VCが投資したから、なんだというのか。そう思う人こそ本書を読むべきである。

グーグルやアップルといった企業の急激な成長を舞台裏で支えてきたベンチャーキャピタルという特殊な金融産業の仕組みや、リスクマネー（高いリターンを得るために回収不能になるリスクを負う投資資金）によってどう新産業が築かれたかという綿密な研究は、驚くほどなされていないからだ。

イノベーションを神聖化して、まるでシリコンバレーを魔法のように扱ってきたツケが、いまの経済停滞としてやってきている。

「なぜ日本にはグーグルが生まれないのか」

そういう議論を真顔でする日本人は、グーグルという会社は、米国において12番目につくられた検索エンジンであり、まったくの後発であったことを知らない。初期のグーグルを支援したVCが、名経営者となるエリック・シュミットを連れてきたことも知らない。グーグルに初期投資した名門VCのルーツは、半導体産業にあり、その半導体産業もVCによるリスクマネーで広がったという、発明家と資本家のサイクルの厚みも理解していない。

さらにこの話は、グローバルで現在進行中、いや加速的な変化が訪れているのが図表2を見ればわかるはずだ。

パンデミックで「超加速」するVC投資

［ 図表2 ］グローバルのVC投資金額の推移

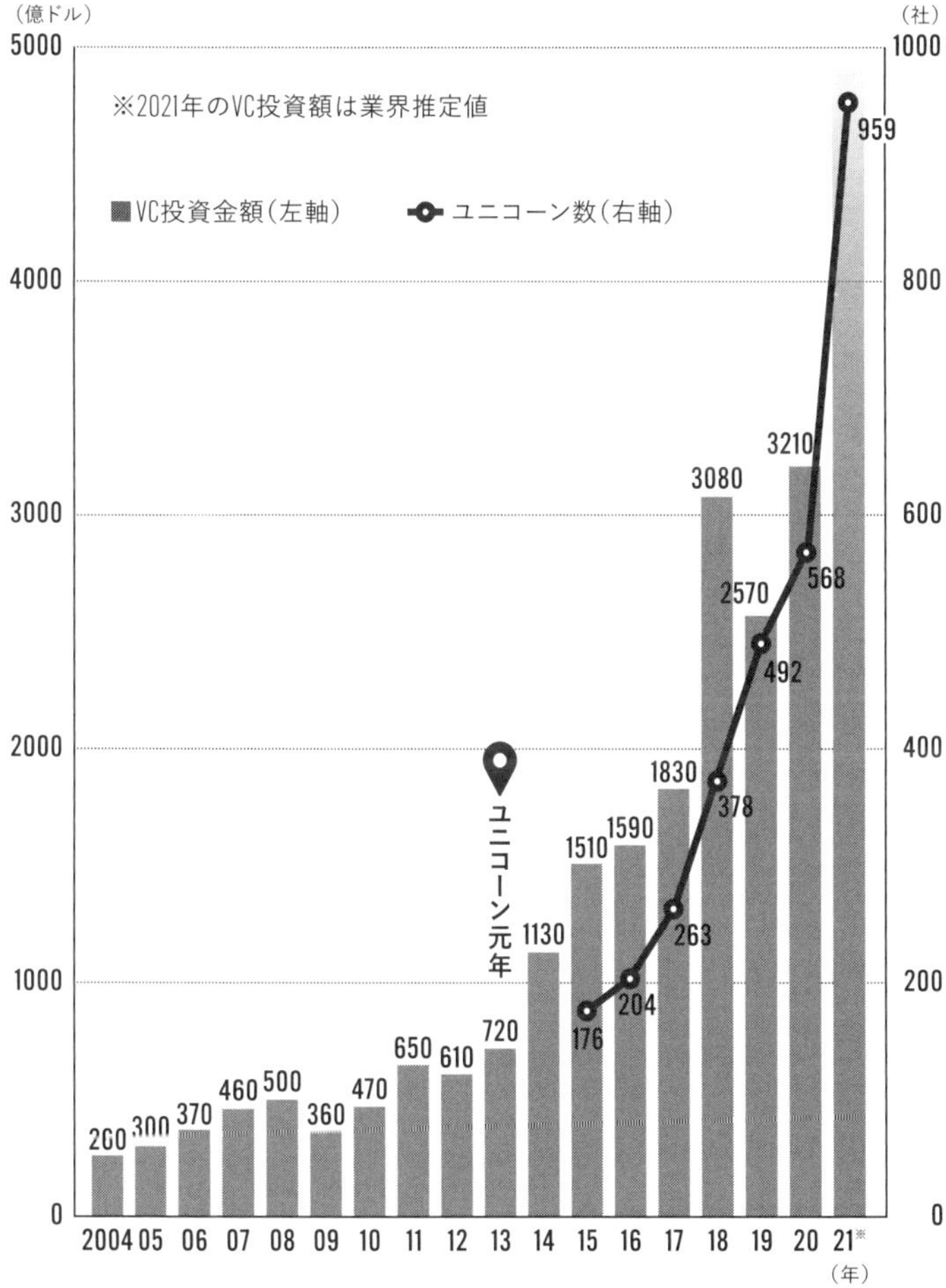

これまで世界中の産業のエンジン役となってきたユニコーン企業（企業価値1000億円以上）は、2015年には176社が存在し、その多くがアメリカのシリコンバレー発のものだった。ところが2021年に入って、**ユニコーンの数は959社にまで激増しており、すでに半数近くがアメリカ以外の国から生まれるようになった。**

日本と同じように保守的な文化だと言われてきた欧州では、この本の5章でも紹介するクランダム（P320）という北欧発のVCが、ヨーロッパ発のグローバルスタートアップをつくるのは無理だという「ガラスの天井」を粉々にした。

そこから欧州でのベンチャー投資額は737億ユーロ（約9.5兆円、2021年9月時点）と過去10年間で10倍に激増し、100社以上のユニコーンが生まれている。

アジアでは、年間で1120億ドル（約12・3兆円）をベンチャー投資する中国だけが震源地ではない。猛追するインドでは通信料金の価格破壊などによって、数年前からスタートアップの「カンブリア爆発」が起きており、またシンガポールやインドネシアでは、その国で最も企業価値の高いトップ企業は巨大化したスタートアップたちだ。

ベンチャーキャピタル産業が拡大するという流れは、世界的なパンデミックでさらに加速している。それは社会の変化を受けて、新しい産業とイノベーションをつくるためのVCという仕組みが、もはやビジネスの必須教養となった瞬間だった。

そして世界第3位の経済大国のポジションにある日本は、まだこの仕組みを上手に活用することができていない。それを深く伝えてくれるメディアもない。

言い換えれば、このベンチャーキャピタルの謎解きをすることで、日本のビジネスパーソンが持っている眠れるポテンシャルを引き出すチャンスがあるということだ。

そんなこと、できるはずがない——。そう思った読者に伝えたいことがある。それは冒頭のピーター・ティールが率いるトップVC、ファウンダーズ・ファンドの投資家たちが、新しい世界をつくりながら何を感じているかという証言だ。

「正直に言って、僕らもいつだって情報量に圧倒されていた。あまりにも多くのことが起きているため、すぐにでも呑み込まれそうだった。だからこそ優秀なチームに相談する。だからピーター・ティールも、世の中で最も大切だと考える仮説だけを追いかけているんだ」

世界を左右するようなキングメーカーたちも、明日の世界をつくるものは何か、そこでどのようなインパクトが生めるのか、必死になって知恵を絞っている。だからこの本を通して、未来をどうやって創っていけるのか、日本の読者と一緒に考えてゆきたいのだ。

CONTENTS

1章 ベンチャーキャピタルが世界を喰っている

2章

進化し続けるVCの秘密

3章

シリコンバレーのキングメーカーたち

Founders Fund
Benchmark
Emergence Capital
Accel
QED
Ribbit Capital
Venrock
ARCH Venture Partners
Kleiner Perkins

4章 異能のディスラプターたち

SoftBank Vision Fund
Flagship Pioneering
Pear
Floodgate
Tribe Capital
Clearco
First Round Capital

5章 世界各地の覇者たち

Creandum
Seedcamp
GGV Capital
Blume Ventures
Asia Partners
East Ventures
Kaszek
Flying Doctors Healthcare Investment
Oui Capital
Endeavor Catalyst

6章

新産業をつくる革新者たち

DBL Partners
Breakthrough Energy Ventures
IndieBio
Backstage Capital
MaC Venture Capital

7章

ベンチャーキャピタルの「不都合な真実」

おわりに

COLUMN

1章

ベンチャーキャピタルが世界を喰っている

モデルナワクチンを生み出したベンチャーキャピタルの舞台裏

新型コロナウイルスが世界を覆い尽くした2020年以降、この未知なるウイルスによって社会のあらゆる機能が停止状態に追い込まれて、人々のライフスタイルや働き方は一変してしまい、いまなお増え続けている死者は560万人を超えている。

そんな未曾有のパンデミックと戦うためのワクチンを驚異的な速さで生み出したのが、名もなきスタートアップであるモデルナ（Moderna）だったことは記憶に新しい。

彼らはウイルスの遺伝子データを入手してから、わずか2日間でワクチンの設計図をつくり上げてしまい、42日間で臨床試験に使うための「一本目」を完成させた。

「mRNA（メッセンジャーRNA）は、私たちのカラダをワクチン工場にしてしまう。いま私がもっとも、ワクワクしているアプローチだ」と、パンデミックを長らく警告していたビル・ゲイツも、そのポテンシャルの高さを公言してはばからなかった。

創業から10年間、まだ商業化した製品すらもっていなかったモデルナが、極めて効果の高いワクチンを生み出したことがわかると世界は沸き返った。日本でも大々的に報じられたが、そのワクチンのつくり方は革命的だった。

mRNAという遺伝情報物質を体に入れることによって、人間の体そのものにクスリをつくらせるというプロセスは、まるでサイエンスフィクションが現実の世界にやってきたかのようで衝撃を受けた人も多かったようだ。今後はガン治療や心疾患などへの応用も期待されており、その時価総額は10兆円の壁をあっさり超えていった。

しかし、このモデルナという稀代のイノベーターがどのようにつくられたか、知っている日本人はほとんどいないはずだ。まず答えから明かすと、**この会社はあるベンチャーキャピタルが、科学者、経営者、お金という3つの要素を、システマティックに集めて〝合成〟した会社なのだ。**

「5年前、僕たちが挑んでいるアイデアを信じている人たちなんていませんでしたよ。それどころか、ワクチンを完成させたと発表してからも、多くの人は疑っていたんじゃないでしょうか」

そう語るのは、フラッグシップ・パイオニアリング（Flagship Pioneering）という、ライフサイエンスの世界において革新的なスタートアップを次々と生んでいるトップＶＣの創業者、ヌバール・アフェヤンだ。

このＶＣはまるでスタートアップ工場のように、一つまたひとつと、社内で実験的なスタートアップを立ち上げている。過去に１００社以上ものスタートアップを社内で設立しており、その一つがモデルナだったのだ。

モデルナはかつて「ＬＳ18」として生まれたプロジェクトだ。ＬＳというのは「ライフ・サイエンス」の略であり、18というのは「18番目のプロジェクト」という理由によって、自動的に振り付けられた数字にすぎない。

フラッグシップでは下手な愛着が生まれないように、まずは「ＬＳ1」「ＬＳ2」「ＬＳ3」……というように記号と数字だけの小さな会社をつくる。そうすれば、アイデアの実現が難しいとわかったときに、ちゅうちょせずに会社を畳むことができるからだ。その詳細は4章のインタビュー

（P232）で紐解くが、このようにして毎年、8〜10社ほどまったく新しいスタートアップを仕組みとして生み出しているのだ。だからこそモデルナの共同創業者兼会長は、このフラッグシップ創業者のアフェヤンが務めているのだ。

ちなみに、フラッグシップで１００社以上生まれたスタートアップのうち、20社以上が上場を果たしている。そこでは遺伝子をより安全に書き換えたり、野菜や果物の皮から食品を生み出すような、不思議なスタートアップが育てられている。

だから、**多くの人にとっては奇跡のように思えた超スピードのワクチン開発も、彼らにとっては、10年以上にわたって社内で仮説検証してきたテクノロジー**であり、またスタートアップ工場から生まれた会社の一つに過ぎなかったわけだ。

「私たちはモデルナを狙ってつくったのではありません。モデルナのようなスタートアップになる可能性のあるアイデアを、１００個ほど頭に描いて、そこから試行錯誤して淘汰を繰り返していった結果、モデルナが残ったのです」（アフェヤン）

彼らはいま、ボストンで最も勢いのあるライフサイエンス分野のベンチャーキャピタルだ。そこでは50人以上のサイエンティストが働きまわり、いつの日か、またモデルナのような衝撃的なスタートアップを世に送り出す仕込みを続けている。

こうしたスタートアップづくりのプロセスが、表に出ることはない。だからモデルナと同じように、多くの人にとっては革新的なユニコーン企業が、突然現れたかのように見えてしまう。

しかしユニコーン企業というのは、科学や技術などのブレイクスルーと、それをビジネスにするための優秀な人材、そこにリスクマネーという資本を混ぜ合わせた、未来づくりの結晶のようなものだ。

ユニコーン1000社時代、ベンチャー投資が加速する3つの理由

「ユニコーンクラブへ、ようこそ」

2013年11月、アメリカのベンチャーキャピタルの投資家であるアイリーン・リーが書いたこの記事は、いまでも多くの人たちが引用しているコラムだ。なぜなら未上場企業でありながら、企業価値で10億ドル（約1100億円）を超えるようなメガベンチャーを、その希少性から「ユニコーン」と名付けたからだ。

彼女のチームが調べた結果によると、2003年から2013年までの10年間において、アメリカではユニコーンが39社生まれていた。1年間で平均4社、その出現率は1538社につき1社の割合（0・07％）と極めてレアな存在ながら、巨大なリターンをもたらしてくれる。

ところが2021年の世界経済においてユニコーンは、幻の生物というよりは、動物園にいるシマウマと表現するほうが近いほど、ありふれた存在になっている。

2013年までに累計39社しかいなかったユニコーンは、図表1のように、いまやグローバルで959社にまで激増しているのだ（NVCA調べ、2021年12月末時点）。その出現ペースは1日1社ほどにまで増えており、このままのスピードで伸びてゆくと、その数は2022年のうちに1000社を超えるはずだ。

毎日のように新しいユニコーンが誕生したというニュースを目にしていると感じているとしたら、それは気のせいではないのだ。そしていよいよ到来するユニコーン1000社時代にあって、**その国で最も才能ある人材と、増え続けるスタートアップ投資が、加速度的に化学反応をおこしてゆく**はずだ。

そもそも、こんなにもユニコーンが増えているのか。それは主に3つの理由による。

理由1　1兆円をあっさり使い切る、メガベンチャー投資の台頭

勝ち組となっているスタートアップたちは、誰にも文句をいわれずに、ひたすら自由に成長を追い求めたい。株式上場を急いだ結果、さまざまな数字的なプレッシャーを負わされるのだけは、まっぴらごめんというのが本心だ。そんな彼らに素早く、とても好条件で、サクッと100億円単位のお金をオファーする新しいVCたちが台頭している。

2020年以降に話題をさらったのは、ニューヨークに拠点を置いているタイガー・グローバル(P316)だろう。すでに上場が見えている有望なベンチャーに対して、まるで機関銃のように、全方位でお金を投じ続けている。1兆円ほどのお金を、わずか数カ月で使い切るほどのペースが話題となり、2021年はほぼ1日1件のペースで投資を実行した。

こうした新しいお金の出し手たちが、ベンチャーキャピタル産業から生まれる富の大きさに目をつけて続々参入。そのファンドサイズを膨らませながら、ユニコーン量産時代を後押ししている。

ユニコーンの半分は米国で誕生している

［図表1］世界のユニコーン企業959社の分布（2021年12月末）

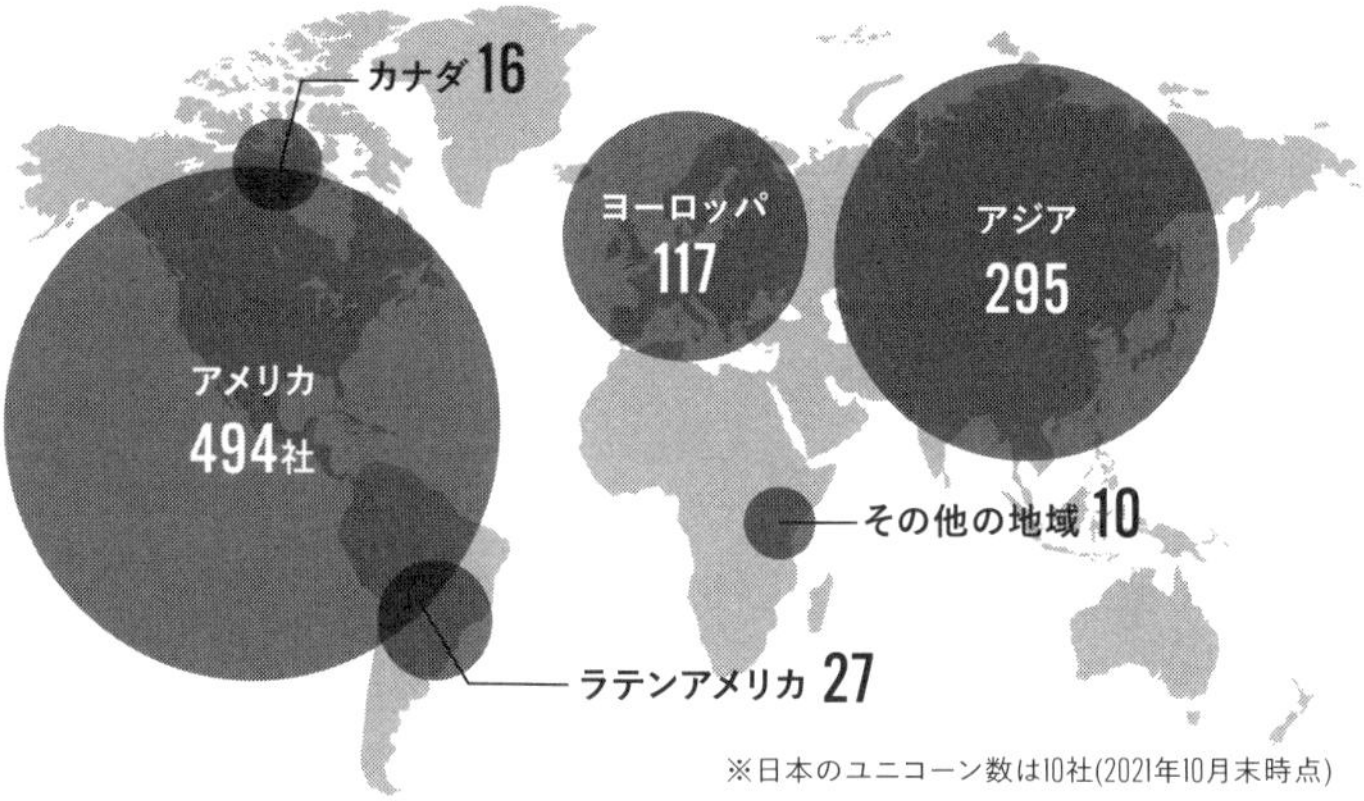

※日本のユニコーン数は10社(2021年10月末時点)

理由2　勝ち組スタートアップによる、グローバル市場の争奪戦

グーグルは2004年、アメリカでナンバーワンの検索エンジンとして、株式市場に上場した。しかしフェイスブックは2012年、アメリカのみならず欧州からアジア各国、日本にまでその影響力を拡大させてから、ようやく株式市場に上場した。つまりスタートアップにとって、グローバル市場を制覇することが、いよいよ必須になってきている。

そのために必要なのは、まずは「軍資金」だ。できるだけお金をたくさんかき集めて、赤字を出し続けてでも、ポテンシャルのある海外マーケットを奪いにゆく。そしてライバルたちを駆逐したあとで、上場を果たすことができれば、グローバル市場から大きな利益を得られるからだ。

例えば民泊サービスのエアービーアンドビー（Airbnb）は、2020年にナスダックに上場したときに、すでに200の国や地域においてサービスを広げていた。その過程では、ライバルも買収しており、未上場企業ならではのリスクテイクをしながら、ひたすらグロースを続けている。さもなければ大量にいる競合企業たちが、世界市場を食いちぎってしまうからだ。スタートアップの世界展開は、最高におもしろいグローバル・ビジネスの主戦場になったとも言える。

理由3　新興国で止まらないスタートアップの「カンブリア爆発」

世界のユニコーンが増えているもう一つの理由は、世界中の新興国で新たなインターネットユーザーが激増していることだ。とりわけインドやインドネシア、ブラジルといった、ネット人口が爆発的に増えている「The Next Billion(次の10億人)」を抱える国々では、加速度的な勢いでスタートアップ企業が生まれている。

例えば、いま沸騰しているのがインドのユニコーンたちだ。2021年にユニコーンの数は約40社から約80社に倍増しており、さらに2022年には120~150社ほどになることが確実視されている。背景には億単位のスマホユーザーを母体にして、小売り、教育、物流、エンタメ、農業など、すべての産業でDX(デジタルトランスフォーメーション)が起きているからだ。

もはやアメリカのシリコンバレーであったり、中国の北京や上海だけが、スタートアップを大量生産するテクノロジーハブではない。日本人がこれまで「不毛地帯」と思っていたような新興国から、おどろくほど多種多様なユニコーンが登場している。その裏では各地のキングメーカーである、ベンチャーキャピタルによる投資が急増している。

爆伸する米国と追い上げるヨーロッパ

［図表2］米中欧のベンチャー投資額の推移

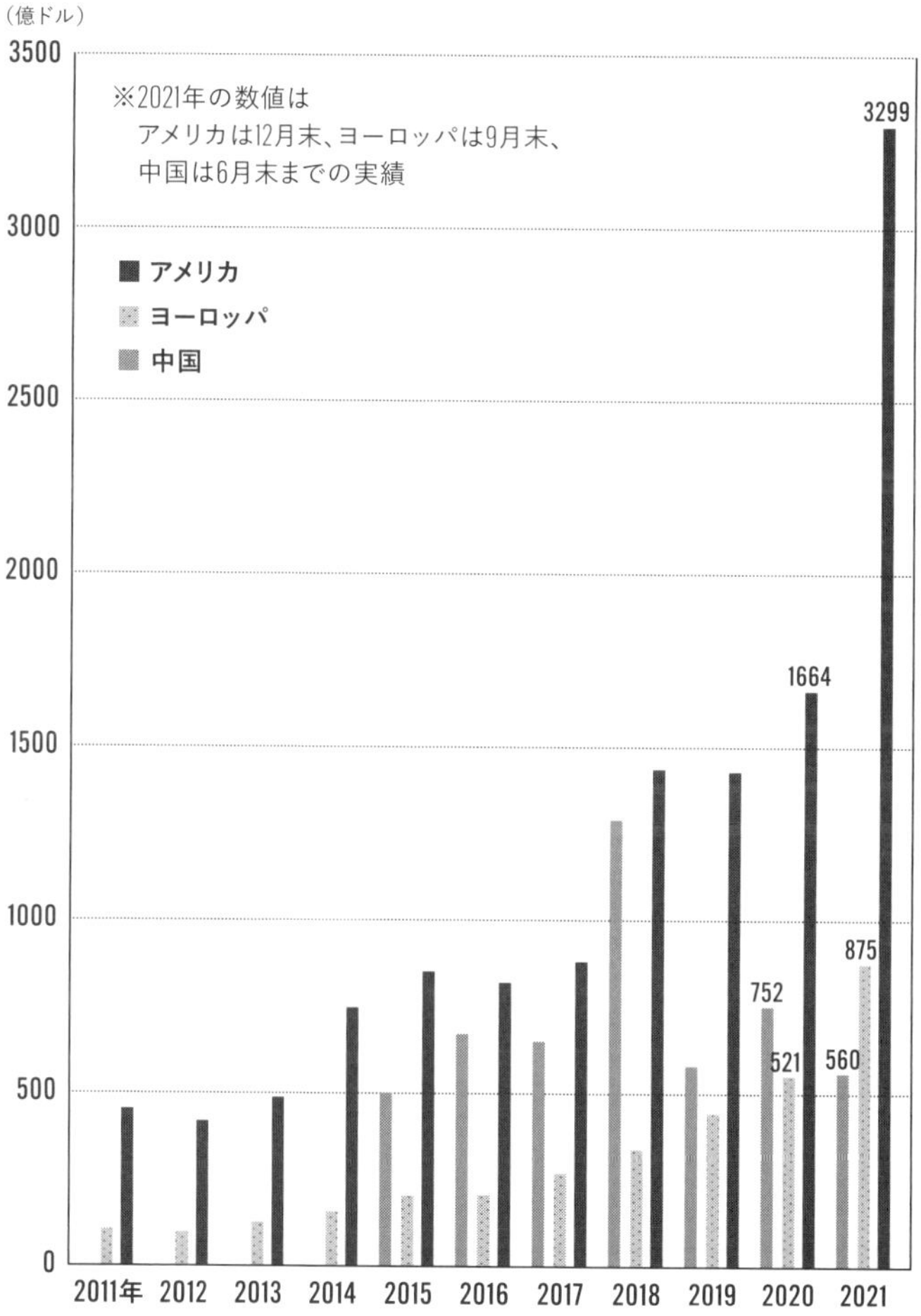

これら**巨額のリスクマネーの流入、競争のグローバル化、世界各地の勃興によって、スタートアップエコシステムに流れ込むお金がケタ違いに増え、そしてシリコンバレーのノウハウを継承した人脈がひろがり続けている**のだ。

世界全体のベンチャーキャピタルによる投資額は、２００４年には２６０億ドル（約2.8兆円）であり、その８割以上をアメリカが占めていた。

しかしその金額は図表2にあるとおり、右肩上がりで伸び続けている。パンデミックの渦中であったにもかかわらず、２０２０年には過去最高の３２１０億ドル（約34兆円）を記録した。

ちなみにパンデミックが続いた２０２１年にあって、この伸びはさらに加速しており、グローバル全体での投資額は４５００億ドル（約50兆円）という大台を突破するという予想もある。

信じられないほどの伸びを見せているスタートアップ投資の規模だが、日本人がおそらく驚くのは、もはやアメリカや中国、インドといった大国だけではなく、あらゆる国でこのスケールが大きくなっていることだ。ベンチャーキャピタルは、いまグローバルの注目競技になっているのだ。

「かつて有名投資家のマーク・アンドリーセンは『スタートアップが世界を食う』と言いましたが、これはアメリカ市場を語っているに過ぎませんでした。しかし、２０２０年代は文字通り、世界を食い始めているのです」

そう語るのはエンデバー・カタリストのアラン・テイラーだ（P424）。彼らは１９９７年から、南米を皮切りにして「起業家後進国」におけるコミュニティを、ゼロからつくってきたＮＰＯ法人の投資部門である。これまで世界の45カ国で、１３００社を超えるスタートアップを支援してきた。

かつて、スタートアップという言葉さえもないような新興国をサポートしていた。ところがこの

日本のトップ企業を凌駕する世界のメガベンチャー

［ 図表3 ］日本企業の時価総額／世界の未上場企業の評価額(2021)

国名	社名	事業内容	企業価値
中国	**バイトダンス**	**メディア**	**39.2兆円**
日本	トヨタ	モビリティ	34.3兆円
日本	ソニー	総合電機	18.2兆円
アメリカ	**ストライプ**	**フィンテック**	**10.3兆円**
日本	ソフトバンクグループ	通信	9.3兆円
アメリカ	**スペースX**	**宇宙開発**	**8.0兆円**
日本	ファーストリテイリング	アパレル・小売	6.9兆円
スウェーデン	**クラーナ**	**フィンテック**	**4.9兆円**
アメリカ	**インスタカート**	**物流**	**4.2兆円**
日本	キヤノン	製造業	3.7兆円
イギリス	**レボリュート**	**フィンテック**	**3.5兆円**

10年ほどで**世界の「隅っこ」にいたはずの無名なスタートアップたちが、続々とユニコーンになってしまった**という。

ブラジル、アルゼンチン、インドネシア、アラブ首長国連邦、トルコ――。そんな国から生まれてきたユニコーンが、すでに投資先には20社以上も並んでいる。これは世界中で起業家とベンチャーキャピタルによる「未来づくり」が、加速しているからにほかならない。

さらに世界の未上場のメガベンチャーは図表3に示すとおり、従来の常識のサイズを超えている。

世界最大のユニコーン企業は、ショート動画SNSのティックトック（TikTok）を運営するバイトダンスであり、その直近の企業価値は約39兆円ほどと報じられている。これは日本を代表する名門企業であるトヨタ自動車やソニー、ファーストリテイリングといった会社の時価総額を超えている。

日本人はほとんど知らないが、例えば7億人を抱える東南アジア最大の企業は、シー(Sea)という企業だ(P372)。モバイルゲームを祖業としながら、イーコマース分野でもナンバーワンのテクノロジーコングロマリット(複合企業)に化けている。2009年にシンガポールで生まれたこのスタートアップは、わずか10年足らずで20兆円ほどの時価総額をつけて、あらゆる地元の名門財閥や金融機関をぶっちぎってしまった。

ちなみに日本発のユニコーン第1号は、2016年に企業価値が1000億円を突破した、フリーマーケットアプリのメルカリだとされている。メッセージングアプリのLINEが、事実上はユニコーンとして先行しているが、韓国のネイバーが親会社であるためにカウントしないのが一般的だ。

アップルはなぜ銀行から創業資金を借りられなかったのか

これだけベンチャーキャピタル産業の規模が大きくなっているのを目にすると、「なぜ銀行からお金を借りるのではダメなのか?」という疑問の声も聞こえてきそうだ。

簡単に説明すると、銀行の融資はローリスク・ローリターンのビジネスを対象にしているからだ。あなたが飲食店を始めるとしたら、毎月毎月、どのくらいの売上高が入るのかという計算を元にお金を貸してくれる。そしてもし元本や利息が返済できなくなったら、あなたの土地や建物を担保にすることで、とりっぱぐれのないようにするのが銀行スタイルだ。

しかしスタートアップというのは、成功するかわからない、ハイリスク・ハイリターンのビジネスだ。もし首尾よく行けば100億円、1000億円という価値のあるビジネスになるかもしれないが、一方で、一度も黒字にならないまま会社を畳むこともあり得る。**こうした不透明なビジネスにリスクマネーを供給するのが、ベンチャーキャピタルの役割だ。**

だからVCは、投資先のスタートアップからその会社の所有権である株式の一部をもらいうける。スタートアップが成長してゆくにつれて、会社の価値も高まってゆき、それに合わせて株式の価値も高くなってゆく。そして将来、そのスタートアップが株式上場をしたり、高値で買収されることがあれば、ベンチャーキャピタルはその株式を売ることで大きなリターンを得るわけだ。

次のストーリーは、アップルの初期投資家であったVCであるセコイア・キャピタル（Sequoia Capital）の創業者、ドン・ヴァレンタイン（1932－2019年）による回顧録だ。なぜスティーブ・ジョブズが、銀行ではなくベンチャーキャピタルによって育てられたのか、あなたにも伝わるだろう。

多くの人が、アップルに投資しようなんて考えもしなかった。というか、そもそもスティーブに会おうともしなかったよ。ものすごく、変わり者だったからね。

スティーブの名前は、それとなく聞いていたよ。私はビデオゲームメーカーのアタリ（Atari）の投資家であり、彼はそこで働いている18歳かそこらのエンジニアだった。彼はアタリの創業者であるノーラン・ブッシュネルの〝息子〟のような存在だったよ。

だからスティーブがアップルを起業すると、まずはノーランのところに行ったんだ。そして「5万ドルを出資してくれたら、アップルの株式の三分の一を渡すよ」ともちかけた。スティーブは、スタートアップを始めるためのお金の知識はゼロだった。ノーランは魅力を感じながらも、アップルへの出資を断ったのだ。

どうやってお金を集めたらいいのか、食い下がるスティーブに「オレに聞くな。そういう質問はドン・ヴァレンタインに聞いてみろ」とノーランが言ったのが、私とスティーブとの出会いになったんだ。

私はスティーブと会って、パーソナルコンピュータの未来をどうやって創るのか、語り合うようになった。当時はまだパーソナルコンピュータは存在せず、最も近いプロダクトは、DEC（デジタル・イクイップメント・カンパニー）が発売していたミニコンピュータで、その価格は1台25万ドルであり、こんな商品を買える人はいやしなかった。

ちなみに彼の見かけは、まるでベトナムの革命家であるホー・チ・ミンのようだった。果物か野菜しか食べないベジタリアンで、いつも奇怪な行動ばかりしていた。おそらく、それは他人に強烈なインパクトを与えるために意図してやっていたんだろう。

スティーブがお金集めをしても、そもそもしゃべろうという人はほとんどいなかった。「成功する奴は、こんな身なりをしてるわけがない。こんなヘアスタイルのはずがない。大学を退学しているなんて、あり得ない」と考えたからさ。

アップルはすばらしい会社だと、今日の私たちは簡単に言える。しかし、アップルがすぐれたプロダクトを開発していようが、当時の銀行は一銭も貸さなかったはずだ。なぜなら1975年当時のアップルは、格安のパーソナルコンピュータをつくるという野心的な新規事業を描いており、それが成功する保証は一切なかったからだ。

繰り返しになるが、銀行の融資というのは「返済のあて」がある人たちを対象にして、お金を貸すというビジネスだ。ヒッピーの風貌をしていたジョブズと、コンピュータおたくのウォズニアックは、ともに大学を中退したドロップアウトだった。またお金持ちのファミリーがいるわけでもなければ、実業家としての実績もなく、銀行の窓口に行っても門前払いされたはずだ。

だから**アップルの創業資金を支えたのは、パーソナルコンピュータという商品のポテンシャルを理解して、その周辺にどのような技術やビジネスが生まれるかという鋭い洞察力をもった、半導体業界のネットワークでつながる個人とベンチャーキャピタルだった。**

最初にまとまったお金をアップルに投資したのは、半導体メーカーのインテルなどで活躍した後、若くして悠々自適な暮らしをしていたマイク・マークラという人物だ。かつての同僚であったドン・ヴァレンタインの紹介で、アップルの創業地であるガレージを訪ねると、開発中のプロダクトのレベルの高さに驚嘆している。

さらにアップルが一般ユーザー向けのパーソナルコンピュータ「アップルII」を発売したタイミングで、セコイアを始めとした、半導体業界にルーツを持つベンチャーキャピタルの投資家たちが、アップルを支援すると決めた。

セコイアを創業したドン・ヴァレンタインは、フェアチャイルドセミコンダクターや、ナショナルセミコンダクターという半導体のパイオニア企業を支えた、凄腕のセールスパーソンだった。そのため半導体の進化によって、どんなビジネスが生まれるのか、そのロードマップを熟知していた。それがアップルのポテンシャルを見抜く一つの素地となったわけだ。

つまり技術とリスクをよく知っているベンチャーキャピタルのお金によって、アップルは初めて組織とプロダクトを育てることができたわけだ。そして創業から5年目となる1980年に、見事に株式上場を果たしている。

「私たちは、お金を右から左へ動かすだけの、金融ビジネスをやっているんじゃない。新しい会社をつくるという、カンパニービルディングのビジネスをやっているんだ」。若き日のジョブズだけでなく、その後に多くの伝説的なスタートアップを支えたドン・ヴァレンタインは、ベンチャーキャピタルの仕事をそのように語っている。

ちなみに1978年にアップルの創業期に投資をしたVC、セコイア・キャピタルとヴェンロック（Venrock）の2社は、2021年においてもベンチャーキャピタル産業のトップ1％に輝いているキングメーカーたちだ。彼らのオフィスには、ジョブズがミーティングのためにしぶしぶ座った椅子が、いまでも残っていると言われている。

急成長するスタートアップの投資ステージごとのリスク

VCの行うスタートアップ投資には、その成長段階に合わせて、異なる「投資ステージ」があることを図表4と共に簡単に説明したい。読み飛ばしてもらっても構わないが、**ポイントは創業したばかりのスタートアップへ投資するほうが、はるかにハイリスクであり、大きく成長した後のスタートアップへの投資は、相対的にローリスクになるということだ。**

まるで人間の赤ん坊が、幼稚園、小学校、中学校などに通い、最後は大学などで教育を受けたのちに就職するように、スタートアップも成長の段階ごとに、それぞれ異なるベンチャーキャピタルからの出資を受けることが多い（この段階のことを、ステージ、シリーズ、ラウンドなどと呼ぶ）。

具体的には、まだアイデアや事業計画をベースとして、経営者がそろっているだけの「シードステージ」から始まる。その先にはプロダクトを開発して、初期ユーザーたちを魅了すべくトライ＆エラーを繰り返す「シリーズＡ」、さらに急成長への道筋が見えてきたら、組織やビジネスを本格的に立ち上げてゆく「シリーズＢ」へと歩みを進める。

ここまでが、伝統的なベンチャーキャピタルが主戦場としてきたフィールドだ。それぞれＶＣによって、経営者という人材を評価するのか、狙っているマーケットを評価するのか、プロダクトや技術を評価するのか、軸足は異なってくる。しかし早い段階で勝ち馬になるスタートアップを見定めて、このステージを一緒に登ってゆくのが美しいパターンだ。

またスタートアップが大きくなり、さらなる成長やマーケットシェアの拡大フェーズに入ってくると、ビジネスを盤石にしてゆくための「シリーズＣ」であったり、「シリーズＤ」以降の大型の資金調達も行われる。アメリカではこのシリーズＤにまでたどり着くと、企業評価額にして１０００億円を超えるユニコーン企業になるケースが多い。

最近のトレンドとしては、主にシリーズＣやシリーズＤ以降において、すでに大きく成長したスタートアップたちに投資する「グロース投資」と呼ばれるプレイヤーが台頭している。

創業期のスタートアップを掘り出すというよりも、すでに上場を見据えている有望株のスタートアップに、そこまでではハイリスクではない成長資金を注ぐというものだ。

例えば、孫正義が率いるソフトバンク・ビジョン・ファンドなども、大きく分類するとこのグロース投資のプレイヤーになる。同ファンドのマネージングパートナー、松井健太郎はこの投資アプローチを次のように語っている。

「競馬のレースにたとえるならば、レースの序盤である第1コーナー、第2コーナーは黙って見過ごすわけです。ただし、観戦はしています。それぞれのレースで、どの馬(会社)が良いのかをチェックしています。そしてレース終盤の第3コーナー、第4コーナーに差し掛かってきたときに、一気に『これに決めた!』と投資するのがビジョン・ファンド流です」

だからビジョン・ファンドは、ユニコーンレベルまで育ってきたスタートアップしか、そもそも視野には入れない。その代わりに1発で100億円単位、1000億円単位の成長資金をこのグロースステージで投下する。すでに成長したスタートアップに投資するので、特大のリターンは望みにくい。つまりビジョン・ファンドは巨大だが、相対的にはローリスク・ローリターンのエリアで投資をしているプレイヤーだということがわかる。

この本に登場する30社38人の投資家たちも、ある特定のステージであったり、複数のステージにまたがって、いかに大きなリターンを上げるかという戦略を練っている。そこにはビジョン・ファンドのようなグロース投資のプレイヤーもいれば、ものすごく小さな金額を投じるプレイヤーもいる。

例えば、科学者たちをCEOとして育てる育成プログラムを運営するのは、サンフランシスコやニューヨークにラボを持っているインディバイオ(IndieBio)だ(P466)。彼らは細胞培養によって牛肉のミートボールであったり、チョコレートをつくってしまうフードテック企業であったり、人間

急成長を後押しする「投資ステップ」

[図表4] 米スタートアップの成長フェーズ

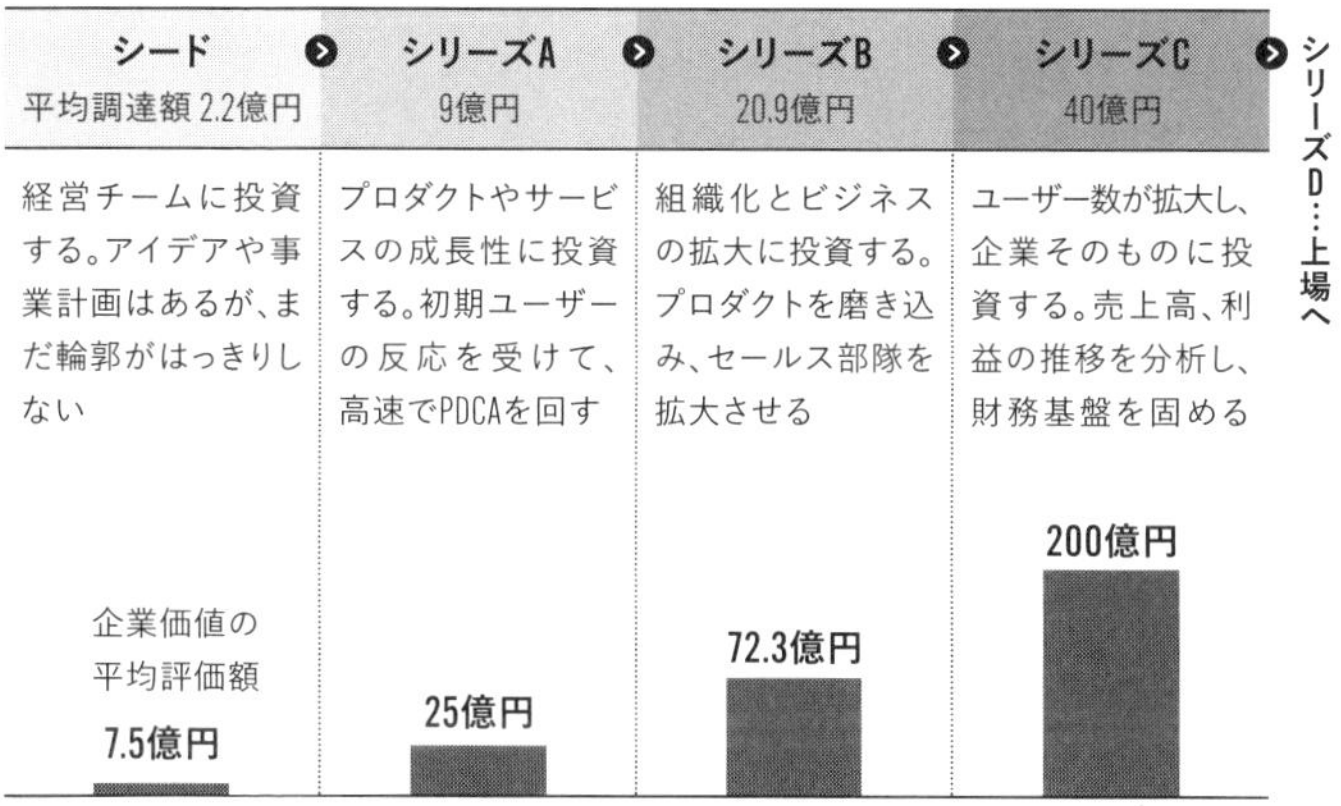

シード 平均調達額 2.2億円	シリーズA 9億円	シリーズB 20.9億円	シリーズC 40億円	シリーズD…上場へ
経営チームに投資する。アイデアや事業計画はあるが、まだ輪郭がはっきりしない	プロダクトやサービスの成長性に投資する。初期ユーザーの反応を受けて、高速でPDCAを回す	組織化とビジネスの拡大に投資する。プロダクトを磨き込み、セールス部隊を拡大させる	ユーザー数が拡大し、企業そのものに投資する。売上高、利益の推移を分析し、財務基盤を固める	

企業価値の平均評価額

- 7.5億円

- 25億円

- 72.3億円

- 200億円

の細胞を3Dプリンターで人工臓器にするような、ライフサイエンス企業をゼロから育てている。

彼らは選考プロセスを通過したスタートアップの創業者に、27万5000ドル（約3025万円）の資金を提供するかわりに、株式の10〜12％をもらいうける。こうして小さなスタートアップが巣立っていくシードステージのみを対象にして、大きなリターンを狙っている。アクセラレーターやインキュベーターと呼ばれる投資会社は、多くが類似した仕組みをとっている。

ただし、すべてのトップVCに共通するのは、スタートアップの創業者に価値提供するための、はっきりしたコンセプトがある点だ。それがブランドであったり、人脈であったり、専門性であったり、極めてクイックな資金提供であったりと、アプローチが異なるだけだ。

日本人が陥る、VCにまつわる2つの大誤解

ここまで本書を読んで、それでもスタートアップ投資がもたらすインパクトや、そこからGAFA(Google, Apple, Facebook, Amazon)の次をつくるようなプレイヤーが世界中で生まれている実感が持てなくても、それはあなたの責任ではない。

なぜなら**日本はベンチャーキャピタルという仕事が、長らく誤解されつづけてきた国だからだ。**

一つ目の誤解は、ベンチャーキャピタルの投資家たちは、まるで「品評会」のようにスタートアップの起業家たちに対して、お金を出してあげるというものだ。投資家たちの立場が上であり、若い起業家たちの「情熱」や「アイデア」を買ってあげようという構図だ。

意図せずしてこのイメージを広めたのは、おそらく2000年代前半に高い視聴率をほこった『¥マネーの虎』(日本テレビ系)というテレビ番組だろう。そこではビジネスで成功した実業家たちが審査員となって、スタジオにやってきた起業家たちのプレゼンテーションを見て、気に入ったら本当に出資するリアリティ・ショーだ。

スタジオには、審査員たちが持ってきた本物の札束が並べられる。しかし起業家たちが生意気であったり、ビジネスについての見とおしが甘かったりすると、「アホンダラ!」「謙虚になれよ!」といった罵声を浴びせかけて、時には出演者を泣かせたり、凍りつかせたりする。もちろん演出もあるが、金を出すから偉いんだというスタイルだ。

この企画はエンタメとして非常におもしろかったため、アメリカでは『シャーク・タンク』という番組に、またイギリスでは『ドラゴンズ・デン』という番組となり、海外でも人気がある。

しかし、シリコンバレーの最前線の現場で見られるのは、まったく逆の関係性だ。

過去にスタートアップで成功したことがある連続起業家であったり、他では真似できないようなテクノロジーを持っている優秀な起業家たちは、あっという間にお金を集めてしまう。

だからプレゼンテーションをして売り込まないといけないのは、むしろベンチャーキャピタルの投資家たちなのだ。

やり方はそれぞれ異なるが、**ベンチャーキャピタルは単なるマネーゲームをやっているわけではなく、イノベーションを加速させるための熾烈な付加価値競争をやっている**わけだ。そのためトップVCの投資家たちは、自分自身もかつてスタートアップの起業で成功した経験であったり、ビジネスの修羅場をくぐりぬけた実務経験を持っているベテランたちが、圧倒的に多い。

二つ目の誤解は、スタートアップ投資とは直感やインスピレーションが大切だというものだ。いわゆる「目利き」によって、起業家たちのプレゼンテーションを選別すれば、新しいイノベーションの種は見つけられるという勘違いである。

そうした誤解の片棒は、これまでメディアも担いできた。なぜならドラマチックな逸話をピンポイントで紹介するほうが、多くの読者たちをわかりやすく魅了することができるからだ。

例えばソフトバンクグループの孫正義社長は、かつて中国のアリババグループの創業者であるジャック・マーと面談をしたときに、その目を見て、ズバッと投資した「伝説の5分間」が語り継がれている。その動物的な嗅覚によって、このロックスター的な起業家を見抜いたというものだ。

しかし実際は、ソフトバンクは1990年代から米国やアジアにスタートアップ投資の拠点をたてており、そこで無数のスタートアップたちのデューデリジェンス（事業調査）を行っている。そこで大量のスタートアップに投資をしており、数多くの失敗や破綻を受け止めながら、そのノウハウを蓄積してきた熟練のプレイヤーだ。

当時アリババで働いていた経営幹部によれば、ソフトバンクはプロの金融機関の協力もあおぎながら、有望な中国スタートアップたちを洗い出しており、それを孫正義が一つずつ、短時間の連続ミーティングをこなしていったのが真相だと語っている。つまりジャック・マーは、偶然に呼ばれたわけではない。

もちろんシリコンバレーがまだ果樹園に覆われていた1970年代は、いまよりもスタートアップ投資は、ずっと牧歌的なものだった。例えばアップルの創業者であるスティーブ・ジョブズとスティーブ・ウォズニアックは、地元のコンピュータクラブのメンバーであり、なにか妙なものをガレージでつくっているという話が広まって、投資家たちの興味を引いた。

すべては小さなコミュニティの中にあって、いつでも行き交いをして、気軽におしゃべりできる技術者や投資家で成り立ったモデルだ。テクノロジーを核とした成長分野がパーソナルコンピュータ、ネットワーク・インフラ、インターネットブラウザ、クラウドコンピューティング、モバイルインターネットと移行していくにつれ、投資をするベンチャーキャピタルの仕事もどんどん進化していった。

近年では、テクノロジー業界におけるネットワークは当然ながら、さまざまなデータを集めては、急成長するスタートアップの兆候を見つけることも、当たり前のように行われている。例えば新しいアプリのトラフィックデータはもちろん、経営幹部の転職データであったり、スタートアップが入居する不動産データであったり、プレスリリースの内容まで、自動化したプログラムによって収集しているＶＣがいる。

また新興ＶＣの中には、スタートアップの膨大な経営データを読みこんで、コンサルティングのようなサービスを無料で提供することで、有望な投資先を探し出しているトライノ・キャピタル（Tribe Capital）という投資会社がある（P274）。もともとフェイスブックの急成長を裏側で支えた、有名データサイエンティストたちがそのコアを担っている。

だからこそ、日本でもよく知られている有名なスタートアップイベント、Ｙコンビネーターのデモ・デーなどの発表を見て、その場でいきなり「目利き」するようなトップ投資家はいない。あるとすれば、事前に注目株は熟知しており、投資判断は終えているというケースだ。

「一流のベンチャーキャピタルが、一目惚れによって投資を決めることは、まずありません」と、Sozo Venturesの中村は断言する。公になっている情報が極めて少ない世界であるからこそ、より多くのリサーチやデータなどが求められるわけだ。

３章以降で紹介してゆく物語は、そうやってしのぎを削るベンチャーキャピタルの世界のトップ１％にあたる投資家たち50人以上を取材し、30社38人の必勝戦略と投資哲学のインタビュー原稿に集約したものだ。

投資家でもない自分には、その考えを聞いても意味がないと思うかもしれない。

しかし、彼らの思考に触れるとはっきりと伝わるはずだ。

常勝集団のプロフェッショナルたちは、凡百の起業家よりよほど熱狂的なビジョナリーであったり、企業が非連続成長を遂げるため再現性を研究している科学者であったりすることが。

そこにはビジネスで価値創造を成し遂げ、新しいゼロからイチを創るための秘密が隠されている。

COLUMN

VC界の大樹「セコイア・キャピタル」の恐ろしさ

世界で最も高い木として知られているセコイア（ヒノキ科）という木がある。中には樹齢にして2000年を超え、高さにして115メートルに達している巨木もあり、これは30階建ての高層ビルに匹敵するものになる。

そんな巨木の名前を冠するベンチャーキャピタルが、1972年に設立されたセコイア・キャピタル（Sequoia Capital）だ。シリコンバレーの「ウォール街」と呼ばれている、サンドヒルロードという大きな通りには、半世紀にわたってVC業界に君臨してきた彼らのヘッドオフィスがある。

なぜセコイアがすごいのかと言われたら、シリコンバレーの伝説的なスタートアップに投資をしてきたその歴史と実績である。栄枯盛衰の激しいシリコンバレーで、時代を彩るスタートアップの顔ぶれは入れ替わるが、そこに投資をしてきたセコイアは、50年間ずっと勝ち続けてきたからだ。

投資先には世界最大のテクノロジー企業となったアップル（1978年投資）、通信ネットワークの王者となったシスコ（1987年）、インターネット企業のパイオニアのヤフー（1995年）、検索エンジンで世界を塗り替えたグーグル（1999年）、動画配信のユーチューブ（2005年）、民泊サービスのエアービーアンドビー（2009年）、金融インフラのストライプ（2010年）などが並ぶ。その投資先ポートフォリオは、シリコンバレーの歴史そのものだ。

運用資産額も極めて大きく、調査会社のピッチブックによれば、その金額はグローバルで800億ドル（約8.8兆円）におよぶ。また2005年に設立した中国のセコイア・チャイナ、さらにインドで立ち上げたセコイア・インディアは、10億人以上を抱える両大国におけるトップファンドとして、圧倒的な存在感を誇っている。

実際にグローバルのトップユニコーン10社の主要投資家を見てみると、6社までセコイアが名前を連ねており、地球儀レベルのキングメーカーであることは一目瞭然だ。

彼らが運用しているファンドが、どれくらいのリターンを生み出しているかという公式なデータは一切ないが、最近の報道では「パンデミックにあっても、複数のファンドが元本の11倍のリターンを生んでいる」と、その圧倒的なリターンの高さが報じられている。

そんなセコイアの恐ろしいところは、王座にあぐらをかいてリラックスしないところだ。栄枯盛衰のサイクルの恐ろしさを知っているこのVCは、VC業界のトップにあって、その座をおびやかす動向にいち早く対応することでも有名だ。

例えば2012年、彼らはシリコンバレーのVCとして初めて「スカウトファンド」を始めている。これは地元の腕利きのエンジェル投資家たちを、新しいダイヤの原石を発見する「スカウト」として、セコイアの仲間にするプログラムだ。エンジェル投資家たちをライバルとみなすのではなく、自分たちの情報ネットワークの一部に組み入れたわけだ。

またソフトバンク・ビジョン・ファンドが誕生した2017年以降、こうした巨額のマネーを降り注いでくるプレイヤーに対抗するために、1000億円単位のメガファンドをすぐさま組成した。老舗ながら、とてもクイックな適応をするわけだ。

その極めつけが、2021年に発表した「エバーグリーンファンド」だろう。これはセコイアが

50年間にわたってつづけてきた、これまでのＶＣの投資運用スタイルを、ガラリと変えるものだとして世界中で話題になった。

これまでＶＣのファンドは、運用期間を10年間に定めて、投資先のスタートアップが上場したら「ゴール達成」とするのが一般的だった。ところがキングメーカーであるセコイアの投資先には、急成長をした後に上場して、そこからさらに巨大化するスタートアップが多数ある。例えば、フィンテックベンチャーのスクエア（Square）について、彼らはこう記している。

「２０１１年にスクエアに投資をして、２０１５年の株式上場で時価総額は29億ドル（約３３００億円）になった。しかしそれから5年後、彼らの時価総額は８６０億ドル（約9兆４０００億円）になっており、今日に至っては１１７０億ドル（約14兆円）になっている」

つまりセコイアはもはや、10年間で1サイクルというファンドの運用期限から解き放たれて、必要とあらば半永久的に投資先スタートアップの株を保有しつづけ、その利益を最大化するのだと宣言した。運用期限がないから、エバーグリーン（不死不朽）と呼ばれるわけだ。

だからといって、世界中のＶＣがこの動きに追随するかといえば、答えはＮＯだ。なぜならセコイアは半世紀にわたって、トップ1％のリターンを叩き出してきたキングメーカーであるからこそ、他人から預かったお金を使って、無期限にファンドを運用できると言い切れるのだ。

「多くのＶＣのファンドは、そもそも他人のお金を10年間預かって、結果を出すことにとても苦労しています。ましてや無期限にお金を預けてくれと言ったところで、すぐにそっぽを向かれるのがオチでしょう」（シリコンバレー在住投資家）

半導体産業にそのルーツを持ちながらも、パーソナルコンピュータ、インターネットインフラ、クラウドコンピュータ、モバイルサービスと時代を超えた「勝ち馬」を掘り起こし、これから暗号資産やブロックチェーンにも貪欲に手を伸ばそうというセコイア。

この不朽のキングメーカーの対抗馬は、半世紀を経てまだ現れていない。

2章 進化し続けるVCの秘密

三菱商事を飛び出した男が、三菱商事より稼いだ日

三菱商事を飛び出した男が、たった一人で、三菱商事よりも稼ぐことになるかもしれませんよ――。

2021年4月14日、シリコンバレーでスタートアップ投資をしているベンチャーキャピタル、Sozo Ventures(以下Sozo) のオフィス。共同創業者である中村幸一郎についてのジョークは、もはや笑えないものになっていた。

なぜなら、それが現実になろうとしていたからだ。


シリコンバレーを南北につなぐ幹線道路の101号線沿い。レッドウッド市にある古びたビルに入っているSozoのオフィスには、4つのこぢんまりした会議室があるだけだ。

この一帯にあるグーグルやアップル、フェイスブックといった巨大なテクノロジー企業のオフィスとは似ても似つかず、洒落たインテリアもなければ、無料の食堂やトレーニングジムもない。

「うちはオフィスの賃料より、スタッフの給料に使いたいんで」と、外部には説明している。

それでも、この日は特別な雰囲気に包まれていた。なぜならSozoが5年前に投資したスタートアップであり、世界最大級の暗号資産の売買プラットフォームとなったコインベース(Coinbase)が、ついにナスダックに上場するからだ。しかも兆円単位の値がつく予定だ。

「この会社は、いずれマイクロソフトのような会社になるでしょう」

テレビ番組ではコメンテーターがニュースを盛り上げ、ナスダックの雷光掲示板には「$COIN」という、コインベース社の証券コードが表示された。ビットコインなど暗号資産の高騰や、ブロックチェーン技術への期待の高まりもあって、多くの投資家が買い注文を出している。

早朝からSozoのメンバーたちはオフィスに集まると、みずから保有しているコインベースの株を段階的に売ることによって、利益を確定する作業を進めていた。大量の株を手元に持っているため、売りすぎて株価が下がらないように、慎重にオペレーションをしないといけない。

「Sozoさんがお持ちの株の20%を、まずは狙いどおりの価格で売ることができました」と、サポートに入っていた証券会社のスタッフから連絡があった後、この日の取り引きは終わった。

コインベースが上場初日につけた時価総額は、およそ858億ドル（約9.3兆円）だった。

かつてSozoがコインベースに投じた10億円は、なんと1000億円を超えるまでに膨らんでいた。これから株を売ったことによるキャッシュが、彼らの口座に流れ込んでくる。それをSozoが運用するファンドに出資してくれた人たちと、山分けするのだ。

「こんな金額が、本当にキャッシュで入ってくるんですか」

出資者である日本の上場企業のCFOたちから、慌てふためいた声で問い合わせの電話が掛かってくる。なぜなら決算であったり、株主総会で報告するレポートにも、インパクトを与える金額だからだ。

この日、中村がコインベースへの投資で得られた1000億円超のリターンは、古巣である三菱商事グループが、直近の1年間で稼ぎ出した純利益の1320億円に迫っていた。Sozoのその他のスタートアップ投資による含み益をカウントすれば、すでにその金額は優に超えているはずだ。

「こんな小さなオフィスで、たった15人ほどのチームが未来の兆円企業に投資しているとは、誰も知らないでしょうね」

この日はビッグイベントがあったにもかかわらず、Sozoのオフィスでは打ち上げのパーティもなく、中村はいつものように自宅に帰っていった。そしてコインベースに出会った日のことを、思い出していた。

100倍のリターンを生んだ、コインベース投資の「種明かし」

「コインベースというすごい会社がある。彼らがアジアに進出する足がかりを築くため、日本のメガバンクの首脳たちとの橋渡しをしてくれないか」

Sozoのオフィスにそんな問い合わせがあったのは、2013年秋だった。相手はニューヨークを拠点にしている、フィンテック業界ではトップ投資家として知られている人物だ。コインベースをグローバル企業にするため、日本市場にくわしいSozoに相談してきたのだ。

いまでこそビットコインなどの暗号資産は、ウォール街の機関投資家から上場企業まで、新しい資産の一つとして保有するようになっている。しかし当時はまだ「フェイクマネー」であったり、「子ども銀行券」だと疑う人は多く、まともな大企業の経営者は相手にしないのが当たり前だった。

一方でSozoの見解は違った。まだ混沌とした暗号資産のビジネスだったが、アメリカ側でコインベースと取り引きしている企業であったり、許認可を出している当局担当者らを丹念にインタビューしてゆくと、その他の暗号資産のスタートアップとはかなり異なるキャラクターだと判明したからだ。

ビットコイン、イーサリアム、ライトコイン、ネム、ジーキャッシュ、モナコイン――。多くの取引所では玩具のコレクションのように、続々と新しい暗号資産が売り買いされていたが、コインベースはかたくなに3種類しか取り扱わなかった。セキュリティやコンプライアンスの審査を、極めて厳しくしていたからだ。

また早くから大企業が利用できるB2Bインフラになることを目指しており、スタートアップとは思えないほど巨大な法務チームを築いていた。社内では10人単位で弁護士を採用しており、各州ごとに異なる規制に対応するため、グレーゾーンをすべて塗りつぶすようなオペレーションを徹底し、時には当局に必要な規制をアドバイスすることもあったという。

「ビットコインに熱狂する人たちは、ビットコインが世界をまるごと変えると言っています。しかし私たちは、少なくともスイフト（SWIFT＝国際銀行間通信協会）のような高コストの国際送金インフラが、暗号資産に代替されると思います。そのときに勝つのは、コインベースしかない」

Sozoはいぶかしがるメガバンク3社の関係者に連絡をとりつづけていた。とりわけコインベースが手を組みたいと願っていた、三菱ＵＦＪ銀行との橋渡しには全力を挙げた。そして２０１６年9月、コインベース創業者のブライアン・アームストロングと、三菱ＵＦＪ銀行の平野信行頭取（当時）のトップミーティングを、シリコンバレーのオフィスで秘密裏に実施したのだ。

「三菱ＵＦＪは、コインベースに出資します」。このミーティングは盛り上がり、その後に三菱ＵＦＪ銀行は出資を決めて、日本側のビジネスパートナーになると約束した。

そして数年がかりで日本上陸の足がかりをサポートしたSozoは、ようやくコインベースに破格の条件で投資できるというチャンスを手にしたのだった。

数年の歳月を注いだコインベースの投資だが、それはSozoが日頃からウォッチしている4000社を超えるターゲットリストの中から、膨大なリサーチであったり、1年間で500社を超えるCEOたちとのミーティングを重ねることによって、選びぬいた投資先の一つに過ぎない。

彼らが運用している2号ファンド（運用額200億円）の投資先には、ビデオ会議サービスのズーム（Zoom）であったり、自動運転のシミュレーション企業であるアプライド・インテュイション（Applied Intuition）、その他にも金融から物流、セキュリティなどの多様な分野で、合計21社もの投資先が仕込んである。

Sozoの真骨頂は、こうして選びぬいたスタートアップたちに対して、その投資枠の確保と引き換えに日本市場への「上陸作戦」を請け負うことだ。それによって投資額の5倍、10倍、30倍、そして時には100倍を超えるリターンを狙っていく。そして10年という運用期間を終えたときに、原資の200億円をどこまで増やせるのか、追求してゆくのだ。

一般にはまず公開されないVCファンドのリアルを知ってもらうため、Sozoの許可をとり、図表1として彼らの2号ファンドの現時点の実績を掲載する。

「このままのペースだと、最終的なリターンは10〜20倍ほどになりそうです」（Sozo中村）

このリターンが実現すれば、アメリカで8000社以上あるベンチャーキャピタルの世界にあって、間違いなくトップ1％に入ることができる実績だ。この実績にたどり着くためにSozoを始めとするシリコンバレーのトップVCたちがどのような仕事を重ねてきたのか、その秘密の内幕をこれ

最大20倍が想定される投資リターン

［図表1］Sozo Venturesの投資先リターンの実績（2021年末時点）

Sozo 2号ファンド　運用資産額約200億円（2016年組成）		
投資結果	投資件数	投資先企業の一部
0〜1倍前後	5社（売却 / 利益確定済み2社）	
2〜5倍	10社（売却 / 利益確定済み2社）	Fastly, Chorus ai, Cohesity, Flexport, Grammarly, Carta
10倍	4社	Applied Intuition, project 44, Chainalysis
30倍	1社（売却 / 利益確定済み2社）	Zoom
100倍	1社（部分売却）	Coinbase

➡ 200億円の運用資産が2000-4000億円になる見込み（確定利益約600億円）

からお伝えしよう。

こうした情報はすべて未上場の世界にあって、VCが公開することはほとんどない。

しかし、Sozoは慶應義塾大学や早稲田大学、スタンフォード大学においてベンチャーキャピタルについての講義をうけもっており、世界を動かしているこの重要産業のリアルを知ってほしいという想いがある。

そのため、最重要なプロセスを特別にオープンにしてもらった。

トップ1％が圧倒的な実力で君臨するVCの寡占構造

「それは、運が良かったんですね」

これは日本の企業経営者であったり、ビジネスパーソンたちがスタートアップ投資に対して、いまもよく口にする言葉だという。まだ売上高もないようなスタートアップに投資して、大きなリターンを上げるベンチャーキャピタルの仕事は、一種のギャンブルであるという共通認識がどこかにあるからだ。

確かにスタートアップ投資の世界は事業の性質上、いつでもリスクと隣合わせにある。いわゆる「千三《せんみ》つ（1000に3つ）」と言われるようなわずかな確率で、世の中で大成功する起業家を見つけてきて、そこにお金とビジネスを加速させるアドバイスを提供するのは、並大抵の神経ではなかなか務まらない。

しかし**ハイリスク・ハイリターンのスタートアップ投資を行うベンチャーキャピタルは、ギャンブルではない。まずは金融サービス業でありながら、実は究極の情報産業であり、圧倒的な寡占構造を持っている**ことから理解する必要がある。

図表2のようにアメリカだけで8000社を超えるようなベンチャーキャピタルの中でも、トップ1％のベンチャーキャピタルが「勝ち組」として、キングメーカーの座に静かに君臨し続けているのだ。

実はシリコンバレーでもトップティアと呼ばれる実績をほこる投資家の顔ぶれは、長年にわたって驚くほど変わっていない。

そこでは次のアップル、次のグーグルになるようなメガベンチャーたちを、繰り返し探し当てることができるリサーチ能力と、投資枠を確保できる付加価値の提供、そして資金力を持った投資家たちがおり、そのノウハウを口外することはない。

疑わしいと思ったら、世界に900社以上あるユニコーン企業（企業評価1000億円以上）のスタートアップたちをすべて並べて、誰がお金と知恵を授けているか、その主力投資家たちの名前を

トップ1%が圧勝する「ピラミッド構造」

［ 図表2 ］アメリカVC産業のヒエラルキー

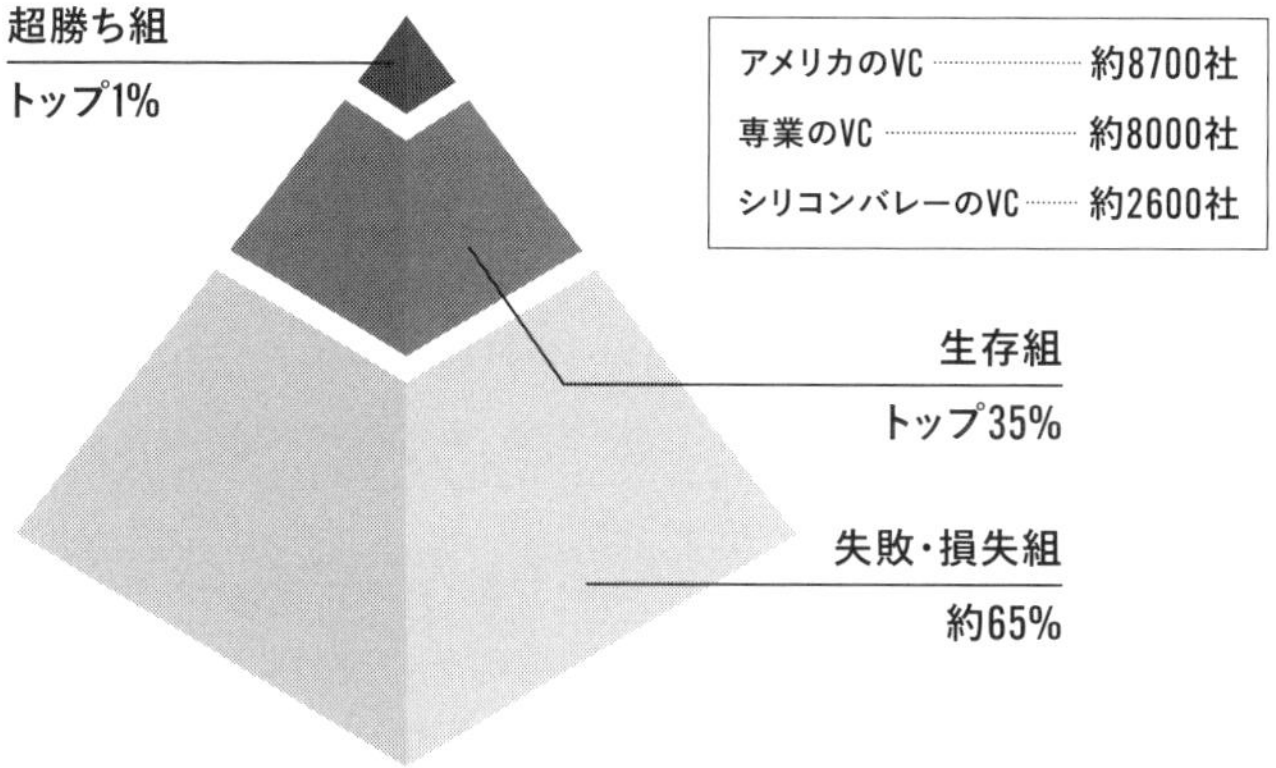

一つずつ確かめてゆけばいい。

スタートアップは上場したタイミングで、誰が主要な株主であるかを開示するので、いずれ答え合わせができるのだ。

ユニコーン企業の上位にいる短尺動画サービスのバイトダンス（ByteDance）、金融業界のグーグルと呼ばれるストライプ（Stripe）、宇宙ベンチャーのスペースX（SpaceX）、後払い決済のパイオニアのクラーナ（Klarna）……。それらの主要投資家をみてゆくと、恐ろしいほどに同じVCの名前が出てくることがわかる。

例えばその象徴が、1972年に設立されたシリコンバレーの名門VCであるセコイア・キャピタルだ（P49）。半導体産業にルーツを持つこの投資会社の投資先には、アップル、ヤフー、シスコ、グーグルといった会社から、ユーチューブやインスタグラム、エアービーアンドビー、スクエア、ストライプまで、テクノロジー史を彩るような企業が並んでいる。

彼らはこのテクノロジー産業の中心地となったシリコンバレーで、ダイヤの原石である起業家たちをすくい取ってきた。そして**圧倒的なブランド力とネットワークによって勝ち馬に仕立て上げた起業家たちがどう成功したのか、勝ちパターンを裏側からウォッチして、また次なる勝ちパターンを呼び寄せていく。**

セコイアから最近出資を受けたあるAI分野の創業者は、2021年10月に開かれた、セコイアの投資先CEOだけが招待される非公開のキャンプに参加して驚いたという。そこでは「ツイッターやスクエアの創業者であるジャック・ドーシーを始め、世界的な起業家がぞろぞろ参加して、ビジネスの裏話をシェアしたり、個人的に相談に乗ってくれた」という。彼らはすべて、セコイアファミリーの一員だ。

そしてセコイアから出資を受けたというニュースが出回ると、このスタートアップは勝者になる可能性が高いという強烈なシグナル（合図）になる。だからシリコンバレーで活躍するトップクラスのエンジニアたちから、次々と応募が集まってきたという。ウーバー、フェイスブック、マイクロソフトなどで要職に就いていたキーマンたちが、そのノウハウごと、創業まもないスタートアップに持ち込んでくるのだ。

さらには、まったく異なるアプローチをとるトップVCもある。例えばスタートアップ投資で最も大きな資金が流れているフィンテック分野や、ヘルスケア分野のユニコーンを調べてゆくと、大成功したスタートアップの主要VCの担当者は、わずか10人以下にまで絞り込める。

「嘘だと思うでしょうが、両手で数えられるほどの人たちが、その分野の勝ち組スタートアップを独占していることがわかります。こんなに偏在していいのか、と思うほどです」（Sozo中村）

もちろん、永遠の勝者はどんなビジネスにも存在しない。だからスポーツの世界のトップリーグの入れ替え戦のようにして、毎年のように新興の投資家たちが、新しいアプローチや作戦を引っさげては、スタートアップ投資のトップ1%の世界に食い込もうと挑んでくる。

そのすべてに共通するのは、スタートアップ投資をギャンブルだと思っている人は誰もいないということだ。

むしろベンチャーキャピタルという、スタートアップを加速させる金融サービスによって、たしかにイノベーションは仕組みによって作れるのだという戦略とビジョンがそこにはある。

リスクマネーを巡るVC産業のキープレイヤー

ここまでスタートアップの世界の裏側には、ベンチャーキャピタルという、イノベーションの共犯者たちがいることを明かしてきた。とりわけ投資実績にして上位1%にあたる少数の投資家たちが、長きにわたってキングメーカーのように君臨してきた。

彼らはリスクを伴う、新しい技術やビジネスモデルについてよく理解した投資家でありながら、投資先を急成長させるため、独自の付加価値を提供している人々だ。

そんなベンチャーキャピタルが、どのような仕組みによって数百億円、数千億円、時には兆円単位の資産を運用しているのか、その知られざるファイナンスの仕組みを解き明かしてゆこう。

まずはっきりと理解するべきなのは、ベンチャーキャピタル産業には3つのキープレイヤーがいるということだ。図表3にあるとおり、お金を出資するリミテッドパートナー（LP）、ファンドを運営するジェネラルパートナー（GP）、そしてスタートアップの起業家の三者である。

一つ目のLPは、いわばお金の出し手であり、主にアメリカでは大学基金や年金基金、保険会社など機関投資家と呼ばれている人たちが主流だ。彼らはスタートアップ投資にロマンではなく、長期にわたる高いリターンというソロバンを期待する。

ちなみに日本ではそうした機関投資家の割合はまだ少なく、一般の大手企業が出し手となるケースのほうが多い。

LPの立場からすると、VCのファンドとは長い年月をかけたお付き合いを求められる。ひとたびお金を出すと決めたら、およそ10年間にわたる運用期間において、そのお金は自由に引き出すことができないからだ。上場企業の公開株式であったり、債権であったり、不動産のように、いつでも売り買いできないのは大きなマイナス面だ。

こうして長期にわたってお金が「塩漬け」にされる代償として、その他の運用資産よりも、大きなリターンをVCのファンドから得ることを期待する。**かなり単純化すると、投資金を10年間で3倍以上に増やしてくれることを期待して、LPはお金を預けている。**

二つ目のGPというのは、この本の主人公でもある、ベンチャーキャピタルの投資家たちだ。スタートアップに投資するためのファンドを立ち上げて、LPから預かったお金を投資し、リターンを狙うことを託された責任者を意味する。他人のお金を運用して、有望なスタートアップたちに投資する、リスクマネーのプロと言える。

GPの立場からすると、なにはともあれ10倍から100倍を超えるような、巨額なリターンをも

リスクマネーで「新産業」が生まれる

[図表3] VC産業のキープレイヤー

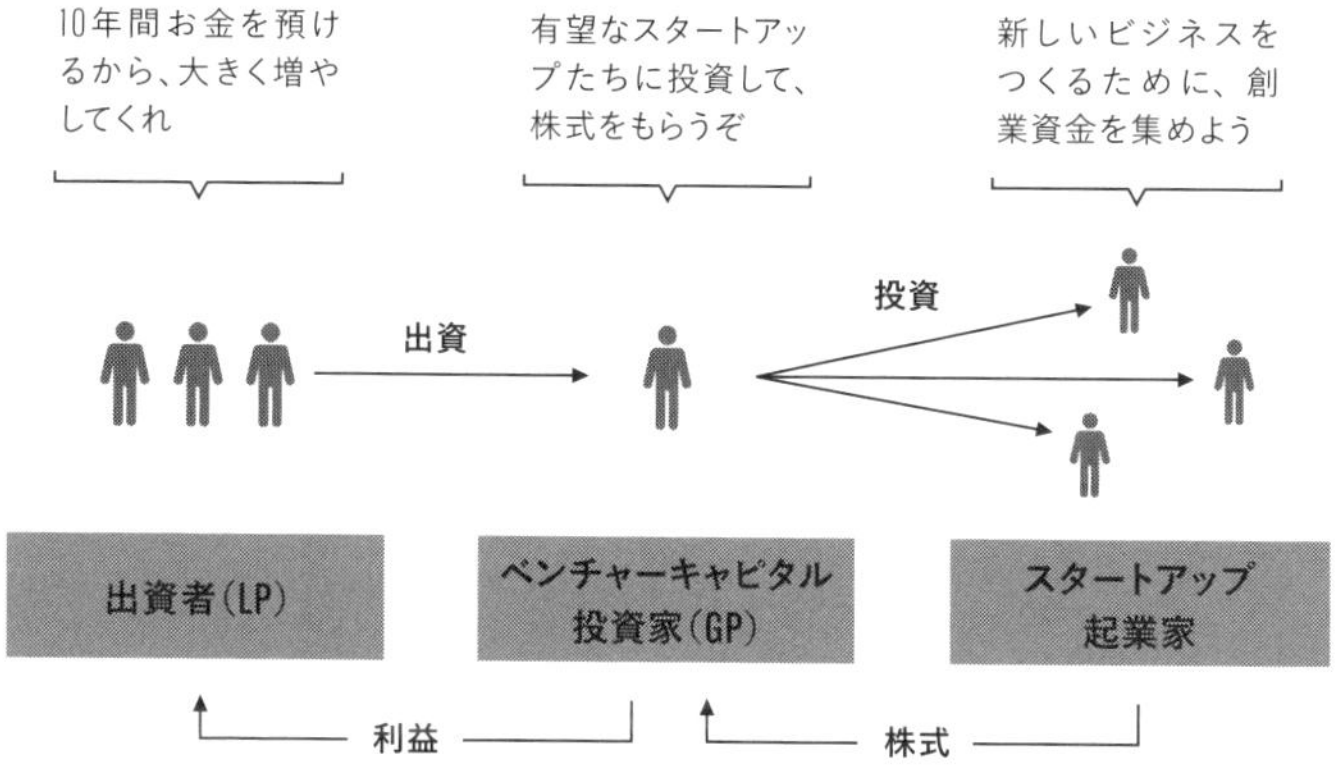

10年間お金を預けるから、大きく増やしてくれ
有望なスタートアップたちに投資して、株式をもらうぞ
新しいビジネスをつくるために、創業資金を集めよう
出資
投資
出資者(LP)
ベンチャーキャピタル
投資家(GP)
スタートアップ
起業家
利益
株式

たらす「ダイヤの原石」を、見つけられるかが成否のすべてを決める。それによってファンドの実績や存続もさることながら、個人として得られる金銭的な報酬が、文字どおりにひと桁も、ふた桁も異なってくるからだ。

成績が上がらないファンドのGPは、毎年2%ほどの運用手数料をベースに、なんとか食っていかなければいけない。つまり、100億円のファンドを運用していたら、10年間にわたって毎年2億円ほどの手数料を手にすることができる。そこからスタッフたちの給料、オフィスの賃料、出張費などをまかなうわけだ。

しかし投資元本を上回るようなリターンを叩き出すことができれば、GPたちはキャリー(carried interest の略)と呼ばれる、超過利益の20%ほどの「成果報酬」がもらえる。それも青天井になっているため、上振れの幅が半端ではない。

例えば、200億円のファンドが3倍の600億円のリターンを出したら、上振れした

400億円の中から、GPたちは20%にあたる80億円の成果報酬を受け取れる。だからこそ一握りのトップ投資家個人には、想像を絶するようなお金が入ってくる。トップレベルの投資家たちは、そうした強いインセンティブ設計によって働いているわけだ。

3つ目の起業家は、新しいビジネスを立ち上げる発明家たちだ。わずか数人で始めるスタートアップには、自分たちのプロダクトをつくって、それでお金を稼ぐまでに時間がかかる。だからこそアップルの事例で説明したとおり、会社の所有権である株式の一部を渡すことによって、新しいビジネスをつくるための資金を手にするわけだ。

もちろん起業家を一括りにするべきではなく、過去に目を引くようなスタートアップを作った実績がある、連続起業家は最も高い期待値をもって迎えられる。なぜならリスクの高いスタートアップに挑んで、成功させるノウハウであったり、修羅場を生き残るための知恵や人脈を備えていると思われるからだ。

大切なのはこれら3者が組み合わさることが、ハイリスク・ハイリターンの新事業に挑戦するための「メカニズム」として、アメリカでは絶大なパワーを持ってきたという点だ。

LPはお金の出し手であり、GPはリスクを見極める仲介者であり、起業家は事業をつくる人たちだ。この3者のインセンティブが歯車として噛み合うと、未来のビジネスを生み出すエンジンになるのだ。

膨大なリサーチを伴うハードな投資プロセス

「問い合わせは、こちらのメールアドレスまで」

シリコンバレーのベンチャーキャピタルのホームページには、スタートアップの創業者たちに向けて、そのような連絡窓口となるメールアドレスを開示している。また一人ひとりの投資家たちにも、ビジネスSNSであるリンクトインであったり、ツイッターなどのアカウントをとおして、個人宛の連絡窓口がある。

しかし、もしあなたがメッセージを送っても、返事が返ってくる可能性はほぼゼロだ。なぜなら一流ベンチャーキャピタルの多くは、わずか数十人のメンバーが小さなオフィスで働いている中小企業だからだ。そして持ち時間の中からできるだけ有望なスタートアップを掘り起こすために、独自のフレームに沿って、フル回転で仕事をしているからだ。

例えば本書のナビゲーターであるSozoも、図表4のように投資先を絞り込むためのプロセスを持っている。

このファネルの一番上にあるのが、常日頃から目をつけており、チャンスがあれば投資を検討してもいいと考えている4000~6000社を並べたリストだ。このターゲットリストを常に更新しつづけるのが、基本動作だ。

Sozoの場合は、最高のパフォーマンスをあげるトップ投資家たちがお金を入れたスタートアップを、重要なターゲットとしてこのプールに入れ込んでゆく。また同業者の紹介であったり、データ収集によって急速に伸びていると判断するスタートアップたち、また金融やヘルスケア、物流といった、特定の注目セクターの上澄みなども加えてゆく。

こうしたターゲットリストの中から、1年間でおよそ600回ほどミーティングを行う。主にCEOが相手だが、面談までにスタートアップについての基礎リサーチを終えており、ビジネスモデルも理解しているのは大前提だ。その上でミーティングでは、もし投資をした場合に、お互いにどんなメリットがあるのかを議論する。

こうしてお互いを理解した後に、いよいよ投資をしたいと思った場合には、タームシートという出資条件が書かれた書面を交わすことになる。ここにはそのVCがオファーする投資条件が記されている。いわばVCからスタートアップに対するプロポーズのようなものだ。だから注目のスタートアップには、複数のVCたちからタームシートが集まってくる。

こうして1年間で50社ほどのスタートアップにタームシートを出して、起業家からもその条件で受け入れたいという了承があれば、いよいよデューデリジェンス（事業調査）のプロセスに入ってゆく。通常は表に出ないスタートアップの経営数値やビジネスモデル、知的財産、将来計画などが記されており、それをVCは4〜6週間にわたって確認してゆくわけだ。

このプロセスにおいては、本当にそのスタートアップの主張しているようなプロダクトがつくれるのかといった検証や、すでにサービスを使っている初期ユーザーへのヒアリング、さらに知的財産などの法律的なチェックなども入ってくる。

まさに直感による「目利き」などは不可能であり、専門的なスタッフたちがチームプレーでこれ

膨大な候補から「ダイヤの原石」を絞り込む

［ 図表4 ］ VCの投資決定プロセス

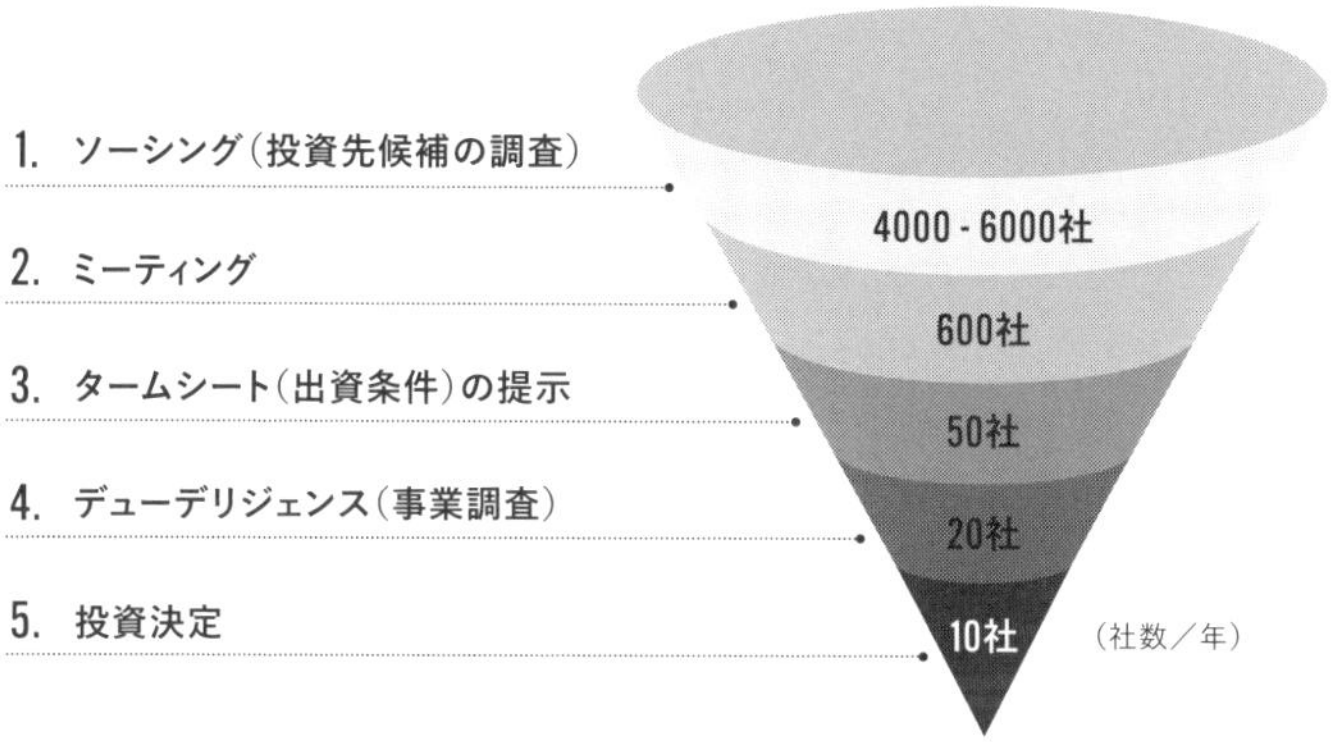

を行う。

これらの膨大で緻密なプロセスをとおして、ようやく投資にこぎつけるのが1年間で10件ほどだ。なぜこのような大変なプロセスが必要なのかといえば、それはVCが他人のお金を預かって、運用しているプロフェッショナルだからだ。

自分のお金を使って、自由に投資できるエンジェル投資家とは、ここが決定的に異なるポイントになる。

ちなみにVCの投資家たちは、数社から10社ほど、投資先のスタートアップの取締役メンバーとして、その経営のサポートをすることも多い。投資というのはあくまで始まりであって、長い場合は10年以上にわたって、山あり谷ありのビジネスを見守らないといけない。

Sozoの場合、十数人の小さな所帯でこのプロセスを行うので、休日深夜を問わず日米を飛び回りながらハードワークを行っているのを、度重なる取材の中で筆者は目撃している。

ではＶＣの投資家たちは、こうして選びぬいたスタートアップにお金を投じることによって、最終的に10年間でどのくらいの利益を上げないといけないのか。それは、お金を預けている機関投資家など、出資者であるＬＰの立場から考えてみるとシンプルに理解できる。

すでに説明したとおり、ＶＣにお金を出資する機関投資家には、大学基金や年金基金、保険会社などが存在する。彼らはさまざまな投資対象について、バランスよくお金を割り当てながら資産運用全体をデザインする。

そこでは上場している公開企業の株式から、相対的に安全に利回りがとれる債券、さらには企業買収を手掛けるバイアウト・ファンドやヘッジファンド、そしてベンチャーキャピタルなどを組み合わせて、トータルで目標とする利回りを狙う。

図表5は、１００億円の資産を元本として運用した際に、10年間で得られる利益を簡単に示したものだ。

安全だと言われる米国債で運用すれば、10年間で１１０億円になる。同じくアメリカの公開株（Ｓ＆Ｐ５００）で運用すると、マクロ経済によって大きく上下があるものの、ざっくり１６０～１８０億円になる。

これに対してベンチャーキャピタルでは、少なくとも２００億から３００億円になることを期待する。そうでなければ、長期でお金を塩漬けにするリスクリターンに見合わないというわけだ。

それでもベンチャーキャピタルにお金が集まるのは、大成功するファンドになると10倍以上のリターンを出すような成果を叩き出すからだ。

VCに求められる「10年で3倍」の掟

［ 図表5 ］ 運用資産ごとの期待リターン

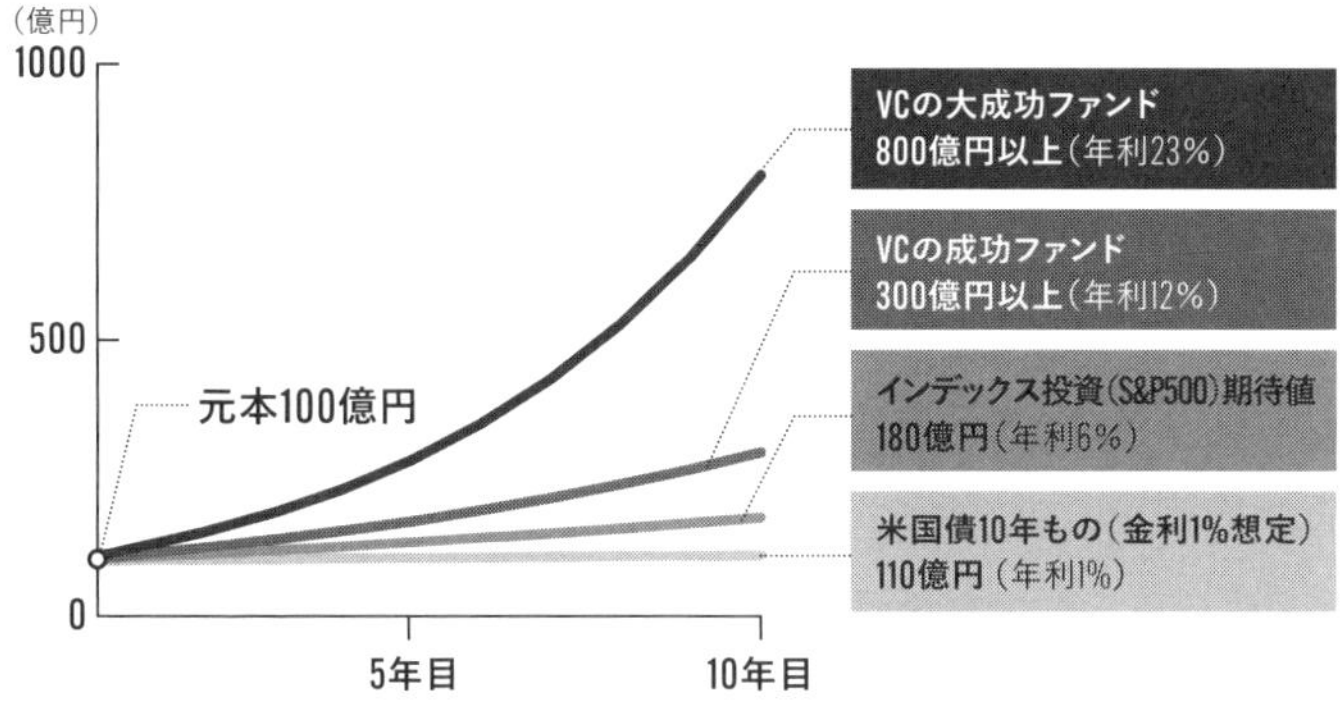

※単純化するため、ファンド運用期間の10年後にすべてのリターンを戻すものとする。
（VCによる運用手数料は、計算に含めていない）

VC投資が究極のホームラン競争である理由

ではいよいよ、成功したベンチャーキャピタルと、失敗したベンチャーキャピタルがどのように生まれているのか、その投資成果のリアルに迫ってゆこう。ほとんどが未上場のブラックボックスの世界で行われるVCのスタートアップ投資は、何が成否をわけるのだろうか。

察しのいい読者は気づいているかもしれないが、それは市場を席巻するような巨大なビジネスを生み出してくれる「ホームラン案件」を当てられるかにすべて懸かっている。言葉を換えればユニコーン（企業価値1000億円以上）やデカコーン（企業価値1兆円以上）に化けるような、ダイヤの原石が投資ポートフォリオに入っていなければ、そのファンドは成功できない。

なぜならスタートアップへの投資のリターン

を分析してみると、極めて少数のスタートアップたちが巨額の企業価値をほこるようになる一方で、大部分のスタートアップたちは小粒か損失に終わるからだ。

図表6は、アメリカにおける２万１６４０件のスタートアップ投資（２００４〜２０１３年）について、どれだけのリターンを生み出したかという結果の分布をチャートにしたものだ。見てのとおり、全体の64・8％のスタートアップは、投資したお金が1倍未満になる「損失」となっている。そして数倍以上の利益がでるのは全体の約35％であり、10倍以上の利益をもたらしてくれるホームラン案件はわずか４％に過ぎない。

多くの読者がニュースで見かけるメガベンチャーの上場とは、この分布図の最も右端にあたる、50倍以上のリターンをもたらす0.4％に分類されているはずだ。例えばビデオ会議ソフトのズーム(Zoom)であったり、データウェアハウスのスノーフレーク（Snowflake）といった投資は、特大のホームラン案件だったわけだ。

このホームラン案件がどれだけファンドの成否を左右するのか、最もよく引用されるケースの一つが、アクセルパートナーズ（P128）によるフェイスブックへの投資だろう。

２００５年、まだフェイスブックが一部の大学キャンパスを対象にした学生向けのＳＮＳ（ソーシャルネットワークサービス）だったころに、アクセルはこのスタートアップに破格の値付けをした。そして初期投資家として１３００万ドル（約14億円）を投じたのだ。

それから7年後、フェイスブックがナスダック市場に上場したときに、アクセルパートナーズの投資はおよそ１０００倍のリターンを生むことになった。つまり**当該ファンドは、フェイスブック１社への投資だけで、１兆円を超えるリターンを手にした計算になる。当該ファンドの投資先には**

ホームラン案件は「極わずか」

［ 図表6 ］スタートアップ投資のリターン分布図

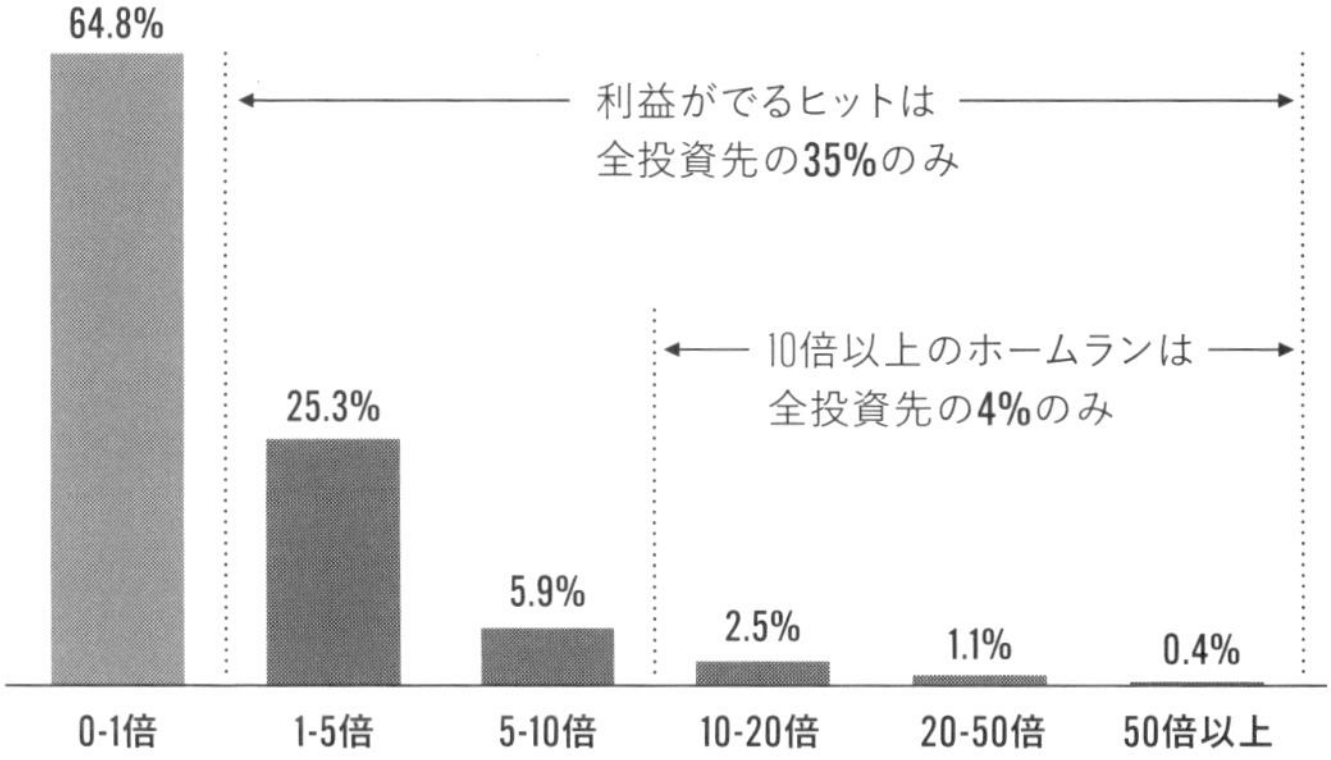

他の優良スタートアップもあるが、もはや場外満塁ホームランとなった、フェイスブックからの利益がほぼすべてを占めた。

金額が大きすぎてイメージが湧かない読者は、正月に売り出される福袋を思い浮かべるといいかもしれない。百貨店やアパレルショップなどで売り出される福袋には、中身をみることはできないが、たくさんの商品が詰め込まれている。この福袋を、いわばたくさんのスタートアップに投資しているファンドに重ねてみる。

もしも10万円で購入した福袋を開けて、定価にして300万円ほどするエルメスの最高級ハンドバッグである、バーキンが入っていたらどうだろう。もはやその他にどんなアイテムが入っていたのかなんて、この福袋の当たり外れにはほぼ関係ないはずだ。その他に色もサイズもちぐはぐな洋服がいくら入っていても、バーキンさえ入っていれば大当たりだ。

現実の福袋にそんな大当たりはないだろうが、

ベンチャーキャピタルのファンドでは「バーキン」が入っているファンドが、たしかに存在するのだ。

このファイナンスの仕組みのさらなる詳細については、さらに込み入った議論となるため、7章で述べる。

次章以降で取り上げる「キングメーカー」たるトップ投資家たちは、特大ホームランを繰り返している強者達だ。彼らの投資戦略や哲学、起業家への考えを聞けば、決してその大当たりが偶然ではないことがはっきりとわかるだろう。それぞれ独自のメソッドで、ホームランを打ち続けるための何かを、必ず手の内に持っているのだ。

巨万の富を手にする
ベンチャーキャピタリストの動機

本章の最後にベンチャーキャピタルで働いている投資家の動機と、彼らがどのくらいお金を稼いでいるかという、生々しい話についても触れておきたい。

なぜなら日本では多くの大企業が、スタートアップであったり新しいイノベーションに興味を持っているが、このVC産業におけるお金の常識に無知であるケースが多いからだ。

「そんなに優秀な投資家がいるのなら、その人を雇ったらいいじゃないか」

これはある東証一部上場の有名企業トップが、シリコンバレーの投資家がどれだけ有望なスタートアップを掘り起こしているのか聞いて、ミーティング中にした発言だ。そこで話題になった投資家は、ベンチマーク（Benchmark）という現地でも指折りのＶＣのパートナーの名前だった。

「おそらく彼の個人資産で、あなたの会社の株式の過半数を取得できますよ」

ミーティングに参加していたSozoの担当者がそう伝えると、有名企業の幹部らは絶句したという。

その人物こそ本書の3章で登場するピーター・フェントンだ（P100）。

個人資産の詳細は明らかになっていないが、ツイッターへの初期投資だけで１０００億円以上の個人資産を手にしており、これまでの実績から数千億円に達している可能性がある。

例えばＳａａＳ投資のトップ投資家として有名なＶＣのエマージェンス・キャピタルは、ビデオ会議システムのズームへの投資で、５００倍以上のリターンを出したと言われている（現在も一部株式を保有）。20億円の投資が、1兆円以上になったわけだ。ざっくり計算するとその20％、つまり２０００億円を超える利益が、コアな投資担当者を中心に分配されたことになる。

本書のインタビューに淡々と答えているサンティ・スボトウスキー（P114）は、この投資だけで、個人として優に１００億円単位の富を手にしていることになる。一見すると朴訥な雰囲気すらある人物であり、華美なものからはほど遠いような印象を与えるが、その実績からは使い切れないほどの資産があるわけだ。

つまり、一流のベンチャーキャピタリストは個人として、日本の大企業の経営者や一流のコンサルティングファームのパートナーたちとは比較にならないほどの報酬を手にしている。

ここまで多くの富を手にすることについては賛否両論もあり、近年では有力なスタートアップ投資への競争が激しくなることで、こうしたＶＣドリームを掴むための難易度は高くなっている。

重要なポイントは、こうした強いインセンティブ構造があるからこそ、成功した連続起業家など、とびきり優秀で希少な人材がハイリスク・ハイリターンのこの世界に参戦しているということだ。アメリカのVC産業は、スタンフォード大学やハーバード大学などのトップスクールのMBAの卒業生という、アメリカでも超のつく学歴エリートたちが約40%を占めていると言われている。

そうしたハイスペック人材たちが昼夜を問わずに働いても、勝ち残ることは簡単ではない。

それでもVCへの応募がまったく途切れないのは、世界を動かすようなスタートアップと新産業を陰ならが生み出している、ベンチャーキャピタルという仕事のステータスが極めて高いからだ。またVCでは、高度なスキルや専門性が求められることも多い。

投資案件を見つけたり、投資先を支援するような担当者はもちろんのこと、デューデリジェンスという事業調査のプロセスにおいては、スタートアップの会計や事業内容を細かくチェックしたり、また知的財産などを専門的に確認するプロセスが必要なこともある。もちろん契約にあたっては、法律の専門知識も求められる。

だからシリコンバレーでは、100億円のファンドを運用していても、ベースとして入ってくる管理手数料で雇うことができるコアメンバーは3人ほどだ。なぜなら管理手数料は通常、ファンド総額の2%ほどなので、この場合は年間2億円が手数料として入ってくる。この2億円から、人件費や調査費用、オフィス代などをまかなうわけだ。

先ほどのような高いスキルを持っており、トップ大学を卒業している人材を採用するとなれば、アメリカでは年収3000万円を下回ることはほぼない。そのため100億円のファンドならば、予算的にはせいぜい3人ほどしかフルタイムで雇うことはできないことになる。だからこそ、これがVCと名乗るための最小単位だと考えられている。

では彼らは年収3000万円で満足なのかといえば、まったくそうではない。すでに説明したとおり、ベンチャーキャピタルというのは、少数のトップ投資家たちが、著しく高いリターンを生み出している業界だ。そして投資原資を上回るリターンを生み出したときには、そのリターンの20％ほどを成果報酬としてもらう仕組みになっている。多くの投資家は、その高みを目指す。

一方で、**使い切れないほどの多額な成果報酬を手にしたあとも世界中を飛び回り、起業家に寄り添い、新しい産業を創るために骨身を惜しまない人物も多い。その仕事ぶりは、多額の株式報酬がありながらもミッションやビジョンのために身を粉にして、グロースを諦めない起業家の姿と重なる。**

すばらしい起業家と切磋琢磨する知的なやりとりこそ、お金には代えがたい魅力だと語ってくれることも多かった。

COLUMN

VCの起源、ハイリスクハイリターンの捕鯨産業

日本でも多くのお店を構えているコーヒーチェーンのスターバックス。その名前の由来は、アメリカ文学の名作『モビー・ディック（白鯨）』に登場する、コーヒーが大好きな捕鯨船メンバーの名前からきていることを、知っていただろうか。スターバックさんは、太平洋で巨大なクジラを追いかけながら、コーヒーを飲んでいたのだ。

なぜこんな話をしたのかと言えば、このスターバックさんが登場する19世紀のアメリカにおいて、捕鯨というのは巨大なビジネスだった。そしてこの捕鯨産業こそ、21世紀のスタートアップたちを成長させている、ベンチャーキャピタルの元祖だと言われているからだ。

つまりVCというハイリスクハイリターンの仕事のエッセンスが、クジラ漁に凝縮され、そのビジネススキームが受け継がれているというわけだ。

かつて、クジラは大きなお金になった。とりわけ欧米が目をつけたのは、クジラから大量に取ることができる鯨油だ。マッコウクジラからは極上のオイルを絞り出すことができ、それは明かりを灯すためのロウソクや、精密機械のグリスや潤滑剤として高値で売られた。

またクジラのヒゲは、温めると自由に形を変えられる性質があり、まるでプラスチックのように使えるバイオ素材として重宝された。金持ちの女性が身につけたコルセットの骨格などに、このクジラの骨が使われている。

1850年の時点で、世界には900隻ほどの捕鯨船が稼働をしており、そのうちの675隻がアメリカ登記の船だったという。

アメリカの東海岸から出航した船たちは数年間にわたり、南米の最南端を回って、太平洋でマッコウクジラやザトウクジラ、セミクジラを追い回し、一攫千金の冒険をつづけた。

では、捕鯨ビジネスとベンチャーキャピタルのどこがそっくりなのか。一つ目は、冒険に繰り出してゆくプレイヤーと、投資をしたいお金持ちをつなげる仲介者がいたところだ。

捕鯨ビジネスでは、エージェントたちが富裕層から預かったお金を、多くの捕鯨船に分散して投資していた。彼らは腕の良さそうな船長の一味を見つけ出して、船やお金を与えて、どでかいリターンを出すための知恵を共有した。まさに21世紀の、VC投資家がやっていることと同じだ。

ちなみにエージェントは、捕鯨ビジネスのノウハウを蓄積できた。なぜなら過去に投資して引き揚げてきた船がどの海域で、どんな天候で、どんな種類のクジラがゲットできたのか、航海日誌に記録されるからだ。この航海日誌こそ「経営ノウハウ」と呼べるお宝のデータであり、他の投資家を出し抜くための秘密の武器だったわけだ。

二つ目は、少数のプレイヤーたちが、途方もなく高い利益を手にするという、投資リターンの分布が驚くほどそっくりなのだ。例えば捕鯨船のリターンと、ベンチャーキャピタルのリターンを、利益率ごとに分けた調査データが公開されているが、これが驚くほどぴったり重なることは有名だ。

どちらも下位30%ほどのプレイヤーは、そもそも元本すら取り戻せずに損失に終わる。しかし、トップ数%のプレイヤーたちが、年利100%以上のすばらしいリターンをもたらしてくれる。捕鯨でいえば、4年間で元本の15倍以上の富をもたらすわけだ。

三つ目は、今でいうところのストックオプション制度だ。数年間にわたって洋上で暮らし、クジラを追いかける仕事は、めちゃくちゃハードワークだった。だから船員たちが逃げ出したり、資産を持ち出すことがないよう、船員には「レイ（lay）」というストックオプションが付与された。

これは船長や航海士だけではなく、クジラに銛を打つ射手であったり、その他の雑用をこなすメンバーにまで、成功報酬を山分けしてもらえるインセンティブとして公平に付与された。数年後に高価なマッコウクジラの油をいっぱいもって帰れば、船員みんなが報われるというわけだ。

ちなみにクジラがなかなか取れなくて、そのままでは故郷に帰るに帰れず、何年にもわたって旅を延長する船長たちも多数いたという。記録によれば、11年間もクジラを追いかけて洋上を走った船もあった。なかなか上場できずに四苦八苦するスタートアップのCEOと、同じような気持ちで、船長たちも舵をとっていたわけだ。

こうした内情は「VC: An American History」（日本語未翻訳）にくわしいが、そこでアメリカという国は、冒険家の精神とリスクマネーが融合することで、新しい産業を生んできたと結論している。ただし21世紀のスタートアップは、捕鯨船とは違って、青天井に利益を積み上げることができるのだ。

3章

シリコンバレーのキングメーカーたち

Founders Fund
Benchmark
Emergence Capital
Accel
QED
Ribbit Capital
Venrock
ARCH Venture Partners
Kleiner Perkins

ピーター・ティールが語る

パートナー（共同創業者）
ピーター・ティール
（Peter Thiel）

未来の創り方

ファウンダーズ・ファンド

（Founders Fund）

2005年、ペイパルの創業メンバーであるピーター・ティール、ルーク・ノゼックらが立ち上げた。人類を進歩させるような、革新的なテクノロジー企業へ集中投資することで、巨額のリターンを狙う。格安で打ち上げられる宇宙ロケットから、世界最大のSNSまで、投資先には世界的なスタートアップが並ぶ。

本拠地……………………サンフランシスコ（カリフォルニア州）

社員数……………………15人

イグジット数／累計投資先数……214社／843社

主な投資先……………SpaceX, Palantir Technologies, Stripe, Facebook, DeepMind, Stemcentrx, Anduril Industries, Synthego, Oculus, Long-Term Stock Exchange, Niantic, Flexport

カリスマ的な存在感を誇るベンチャーキャピタル、ファウンダーズ・ファンド（Founders Fund）は、すぐにお金になりそうな市場のトレンドにほとんど興味を示さない。成功例をコピーするような、横展開のビジネスもスルーだ。

彼らがターゲットにするのは、技術的に大きなブレイクスルーによって、新しいマーケットをゼロから生み出す「ゼロ・トゥ・ワン」のスタートアップだけ。つまり、言葉ばかりのちゃちな「イノベーションもどき」ではなく、真の意味でのイノベーションを見出し投資するのだ。

その創設者は、つねに賛否両論を呼び起こすような〝逆張り〟の投資家として知られているピーター・ティールだ。新しいデジタル通貨をつくることを掲げたペイパル（PayPal）を創業し、その後は、「ペイパルマフィア」と呼ばれる起業家集団を束ねてきた。

まだ創業したばかりの学生用コミュニティサービスだったフェイスブックを見出して、大学をドロップアウトしたマーク・ザッカーバーグに最初の創業資金を投じただけではない。宇宙や航空分野から、不老長寿やゲノム創薬、さらには金融やコンテンツにいたるまで、縦横無尽に未来を創るファウンダー（創業者）に賭けてきた。だからその名を、ファウンダーズ・ファンドという。

連戦連勝の投資手法も、コピー不能と言われるほど特異だ。

投資チームは超少数精鋭。社会を変えるほどのインパクトがあると認めた、少数のスタートアップに対して、一点集中で大きな資金を注ぎ込む。

そこでは宇宙スタートアップのスペースX（SpaceX）や、ビッグデータ企業のパランティア（Palantir）のように、10年以上も赤字がつづいても意に介さない。

「アメリカや日本の社会が閉塞感に包まれているのは、今日とは異なる、未来を創るためのセンスが失われているからだ」と語るピーター・ティールは、リスクマネーによって社会を進歩させるという、原始的なまでにベンチャーキャピタルらしい仕事にこだわる。

欧米の大手メディアの取材もほとんど受けることがないピーター・ティールだが、今回、なぜ投資家として革新的な「ゼロ・トゥ・ワン」にこだわるのか、この本の読者のために語ってくれた。

まずはファウンダーズ・ファンドの実態について、元右腕だった投資家デリック・プリッドモアの証言から始め、後にピーターの言葉へつなげたい。

デリック　ピーター・ティールは、つねに世の中の「逆張り」をする投資家として知られています。まだ世の中で証明されていないテーマに投資するリスクテイカーでもあります。

人工知能の分野の最高峰をゆくディープマインド（DeepMind）への投資も、そうやって決まりました（P3）。

そのときのことはよく覚えています。投資チームで最終判断をする日、私はたまたまアフリカに滞在していました。

ビジネスプランのない科学者だらけのディープマインド、しかもシリコンバレーには来ず、ロンドンから拠点を移さないと言い張る彼らに、本当に投資していいのか。反対意見も飛び交い、この投資検討を地道にすすめてきた私はフラストレーションで一杯でした。

そのとき、ピーターが「ディープマインドへの投資は、やらない理由はない」と、ひと言加えたのです。それで、すべてが決まりました。

ファウンダーズ・ファンドの投資チームは、驚くほど小さいのです。２０１０年、当時は2億ドル（約170億円）ほどの小型のファンドを運用していましたが、ピーターを含めて投資パートナーは4人、その下で働くプリンシパルが3人いただけです。宇宙、防衛、ゲノム、エネルギー、ロボティクスなど、異なる専門性を持った人たちであり、その人数はいまも大きく変わっていません。

もともとウォール街で金融工学の仕事をしていた私は、機械学習とＡＩにずっと魅せられてきました。そのためファウンダーズ・ファンドでは、世界中の機械学習のカンファレンスに参加し、あらゆる有名教授やスタートアップを洗い出し、論文を読み漁り、とてもニッチだったニューラルネットワーク分野の科学者を掘り起こしていたのです。

ちなみに4年後（2014年）、ディープマインドはグーグルに6.5億ドル（約687億円）で買収されました。そのときであっても、ディープマインドに経営的に意味のある収益はほとんどありませんでした。ただしニューラルネットワーク分野のパイオニアであり、ライバル企業もない時代から、その分野の最高の頭脳たちを好き放題に集めていました。

ファウンダーズ・ファンドの投資でとても興味深い点は、こうした新しい分野を創り出してしまうスタートアップは、将来いくらで売却できるとか、いくらで株式上場できそうかといった、イグジット計画があまり意味をなさないことです。

そのテクノロジーの開発がもしも成功したら、巨大なインパクトが生まれるとわかっている場合には、採算の細かな計算なしに突き抜けるチャンスがあるのです。ディープマインドの場合は、誰も真似することができない高度なＡＩのアルゴリズムをつくる、唯一無二のプレイヤーでした。

そうした本当の意味でのイノベーションの可能性に基づいて、ファウンダーズ・ファンドは、投資の意思決定をするのです。

わずか7人だった「少数精鋭」の投資チーム

ピーターから刺激を受けた会話をたくさん覚えています。

彼は、スタンフォード大学で哲学を学んだあとに、ロースクールで法学博士を取っています。つまりコンピュータ・サイエンスや、バイオロジー（生物学）などの専門家ではありません。

しかし、そんな彼とのミーティングに参加すると、毎回、驚くような会話が交わされるのです。あるバイオテクノロジーのスタートアップへの投資検討のオンライン会議では、その専門性の高い技術を検証するために、私たちは博士号を持つ生物学者や、ライフサイエンスの研究者たちを招いていました。もちろんスタートアップ側からも、専門家たちが参加してきます。

あっちにいったり、こっちにいったり、議論は蛇行しながら、質問が飛び交っていました。そんな中で、ピーターはそのスタートアップが行っている研究技術の整合性であったり、どのような事業に展開できるのかという点について、理路整然と質問を進めていきました。ものすごく科学的な話ですよ。

「いまこの質問をしている男は一体、何者なんだ」。そのミーティングを音声で聞いていた友人の専門家が、私にチャットで尋ねてきました。

私は「あれがピーターさ。哲学が専門だけどね」と答えました。

ピーターの思考は、つねに原理原則にのっとっていて、とてもロジカルなんです。もともと有名なチェスプレイヤーであり、いつも「もしもこういう手を打ったら」「こういう結果になる」という、if(もしも)とthen(それならば)を使ったシミュレーションを高速でしているかのようです。技術とビジネスへの投資でも、つねにifとthenによって、どのくらいの確率でそれがリアルに起きるかを読むのがすごくうまいのです。

ではピーターが率いるファウンダーズ・ファンドが、なぜベンチャーキャピタルとして大きな成功を収めているのか。私なりに考える、三つの秘密があります。

一つ目は、先ほどからお話ししているとおり、ピーター・ティールその人です。人物として大きな魅力があり、彼のアプローチであったり、その圧倒的な人脈やネットワークが、ファウンダーズ・ファンドで決定的な役割を果たしています。

あらゆる専門家が舌を巻くほど知識も深く、頭が切れる。その一方で、すごく謙虚で、地に足がついており、かつめちゃくちゃにハードワークをする人物です。

そしてなにしろ社会を善くすることに、強い強い関心を持っている投資家なのです。

二つ目は、ピーターのまわりに集まってくる人材のレベルの高さです。ある産業分野のスペシャリストであったり、過去に大きな成功を成し遂げていたり、ものすごく特別なビジョンを持っていたり、そういった希少な人材が集まっています。

ベンチャーキャピタルの投資家は何百人、何千人という新しいスタートアップの創業者と会います。しかし、いかに個人としてすぐれていても、一人で企業動向を追いかけたり、特定のセクターは自分の分野だと気負ったり、すぐれた仮説だけを頼りにするばかりではまったく間に合わない。

限られた時間と選びきれない選択肢。こうした状況にあって、誰でもスタートアップ投資でミスをする可能性がある。トップファンドが投資を決めても、価値がゼロになるケースがあります。

そこで三つ目は、こうした集まった人材がピーターによって接続されて、個人の能力を超えたチームとして結束して、ものごとを追いかける点です。常に新しいテクノロジーが生まれ、市場はいつも変化する。変わらないのは、人材とチームだけであり、その人間関係が決定的に大事なのです。

ではファウンダーズ・ファンドのやり方を真似できるかと言われたら、正直なところ、それは難しいでしょう。これは宇宙の真理かもしれませんが、ある時代、ある人たちが、ある場所に揃っていることを真似することは簡単ではありません。

そんなファウンダーズ・ファンドでも、あらゆる分野で爆発的に生まれてくる、新しい技術やその応用すべてに対応することはできません。だから少数精鋭のスモールチームで、自分たちが本当に信じている領域だけに集中します。そこでピーターは「本当に、革新的なテクノロジーはなにか」という問いだけを、ひたすら謙虚に見つめているのです。

ちなみに「ファウンダーズ・ファンドの裏には、こんな投資プロセスがあり、ここまで徹底した調査をやっている」とは当然、外部には言いません。それよりも「カリスマのピーターがいるから、成功する」と説明したほうが簡単ですからね。

未来創りで共謀する「マフィア」たち

おもしろいことに、ピーター・ティールは「ペイパルマフィア」という言葉をよろこんで使う。なぜならピーターは何か特定の企業やサービスをつくったというよりは、革新的なビジネスを繰り返し生み出してゆく、合計20人ほどのペイパルマフィアというコミュニティが生んだインパクトを誇りに思っているからだ。

彼らが関わっている起業やプロジェクトは点と点で結びつき、まるで小宇宙のように絡まりあい、大量のゼロイチを生み出している。

元ペイパルの初期メンバーによるスタートアップだけでも、イーロン・マスクのスペースXやテスラ（Tesla）、オープンＡＩ（OpenAI）、リード・ホフマンのリンクトイン（LinkedIn）、スティーブ・チェンのユーチューブ（YouTube）、マックス・レヴチンのアファーム（Affirm）、ジェレミー・ストップルマンのイェルプ（Yelp）、そしてピーター・ティールのパランティアとまるで新産業のクラスターのようだ。

さらに恐るべきなのは、こうした起業家たちが成功すると、数え切れないほどのプロジェクトにエンジェル投資をしたり、ファウンダーズ・ファンドのようにＶＣとして投資をしたり、経営メンバーやアドバイザーとして、続々と次世代のスタートアップにノウハウを与える役割を担っていくことだ。それこそが「シリコンバレーの心臓部」と言っても過言ではない。

起業家、投資家、起業家、投資家という役割を、回転ドアをつかって自由に行き来する彼らこそ、シリコンバレーの心臓部をつくり上げているネットワークそのものだ。

そのボスであるピーター・ティールは、もはや起業家でありながら、投資家でもあるという、未来創りのキープレイヤーを一人二役で演じているとも言える。

日本でも大ベストセラーになった『ゼロ・トゥ・ワン』は、そんなピーターがイノベーションとは何かという問いに対して、自らの考えを描いた本だ。それを熟読してみると、ピーターは未来の創り方を実現する方法として、ベンチャーキャピタルという仕事を選んだことがよくわかる。

一方で、ピーターは歩みを止めてしまったイノベーターたちに対して容赦しない。

かつてはガレージから革新的なスタートアップが生まれていたシリコンバレーも、ピーターにとっては、いまやグーグルなどの巨大企業があぐらをかく「停滞エリア」に落ちぶれてしまった。

7年前に『ゼロ・トゥ・ワン』に書き損ねたことを、ピーターが語る。


ピーター 私は『ゼロ・トゥ・ワン』で、本当に革新的なスタートアップというのは、それまでに存在しなかった、独占的なビジネスを築くものであると書きました。(しかし、GAFAなどが独占企業であるという最近の批判について) 私の考えを、グーグルを題材に語ってみましょう。

私が『ゼロ・トゥ・ワン』の本を書いた頃、グーグルのような巨大テクノロジー企業は、まだ社会を善くする存在として歓迎されていました。しかしいまでは、社会的にネガティブな存在と受け止められています。これが、テクノロジー企業が直面している問題です。

つまり過去7年間で、多くの人たちのテクノロジー企業への受け止め方や認識というのが、思い切り変わった。もしかするとテクノロジー企業そのものが、いつのまにか「変質」したのではないかと、問うこともできますよね。

私はフェイスブックの取締役を長らく務めていますから、この点については、慎重に発言をしないといけません。しかし、答えてみましょう。

グーグルという会社は、マイクロソフトのような独占事業会社だとみなされることを、何よりも避けるように努力してきました。1990年代のマイクロソフトはウィンドウズOSによって、社会的に悪い意味で独占的なプレイヤーとしてその名を轟かせました。

あの二の舞になりたくない。だからこそグーグルは、自分たちがとても創造的なスタートアップであり、既得権益の側ではないというブランディングを繰り返しました。

自動運転車から、グーグルグラスのようなウェアラブル端末、都市をまるごとデジタル化するスマートシティ計画、はては宇宙空間に届くスペースエレベーターまで、奇想天外なプロジェクトを打ち出してきました。どれも新しい未来を感じさせる挑戦であり、かつてイノベーションの梁山泊のような場所だったベル研究所や、ゼロックスのPARC（パロアルト研究所）のようなイメージをまとったのです。

だからグーグルは、実は検索エンジンによる広告市場の独占的プレイヤーでありながらも、次なるイノベーションへの挑戦者だと信じてもらえた。『ゼロ・トゥ・ワン』を書いた2014年でも、そうした挑戦的な取り組みは、世の中によく響いていました。

しかし、いまやイノベーションを起こすことは、グーグルの役目ではなくなったようです。どこかの時点で、グーグルは新しいイノベーションを起こすことを諦めたのかもしれない。先ほど挙げたような未来感のある大型プロジェクトが、すべて暗礁に乗り上げたのが理由かもしれません。

いま彼らはそうした物語を語ることすら止めた。

悲しいことですが、グーグルなどが掲げる「イノベーション」の多くは、自分たちが既得権益を持った独占企業であることを隠すための、単なるプロパガンダになっています。最初はもっともらしいアイデアも、そこには時限爆弾のタイマーがついており、時が過ぎたいま、多くの人々はそれがポジショントークであると気づいてしまったのです。

２０２１年時点のグーグルは、単なる独占的な検索ビジネスそのものでしかありません。インターネット検索による広告ビジネスというのは、とても収益性の高いものですが、それで新しい未来を創れているわけではない。これがいまのグーグル経営陣にとって最大の難問です。

そして、それこそ私がこの10年にわたってシリコンバレーを批判してきた本質であります。

もうシリコンバレーの企業は、本当の意味で革新的なものを生み出せていないのです。この批判の大部分は、ビッグテック（ＧＡＦＡ）に対するものと思ってもらって構いません。彼らが本当に革新的なことに挑み続けたら、おそらく社会はもっと前向きに彼らを受け止めたでしょう。

だからいま『ゼロ・トゥ・ワン』に加筆できるとすれば、私がビジネスの本質であると語った「市場の独占」について、すばらしい独占があれば、悪い独占というものもあると、きらんと区別して書きたいと思います。

イデオロギーじゃなく、テクノロジーでつかむ自由

ファウンダーズ・ファンドの投資先に、パランティア（Palantir）という私が共同創業者を務めるスタートアップがあります。パランティアは、至高のアルゴリズムをつくっているわけでもなければ、美しいビジュアルを施したウェブデザインが売りでもありません。

このスタートアップをつくったのは、世の中には膨大なデータを抱えていながら、それを使うこ

とができない組織が山のようにあるからです。

パランティアは、組織全体に散らばっているデータの分断をつなげ、信じられないほど効率的に統合するビッグデータ分析の企業なのです。

例えばアメリカの政府機関（FBIやCIAなどの諜報機関も含む）においては、さまざまなデータを抱えながらも、組織が異なるという理由などから、宝の山のようなデータの活用ができていないケースがありました。2000年代初頭、同時多発テロとの戦いのため、パランティアは（オサマ・ビンラディンの発見などにも）活用されました。

シリコンバレーにあるのはワンサイズ・フィット・オール（フリーサイズ）の、単一化したソリューションを拡大する会社ばかりです。しかし、パランティアは機械と人間がとても複雑なやりかたで、協調できることに目をつけました。人間がどのようにビッグデータを使えるのか、その需要を満たすという意味では、コンサルティング企業に近いのかもしれません。

このパランティアも、（アメリカ政府による移民の監視などに使われているなどの）批判を受けてきました。

いつでも市民のプライバシーの尊重と、国を守るためのセキュリティの強化という二つのものは、トレードオフの関係になってしまう。市民の自由か、セキュリティの強化か、という話ですね。

わかりやすくダメな例は、空港のセキュリティゲートです。すべての搭乗客が靴を脱いで、X線装置を通らないといけないとてもローテクなシステムです。市民のプライバシーを犠牲にするわりには、セキュリティとしてあまり機能しておらず、トレードオフの悪い見本ですね。

しかしこのトレードオフは、私たちの社会にもう技術的なイノベーションが起きないことを前提にして、語られているものです。

パランティアがさらに革新的なデータ分析ツールを生み出したら、政府は市民全員のプライバシーを侵害せずに、ごく少数の疑わしい人物を調べるだけで済むようになるでしょう。

いいですか、9・11の同時多発テロが起きたときに、こうした問題をテクノロジーでどう解決するのか、と考える人はほとんどいなかった。その代わりに、「米国愛国者法」（捜査機関の権限拡大、出入国管理などを規定）というルールをつくりました。これは市民に対してものすごく押しつけがましい、あまり機能しない仕組みだったと思っています。

イデオロギーに基づいてではなく、新しい未来を創るテクノロジーに基づいて、機能するものを私たちの社会は求めているはずです。

発明家が大富豪になれる「オタクの世紀」

新しい科学的なブレイクスルーによって、これまでに存在しない市場を生み出すと、そのスタートアップはおのずと良い意味での「独占的なビジネス」をもたらします。

ファウンダーズ・ファンドは、世界にとって革新的でありながら、ビジネスとして巨大な成功を収めるスタートアップに投資したい。ところが、それは簡単ではありません。

そもそも産業史を振り返ると、新しいイノベーションとそこで巨万の富を築き上げたビジネスというのは、あまり相関していないのです。調べてみると実は、偉大なイノベーションを起こした人たちが富を手にしたケースは、驚くほど少ないことに気づくでしょう。

例えば18世紀のイギリスで起こった第一次産業革命では、工場が自動化、最適化され、あらゆる産業に進化がもたらされました。工場のモノづくりは、はるかに効率的になり、生産性は1年あたり5％というペースで向上しました。

しかし、新しく生み出された富の配分という視点で眺めると、それを手にしたのは主に地主と貴族たちでした。19世紀の半ばには発電用の石炭が必要とされ、石炭が埋まった土地の値段がどんどん上がったのです。つまり、第一次産業革命によって生み出された富は奇妙にも、イノベーションを起こした人々と無関係な、既得権益を持つ人々に独占されました。

19世紀後半から20世紀前半に起きた第二次産業革命は、さまざまな発明とビジネスが複雑に絡まり合って発展しました。化学、電気、石油や鉄鋼などの重化学工業分野は、巨大なスケールを持つ大企業によって構成されていた。

たしかに発明と、それがもたらす富はおなじ場所にありましたが、新しいプレイヤーが自由に参加するにはあまりにも参入障壁が高い、重厚長大な事業構造でした。

そんな産業史の中で、唯一の例外として起こったのが、インターネットと共に広がったソフトウェア産業です。ソフトウェア産業は、ゼロから新しいことにチャレンジしてイノベーションを生み出した人たちが、まるごと新しい富を手にできる点で、ものすごくユニークな産業なのです。

例えば、グローバルな自動車産業においては何十ものメーカーが存在しますが、そこそこの利益しか得られません。一方でソフトウェア産業は、その特性から大きくスケールするコストがゼロに近く、圧倒的な勝者になれるチャンスがある。ソフトウェア産業のイノベーターたちは、そのイノベーションの価値を最大化できるとも言い換えられるでしょう。

そしてシリコンバレーなどでは、ものすごく頭のいい「技術オタク」たちが、独占的なソフトウェアビジネスをつくる主人公になっていった。これは歴史的にみれば、元来ビジネスの主人公になれなかった、賢い頭脳を持った生真面目なオタクによる大逆転劇のようです。

この価値転換がソフトウェア産業のカルチャーを支えており、私は大きな歴史的な文脈として考えることができると思っています。

未来への閉塞感は「ゼロイチ」で乗り越えよ

いま日本が抱えている課題というのは、本質的には、アメリカやヨーロッパなどが抱えている課題と大きく変わらないと思っています。こうした国々に共通するのは、「未来」に対する感覚が失われていることです。今日とは異なる、明日が創れるという自信が失われている。

だからこそ、多くの人たちが「閉塞感」の中で生きているのだと思います。

もう人間は、あるべき進歩を終えてしまった。自分たちが創ってゆく未来なんて、どこにも存在しないんだと感じているのでしょう。

日本でもアメリカでも、世代間における社会のとらえ方に大きなギャップがあります。若い世代の人たちは、親たちよりも、経済的に成功するチャンスは少ないと感じています。若者のほうが、行き詰まりを感じてしまう社会というのは、歴史的にも異例なものです。

ここで問うべきなのは、「いまの世界とはまったく異なる姿」をしている未来であり、「いまの世界よりもずっとすばらしいと思える場所」としての未来に、どうやって人々を向かわせられるかという点です。

「起業家精神が万能薬であり、すべてを解決する」という意見は、シリコンバレー中心主義から生まれるおごりであり、誤りであることを認めます。しかし一方で、スタートアップによって新しいテクノロジーとビジネスをゼロから創造するという営みには、たしかに新しい未来を創るエッセンスが含まれています。

私が『ゼロ・トゥ・ワン』で訴えたのは、「本当の意味で新しいこと」をする必要があるということでした。すばらしい未来を創るには、技術的なブレイクスルーによって、巨大なスケールにすることができる、新しい「独占的なビジネス」を始めるのがベストなのです。

これはビジネスという領域の話にとどまりません。ゼロからイチを創るという生き方を選ぶことは、一つの政治的なスタンスであり、文化的なスタンスでもあるわけです。

そして最後に、そうした革新的なゼロイチを生み出すことができる、シリコンバレーのような特定の地理的エリアはもう存在しないと思っています。

ずっと不思議に思っていたのですが、インターネットは人々を「地理的な制約」から解放するものであったはずです。どんな場所にいても、関係なくインターネットはつながれます。だから地理的な専制や束縛からの解放を掲げたはずのテクノロジー企業たちが、なぜかシリコンバレーという特定の地域にかたまっていることは、過去25年間にわたるテクノロジー産業の大きなパラドックス（矛盾）の一つだったと思います。

確かにかつてのシリコンバレーには、おもしろい人材が密集して生まれるネットワーク効果があり、多くの人がそこでノウハウや知識を得ていきました。

しかし2021年にあっては、みなさんはあらゆる知識や、私の書いた本にもアクセスができ、また遠く離れた人ともズームで会話もできます。つまり地理的な制約というのを、いよいよ私たちは取り除いた世界にやってきました。

だからイノベーションの中心地として、これだと名指しできる場所がもうなくなったことは、インターネットの成功だと祝うべきことなのでしょう。

シリコンバレーの

カリスマ、

少数精鋭

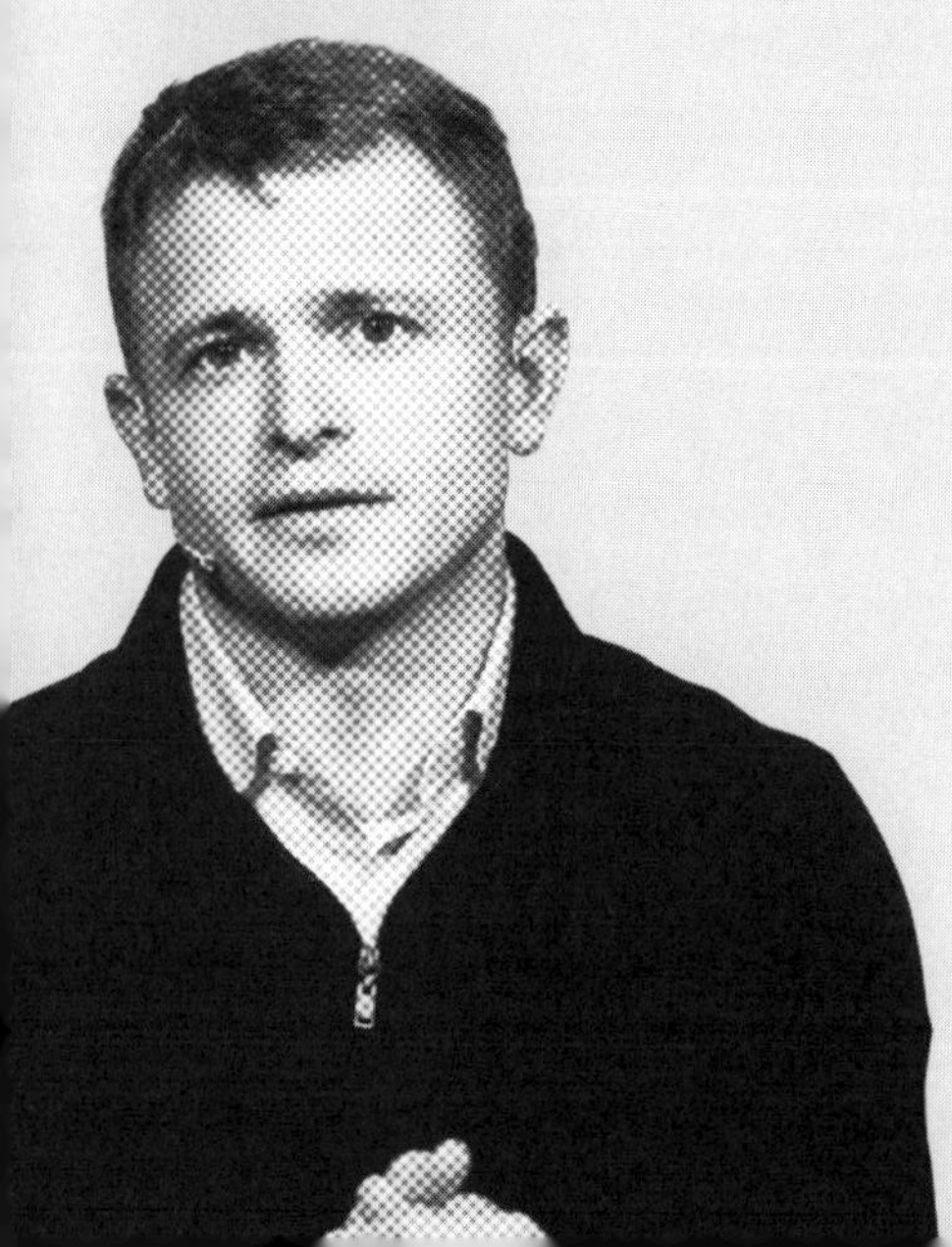

トップVCの秘密

ベンチマーク
(Benchmark)

1995年、アンディ・ラチレフ、ボブ・ケーグル、ケビン・ハーベイらが立ち上げた。有望と見込んだスタートアップを創業期から支え、グローバル企業に化けるまで徹底的にコミットする。わずか6人の超少数のパートナーが、一丸となって小規模なファンドを運営する美学を貫く。シリコンバレーで最も畏怖されているVCのひとつ。

本拠地……………………サンフランシスコ(カリフォルニア州)
社員数……………………14人
イグジット数／累計投資先数……307社／788社
主な投資先…………… Twitter, MySQL, Snap, Instagram, We Work, Uber, Tinder, Yelp, Discord, Docker, Cockroach Labs, Confluent,Zuora

パートナー
ピーター・フェントン
(Peter Fenton)

シリコンバレーの住人で「ベンチマーク（Benchmark）」の名を、知らない者はいない。シリコンバレーがほこる紛れもない最高峰のベンチャーキャピタルだ。

彼らが掘り起こした過去の投資先には、世界的なメガベンチャーが並ぶ。しかし公式ホームページには、会社のロゴと、そのオフィスの所在地が無愛想に書かれているだけだ。

1995年に誕生してから、一貫して超少人数のコアチームで「ダイヤの原石」を掘り起こすという美学を貫いている。VCの中には、数百人という組織に膨れ上がり、まるで大きなコンサルティングファームのようになった組織もある。しかしベンチマークはそうしたトレンドには見向きもしない。ひたすら少数精鋭を貫いており、米国外のスタートアップにも基本的に手を出さない。

組織文化も異端で、ベンチマークの中核投資家であるパートナーは、わずか6人しかいない。そのメンバーは「全会一致」を旨としている。誰が見つけた投資先であろうが、全員一丸となって支援し、もし巨額のリターンが生まれたら、それを完全に等分するのだ。天文学的なリターンを積み重ねながらもスケールは追わず、一種のミステリアスな輝きを放っている。

そんなベンチマークを束ねる看板投資家がピーター・フェントンだ。その実力は折り紙つきで、過去には「投資先2社が、同じ日に上場」「投資先2社が、同じ日に買収される」というVC業界のミラクルまで起こしている。シリコンバレーを代表するスター投資家に、その投資哲学を聞いた。

ピーター　ベンチマークという投資集団では、わずか5〜6人のパートナーが、完全に対等なパートナーシップで働いています。もともと伝統的なシリコンバレーのベンチャーキャピタルには、ピラミッド型のヒエラルキーがありました。そうした上下関係を、創造的にぶっ壊したのです。

別に私たちが共産主義に入れ込んでいたり、平等主義を愛しているからではありません。これは投資先のスタートアップを、最高の形でサポートするための発明です。人間の脳みそがいろいろな機能でつくられているように、ベンチマークでは5〜6人の異なる能力や人脈を持ったパートナーが、一つの人格のように起業家を支えているのです。

そして10倍、100倍、1000倍という巨大なリターンをもたらすホームラン案件も、誰が持ち込んだかは関係なく、その利益はぴったり平等に分ける。だからパートナー全員が惜しみなくリソースを共有します。投資先が雇うべき優秀な人材を紹介し合ったり、ノウハウを共有したりと、一致団結して投資先を支えます。

「ものすごい賢いアイデアだ。みんな真似すればいいのに」と、思うでしょう（笑）。実はこの戦略はまったくスケールしないのです。わずか5〜6人の少数精鋭チームが、それぞれ個別に「そうすべきだ」と、同意することが必須だからです。

そしてベンチマークは、スタートアップの「揺りかごから墓場まで」コミットするVCです。平均すると10年以上、投資先の経営メンバーとして支援を続けます。だから、私たちはアイデア段階のスタートアップにはコミットしません。すでに成長期を迎えたスタートアップにもコミットしません。すでに羽ばたいたスタートアップにもコミットしません。

我々はたった一つ、そのスタートアップの全生涯にわたって付き合える、アーリーステージ（創業初期）向けのファンドだけを運営しています。他のVCのように、ファンドの規模拡大もしません。ひとたびほれ込んだ相手には、上場するか廃業するまで、歩みをともにします。

フェイスブックの「死角」

スナップチャット（Snapchat／現スナップ）は、私たちが初期から投資したスタートアップの一つです。２０１１年、まだスタンフォード大学の学生だったエヴァン・シュピーゲルが、新しく発明したばかりのプロダクトでした。スマートフォンで写真を撮影する。それをメッセージとして相手に送る。相手が見ると、わずか10秒で消えてしまう。そんな不思議なアプリでした。

彼はいつも新しいアイデアを練っていました。胸の内には、ある考えがありました。フェイスブックの全盛時代にあっても、ＳＮＳの世界には大切なものが欠けている、と。あえて言葉にするなら、それは「無防備で、ありのままのコミュニケーション」です。

多くの人々は、ソーシャルネットワークで生まれてしまう自分の汚名だったり、炎上騒動であったり、自分をよく見せたいエゴだったり、そうしたものを取り除きたい。もっと「親しげな関係」を、取り戻したい。そんな心理を、まだ20歳前後だったエヴァンはよく理解していました。

当時、私はツイッターの初期投資家として、同社の経営メンバーに入っていました。だから、このスナップチャットというサービスに興味を引かれたのです。

話を聞くに、スナップチャットのユーザーの70％以上は女性。そして最も頻繁に送信されている写真は、ありのままの感情をさらけ出した顔写真でした。化粧でバッチリ決めたり、セレブを気取ったセルフィーだったり、自分のライフスタイルを見せつけるような写真ではない。むしろ「もうお腹がペコペコだよ」とか、「今日は全然テンションが上がらない」とか、そんなありのままの表情が、洪水のように溢れていた。

そんなサービスを、私は見たことがなかったのです。

私たちはエヴァンたちとディナーを一緒に食べて、スナップの経営陣と親しくなりました。彼らは明らかにベンチマークのことをよく調べて、最終的に私たちを初期投資家として、また経営メンバーとして迎えてくれたのです。そこから小さなプロダクトの責任者だった20歳の若者が、本当の意味でテクノロジー企業のCEOになる道のりが、始まったのです。

狂気じみた「買収拒否」

スナップチャットはすぐ人気に火がつきました。

それがフェイスブック創業者のマーク・ザッカーバーグの目に留まったのです。マークは、生まれたばかりのスナップチャットを丸ごと買収したかった。そしてまだ20歳ちょっとのエヴァンに、途方もない買収金額を提示してきたのです。

私たちは、創業者の彼がどれくらいの資産を手にするか計算しました。それは、数十億ドル（数千億円）に上ります。「なんてこった！」と、エヴァンは驚愕しました。

フェイスブックの買収提案は、いわば最高のニュースです。しかし、断ったら必ず潰しにきます。そういう意味では最悪のニュースです。つまり、テクノロジー業界で最も厳しい「アメとムチ」を突きつけられていたのです。

マークは過去にも急成長するスタートアップに対して、えげつない戦い方をしてきたことでよく知られていました。ベンチマークのパートナーであったミッチは当時、エヴァンにこう話していました。

マークの買収オファーを断るなら、次のような覚悟が必要になる。将来に「あのとき、なんでフェイスブックに会社を売り払わなかったんだろう」と後悔しないために、頭に留めるべきことは一つだと。

どんな状況下でも成長を追いかけること。ユーザー数を増やし、ビジネスモデルを築き、そしてフェイスブックの提案した評価額を超える企業価値をつくることだ、と。

最後に伝えたのは、あなたは愛するプロダクトの開発者から、大きなビジネスを運営するCEOになりたいと思えるか、というクエスチョンです。

「ああ、そうなりたい」とエヴァンは、即答しました。

私の心に最も強い印象を残したのは、エヴァンの次の発言でした。

「いま数千億円の大金を受け取ったとしても、そんなカネの使い道が思いつかない。僕がやりたいことは、いまスナップでやっていることがすべてだから」

世間からは、まったく狂気としか思えない判断でしょう。小さなスタートアップをフェイスブックに巨額で売らず、札束を蹴り返すわけですからね。私はそんな彼を、最高だと思いました。

10兆円までの「暗いトンネル」

マーク・ザッカーバーグにまさかの「ＮＯ」を返した後、エヴァンの試練が始まりました。あの日から、スナップが時価総額10兆円の会社になるまでの道中、長いトンネルのような数年間があったのです。

最も強烈に記憶しているのは２０１８年、スナップチャットが渾身のリニューアルをしたときに起きたことでした。スナップチャットの活性度を測る、すべての数値が一気に下向きになりました。
（リニューアル版への批判が殺到し、署名サイトでは１２０万人以上がリニューアルの撤回を要求。また有名セレブらが不使用を表明して、スナップの株価が暴落した）

エヴァンからすれば、「この狙いは、スナップチャットを10年、20年にわたる製品にすることだ」と言いたかったでしょう。気に入らないなら、使わなければいいと。

しかし、スナップの経営陣は動揺していました。プロダクトが進化するどころか、ユーザーから後退したと受け止められたからです。時価総額にして１０００億円以上が吹っ飛んだ。エヴァンはいら立ったでしょうが、市場の予想に反して、彼は逃げ隠れしなかった。むしろ、プロダクトの天才として、そのこだわりを取り戻そうともがきました。
（スナップは大量の批判を受けて、一部リニューアルを修正すると発表した）

彼はリニューアルしたアプリが、人々が求めていたものとは異なり、失敗したことを認めました。

失敗は、経営者にとって「授業料」だといいます。しかし、スナップはＩＰＯ時には40ドルだった株価が、一時は6ドルにまで落ち込みました。

それでも彼は事業が成長する「余白」を見つけて、プロダクトを開発するチームを励まし、それを束ねる指揮者のような役割を身につけたのです。

ゲームから始まった「次世代ツール」

私たちは、投資先スタートアップに深くコミットします。ＶＣとしてスケールはしないけれども、最高の起業家にとって、最高のパートナーとなれます。

例えば、3億人以上のユーザーが使うようになり、ゲーム愛好家たちに欠かせないコミュニケーションツールになっている「ディスコード（Discord）」とも、長いつき合いです。創業者のジェイソン・シトロンは、もともとはオンライン対戦ゲーム「フェイツ・フォーエバー」を開発していました。「こいつは、マジですごいやつなんだ」。そんな紹介を受けて、彼に会いに行きました。

２０１２年に創業したこの会社に、私たちは初期投資家として出資した。そして見事なまでに、そのオンラインゲームの事業はコケた。苦心のピボットを経て生まれたのが、日本でも多くのユーザーを抱えている、現在のコミュニケーションツールのディスコードでした。

目をつけたのは、ゲームそのものでなく、ゲームの世界を愛する人々の「溜まり場」。かつては「エレクトロニック・アーツ」や「アクティビジョン」という雑誌に、人々は集まっていました。

しかしインターネットの世界には、そんな場所が見当たらない。そこで多種多様なゲームを遊んだり、語ったりするときに、人々をつなぎ合わせるコミュニケーションツールの開発を決めました。

多くの人々は、「スラック（Slack）のゲーム版だろ」と笑います。しかし、子どもや若者から見ると違う。あるサマーインターンシップに参加した学生らは、訪問先のオフィスを見て、このように語ったのです。

「オレたち会社訪問をしてきたけど、彼らはディスコードの〝劣化版〟みたいなソフトを使っていたよ。たしかスラックっていう、名前だったな」と。彼らの世界では、すでにディスコードがスラックに勝っているのです。

白人男性は「自分だけ」

忘れがたいのは、多くのソフトウェアエンジニアが、開発のために使っているドッカー(Docker)というソフトウェアです。投資時に、まだ社員は5人しかいませんでした。もともとダーククラウド（DarkCloud）という社名でしたが、うまくいかずに、ベンチマークがその再出発まで支援したのです。

途中で社内は混沌として、多くの人が会社を去り、機能不全に陥りました。それがいまでは、世界で300万人以上のソフトウェア開発者が使用するソフトウェアになったのです。振り返れば、会社を去ってしまった共同創業者よりも、私は長くこのドッカーの経営に関わっています。

いまではドッカーは毎年2倍のスピードで成長をしており、創業者には、どのような形であっても戻ってきてほしいと思っています。

しかしここで伝えたいのは、短期的な視点によって振り回されがちな世界にあって、いかに長期的なコミットメントを私たちが大事にしているかということです。

2006年春、私がベンチマークに入社したとき、6人のパートナーが働いていました。その全員が身長180センチ以上の、白人男性でした。

あれから15年経ち、私は最近までベンチマークで働いている、唯一の白人男性になっていました。インド系のルーツを持つジェイソンとエリックが加わり、また女性であるサラもパートナーの一人になっています。このダイバシティを、ほめてくれと言っているのではありません。

この問題は根深く、私たちの会社のみならず、スタートアップの世界で活躍している起業家や、投資先のマネジメントチームにまで及ぶテーマだからです。

これまでのスタートアップエコシステムは、ダイバシティ豊かな起業家たちを迎え入れるという点で、明らかな失敗をしています。まだまだやるべきことが、数多くあります。ベンチマークにとって、パートナーの多様性はその一歩です。今後は口だけではなく、きちんと定量化したデータで、その取り組みを公表できたらと思います。

ちなみに最近、私たちはとりわけ女性起業家への投資で、成功例を生み出しています。オンラインでスタイリングをしてくれるスティッチ・フィックス（Stitch Fix）は、ナスダックに上場しました。キャンプ場版の民泊サービスであるヒップキャンプ（Hipcamp）も、非常に成功しています。

これまでのスタートアップエコシステムの多様性の欠如の改善は、自分たちがいかに鈍感であったか、自覚することから始まります。

逃した大魚「ショッピファイ」

最後に、私たちベンチマークが見逃した「大きな魚」について話しましょう。一つは、フィンテック分野の投資でしょう。恥ずかしながら、既存の大手金融機関のプレイヤーたちが、加速するイノベーションについてゆけないという事実を、十分理解できていませんでした。だから多くのチャンスを見逃してしまった。

私たちは歴史的な観点からこう考えたのです。このフィンテック分野のスタートアップは、最も安い金利や手数料を売り物にすることで、儲からない不健全なマーケットに突っ込んでいると。しかし、実際はそうではありませんでした。

決済サービスのスクエア（Square）から、投資アプリのロビンフッド（Robinhood）まで。ユーザーたちはそうした革新的なサービスを渇望していました。まさに彼らはイノベーションの前線にいました。

また個人的に教訓にしているのは、ショッピファイ（Shopify）の投資を「パス」したこと。創業者のトビー・リュトケから、1億円の投資で、全株式の3分の1を取得しないかと誘われました。現在、ショッピファイは時価総額22兆円のメガベンチャーになっています。私はトビーがすばらしい起業家だと知っていました。一方で、イーコマースのプラットフォーム事業は、無数のライバルがいるレッドオーシャンだと考えました。

しかし、トビーは市場をそう見ていませんでした。世界中のオンラインショップが、独自の「お店」をつくることを、革新的なやり方で実現しようとしていました。

フィンテック分野、イーコマース分野、そういった単純化したラベルを貼りつけてしまうと、その水面下で起きている根本的な変化を考えなくなります。

VC産業では10年間で、わずか3～5社だけが時価総額10兆円を突破して、100兆円の世界に挑んでゆきます。そういった企業は業界の垣根を軽々と越えた変革を起こします。

VCの投資家として成功するには、こうしたルールをつねに脳裏に刻まないといけません。そうしたメガベンチャーは、地殻変動のような変化、つまり技術インフラに変化があるカテゴリーから生まれてきます。

いまその最有力候補を、私はブロックチェーンと暗号資産だとみています。ビットコインをスタートアップの一種と見なせば、10年足らずで100兆円企業に成長した「投資先」と見なせます。

またパンデミックによって、人々の仕事は半永久的に元のようには戻りません。およそ、社員の40％は「オフィスにはもう戻らない」と考えているとみています。こうした時代、ズームの次を行くような、仕事を革命的に変えるようなスタートアップが登場するのではないでしょうか。

ズームを掘り出した、SaaS

パートナー
ジェイソン・グリーン
（Jason Green）

投資の王様

エマージェンス・キャピタル
(Emergence Capital)

2003年、ジェイソン・グリーンとゴードン・リッターらが創業した、SaaS分野で圧倒的な実績をもっているトップVC。セールスフォースの初期投資家であり、SaaSという言葉が生まれる前から、そこに集まる起業家らのネットワークを支援し、巨額のリターンを叩き出してきた。

本拠地……………………サンマテオ(カリフォルニア州)
社員数……………………14人

イグジット数/累計投資先数…………75社/226社

主な投資先……………Salesforce, Zoom, Veeva, Servicemax, SuccessFactors, Lotame, Box, Gusto, Project44, Clearco, Doximity, Bill.com

パートナー
サンティ・スボトウスキー
(Santi Subotovsky)

あらゆるソフトウェアが、クラウド上につくられるようになり、世界中の人々はサブスクリプションのビジネスに生きるようになる――。いま世界を席巻しているＳａａＳ（ソフトウェア・アズ・ア・サービス）のビジネスだが、その夜明けから、この世界に振り切って投資をしていた男たちがいる。

それが、シリコンバレーでＳａａＳ分野の王様ともいえるポジションをつかんでいる投資集団、エマージェンス・キャピタル（Emergence Capital）だ。ＳａａＳにおけるパイオニア的な起業家のマーク・ベニオフとは、セールスフォース（Salesforce）が生まれる前から知り合いで、そのビジョンに共鳴してきた。

セールスフォースから始まったＳａａＳ投資の「芽」は、それから20年近くにわたってたくさんの実をつける大木となった。セールスフォースを経験した幹部が、次の世代のＳａａＳ企業を生み出し、そこで活躍した人たちがまた次のＳａａＳ企業を生み出すという、世代を超えたネットワークが生まれているからだ。

あらゆる産業で勃興するＳａａＳのトップ企業たちの裏に、エマージェンスという黒子がいる。２００３年に生まれたこのベンチャーキャピタルは、どのようにＳａａＳの王座を掴み取ったのか。共同創業者のジェイソン・グリーンと、その中核投資家のサンティ・スボトウスキーに話を聞いた。

ジェイソン　２００３年にエマージェンス・キャピタルを設立したとき、クラウドによって生まれる、企業向けのソフトウェアの分野で、世界のナンバーワン投資家になると誓いました。

当時は、ＳａａＳという言葉は、影も形もありませんでした。お恥ずかしい話ですが、当時は「テクノロジー・イネーブル・サービス」という、ひどい名前で呼んでいたのです。

ただ、私には運命的な出会いがあったのです。それがセールスフォースを創業した、マーク・ベニオフという男です。私たちにとって、セールスフォースへの投資が、実は独立した投資家としての「1号案件」でした。彼らが2004年に上場する前に、私たちは投資をすることができたのです。

そしてセールスフォースこそ、あらゆるソフトウェアがクラウド上に築かれるという、SaaS時代の先駆けだったのです。いまではSaaS企業は、グローバルで2万社以上もあると言われています。ところが2003年前後、そんな会社は片手で数えるほどしかありませんでした。そんなタイミングから、私たちはSaaSのスタートアップに特化して、投資をしてきました。

素直に言いましょう。私たちがSaaS分野において、すばらしいスタートアップや起業家たちのネットワークを築くことができたのは、この分野に注目するのが「誰よりも早かったから」です。この産業が巨大化するに伴って、私たちも成長してきました。

種明かしをすると、すばらしいSaaSのスタートアップの多くは、もともとセールスフォースの幹部だった人材たちが起業したものなんです。だから、マーク・ベニオフに投資をしていた私たちは、その世代を超えて再生産されるSaaSの波をとらえていたのです。

SaaSの第1世代は、明らかにセールスフォースでしょう。同じように人材の育成・管理・採用などのプラットフォームであるサクセスファクターズ（SuccessFactors）もこの世代で、独SAPに買収されました。ファイル共有サービスのボックス（Box）も、いわば草分けの一つですね。

第2世代は、製薬やライフサイエンスという業界に特化した、顧客管理ソフトウェアのヴィーヴァ

(Veeva）がその代表例でしょう。創業者は、もともとマーク・ベニオフの片腕として、4年間にわたってセールスフォースで働いていたピーター・ガスナーです。だから彼は、セールスフォースというプラットフォームの上に、特化型のＳａａＳのサービスをつくりました。

もちろん私たちは、彼がセールスフォースにいる頃から知っており、スピンアウトして創業したのも知っていました。企業価値にして22億円ほどだったヴィーヴァは、いまや4.8兆円を超えるテクノロジー企業になっています。同じように製造分野に特化したサービスマックスというＳａａＳ企業も、セールスフォースのプラットフォーム上で、生まれたサービスです。

もちろん人材も、世代を超えてゆきます。サービスマックスがビジネスを成長させるために採用したのは、一つ前の世代であるＳａａＳ企業のサクセスファクターの元幹部でした。こうやって、ＳａａＳビジネスをつくり上げた継承者たちのネットワークが広がってゆくのです。

ＳａａＳは新しいソフトウェアの形である――。そうした仮説に基づいて15年以上投資をして、どうなったか。いまの投資先には、時価総額にして10億ドル（約１１００億円）以上のＳａａＳ企業が、10社以上あります。そして１００億ドル（約1.1兆円）以上の会社も、三つ含まれているのです。

世代を超える「ＳａａＳネットワーク」

エマージェンス・キャピタルを創業した２００３年というのは、ドットコムバブルが弾けた後でした。そしてドットコムと名づけられたウェブビジネスは、すべて否定的にとらえられた時期です。

しかし、私たちはコンシューマー向けのドットコム企業ではなくて、新しいＢｔｏＢのビジネスが生まれていることに気づきました。それらのスタートアップは、毎月定額の料金が発生する、サブスクリプション方式で価値を提供していました。そしてすばらしいクオリティのサービスと、高い収益力を持っていました。

初期の頃のＳａａＳの製品というのは、従来の高額なソフトウェアを買うような余裕がない人たちに販売していました。セールスフォースを使うか、嫌だったら紙とペンを使ってくれみたいな話ですね。ところがより大きな企業にＳａａＳを販売するには、セキュリティやプライバシー、信頼性などを担保したり、大企業の担当者が納得するような機能が必要になりました。

例えば投資先企業だったサービスマックス（ServiceMax）です。この会社は、最後はゼネラル・エレクトリック（ＧＥ）社に買収されました。私はサービスマックスとＧＥが商談を始めた頃、投資家として同席しました。まだサービスマックスのオフィスには大きな会議室がなくて、エマージェンスのオフィスを面談時に使っていたのです。

そこで、私は「彼らは、次世代のセールスフォースになります。まずは一回、試してみたらどうですか」とだけ話したのです。そこでＧＥではまずは一つの部門。それから3部門、10部門、最後はグローバルで使われるようになった。つまり、ＳａａＳの魅力とは、小さく試せることです。

魅力的なＳａａＳには、独特なユーザーの広がり方があります。例えばズームやボックスといったサービスは、上司やシステム部門の承認がなくても、個人のクレジットカードで購入できますよね。それが役に立てば、すごいサービスがあると仲間内に紹介します。いいサービスの場合、それが突然、組織の中でウワッと広がっていくわけです。

そうなったら、今度はＣＩＯに電話をかけて「あなたの会社の従業員の、25%がこのサービスを実は使っているんですよ。知ってましたか？」と話して、割引価格をオファーする。まずは組織のボトムから広がり、さらにトップにもアプローチをかける。これはどのような組織に対しても、効果的な方法です。ひとたび歯車が噛み合うと、爆発的に広がっていくのです。

私たちは、ＳａａＳの世界における起業家たちのネットワークというのは、とてつもないリソースだということに気づきました。だからこそエマージェンスでは、お互いに競合するスタートアップには投資しません。そうすることで、投資先の企業群が、安心してお互いの教訓をシェアできるようにしています。投資先すべてをマーケットリーダーにするため、全力を尽くすのです。

どのような顧客が、どのようにお金を払っているのか。どのようなチャネルで販売するのが、ベストなのか。顧客がハッピーで、解約をしないようにするには、どうサポートするのがいいのか。私たちはＳａａＳ分野に絞って、そのスタートアップに有用なノウハウを伝授しながら、このＳａａＳのネットワーク全体を育てているのです。

あなたが「圧倒的に勝てるもの」

シリコンバレーで成功するためには、あなたの優位性が問われます。エマージェンスの優位性は、ＳａａＳという特定のセクターを投資対象に選んだことでした。もしかしたらそれは、対象となる国や地域かもしれませんし、投資先スタートアップのフェーズによるものかもしれません。

ただ一つ、ベンチャー投資は戦略こそが重要です。自分の価値観に沿う戦略を選んで、時間をかけて、ビジネスで圧倒的な優位性をつくるようにすべきです。なぜなら、世の中はあまりにも多くの資本と、アタマの良い人たちであふれているからです。

いまや世界的な成功を収めているズームへの投資についても、お話ししましょう。このプロダクトが登場したときに、シリコンバレーの多くの投資家たちは「もうこれ以上、ビデオ会議のサービスなんて必要ない！」と断言していました。すでにシスコが開発していたウェブエックス（WebEx）があったり、グーグルなどは完全無料でハングアウト（Hangouts）を提供していました。こんなエリアに、新しい会社が生まれてくる余地などない。それが常識だったのです。

しかし、エマージェンスは、偉大なＳａａＳ企業が持っている特徴的なパターンを知っていました。そしてズームにも、二つの点を見いだしたのです。

一つ目は、ズームというプロダクトには、異常値とも言えるようなユーザー数の増加などが見て取れたことです。

二つ目は、創業者のエリック・ユアンという人物についてです。彼はWebExの開発のために、10年以上も働いてきたキャリアがありました。そして彼は動画データの圧縮技術など、非常に高度なテクノロジーを開発しており、それによってはるかに低いコストで、はるかに高品質なビデオ会議ツールを、スケールできたのです。

なので私たちは、無謀だと言われながらも、ズームのビジネスモデルを信じました。

そしてシード投資を主な領域にしていたエマージェンスにとって、ズームに切った２０００万ドル（約21億円）の小切手というのは、過去最大の金額でもありました。もともと私たちは、ビデオ会議がクラウドサービスになるという仮説は持っていました。実はまったく違う企業に投資寸前のところまで行っていたのです。しかし、最後はズームに賭けました。

シリコンバレーが「見落としたもの」

エマージェンスのようなトップVCにとって、いつも課題になるのは「新しい血」をどうやって入れるのかということだ。勝ち組となったVCにとって、唯一ともいえるリスクになるのが、いかに上手に投資家の世代交代をするかという点だ。

とりわけ特定のスター投資家が目立っていると、その人物に投資案件などがすべて集中するため、それが他の人たちに引き継がれない。この問題によって苦しんできたVCは多く、世代交代がうまくいかないと、長期的には深刻なプレゼンス低下につながってしまう。

そんな中で、南米アルゼンチンで生まれ育ったサンティ・スボトウスキーは、エマージェンスの次世代を担うとみられているエース投資家だ。シリコンバレーにおいては完全なる「アウトサイダー」であり、最初は誰からも相手にされなかった。

しかし起業家として生きてきたサンティは、なんとか投資家としての一歩を踏み出すと、自分にしかできない戦略を模索することになる。その一つが、シリコンバレーの外にある地域の有望なサービスを探して回ることだった。

アメリカの大都市と、ラテンアメリカにある新興都市の両方を知っているサンティは、他人にはない視点を持っていた。だからこそシリコンバレーの投資家がまったく相手にしなかった、ズームというビデオ会議ツールの持つ真価がわかり、その創業者に共感したのだった。

サンティ　華やかなテックイベントに出かけて、イケてそうな会社を選ぶ。そんな方法で、ズームを見つけたのではありません。エマージェンスは、かねてよりクラウドベースのビデオ会議ツールに目をつけていました。

そこに私が、ズームというツールを発見して、新しい投資候補として持ち込んだのです。まずは試しにとアルゼンチンに住んでいる、自分のおばにズームを使うためのURLを送ってみました。彼女は英語が話せませんし、テクノロジーにも疎い。

しかし多くのビデオ会議ツールの中で、私のおばが使えたのはズームだけでした。米国とアルゼンチンにあって、ズームはしっかり機能しました。それから私は、アルゼンチンの友人知人にズームリンクをたくさん送りました。すると数カ月後から、「なあ、ズームでおしゃべりしようぜ」という連絡を受け取るようになったのです。

一方で、アメリカのユーザーたちにもズームの評価を聞いてみました。正反対の反応でした。ほとんどの人は「ビデオ会議ツールで、カネは儲けられない。いまある製品でうまくいく」と回答しました。この分野のスペシャリストも「利益にならないから、時間をムダにするな」と。

でも彼らは、シリコンバレーのオフィスから、ニューヨークで働いている仲間と話をするために、このズームを使ったにすぎませんでした。どちらもインターネット接続が安定している都市部のため、気づかなかったのでしょう。

シリコンバレーの投資家たちは、ビデオ会議ツールというカテゴリーが、投資先として気に入らなかった。さらにエリックが中国出身で、その英語のアクセントが気に入らなかった、というのもあるでしょう。

投資家の目線からすれば、エリックという人間は、30分ほど会話をした「電話のひとコマ」にすぎなかったのでしょう。さらにシリコンバレーは常軌を逸したバブルの中にあって、シリコンバレー以上の価値が外の世界にあるとは考えなかった。

本当は、新興国なくしてテクノロジーの可能性を考えることはできないのにです。

二人とも「拒絶されたもの同士」

エマージェンスは、絶対にズームに投資をすべきだ。私はそう確信したので、エリックに連絡をして「あなたのやっていることは、すばらしい！」と伝えました。ところが創業者のエリックは「ベンチャーキャピタルのカネは要らない」の一点張りでした。

ズームはとても資本効率が高くて、すでに外部のカネがなくても回っていました。だから最初は「ズームをユーザーとして使いたいから、セールスのための会議に来てくれ」とお願いしました。エリックは驚いたことに、そこでライブデモをやると言ったのです。

通常、スタートアップ経営者はライブデモを嫌がります。その場でズームをダウンロードしてもらい、全員が接続したら、不具合が出るかもしれないからです。しかし、ズームはライブデモで見事に動いたのです。その後も、相変わらず「カネは要らない」という関係が、何カ月も続きました。

私はよくエリックと一緒に、サンノゼ（シリコンバレー南部の中心都市）までドライブをして、彼と時間を過ごしました。ズームのオフィスに行き、他のメンバーとも時間を過ごしました。当時、二人でよく話したものです。私たちがシリコンバレーから受け取った最初のメッセージというのは、どちらも「あなたには無理だ」でした。

エリックが創業期に資金調達をしようとしたとき、シリコンバレーのVCたちはこう口を揃えたのです。「それはできない。会議はもう終わったし、時間をムダにするな。あなたに投資をするつもりはないんだから」。それは、アルゼンチン出身の私が言われてきたことと同じでした。「ラテン系の人は、ベンチャーキャピタル産業には入れませんよ」と。

エリックが米国でエンジニアとして働こうとしたときに、8回にわたってビザ申請を却下されたことは有名です。しかし、私も同じようにビザを却下されてきたのです。どちらも、シリコンバレーに拒絶された経験がありました。そして、その経験をポジティブな方向に転換し続けてきたのです。最後には、自分たちが正しかったと証明したい。そういう感情を共有していました。

そして、私たちはズームがどれだけ愛されていて、どれだけの勢いで広がっているか、秘密裏に社内のデータを見せてもらうことができたのです。これが、ズームに賭ける決定打になりました。

エマージェンスが運営するファンドは通常、アーリーステージのスタートアップに、次のようなルールで投資をします。

「スタートアップは、株式の20%をエマージェンスに渡す」「その対価として、800万ドル（約8.8億円）～1000万ドル（約11億円）を出資する」というものです。ところがズームの経営はもっと先のステージに行っており、資本効率が高いため、すでに自分たちの手持ちの資金で会社を回すことができていました。

つまり、本当にVCから資金を調達する必要がなかったのです。だから、彼らにとっても合理的な条件をつくる必要がありました。そのため、私たちは2000万ドル(約22億円)の投資に対して、ズームの株式の約10%を手に入れました。つまり通常の倍の金額で半分の株式を受けとるという条件を受け入れたのです。それでも私は、エリックと仕事がしたいと思ったのです。

パンデミック後の「投資の世界」

今後、シリコンバレーの中心地にいる人たちが「小切手」を切るだけでなく、異なるバックグラウンドを持った人たちが、VC産業ではもっと重要になるでしょう。

パンデミックにあってアメリカで暮らしている私の家族は、子どもは学校に行けず、バーチャルスクールに通っています。こうした痛みは、南米のアルゼンチンで暮らしている妹の家族が、子どもたちをどうやって学校に通わせようかと悩んでいる痛みと、同じです。こういう時代において、アルゼンチンから新しい会社を立ち上げて、アメリカを含めた世界的な問題に挑戦するチャンスが、生まれているのです。

例えば、ズームを一つのプラットフォームとして、新しい教育体験を提供しているスタートアップのClassEDUがあります。教育はグローバルな巨大市場であり、リアルとバーチャルがハイブリッドになった世界において、新しいサービスを必要としている分野です。

いまやズームは世界をつなぐプラットフォームになっています。よりグローバルに人がつながり、新しいものを生み出すでしょう。エマージェンスが最近行った投資先をみれば、もはやシリコンバレーに拠点を置いていないスタートアップが多いのです。これは、地理的な制約から解放されたからです。

エマージェンスは、ＳａａＳ分野に誰よりも先に目をつけました。そこですばらしいビジネスがつくり出せることは、いまでは多くの人が知っています。だから、エマージェンスは「その次」を見つけないといけません。そして世代を超えた起業家のネットワークと未来を創りたいのです。

燃え尽きた
天才に、
スラックを

創らせた男

アクセル
(Accel)

1983年、アーサー・パターソンとジム・シュワーツが設立した、名門ベンチャーキャピタル。シリコンバレーの中心地であるパロアルト市に本拠地を置きながらも、2000年代から英国、インド、イスラエル、中国、南米などグローバルに巨大な投資網をつくり上げており、多くのユニコーン企業を投資先にもつ。

本拠地……………………パロアルト(カリフォルニア州)
社員数……………………89人
イグジット数/累計投資先数……643社/2094社
主な投資先……………Slack, Cloudera, Atlassian, Braintree, Facebook, Cornershop, Etsy, Vox Media, GoFundMe, Supercell, Ola, Flipkart, DJI

パートナー
アンドリュー・ブラシア
(Andrew Braccia)

シリコンバレーのベンチャー投資の世界には、そのピラミッドの頂点に君臨する「御三家」がいる。それがセコイア・キャピタル、ベンチマーク、アクセルの3社だ。いまでも伝説となっているのが、アクセルによるフェイスブックへの初期投資だ。

創業者は、まだ21歳だったマーク・ザッカーバーグ。当時のフェイスブックは、わずかな大学を対象にした、小さな学生向けのソーシャル・ネットワーク・サービス（SNS）に過ぎなかった。創業者はパジャマ姿でオフィスをウロウロし、従業員もわずかだったフェイスブックに対して、アクセルは約1億ドル（約79億円）という破格の値付けをして、最初の機関投資家になった。

懐疑的な人も多かったこの投資は、フェイスブックがナスダックに上場したとき、約90億ドル（約7100億円）という天文学的な利益を生み、世間を驚愕させた。

そんなアクセルの投資哲学は、「prepared mind」（即断する準備ができている）だ。星の数ほどあるスタートアップに、目移りしない。そのためには次の時代を定義するような、新しいカテゴリーや技術分野を深く研究することに重点を置いている。

またアクセルは、英国、インド、中国（IDGグループと提携）など、国境を越えたユニコーン投資をおこなう、グローバルVCの先駆者でもある。そのため投資先には、北欧の音楽配信サービス、スポティファイ（Spotify）から、インドの大手ECフリップカート（Flipkart）、中国のドローン開発製造DJIまで、多くのユニコーンが並んでいる。

そんなアクセルの顔役が、アンドリュー・ブラシアだ。最も有名な投資案件は、いまでは世界中で愛されている、ビジネスコミュニケーションツールのスラック（Slack）だ。

もともとゲーム事業に失敗して、ドン底にいた創業者を見捨てず、2兆円企業になるまで支え続けた。その舞台裏と投資哲学をアンドリューに聞いた。

アンドリュー　私がテクノロジーの世界に入るきっかけは、カリフォルニア州のサンタ・ローザという小さな街で、生まれ育ったことから始まります。そこは（ワイン用などの）ぶどう畑がどこまでも広がる一方で、当時のヒューレット・パッカード社が巨大なオフィスを構えていました。

農業や食品などのビジネスと同時に、革新的な光ファイバー技術など、テクノロジーにも囲まれながら育ったわけです。

１９９０年代後半、私がアリゾナ大学のビジネススクールに学んでいたとき、まさにインターネットが日常生活に流れ込んでいました。学生だった私は、すぐにネットに夢中になりました。そして卒業後はマニアックにも、この黎明期のインターネット産業で働きたいと思うようになりました。

正直、まだ20歳かそこらで、どのインターネット企業に就職すべきかもわからなかった。なるべく多くのドアを叩き、履歴書を送りました。そこでヤフーという会社の、ビジネス開発担当として採用されたことは、とても幸運なことでした。

当時のヤフーは、インターネットそのものでした。そこで新しい産業を生み出している人々と、ゼロから業界を学ぶことができた。検索サービス、メール、地図、イーコマース、不動産取引から中小企業向けサービスまで。短期間で何でも学びました。

ヤフーは人材の宝庫でした。私の上司であったジェフ・ウィーナーは、その後にリンクトイン（LinkedIn）のＣＥＯを長らく務めることになります。同僚にはメッセージングアプリのワッツアップ（WhatsApp）創業者、ブライアン・アクトンがいました。

そして買収したスタートアップの中には、後にスラック創業者となるスチュワート・バターフィールドがいました。その他にも、何十人というすばらしい起業家の原石が転がっていました。

私が投資してきたスタートアップを眺めると、黄金期のヤフーのネットワークがどれほど有利に働いたか、きっとわかるでしょう。その象徴となるのが、スラックへの初期投資です。

彼の挑戦なら「なんでもいい」

私と、スラック創業者であるスチュワート・バターフィールドとの出会いは、ヤフー時代にさかのぼります。2005年、ヤフーの副社長だった私は、写真共有サービスのフリッカー(Flickr)を買収しました。フリッカーは写真を愛する人たちが、お互いに共有やコメントができます。これはユーチューブと並んで、10年先の世界を先取りしたサービスでした。

スチュワートは、そのフリッカーの創業メンバーでした。彼は生まれながらの天才的なクリエイターです。カナダの田舎のコミューンに生まれ、深い哲学的なバックボーンを持っています。そんな彼が創ったフリッカーを、ヤフーは「窒息」させてしまった。本当はもっと大きな可能性がありました。

僕らはまるで正反対の性格でしたが、お互いに補完関係にあるのか、その頃から仲の良い友人としてつき合っていました。

だから2007年、ヤフーを退社するときに「オレは投資家になる」と彼に伝えたのです。そしていつか彼が再び、新しいスタートアップをつくるときには、ぜひとも話をしようと約束した。そして彼も、ヤフーを辞めた。有名な辞表がネット上に残っていますが、辞表までクリエイティブですからぜひ見てください（笑）。

彼のアタマの中には、新しい起業アイデアが二つありました。一つは、新しい銀行をつくること。もう一つは過去に失敗した、オンラインゲームの開発に再挑戦することでした。実はスチュワートは、ゲーム開発にずっと情熱を燃やしていたのです。

フリッカーというサービスも、オンラインゲーム『ゲーム・ネバーエンディング』の開発プロセスから、派生的に生まれたものです。ゲームがうまくいかず、ピボットして誕生したのが、ゲーム内で使われる写真共有サービスだったのです。かつて描いたゲームの開発に、もう一度チャレンジしたい。そこで、あらためてグリッチ（Glitch）というゲームをつくることになりました。

アクセルの投資家になっていた、私の考えはシンプルでした。「君らはすばらしいチームだ。どんな事業でも構わない。新しい銀行でも、新しいゲームでも、オレはなんでも乗るぞ」です。

間違っていた「普遍の真理」

私はそのゲーム開発に、初期投資家としてコミットし続けました。まずは創業時のシード投資で80万ドル（約7000万円）。さらにコンテンツの開発に的を絞ったところで、追加で500万ドル（約3.9億円）ほど、リード投資家としてお金を入れました。

彼らは、美しいゲームをつくったのです。2年以上にわたる開発を行い、ゲームが発表されると、ものすごい数のゲームユーザーを惹きつけました。しかし、その人気は長く続かなかった。当時、モバイルゲームがちょうど花盛りでした。誰もがスマートフォンをポケットに入れて、手軽に遊べるゲームに満足していました。一方のグリッチのコンテンツは複雑で、パソコンで時間をかけて遊ぶようにデザインしてあった。

思ったように伸びないゲームについて、私たちは緊急のミーティングを開き、何カ月もかけて修正を続けました。しかし、ビジネスは上向きません。だから「ゲームはもう一度、終わらせよう」というのは、自然な判断でした。

3年という歳月をかけた、ゲームの世界の旅が終わったのです。その時点で、スチュワートは合計約18億円の資金を集めており、手元には約5億円が残っていました。

スタートアップ投資を成功させるには、勇気を持ってリスクを取ると同時に、自分が置かれている状況に正直であることが大切です。私はスチュワートに「残ったお金を投資家に返してもいい。チームを縮小して、何か新しいことに使ってもいい」と、自分の意見を伝えました。

どちらの道を取るべきか、私は50：50の立場でアドバイスをしたように思います。そこで浮上したのが、スラックの原型となるツールでした。

スチュワートのチームは、グリッチの開発にメールを一切使っていなかった。独自開発したチャットツールで、必要なデータファイルをすべて共有していたのです。「このツールなしでは、ゲームはつくれなかった」。スチュワートがそう言い始めたのが、ピボットの始まりでした。

しかし、世の中にはすでにヒップチャット（HipChat）という、類似サービスが存在していました。

スチュワートはそんなライバルすら知らずに再スタートしたのです。そこでは、私の投資家としての視野も役立ちました。

実はこの頃、アクセルはアトラシアン（Atlassian）という開発者ツールの会社に投資しています。その投資を通して、ある新しいトレンドを見ていました。それは、ソフトウェア開発者はツールに対して喜んでカネを払う、というものでした。

2010年以前の世界では、ソフトウェア開発者たちは、有料開発ツールにはお金を払わないという「普遍の真理」がありました。ところがアトラシアンは、すぐれた開発ツールをいくつも売っており、ユーザーはお金を払っていました。

さらにクラウドの世界が広がるにつれ、デベロッパーたちは、もっと簡単にクレジットカードでお金を支払うようになっていました。つまり、有料の開発ツールは有望に思えました。

だからスチュワートがこのツールの話をしてきたときには「スラックを求めている市場は確実にある。少なくとも、5億円を投資家に返金するよりも、いいリターンが出せるはずだ」と、伝えたのです。

2013年8月にベータ版を公開すると、人気ゲームを開発しているデベロッパーの一つが、スラックを使い始めました。そこからは、信じられないような成長を目撃しました。一般ユーザーに公開した後の大成功は、すでに知っての通りです。

スラックを使っていると、楽しい気持ちになる。新鮮な気持ちになる。そこにゲームとクリエイティビティを愛した、創業者のDNAが流れているからです。

この投資で、私はビジネスアイデアだけではなく、それを創る才能と、それが花開くためのマーケットの成熟度こそ、信じるべき対象と学んだのです。

怖かった「自由すぎる仕事」

思い返せば2007年、アクセルの投資家になってから、半年間は多幸感に包まれていました。ベンチャー投資家は、めちゃめちゃ自由なのです。興味のあるビジネスを学んだり、いろいろな会社を訪問して、多くの人とランチに行ったり、バーに飲みに行けば良いんです。

ところが半年もすると、ヤフー時代の職場が、恋しくなった。ヤフーでは毎朝、午前7時半にソフトウェアの進捗報告をして、オフィスの同僚に「いま、何が問題なんだ。なんとか解決しよう」という仕事に追い回されていました。

そうしたVCとして働く自由さが、むしろ不安になってきました。自分はいま何を達成しているのか。周囲から、意味のある仕事だと認められているのか。効率的に働けているのか。そんな、不安に駆られたのです。

VCの世界では、5年、10年という時間軸で投資が評価されるため、細かなことを気にせずに済みます。しかし気軽にフィードバックを受けてきた人には、恐るべき環境です。正直、私はそこから1年ほど、こうした環境に四苦八苦しました。

そして最後は、腹をくくりました。「もし俺に向いてない仕事だったら、悲しいけど辞めたらいいさ。だから失敗しようが、まず投資するんだ」と。そこから、私は上司と一緒にクラウデラ（Cloudera）

に投資しました。

このクラウデラでは、アムル・アワダラ（ヤフー出身）やジェフ・ハマーバチェア（グーグル出身）といった共同創業者を、アクセルのスタートアップ施設に引き入れました。いまでは有力なビッグデータ企業であり、上場後に53億ドル（約5700億円）で買収されました。

また当時は、世界的な金融危機の最中でした。これがベンチャー投資家としてのキャリアをつくる上で、最高のタイミングでした。

多くの人がスタートアップ投資から逃げ出す中で、新参者の私は前に進むしかなかった。だからヴォックス・メディア（Vox Media）、フィットネスアプリのマイフィットネスパル（MyFitnessPal）、ノーコードで美しいサイトがつくれるスクエアスペース（Squarespace）など、すばらしい投資ができた。こうした投資実績は、私が異なるビジネスカテゴリーを開拓する助けになりました。

計算され尽くした「リスク」

かつての私がそうしてもらったように、若い人を下から育ててゆくカルチャーが、アクセルにはあります。

1983年に創業した二人のパートナーは、みずからの名前を社名につけませんでした。自分のキャリアより、ずっと長く続くVCになってほしいと願ったからです。

振り返れば、1980年代後半から1990年代にかけて、インターネットのインフラやネットワークの基盤となった会社を共につくり、すばらしい投資リターンを残してきました。ところがネットバブルが弾けた2001年を境目に、その次の世代に、上手にシフトできなかったVCが多数あった。アクセルが幸運だったのは、フェイスブックの最初の機関投資家になれたことです。フェイスブック投資の成功とリターンによって、アクセルは消費者向けのインターネットサービスという当時はまだ新しかった領域で、自分たちの存在感を再構築できました。

この成功により、次から次へと、新興のスタートアップたちと出会うこともできました。モバイルインターネットという大波を逃しては、どんなVCであっても、その次の世代にまで続けることは難しかったでしょう。

またアクセルでは、「prepared mind」（即断する準備ができている）といって、計算され尽くしたリスクを取る文化があります。内部では、多様なテーマで仮説検証や研究を続けています。例えば、「DevOps（ソフトウェア開発手法の一つ）」「クラウド時代のセキュリティ」「新しいデジタルメディア」など特定のテーマを深く掘り下げ、常にアップデートしているのです。だから、たまたまおもしろいスタートアップに出会っても、いわゆる「スピード結婚」はしない。

バラバラに見える投資も、実は地続きであることが多い。例えば、ウーバー（Uber）やドアダッシュ（DoorDash）といったオンデマンドデリバリーの分野を研究した結果、このビジネスには根本的な収益構造に問題があると考えて、過熱する投資レースに加わりませんでした。

その後、ソフトバンク・ビジョン・ファンドなどが登場し、ようやくVCにとっての出口も見えてきました。そのため、以降はこの分野でいくつも投資をしています。

こうした深い仮説検証が、私たちをＦＯＭＯ(Fear of Missing Out：自分だけ取り残される恐れ）から、遠ざけてくれるのです。

自分の経験を「アンラーニング」せよ

最後に投資家は、過去のビジネス経験を定期的に「アンラーニング」することが大切です。

ヤフー全盛期において、あらゆる市場を学んだ経験は、私が90％以上の確率で、正しい判断をする礎になっています。しかし、過去に経験した学びに縛られて、新しいチャンスを見逃すという「偽陰性（正しいものを間違っていると判定すること）」の思考も、同時にインプットしているのです。

例えば、フェイスブックが2兆円で買収したワッツアップ（WhatsApp）の共同創業者、ブライアン・アクトンは、もともとヤフー時代に同じチームで働いていました。当時、ブライアンはオンラインショッピング部門の運営を担当していました。とても優秀でした。しかし、私は彼が生み出すワッツアップの価値を見抜けなかった。

なぜならヤフーには、ピーク時には3～4億人ものユーザーが使っていたメッセージサービス「ヤフーメッセンジャー」があり、年商わずか10億円単位の収益しか生んでいなかった。「だれが、そんな金額のビジネスを気にするんだ？」という感じでした。メッセージサービスがカネになるわけないだろう、と。だからこそ、見逃した。

過去のビジネス上の文脈にとらわれると、これから未来に起きることを見誤ることがあります。

「今回も、同じことじゃないか」と考えてしまう。時に市場の潜在力を見誤ったり、時に小さな値付けで折り合わず、見送ったこともあります。

　投資家として14年以上も働き、私はこうした点を改善してきました。それでも「逃した大魚」は、数えきれません。ドアダッシュ(DoorDash)、インスタカート(Instacart)、ピンタレスト(Pinterest)、それにショッピファイ(Shopify)もです。これ以上詳細は語りませんよ(笑)。

　ただ一つ言えるのは、心底ほれ込んだ相手には、細かい値付けを無視してでも「ただ進め!」です。

COLUMN

メディア化する賛否両論のVC、アンドリーセン・ホロウィッツ

「今日はMITのメディアラボの友人をゲストに呼んでいるんだ。紹介させてくれ！」

2021年1月、音声SNSとして人気に火がついたクラブハウス（Club House）のあるチャンネルには、定員上限の5000人が押しかけていた。このチャンネル「One on One with A and Z」では、いつもスター起業家やセレブたちがゲストで呼ばれては、おしゃべりをして賑わっている。ホストするのは、シリコンバレーの有名投資家であるマーク・アンドリーセンとその相棒であるベン・ホロウィッツの2人組だ。

「ベンチャーキャピタルにとって、もはやお金はなんの差別化にもならない」

2009年の創業時からそう考えて立ち上げたVC、アンドリーセン・ホロウィッツ（a16z）が採用したのが、まるで起業家たちをアーティストのように育てるエージェント方式だ。

240人以上の社員を抱え、大手芸能事務所のように、「マーケティング」「広報PR」「人材採用」「IPO業務」といった専門のチームで、起業家たちをプロモートする巨大なVCになっている。

例えば、あるスタートアップが大企業であるコカ・コーラ社と提携をしたければ、社内のデータベースシステムに登録されているリストを使って、コカ・コーラ社で最も筋の良さそうな担当者たちにつなげてくれるといった具合だ。

元来、シリコンバレーのVCの多くは、10〜30人ほどが小さなオフィスで働いており、腕利きの

投資家たちは「一匹狼」のように働くことも多かった。そして秘密主義をベースにしており、投資先について表舞台でしゃべるようなこともなかった。

ところがa16zは、投資先のクラブハウスについても、有名投資家である自ら、ホストとして参加し、客寄せパンダの役目を買って出ている。そして超人気ラッパーからコメディアンまで、つながりのあるセレブを総動員で巻き込んで盛り上げている。

a16zは、端的にめちゃくちゃに「おしゃべり」な投資集団なのだ。自分たちのスタートアップの価値を高めたり、自分たちに勝機があると思っているカテゴリーについて、自ら運営するオウンドメディアでしゃべりまくる。

「我々は、スタートアップ投資でマネタイズしている『メディア』である」

そのようなコンセプトを掲げると、2014年にはテクノロジーメディアとして有名メディア「ワイアード（WIRED）」の名物編集者、ソナル・チョクシをヘッドハント。ポッドキャストなど音声番組を、どのVCよりも早くからスタートさせている。

こうして生まれた、新しいテクノロジートレンドを解説するポッドキャスト「16 Minutes」は人気番組になっている。またa16zが新しい投資カテゴリーとして注視しているバイオテック分野については、最先端のゲノム編集から、パーソナル医療について語る「Bio Eats World（バイオが世界を喰らう）」という番組を配信している。

ただしテクノロジー産業の問題点を突くような、伝統的なメディアに対してはとても攻撃的だ。アンドリーセンは気に入らないジャーナリストたちを、ツイッターやクラブハウスなどのSNS上ですぐにブロックしたり、徹底して批判することでも有名だ。

これまでもシリコンバレーの独善的な文化が、社会にゆがみを生んでいると批判を受けているが、アンドリーセンにとってはどこ吹く風。彼らはあくまで「メディアは、自分たちでやればよい」というスタンスを徹底している。そのため本書のインタビュー依頼についても、創業メンバーが個人では承諾してくれたものの、最後はNGとなってしまった。

「彼らがつくっているのは、いわば究極の自己実現コンテンツです。自分たちが創りたい未来を、コンテンツのパワーによって、必ずやってくる未来に仕立てているわけです」と、同社にくわしいコンサルタントは解説する。

それでもa16zが注目されるのは、大きな野望をもっているからだ。例えば2018年には、より幅広い金融サービスに手を広げてゆくために、RIA（登録投資顧問業者）という免許を取っている。つまりa16zは、すでに金融サービス業の免許であるベンチャーキャピタルを脱皮しているのだ。

この新しいカタチを取ることで、VCとしては制約の多かった暗号資産についても、a16zは自由自在にお金を投じることができる。ブロックチェーンやウェブスリー（Web3.0）分野のプロジェクトにおいて、VCとしての制約を気にせずに専用ファンドを立ち上げられるのもそのためだ。

同じような理由によって、未上場のスタートアップのみならず、上場したテクノロジー企業の株も売買することができる。そうすることで現在2兆円ほどの運用資産を、さらに長期的に、大規模に増やしていけると目論んでいるからだろう。

21世紀のゴールドマン・サックスになるのは、米国西海岸から生まれたアンドリーセン・ホロウィッツかもしれない——。つねに賛否両論を巻き起こしているこのVCが、どのように進化するのかは、これから10年で明らかになりそうだ。

金融を知り尽くした、ファイナンスの

プロ集団

QED

2007年、金融機関のキャピタルワンの出身者たちが、フィンテックに特化したVCとして立ち上げた。とりわけクレジットやファイナンスの分野では、圧倒的なノウハウを蓄積しており、米国を中心に多数のユニコーン企業に投資している。伝統金融のプロセスを熟知した上で、新しいサービスを次々と掘り起こしている。

本拠地……………………アレクサンドリア（バージニア州）
社員数……………………18人

イグジット数／累計投資先数…………62社／258社

主な投資先……………Credit Karma, SoFi, ClearScore, Nubank, Avant, Remitly, GreenSky, Lendup, Current, Red Ventures, Loft, Wagestream

パートナー（共同創業者）
フランク・ロットマン
(Frank Rotman)

我々は投資家ではない。投資家の姿をした、金融ビジネスの経営者集団である――。そのように公言するのが、世界で最も投資マネーが集まるフィンテック分野で、揺るぎない成績を叩き出しているベンチャーキャピタルのQEDだ。

2007年に生まれたこのQEDは、もともとアメリカを代表する新興金融機関であるキャピタル・ワン（Capital One）の共同創業者であるナイジェル・モリスと、同社でクレジットやファイナンスの分野を知り尽くしたフランク・ロットマンらが立ち上げたVCだ。

いつもは静かにその存在を潜めており、メディアにもほとんど登場しない。しかし、実際には合計30億ドル（約3300億円）の資産を運用しながら、世界で20社以上のフィンテック分野のユニコーンを育て上げてきた、フィンテック分野の最高峰にある投資家集団の一つだ。

お金を借りる人たちの「信用スコア」の巨大プラットフォームであるクレジット・カルマ（Credit Karma）、高額な利息が発生する学生ローンの救世主になったソーファイ（SoFi）、または移民の人たちが母国に格安でお金を送ることができるレミットリー（Remitly）まで、フィンテック業界のスター企業たちがきら星のごとく並んでいる。

QEDの美学は、マニアックなまでに金融サービスに精通し、新しいビジネスモデルを徹底解剖するところにある。さらに伝統産業である銀行や保険、また規制当局のやり方を知り尽くしていることから、投資先スタートアップの経営メンバーとして参画し、勝つためのシナリオを練り上げてくれることでも有名だ。

ちなみにQEDとは、数学などで使われる「証明完了」というラテン語に由来する。それは直感に頼ることなく、金融のプロフェッショナル集団として数字とデータを重視して、巨大なリターンを継続的に生み出しているファンドにふさわしい。

果たして彼らはどのように、フィンテック特化型VCとして名を上げてきたのか。QED共同創業者のフランク・ロットマンに、お金の世界をどう解剖しているのか、その方程式を聞いた。

フランク　私たちQEDが何者なのかと聞かれたら、おそらく「ベンチャーキャピタルの皮を被った、金融ビジネスのプロ集団である」と答えるでしょう。投資家でありながら、私たちはフィンテック企業をみずから経営できるくらい、この業界において長く仕事をしてきたからです。

もともとQEDは、キャピタル・ワンという新進の金融機関で10年以上にわたって一緒に働いていた、ナイジェル・モリスらと立ち上げたベンチャーキャピタルです。私はキャピタル・ワンで、お金の融資にかかわるクレジット分野のアナリストとして働いていました。

キャピタル・ワンというのはおもしろい会社であり、もともとはクレジットカードの会社として生まれたのですが、その後には銀行業務を始めたり、さまざまなビジネスを買収するなどして、多角化をしてゆきました。そこで、私はあらゆる金融ビジネスに関わったのです。

今風に言えば、それは分野横断でカバーするような「チーフ・クレジット・オフィサー」のような存在でした。しかし、ナイジェルがキャピタル・ワンを去ることになり、私もまもなくこの会社を卒業して、みずから学生ローンのスタートアップを立ち上げるという道を選びました。

しかしナイジェルと再会を果たすと、お互いにまた一緒に働いてみたいと語り合うようになりました。私たちは、金融の世界において、どうやってビジネスを立ち上げて、どのように規制に対応し、またその事業を運営するかというノウハウを持っていました。

おそらく経営コンサルティングのような仕事もできたでしょう。しかしコンサルのビジネスモデルは、お客さんである会社に経営アドバイスをしたら、それでオサラバです。その後に経営が失敗しようが、それはコンサルタントの責任ではありません。それでは、おもしろくない。

だから、私たちは投資家になろうと思ったのです。ベンチャーキャピタルの投資家というのは、投資先のスタートアップが成功したときのみ、自分たちも大きな成功を手にすることができます。また金融会社を経営してきた経験があり、そこで見てきた、無数のビジネスの「落とし穴」にはまらないよう起業家に助言できると考えたのです。

そこで2007年、フィンテックに特化したベンチャーキャピタルのQEDが生まれたのです。創業メンバーは、すべてキャピタル・ワンの出身者。そして当初は自分たちの手金だけで、スタートアップ投資を始めることで、自らに才覚があるのか試したわけです。

幸いにも、かなり注目に値するリターンを生むことができました。だからそれ以降は第三者であるLP(出資者)から出資を募ることによって、QEDは20人ほどが在籍する金融投資チームをつくることに成功したのです。いまでは米国のみならず、英国、南米などグローバルに、合計で150社以上のフィンテックスタートアップを投資先に抱えています。

金融の歪みを「見つけ出せ」

私はスタートアップの創業者に、必ず投げかけている質問があります。それは「すべての情報にアクセスできるユーザーがいて、最も合理的に判断をするとしたら、果たしてあなたの提供するサービスを選びますか」というものです。

この質問をすると笑われることもあるのですが、思うに、これはスタートアップの存在意義を問いかける最もコアとなる質問です。もしこれに「イエス」と答えられなければ、そのスタートアップはすばらしいビジネスをつくることは難しいでしょう。

なぜなら、情報はどんどんユビキタスなものになっているからです。金融サービスの世界においても、情報は無料でどんどん開放されています。だからユーザーたちはかつてないほど、多くの情報にアクセスして、その上でサービスを比較検討して選ぶことができるのです。

例えば、アメリカにおける学生ローンというのは、ひどい代物でした。そのほとんどがアメリカの連邦政府が提供している教育ローンなのですが、うまく機能していなかったのです。なぜならお金をきちんと返済する学生も、返済しないリスクが高い学生も、まったく一律の利子を支払わされていたからです。

そこに目をつけたのが、QEDが創業期に投資をしていたフィンテックのスタートアップで、いまや時価総額で137億ドル（約1兆5000億円）となったソーファイ（SoFi）です。

彼らは大学の学費が高騰しているアメリカにおいて、トップ大学などに通っている学生たちに、政府よりもずっと低い金利でローンを提供するサービスとして始まりました。

例えばハーバード大学やスタンフォード大学などトップ大学の卒業生らは、学生ローンをきちんと完済する可能性がとても高い。それなのに無名な教育機関に通い、おそらく学生ローンが返せなくなる人たちと、同じ待遇を受けているのです。保険の世界でいえば、やたらと自動車事故を起こ

ものです。すドライバーと、まったく事故を起こさないドライバーが、同じ保険料金を払わされているような

一方でおもしろいことに、政府による学生ローンのプログラムについては、どの大学、どの専攻分野の学生が、どのくらいの確率でローンを返済するかというデータが公表されていた。つまりデータはオープンにされており、合理的なユーザーが見比べたら、絶対に政府のローンは選ばないでしょう。そして「ソーファイから安い利息でローンを借りよう」と思うでしょう。

言葉を変えると、成功するフィンテックのビジネスというのは、どこか機能不全になっている「歪み」を社会から見つけ出して、それを解決するソリューションを提供することだと言えます。それを最もスマートにおこなったソーファイは、この分野で勝ち上がり、ソフトバンクなどからも巨額投資を受けることになります。

当時のＱＥＤは設立したばかりで、ソーファイには少額しか投資できませんでした。しかしフィンテック分野に圧倒的にくわしいプレイヤーとして、徐々に知られるようになり、そこにフィンテック起業家も集まってくるようになったのです。

さらに競合であるＶＣすら、フィンテック分野の「目利き役」として、ＱＥＤに相談を持ち込むようになりました。

金融分野のユニバーサルな翻訳集団

私たちはすごくささやかに、フィンテック投資専門のベンチャーキャピタルを育ててゆきました。最初の頃は、自信がなかったのでステルスモードで運営をしていました。そして小規模ではあっても、自分たちが最も得意なことだけをやり続けたのです。

QEDは、幅広いビジネスに精通しているVCではありません。しかしファイナンスやクレジットなど、ある特定のカテゴリーにおいては、誰にも負けない深さで理解をしています。だからもしあなたがフィンテック企業を立ち上げるのならば、おそらくQEDは他のどのVCよりもすぐれたアドバイスを、あなたに共有できるでしょう。

いまでも思い出すのは、投資家として初めて書いた小切手のことです。投資先はクレジット・カルマ（Credit Karma）というスタートアップで、人々がみずからの「信用スコア」を無料でチェックできるプラットフォームをつくっていました。この信用スコアとは、クレジットカードの限度額や、ローンの審査などに使われるものです。

私はクレジット・カルマの最初の投資家の一人でした。後になってインテュイット社が810億ドル（約8900億円）で買収をしたため、いまでは成功したフィンテックスタートアップとして知られています。しかし2009年当時、リーマンショックや世界経済危機の直後にあって、VCの投資家たちはフィンテック企業には見向きもしませんでした。

彼らはシリコンバレーのあらゆるVCから、門前払いを食らっていました。一方で、私は創業者のケン・リンの力になれると思いました。クレジット・カルマは、お金を借りるだろう一般ユーザーと、お金を貸したい金融機関との「接点」を、信用スコアのプラットフォームとしてつくろうとしていました。金融機関のクレジット分野で働いていた私は、このサービスが実現したら、金融機関が夢中になることがすぐわかりました。

だから私は投資をした上で、ゼロからこのサービスを築いてゆくサポートをしたのです。そして数年ほどサポートを続けたら、クレジット・カルマはアメリカで数百万人、数千万人というユーザーを抱えるプラットフォームに化けていました。そして、熱烈に支持されていたのです。

私たちはスタートアップの創業者たちと、伝統的な金融産業で働いている人たち、それぞれが使っている「言語」がわかるバイリンガルなのです。スタートアップと金融機関をつなぐことができる、ユニバーサルな翻訳集団のような存在とも言えるでしょう。

伝統的な銀行という「ブラックボックス」の中で、経営陣はどのように意思決定をしているのか。彼らはどのように物事を説明して、プロジェクトを進めてゆくのか。そしてどんなスタートアップだったら、彼らは手を組んだり、時には買収したいと思うのか。そうした知見を、創業者たちに一つひとつ教えていくのです。

「直感」で動くことはない

ベンチャーキャピタルとは、お金をばらまくビジネスです。だから失敗するのは簡単ですが、上手にこなすのは、とても難しいのです。お金を貸してほしい人は、いつだっている。ところが、きちんと取り戻すのはなかなか難しい。

投資家として最も難しいことは、次の二つの視点を同時に持ちながら、投資を続けないといけないことです。

一つ目は、何をしたら失敗するのかを理解すること。二つ目は、それと同時に、もし成功したら、どのくらい大きなビジネスを生み出せるかを見通すことです。どんなスタートアップに対しても、この二つの視点を維持しながら見ないといけません。とても難しいことなのですが、良い投資家はこれができます。

またスタートアップの成功にとって、経営チームのレベルは大事です。だからといって「スタートアップは人材が命だ」と言うVCがあれば、それは怠惰だと申し上げたい。

むしろ「ほど良いチーム」が将来性のある業界に挑むほうが、「超すごいチーム」が展望のない業界に挑むよりも、ずっと良いと思っています。利益を上げるのが難しい業界は、あなたの顔をつねに引っ叩きます。狙っているビジネス分野が有望でなければ、チームのレベルを語る以前の問題でしょう。

成功するスタートアップのパターンを問われたならば、こう答えましょう。一つの要素に対して、あなたが正しくものごとを進めて、成功できる可能性が80％だとしましょう。この要素が二つ、三つと重なってゆくと、どんどん成功率が落ちてゆきます。

もしあなたのスタートアップを成功させるために、5つの課題を正しく進めないといけないとしたら、あなたがどれだけ賢くても、その成功率は「80％の5乗」になります。計算してみると、成功する確率はせいぜい⅓しかないことがわかります。

私はこれを、キャピタル・ワン時代に学んだ「80％の5乗の法則」と呼んでいます。そしてQEDというベンチャーキャピタルがおこなっていることは、投資先のスタートアップがこの「80％の5乗」のような状態に陥らないように、ビジネスのリスクをぎりぎりまで減らしてゆくことです。そのビジネスに絶対不可欠なものを見分けるのです。

私たちは、だからこそ「直感」で動くようなことはありません。新しい事業やサービスについて、まずは収益性などのビジネス構造を読み解いて、その優位性について考え抜きます。QEDは科学的なアプローチによって、厳しいルールで投資をしているのです。

QEDはフィンテック投資に特化しているので、私たちほど大きな投資チャンスを逃すのではないかという恐怖心、つまりFOMO(fear of missing out) に悩まされているベンチャーキャピタルはなかなかないでしょう。

それでも私たちは逃した案件について、どうでも良いと思えるのです。なぜなら、そのスタートアップがどんな巨大企業に成長しようとも、QEDは「なぜ投資をしないのか」という点について、明らかなロジックを持っているからです。ビジネスを分析して、イエスかノーかを決めるフレームワークを持っています。

ベンチャーキャピタルの世界にあって、たしかにLP（出資者）はいくら儲けたのか、短期的なリターンを気にしますね。しかし大きなリターンというのは、実は投資家が一つひとつ積み重ねている判断のクオリティが、どれだけ高いのかという結果に過ぎません。

だからベンチャーキャピタルという仕事の難しさは、自分の投資判断のクオリティが高いのか、それとも低いのか、その結果を受けるまでのフィードバック期間がとても長い点にあります。そのサイクルが一つ回るまでに、通常は10年という歳月がかかります。私たちは、そこで大きなリターンを生み出せる再現性を追求しているのです。

私たちの生活には無数の金融サービスが埋め込まれている

ちなみにQEDはベストな会社を追い求めるあまり、みずからCEOなど経営チームの人材を集めてきて、新しいスタートアップを立ち上げてしまったこともあります。その一例が、英国のフィンテックスタートアップのウェイジストリーム（Wagestream）です。

これは「自分の給料を、早く手にすることができるサービス」です。ポイントは、これは前借りではないという点です。これまで月単位でしか受け取れなかった給料を、1日単位、1時間単位、分単位というレベルにまで落とし込んで、自分がちゃんと稼いだお金として手にすることができるのです。

なぜこのサービスが大きなインパクトを持つかと言えば、例えばアメリカの中央銀行の調査では、国民の40％にのぼる人たちが、わずか400ドル（約4万5000円）の急な支出があったときに、その費用をパッと準備できないと答えています。毎月の給料日まで、綱渡りの生活をしているのです。

イギリスでは、給料日の前になると「今週のイギリス人は、酒場に行ってビールを飲まずに、自宅でインスタントラーメンを食べる期間なんだ」というジョークがあります。しかし当たり前だと思っている毎月1回、毎月2回という給料日が決まっているのは、実はとても不自然なキャッシュフローなんです。

本当は毎分ごとに、労働者が働いているときに賃金は発生しています。それならば勤怠管理や給料支払いなどのシステムを、リアルタイムなデータと結びつけてあげれば、発生したときから給料が受け取れるわけです。ウェイジストリームは、こうしたサービスを導入して、多くの人を雇いたい企業側に提供しているのです。

この給料への早期アクセスというのは、グローバルに共通する隠れたお金のボトルネックになっているのです。これが機能すると、とても高額な利息を求められるキャッシングなどのサービスによって、貧しい人がさらに貧しくなるサイクルも変えられます。

だからQEDはこれまでグローバルに5社、同じようなサービスを提供するスタートアップを選び出して、彼らに投資をしています。そしてアメリカ、イギリス、インド、メキシコ、ブラジルなど、まったく異なる国を起点にしながら、一気にサービスが広がりつつあります。

私たちの生活には、無数の金融サービスが埋め込まれています。そして明らかにテクノロジーによって、解決できる問題がたくさんあるのです。

イギリスを拠点にするウェイジストリームは、まさにQEDがゼロから検討して、創業者2人をリクルートするところから始めたビジネスです。私たちが、どれくらいリアルに事業を運営するレベルまで知見を持っているのか、恐らく伝わるでしょう。

あるスタートアップでは、外部の投資家であるにもかかわらず、そのサービスに必要となる与信基準を設計したこともあります。なにせもともと、クレジット分野のアナリストとして食っていましたから。

そして私はすでに白髪交じりの年齢で、スタートアップの創業者の2倍ほどの人生を生きています。だからこそ、そういったディープなフィンテック投資ができるのです。

お金の世界を塗り替える、異端

パートナー（共同創業者）
ニック・シャレック
（Nick Shalek）

VCの正体

リビット・キャピタル

(Ribbit Capital)

2012年、ベネズエラ出身の連続起業家、ミッキー・マルカとニック・シャレックが創業したVC。お金の世界を根本から塗り替えるような、新しい金融サービスやプロジェクトに投資し、暗号資産やブロックチェーンにいち早く目をつけたことでも知られる。フィンテック業界で、最も多くのユニコーンに投資するトップVCのひとつ。

本拠地……………………パロアルト(カリフォルニア州)
社員数……………………12人

イグジット数/累計投資先数…………23社/218社

主な投資先……………Robinhood, Affirm, Coinbase, Revolute, Plaid, Chipper Cash, Hippo Enterprises, Genesis Digital Assets, FTX, Brex, Root, Blockstream, Cross River Bank

フィンテック投資に関わっている人物で、もしリビット・キャピタル（Ribbit Capital）の名前を知らなければ「モグリ」だと言っていいだろう。彼らはフィンテック業界で最も多くのユニコーンに投資し、また暗号資産のポテンシャルに早くから目をつけたベンチャーキャピタルだ。

２０１２年、いくつものフィンテック企業をつくってきた連続起業家のミッキー・マルカと、資産運用のエリートだったニック・シャレックの二人が立ち上げた。

南米ベネズエラ出身のミッキーは、歴史的なインフレーションにより、お金が一夜にして無価値になるような社会で生まれ育ち、そこからフィンテック企業をいくつもつくってきた。それだけに、遺伝子レベルでお金そのものを問い直し、新しい産業をつくるという覇道を歩んでいる。

そのためリビットの投資先には、世界最大規模のオンライン銀行のヌーバンク（Nubank）、モバイル投資のロビンフッド（Robinhood）、暗号資産取引所のコインベース（Coinbase）など、90以上の旬なフィンテック企業を抱えており、ＶＣとしては新興ながら運用資産額はすでに72億ドル（約８２００億円）に達する。

彼らに言わせれば、これは映画『スター・ウォーズ』における帝国軍と反乱軍の戦いのようなものだという。主戦場には、時価総額にして合計15兆ドル（約１６５０兆円）の規模をほこる伝統金融機関がひしめく。そこでリビットの投資するお金は、スタートアップという反乱軍の勝利のために、すべて使われているというわけだ。

米国から欧州、アジアにいたるまで国境を越えた急成長フィンテック企業群に投資をして、異例ともいえる快進撃を続けているリビット。その成り立ちから投資について、共同創業者のニックに語ってもらった。

ニック　私がミッキー・マルカと出会ったのは２０１１年、スタンフォード大学のＭＢＡを終えようとしている頃でした。インターンとして働いていたフェイスブックで決済サービスの研究をしていたところ、同僚からミッキーを紹介されたのです。

私は過去にイェール大学の大学基金において、資産運用のシニアアナリストとして働いたことがあり、またテクノロジー業界の投資にも関わっていました。一方のミッキーは、まるでフィンテックの申し子のような人物でした。

南米のベネズエラで生まれたミッキーは、金融分野で三つも成功したスタートアップを創業してきた人物です。まずは19歳のときに、証券・投資ブローカー業務をおこなう会社を創業。さらに南米初のオンラインの金融サービスポータルをつくって、それを約８００億円で売却するという成功を収めます。極めつけはバンコ・レモン（Banco Lemon）というマイクロファイナンスの会社で、これは南米最大のブラジル銀行に買収されました。

そんなミッキーが秘めていたのは、フィンテック特化型のベンチャーキャピタルをつくるという計画でした。そして何度かミーティングした私と意気投合して、お互いに補完関係があるから、一緒にやらないかと声をかけてくれたのです。

しかしそのコンセプトは、当時のＶＣとしては非常識でした。ミッキーがこれまで考えてきた理論をベースに、金融産業のパラダイム・シフトを投資で加速させるというものです。つまりベンチャーキャピタルとしては金融分野に特化した上で、シリコンバレーという場所に限らず、海外も対象にするというものでした。

私は思わず「そのアイデアはイカれてるよ。ある分野に特化するなんて、うまくいくはずないし、大きな利益をもたらす可能性のあるスタートアップの母数を増やすためには、幅広い分野のジェネラリストとして投資するべきじゃないか」と反論したのです。

これは一流の機関投資会社などで、当たり前に教えられているルールです。スタートアップ投資の世界では「次のグーグル」のような巨大企業がどこから出現するかわからない。だから多くの名門ファンドは、一つのファンドから20～30社という数のスタートアップに分散投資をしており、特定の分野には限定しません。しかもＶＣは一種のローカルビジネスで、地の利があるところで始めるのが基本です。だから米国のみならず、欧州やアジアにも投資するのは荒唐無稽に思えました。しかも創業初期の投資によって、がっつり株式を取ることもしないと言うんです。これまで自分が学んだことと、すべて真逆のことをやろうとしていました。

しかしミッキーは、これから金融の世界というのは、モバイルインターネットのような世界になってゆき、それは今後十数年にわたって同時多発的に進んでゆくという仮説を強く信じていました。だからフィンテック分野に深い知識があれば、一極集中するほうが勝算が高いというのです。

最後に折れたのは、私でした。なぜならベンチャーキャピタルというのは、ますます起業家たちから「選ばれる側」になっているからです。投資家として成功したければ、一流の起業家から「こいつは仲間にしたい」と思われなければなりません。その点、ミッキーはフィンテック起業家として圧倒的な実績を持つ人物であり、誰もが心を許すような性格の持ち主だったからです。

暗号資産に投資する二つの理由

私たちはフィンテック特化型のVCですが、どんなスタートアップでも大歓迎というスタイルではありません。自分たちの独自のレンズを通して、投資テーマにこだわっています。そんなリビットが2012年の設立時から目をつけていたのが、ブロックチェーン技術による「暗号資産」です。

これはミッキーがベネズエラで育ったことから、いわば偶然に見出したテーマでした。彼にはアルゼンチン出身の長年のビジネスパートナーがいて、よく一緒にオフィスで仕事をしていたのですが、二人ともビットコインに夢中だったのです。私にとっては、悪夢のような光景でした。

当時、ビットコインは、インターネット上に生まれた偽物のお金だと思っていましたから。

しかし、この二人は政府が発行した通貨であるペソが、ハイパーインフレによって紙クズ同然になる、つまり価値の保存手段として機能していない社会で育ってきました。また彼らは過去に南米で決済会社をつくっていますが、お金を移動させるために必要な許可を得ることが、いかに難しいのかも目の当たりにしてきたのです。

そしてついにはミッキーが、ファンドからビットコインに投資したいと言い始めたのです。もともとLP(出資者)に対しても、リビットは型破りな投資をすると伝えてあるから大丈夫だという主張でした。そこで私たちは、リビットが暗号資産に対してどのような投資仮説を持っているのか、出資者へレターで次のように説明したのです。

そこでは主に、二つのことを伝えました。一つ目は、暗号資産の世界においてはビットコインなどの「原資産」を持つことが賢明であるということ。そしてビットコインというのは、価値の保存手段として有用であるから買うのだと。

二つ目は、暗号資産というもの全体が機能をするためには、これまでの貨幣の世界と、暗号資産の世界をきちんとつなぐインターフェイスが必要になるという点です。リビットはこれを「レギュレーテッド・ブリッジ（規制との架け橋）」と呼んでいますが、こうした存在があって、初めてビットコインなどを安定的に売買したり、保有したり、利用できるようになります。

そして、暗号資産に投資しただけでなく、二つ目の説明にあるようなインフラをつくっていた起業家にも投資をしていきました。例えば、それがコインベース（Coinbase）創業者のブライアン・アームストロングでした。彼は暗号資産によるオープンなエコシステムを目指しているがゆえに、銀行との提携や、規制当局へのアピールが極めて大事だと考えていました。

ブライアンに出会ったのは、起業家養成学校「Ｙコンビネーター」のデモ・デーです。私はベンチャーキャピタルの投資家になったばかりで、会場に知っている人はほとんどいませんでした。そこで同じように、会場で一人突っ立っている人物がブライアンだったのです。当時、暗号資産について大っぴらに研究しているクレイジーな起業家に、進んで近づく人はいませんでした。

２０２１年にコインベースが株式上場して兆円企業になったときも、この日のことを思い出していました。いまベンチャーキャピタルや投資家たちは、暗号資産についてお祭り騒ぎをしており、誰もがこのブームに乗って名声を得ようとしています。

しかし、実際にリビットがコインベースへの投資でおこなった最も大切な点は、当時は一般的なコンセンサスがなかったものを研究し、それを信じて、ブライアンのような絶対的な粘り強さを持っている起業家を見つけ出したことでした。

彼らとの道のりは10年近くになりますが、金融機関との交渉であったり、政府機関との交渉であったり、すべてを粘り強く、タフにやり続けました。そして2021年4月に株式上場をして、時価総額は7兆円を超えています。

即日1000億円を集めた「救済劇」

リビットによれば、すでに世界を変えるような技術やアイデアは揃っているのだという。まだ不足しているのは、金融の世界を変えてやろうというリスクマネーを投じる人たちと、そうした起業家たちを助けるような手厚いサポートだ、と。

これまで金融業界では、多くのテクノロジーは「ただ金を稼ぐため」にばかり使われてきた。それはつまり確率や統計学、コンピュータなどを駆使して、資産運用や株の売買などをおこない、天文学的な利益を生みだしてきたウォール街の「金融工学」に象徴されるようなものだ。

しかし、リーマンショックや世界経済危機のあと、根本的にお金や金融のあり方を変えようというスタートアップが登場するようになった。例えば米国では富裕層しかアクセスできなかった株式の売買を、手数料ゼロにして民主化を進めたのは、モバイルの投資アプリであるロビンフッド（Robinhood）だ。

リビットは自身の哲学に立ち返って、そこに合致すると判断したロビンフッドにも投資をしている。そして投資先が最も苦しいときにも、迷わずにとことん支えるという姿勢は、２０２１年１月に発生したロビンフッドの経営危機のときに問われることになった。

一般ユーザーによって過熱した株式売買によって、ロビンフッドが担保していた「預託金」の積み増しが求められ、サービスを続けるためには34億ドル（約３７００億円）が即金で必要になったのだ。通常のスタートアップが調達できるレベルをはるかに超えた事態に、ロビンフッドの創業者がＳＯＳの電話をかけたのがリビットだった。

そもそもロビンフッドに投資をしたときも、多くの専門家は「手数料ゼロ」の株式投資サービスなんて、うまくいくはずがないと語っていました。そして確かに手数料ゼロのビジネスモデルを試したプレイヤーが過去にもいましたが、それは機能していなかったのです。

一方で、リビットは独自の投資仮説をつくり、詳細にデータを集めて回って、それを長期間にわたってウォッチし続けるのです。そして願わくば、仮説が当たっており、見つけ出した少数の起業家に集中的に投資したいと思っています。

だから実はVCにとっては1回目の投資よりも、2回目の「追加投資」がはるかに重要なのです。これはイェール大学で学んだのですが、投資先が大きなチャンスであったり、大きな停滞に直面したときに、さらにバックアップするのかという判断を迫られるからです。シリーズA（創業期）から出資してきたロビンフッドにも、その瞬間が訪れたのです。

1月にゲームストップの株価が、インターネット上のコミュニティでの盛り上がりから、異様なスピードで買われました。その後、ロビンフッドが特定の株式について「売買」を一時停止したことで大混乱が起きましたが、その裏では運転資金の問題が起きていたのです。

ロビンフッド創業者のウラジミールから、緊急支援のコールがミッキーにありました。第一報を受けたときから、パニックにはならず、何が起きているのかを冷静に理解することができました。私たちはロビンフッドの事業モデルも知っていれば、規制当局であったり、巨額の担保金を求めてきたDTCC(米証券保管振替機関)の仕組みも理解していました。

だからミッキーは「追加の資本を集めるために、何でもするぞ」と、電話で即答しています。そしてミッキーは3000億円を超える追加資金を集める方法を考え、私はロビンフッドの経営陣と一緒に、どれくらい新規で株式を譲渡しないといけないのか、投資条件の検討をする役割を引き受けたのです。

私たちは電話を受けた当日に、合計で10億ドル(約1100億円)の資金を集め、さらに大量の資金集めに奔走しました。ロビンフッドの経営陣はすばらしいチームで、新時代のブランドになっていました。だからこそ、資金がクラッシュしかけてもその歯車は動かすべきだと思っていました。

幸いなことに、リビットにはすばらしいパートナーたち、それは銀行であったり、LP(出資者)というパートナーがいて、大きな資金を提供できました。その他の投資家たちも救いの手を差し伸べて、最終的には4日間で34億ドル(約3700億円)の資金を集めきり、ロビンフッドはこの危機を生き延びたのです。

ウラジミールはミッキーに電話をすれば、すぐに問題解決モードに入ってくれることを知っていました。起業家が本当にピンチになったときに、最初に電話をかける相手になるというのは、VC

にとっては最高の栄誉です。私たちは起業家が困ったときにホットラインをかける先でありたい。

では、起業家が頼れる関係を築くためにどうすればいいのか。それは、相手が困ったときに弱音を吐ける相手であること、そして一緒に弱みを見せ合いながら本音を言えることが大切です。

リビットとロビンフッドの関係は一朝一夕でつくられたものではありません。今年1月にウラジミールがＳＯＳのコールをかけてくるまで、ミッキーはおそらく50回以上もロビンフッドの取締役会に参加しており、５００回以上のミーティングや議論をおこなってきたと思います。

さらにリビットは、ＶＣとして小さなチームであるべきだと考えてきました。意思決定は、コンセンサスや投票で投資を決めるのではなく、共通した信念に基づいて行われています。だから、私はミッキーが何と言うかをかなりの正確さで予想できるし、逆もまた然りなのです。お互いがよく理解し合っているからこそ、いざというときに素早く動けるのです。

世界最大級のユニコーンを逃した日

一つのセクターに特化したベンチャーキャピタルは難しいと話しましたが、それは有望なスタートアップの母数が限られるだけでなく、ある分野の専門家たちはほぼスタートアップに対して間違った判断をするからです。私たちリビットにも、フィンテック分野で逃してしまった大きな魚があります。

例えば設立時、リビットは「ペイメント（決済）」の分野に焦点を当てるつもりはありませんでした。金融産業はとても規制が厳しいのですが、このペイメント分野だけは早くからＶＣが集まっており、多額の投資によってサービスも成熟していたからです。

ミッキーはペイメント分野の起業家として活躍していたこともあり、また私はフェイスブックでデジタル決済について研究していましたから、そこは競争が激しいエリアであり、かつ利益率が低いビジネスであると判断していました。だから、あまり投資対象として手をつけなかったのです。

しかし結果として、巨大な決済インフラとなったストライプ（Stripe）や、アディエン（Adyen）、またはブラジルの電子決済を牽引するストーン（Stone）といったスタートアップたちに、かなり初期に投資できるチャンスを見送ったのです。このミスの代償は、ストライプが世界最大級のユニコーンになっていることからもおわかりでしょう。

一方で、投資チャンスに巡り合うことで、自分たちの仮説を変えることもありました。このことを学んだのは、自動車保険のルート（Root）への投資でした。もともと、自動車保険という分野は多額のマーケティング費用がかかり、投資先にふさわしくないと考えていました。

ルートの創業者アレックス・ティムに会ったのもこの頃です。彼にはいまの自動車保険のシステムを変えたいという強い思いがありました。おそらく話をして最初の1分でしょうか、「この人に投資したい」と思いました。

彼らが考える自動車保険は画期的でした。ルートは一人ひとりの運転データを、アプリを使って集めています。そしてドライバーの運転が上手なのか、下手なのかをきちんと判定して、運転技術に応じて保険料が決まるようにしました。つまり究極にカスタマイズされた、フェアな保険を提供できるということです。

私たちは当初の仮説を曲げることにして、２０１６年にシリーズＡでルートに投資をしました。彼らは２０２０年10月に米ナスダックに上場し、その年の保険業界として最大のＩＰＯを飾っています。

私たちは「物事の長期的な価値」を知る過程にある

私はリビットで働き始めてから、新しいビジネスがどのくらいの確率で成功するのか、それは10％なのか、それとも20％なのか、という確率分布を把握するために多くの時間を費やしました。しかし、すぐれたテクノロジー投資家になるためには、本当に社会にインパクトを与えるものかを見抜く思考を、鍛え抜かないといけません。

こうした視点から暗号資産については、未だにハイリスクであると答えましょう。しかし暗号資産というものがアセットとして制度化されるにつれて、このリスクは下がってきています。いまや世界最大級の銀行や資産運用会社、または上場企業などがビットコインを保有したり、このエコシステムに参加しています。

ビットコインが大事なのは、旧来の貨幣だと政府が担保していた「価値を保存する機能」がブロックチェーンのアルゴリズムに埋め込まれているからです。とりわけ安定した通貨にアクセスすることができない人々にとって、これは大きな意味を持っており、ビットコインはブロックチェーンの最初のアプリケーションになりました。

イーサリアムが大事なのは、ブロックチェーンを使った汎用のコンピューティング・プラットフォームだからです。これは特定の管理者がいなくても、あらゆる契約を結ぶことができる、スマートコントラクトを実行できるインフラになっています。

そして最近、NFT(Non-Fungible Token)が話題になっていますが、これも新しいアプリケーションですね。これはもともと冗談のように始まったプロジェクトですが、デジタルの世界において希少価値があるものについて、自分のものであるという証明ができるものです。

これは本当にパワフルなアイデアで、これまで中央集権的なシステムに苦しめられてきたクリエイターやメディア関係者たちが、みずからの知的財産を新しい方法で所有して、その売り買いなどをブロックチェーン上で行うためにエコシステムに参加しています。

私たちはまだ、暗号資産や価格のつけ方であったり、長期的な価値の考え方などを知る過程にいます。今後、投資家として資金を失うこともあるでしょう。しかし、もしこれがうまくいけば、世界中の人々の金融サービスへのアクセスに大きな影響を与えることだけは、間違いありません。

ちなみにリビットという社名は、英語では「ケロケロ」という、カエルの鳴き声とおなじつづりなのです。誰もがカエルに由来した会社だと思っているんです。でも本当は、リビットはヘブライ語で「利息」という意味なんですよ。ずっとお金の世界にこだわるリビットらしい、ちょっとした秘密です。

ヘルスケア投資の

パートナー
ブライアン・ロバーツ
（Bryan Roberts）

ゴッドハンド

ヴェンロック
(Venrock)

大財閥を築いたロックフェラー家の資産運用会社として生まれ、アップルやインテルへの投資もおこなってきた、歴史ある名門VCのひとつ。現在はテクノロジー企業の他に、ヘルスケアやバイオテクノロジーの分野にも高いプレゼンスを誇っており、トップ投資家としての地位を維持している。

本拠地……………パロアルト(カリフォルニア州)
社員数……………24人

イグジット数/累計投資先数……449社/942社

主な投資先…………Intel, Apple, Gilead Sciences, Illumina, Athenahealth, UNITY Biotechnology,10x Genomics, Ikaria,Ironwood Pharmaceuticals, Inscripta, Lyra Health, Cloudflare, Dapper Labs, Dataminr

人間の体と心の健康は、21世紀における最も大きなチャレンジの一つだ。これだけ豊かになっても、人々は未だ病気に苦しみ、医療費は高騰を続け、老後の不自由や孤独に悩まされている。

そんなヘルスケア業界において、革新的なヘルスケアスタートアップに次々と投資をおこない、最近では創業アイデアまで提供をしているのが、ベンチャーキャピタルのヴェンロック（Venrock）の看板投資家であるブライアン・ロバーツだ。

ヴェンロックといえば、世界最大の石油トラストとして君臨したスタンダード・オイルの創業者にルーツをもつ、ロックフェラー家から生まれた名門ベンチャーキャピタルだ。その社名も、ベンチャーとロックフェラーの単語を組み合わせた造語となっている。

そんな名門VCで20年以上も活躍するブライアンは、これまでにゲノム産業の巨人として知られるイルミナ（Illumina）であったり、最先端の細胞治療を支えるプラットフォーム企業になっている10Xゲノミクス（10x Genomics）など、ライフサイエンス分野のトップ企業を総なめにしてきた投資家だ。

電話一つで、遺伝学の権威と意見交換をしたかと思えば、国境を越えたビジネスを後押しするため、巨大な保険会社のCEOとも電話一本でやりとりする。そして投資だけではなく、時には新しい起業アイデアをみずから提案してしまう。

そんなヘルスケア投資のゴッドハンドは、爆発的に資金が流れ込むスタートアップ投資の世界で、どのようなスタイルを貫いているのか。普段は表舞台に出ないレジェンドが、その口を開いた。

ブライアン　私はヘルスケアの世界で、多種多様なスタートアップに投資をしてきました。そこでヴェンロックの仲間たちのみならず、投資を通じてあらゆる人々と、ヘルスケアの世界について語り合えるネットワークを築いてきたのです。

ベンチャーキャピタリストは、すべてのアイデアに対して「まっさらな目」で見ることができなければ、成功できません。上下関係などの古いヒエラルキーから、得られることは何もありません。あらゆる疑問や批判を、歓迎するべきなのです。

自信のある情報についても、「あなたはちゃんと理解してないんじゃないか」とクエスチョンを投げつけてもらうことが、大事なのです。

そしてヘルスケアのような技術的に難しい分野では、「どうやったら、その分野の問題点を洗い出したり、そのポテンシャルを見抜けるような、極少数のエキスパートと出会えるだろうか」ということを、私はいつも考えています。

例えば、遺伝子について研究するゲノミクス分野であれば、世界最大の遺伝子配列分析機器メーカーであるイルミナ（Illumina）の共同創業者、ジョン・ステップナゲールに電話をかけることで、私はその意見を聞くことができます。もしもヘルスケア分野のソフトウェアについて知りたければ、クラウドベースのヘルスケアソフトを生み出しているアセナヘルス（Athenahealth）の創業者、トッド・ネッドパークに連絡をするでしょう。

過去数年間で盛り上がりをみせているのが、細胞一つひとつの働きを理解することで、新しい治療やクスリをつくろうという細胞治療や、免疫などの分野ですね。ここではカリフォルニア大学サンフランシスコ校にいる、ある聡明な教授にアドバイザーをお願いしています。

こうやって地道に築いてきたネットワークによって、私はベンチャーキャピタリストとして、常に優れた投資チャンスに巡り合って、そうしたスタートアップを評価するための「健全な疑い」を投げかけられるようにしています。

最近のスタートアップ投資というのは、まるでお金の匂いだけを追いかける「ビジネスロボット」が徘徊しているように見えます。誰もが、ホットな投資案件に乗り遅れないように血眼になっています。

チャンスを逃さないように、すぐさま小切手を切ってしまう。それが終わると、また追われるように、どこか別のところへ飛んでいく。そのスタートアップの経営に深く関わろうというケースは、あまり見かけません。

しかし、私は10年、20年という長い歳月をかけて、超一流のサイエンティストや起業家たちと仕事をすることによって、ヘルスケアの世界の投資家として育ちました。それがどのようなものか、いくつかのケースをお話ししましょう。

20年来の盟友は「遺伝子業界のドン」

私がヴェンロックで初めて手がけた投資は、先ほどお話ししたイルミナという次世代シーケンサー（遺伝子配列解析）の会社でした。この投資のおかげで、ヘルスケア分野のキャピタリストとして、いまでも働けていると思っています。

あれは1998年7月下旬、ちょうど夏休みのど真ん中でみながバカンスに出かけているシーズンでしたが、なんとかこの投資案件を手にするために、必死で自分の売り込みをかけていました。

まだベンチャーキャピタルで働き始めて10カ月しか経っておらず、それでもイルミナのシリーズAの投資チャンスをやっと手にすることができた。そこからは、もう自分の貢献できるすべてのことをやったと思います。

投資チャンスをもらうと、イルミナの本社があるサンディエゴ市に飛んでいって、彼らの上場目論見書を書くために、数カ月にわたって身を粉にして働きました。こうした仕事を通して、私はイルミナの共同創業者であり、すぐれた研究者のジョン・ステップナゲールと意気投合したのです。

イルミナはその後に上場すると、ライフサイエンス業界の巨人として、世界的な企業になってゆきました。しばらくして創業者のジョンは去ったのですが、イルミナを離れても、私たちは仕事をする盟友になったのです。

ジョンは、遺伝子の世界にどこまでも精通している人物であり、私がいなくてもテクノロジーやビジネスについて判断できます。しかし、未実現のイノベーションを本物のビジネスにするには、無数の障害物があります。

それを後押しする投資家という仕事は、どんなに賢い人物であっても、同じようなマインドセットをもった仲間たちと、さまざまな意見や知性を持ち寄ることで愚直に切磋琢磨することなのです。だから20年以上にわたって、彼は私といっしょに投資の仕事をしてくれたのでしょう。

例えば2014年、ヴェンロックは10Xゲノミクス（10x Genomics）という、とても有望なライフサイエンスのスタートアップに投資をしました。彼らは圧倒的な効率で、細胞一つひとつの遺伝子データを読み取ることができる、革新的なビジネスをつくっていたのです。

これはガンなどの腫瘍などを調べる時にも、本当に悪い影響を与えている細胞はどれなのか、その細胞はどのようになっているのか、一つひとつピンポイントで調べることができる「シングルセル（単一細胞）」の分野のリーディング企業です。

この10Xゲノミクスの創業メンバーたちが、どうしても自分たちのスタートアップの味方に加えたかったのが、先ほどから紹介しているイルミナ創業者のジョンだったのです。ゲノミクス分野で最高の知性をもっている人物を、自陣に引き入れたいのは当然でしょう。

その時に、ジョンは「こいつが投資家としていっしょに入るなら、手伝ってもいい」という返事をしました。こいつとは、つまりヴェンロックの投資家である私のことでした。この一言で、10Xゲノミクスに投資をしたい他のVCたちを尻目にして、私が出資できることが決まったのです。

ゲノミクスの世界で最も栄誉ある人の、伴侶として選んでもらえました。

これはほんの一例ですが、ジョンのようなトップクラスの起業家や研究者が、この投資家はCEOのためなら、どんな仕事でもしてくれるんだというお墨付きをくれたことが、私にとってどれだけ大きなものだったか知れません。

もちろん関わったスタートアップについては、サイエンスから技術評価、監査役まで、あらゆる仕事をこなします。

ロックフェラー家から生まれた「投資哲学」

なぜヴェンロックがヘルスケア分野に熱心に投資するのか。それは私たちが生まれたルーツにも関係します。もともとヴェンロックは、米国の超富裕層のロックフェラー家によるベンチャー投資として始まりました。

その源流を遡ると、1930年代後半に大富豪だったローランス・ロックフェラーは、家族のお金の一部をイノベーションに投じることに興味をもっていました。30年代から50年代にかけては、航空宇宙産業が盛んでした。

そこでイースタン航空やマクドネル・エアクラフト、原子力関連の新興企業にお金を投じていきました。そして1960年代に入ると、アメリカの初期のベンチャーキャピタルが設立されるようになるのですが、ヴェンロックはその一つとして法人化されました。

半導体企業のインテルにお金を入れた最初の投資家も、実はヴェンロックだったのですよ。当時のスタートアップは、実はこうした超富裕なファミリーによる投資によって、生まれたという時代背景があったのです。

ここから1990年代まで、ヴェンロックはハイテク企業とヘルスケアの2つの分野に、スタートアップ投資を続けていきました。有名なところでは、アップルの機関投資家向けの最初のラウンドで、ヴェンロックが投資をしています。

また多くのバイオテクノロジー企業に対しても、同じように投資を続けていきました。そして1990年代後半になると、ロックフェラー家の資産だけではなく、その他のLP（出資者）に開かれたベンチャーキャピタルとしてその姿を変えていったのです。

それでもヴェンロックは、富裕なファミリーが社会のイノベーションを支えるという哲学を残しており、10年、15年という長期にわたって事業支援をする傾向にあります。だからこそ、ヴェンロックの投資家は、投資先のビジネスに深く関わります。

いま世間ではESG（環境・社会・ガバナンス）という言葉が広まっています。お金を出資する人たちは、みなESGを大切にしたいと話します。しかし、ヴェンロックというVCは、もともとロックフェラー家という看板を背負ってきた投資会社です。

ですからイルミナのような社会を進化させるスタートアップ企業にお金を投じることに、私たちは誇りをもっているのです。どんなに儲かっても、ウォール・ストリート・ジャーナル紙で叩かれるような不名誉は望んでいません。

ESGという言葉が生まれる前から、ヴェンロックにはそうした哲学が流れているのです。

医療を変える「インセンティブ設計」の魔術

そんなヘルスケア産業ではいま、大きく2つの流れに沿って、革新的なスタートアップが生まれています。一つは遺伝子など、新しいデータとテクノロジーを活用して生まれてくるビジネス。もう一つは、新しい経済インセンティブを与えるビジネスです。

後者が大事なのは、どんなに素晴らしいテクノロジーがあっても、そこに正しい経済インセンティブを与えなければ、社会に受け入れられないからです。そこにとてもおもしろいアプローチをするスタートアップが次々に生まれてきています。

例えば、投資先にニード（Need）というスタートアップがあります。彼らは医師がガンの患者を診断するときに、どのような治療が良いのか、最先端のエキスパートの知見をアップデートした提案をしてくれるソフトウェアをつくっています。

この会社の創業者たちが目をつけたのは、過去15年間にわたって、ガンの診断や治療というのがとてつもなく複雑になっている点でした。ガンに関する研究が進んでおり、治療の選択肢はとてつもなく増えているのです。

一方で、多くの医師たちは最先端のガンの治療について、もはやアップデートできないのです。メディカルスクールを卒業した医師たちは、実際の現場で働くようになると、最先端の治療や研究などから切り離されてしまうのです。

そこで、何が起きているのか。ニードの創業者たちが在籍していた米国のスローン・ケトリング記念ガン治療センターでは、アメリカでもトップレベルのガン治療が受けられます。最高峰の治療とノウハウが、そこにあるからです。

しかし、ひとたびその他の病院に出てみると、ガン治療のクオリティは信じられないほど下がってしまうのです。これは研究データなども出ていますが、アメリカでも日本でも、病院によってガン治療で命が助かる確率が大きく違うのです。

そこで「世界トップクラスのガン治療のクオリティを、どんな病院でも可能にする」という、ソフトウェアをつくろうと決めました。世界レベルのガン治療の専門家の協力を受けながら、現場の医師が頼りにすることができる、ガン診断のソリューションですね。

ポイントは、どういう経済インセンティブなら、このアイデアを各病院に実装できるかという点です。このサービスを使いたいという、強い経済的なインセンティブを持っているのは、誰だろうかと考えることがキーポイントなのです。

その答えの一つは、保険会社です。ガンなど生死に関わる病気の治療法の選択は、保険会社にとって重要なのです。より適切なガン治療がほどこされたら、その治療に対して保険金を払うべき保険会社にとっては、大きなプラスになるからです。

だからニードは、アジアの日本と韓国の市場に進出しようとしています。これらの国はガン患者がとても多いのに、ガンの専門医が少ない。そして、ガンに関わる健康保険がものすごく普及している国でもあるからです。

一般的に医師は、デジタル化によって、みずからの診断能力を評価されたり、異なるアドバイスをするようなシステムには抵抗があるでしょう。それでもガン治療をとりまく経済的なエコシステムにおいて、強いインセンティブを働かせることができれば、巨大なビジネスになると考えています。

投資をするまで「9カ月かける」理由

私は長らくヘルスケア分野の投資をやってきましたが、この10年間において、会社が生まれる前の「ゼロ」の時点から、創業者たちと議論をする時間が多くなりました。そうしたほうが、より洗練されたビジネス戦略と目標をもって挑戦できるからです。

しかしそれ以上に大切なのは、スタートアップの起業家と一緒に過ごす時間を飛躍的に増やせることです。それによって、互いの考え方や実行力、人間性を深く学ぶことができるわけです。10年以上にわたって、本当にパートナーシップを組むべきなのか、見極められるでしょう。

例えば2014年から2015年にかけて、私はメンタルヘルスの分野における、スタートアップや起業家、そして医療従事者についてリサーチをしていました。なぜなら、メンタルヘルスの分野には、大きなビジネスチャンスがあると思ったからです。

メンタルヘルスを治療するという世界は、実はすごく細分化されており、かつ科学的な根拠などが軽視されており、データやテクノロジーの活用にすごく乏しく、医療機関との連携が進んでいなかった。そこで20年来の知り合いだったデイビッド・エバースマンに連絡をしたのです。

たしかクリスマスから年明けくらいのホリデーシーズンでしたが、彼に「メンタルヘルス分野で、新しいスタートアップを一緒につくってみないか。ものすごく混沌とした分野にあって、新しいビジネスを創るチャンスがあるはずだ」と話したのです。

もともと彼はフェイスブックのCFO（最高財務責任者）として、同社の上場を成功させるなど、テック業界でとても活躍していた人物でした。彼は自分の家族がメンタルヘルスの治療を受けていたこともあって、大いに関心をもってくれました。

精神を患った人たちの治療は、その重要性もきちんと理解されておらず、治療についてはは小さなグループが無数にありました。こうした古めかしいエコシステムでは、メンタルヘルスの不調によって苦しんでいる人たちが、適切なケアにたどり着くのは難しかった。

そこで彼は2015年、ライラヘルス（Lyra Health）というサービスを始めました。エビデンスに基づいた治療ができるカウンセラーたちと、患者をマッチングさせるこのプラットフォームは、いまでは数百万人のユーザーが訪れています。

（同社は現在、時価総額5000億円以上のユニコーンになっている）

かつて1980年代から1990年代において、シリコンバレーのVCの投資先には、ソフトウェア企業からヘルスケア、バイオテクノロジー企業まで、多様なスタートアップが広がっていました。しかし90年代後半、多くのVCはヘルスケア分野の投資が難しいことに気づきました。ですから2005〜2010年あたりは、ヘルスケア投資の冬の時代でした。

しかし10年ほど前から、ベンチャーキャピタルの投資家たちはヘルスケアとITの融合について語り始め、過去5年間ほどはヘルスケア分野におけるソフトウェアへの投資を積み上げてきました。

同じく人々は、遺伝子やゲノミクスに大きなチャンスがあるのではないかと考えるようになり、人工知能分野にあっても、例えば新しいクスリを見つけるために機械学習を応用する「AI創薬」といった分野が、花開くようになってきたのです。

かつてのスタートアップ投資では、かたや専門的なインターネットインフラや半導体の投資分野があり、もう一方では医療やバイオテクノロジーの分野があり、それぞれの担当者はお互いの分野についてまったく素人でした。

今でももちろん専門分野はありますが、ヘルスケア分野というのは多くの分野と融合しており、起業家たちもその垣根をこえてさまざまな議論をしています。ヴェンロックが最近投資しているヘルスケアスタートアップの多くは、テクノロジー産業からやってきた人材が経営しています。

毎週のように、テクノロジー産業にいる人たちから、ヘルスケアビジネスへの参入について相談を受けています。

例えば今日も1件ありました。彼女はタスクラビット（Taskrabitt）という有名な業務代行サービスのCEOでしたが、今はヘルスケア事業を考えているというのです。盛り上がっているヘルスケアの分野ですが、それでも私は投資を決めるまで、およそ9カ月という時間を使っています。

実はファースト・ラウンド・キャピタル（P302）の投資家が先日、ツイッターで「スタートアップの創業者に会ってから、投資条件を提示するタームシートを出すまでの時間は、7日間にまで短縮している」とつぶやいていました。

私は思わず彼に対して、「それは凄いね。なぜなら私が投資を決めるまでの期間は、最近になって9カ月に伸びているから」と返信してしまいました。同じベンチャーキャピタルでも、根本的に異なるアプローチをしていることが、あなたにもわかるでしょう。

私にとっての喜びとは、新しい起業家たちが自分のアイデアを事業として組み立てて、社会に実装するためのお手伝いをすることです。そのプロセスで、その人材について多くのことを学べるのです。

こうした仕事をするためには、わずか数週間という時間軸で、資金集めに奔走するスタートアップ創業者と数回のミーティングをする程度では不十分なのです。

ヴェンロックはいつも息長く支えるスタートアップを探し、彼らと旅路を共にするからです。

知財を操る、ディープテック

パートナー（共同創業者）
キース・クランデル
（Keith Crandell）

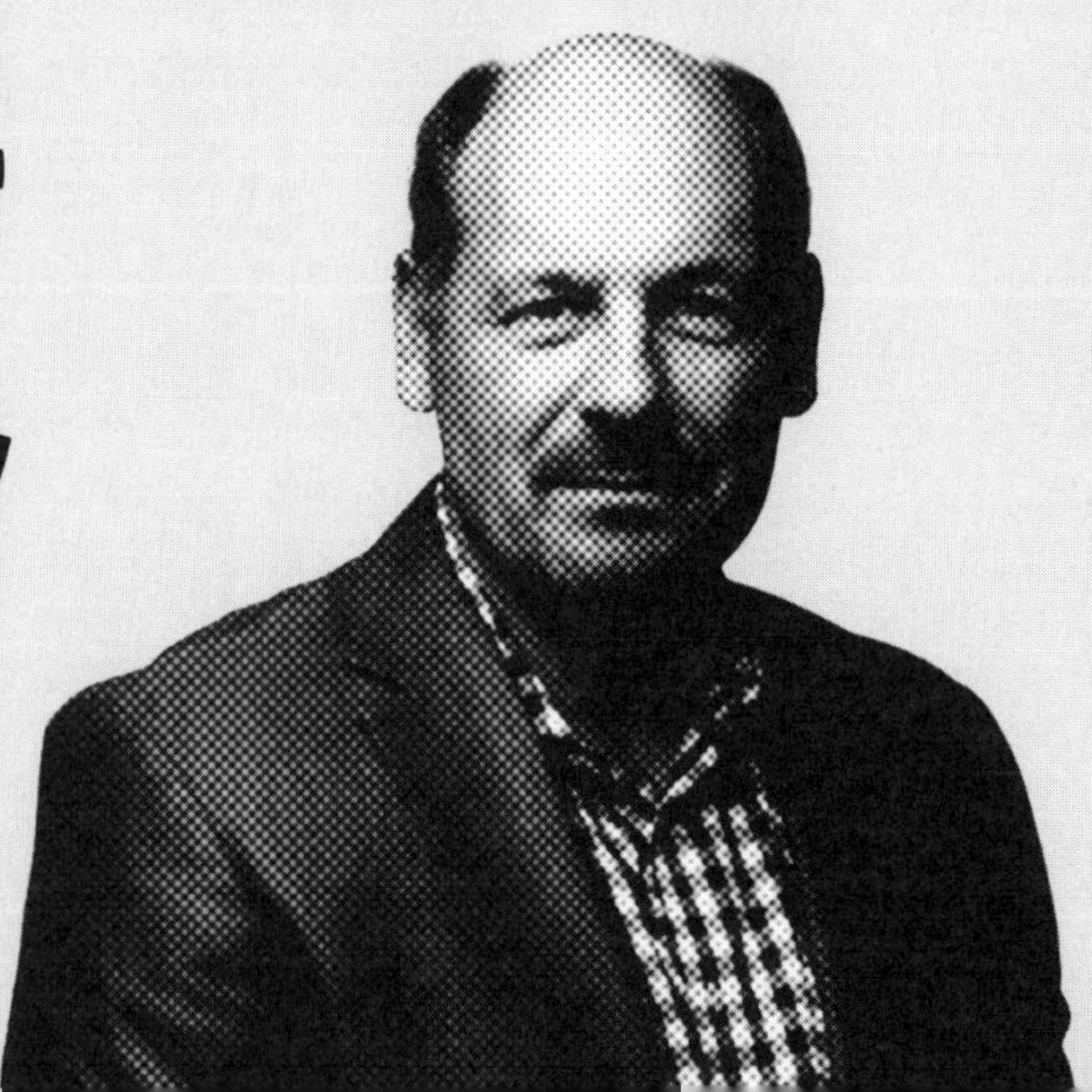

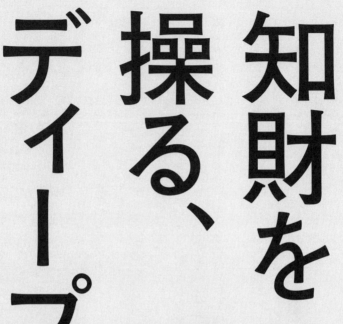

投資の巨人

アーチ・ベンチャー・パートナーズ
(ARCH Venture Partners)

1986年、シカゴ大学を母体にして生まれた、ディープテック分野の名門VC。アメリカのトップ大学の研究者や知的財産を利用して、遺伝子解析のリーディング企業から、新しい治療薬をつくり出すバイオベンチャーまで支援し、アカデミアとスタートアップの世界をつなぐ「架け橋」となってきた。

本拠地……………………シカゴ(イリノイ州)
社員数……………………17人

イグジット数／累計投資先数……225社／536社

主な投資先……………Juno Therapeutics, Illumina, Twist Bioscience, Quanterix, Sana Biotechnology, Grail, EQRx, Lyell, Beam Therapeutics, Omniome, Insitro, Resilience, Vlr Biotechnology

一流のサイエンティストが活躍するアカデミアの世界と、社会を変えるようなビジネスを生み出すスタートアップの世界。30年以上前、分断されていたこの二つの世界の橋渡しを始めたのが、シカゴに拠点をおくアーチ・ベンチャー・パートナーズ（ARCH Venture Partners）だ。

これまでノーベル賞学者を100名も輩出している、名門シカゴ大学から独立したベンチャーファンドとして、現在は8000億円以上の巨大な資金を運用。トップティアの大学や研究所から生まれてくる知的財産をベースに、ゼロイチでビジネスを生み出している。

そんな彼らの投資先には、遺伝子の時代を切り拓いたパイオニアであるイルミナ（Illumina）社であったり、最先端のゲノム編集ツールをつくっていることで知られるビーム・セラピューティクス（Beam Therapeutics）、製薬業界に巨大な価格破壊を起こそうというEQRx、またガンからアルツハイマーまで難病に挑んでいる多数のサイエンス企業がある。

眠れる知財をビジネスにするという響きへの憧れから、日本でもディープテック投資のお手本として名高い存在であるが、そのビジネスモデルは一朝一夕で築かれたものではない。

ディープテックという言葉がなかった1980年代後半から、ディープテックの世界を探索して、そこで掘り起こした知財と研究者たちを、ビジネスの世界につなげていった。そんなアーチの共同創業者である、キース・クランデルにディープテック投資の全貌を聞いた。

キース　ベンチャーキャピタルであるアーチは、もともと大学から生み出された技術をビジネスにつなげる「技術移転」を目的として立ち上がりました。

アーチという名前は、米国のエネルギー省の傘下にあるアルゴンヌ国立研究所（Argonne National

Lab）という研究所と、その運営を委託されていたシカゴ大学（University of Chicago）の略称からつけられたものです。

　私たちがベンチャーキャピタルを始めたのは１９８６年のことですが、当時のアメリカでは、他国との産業競争力について大きな懸念が持ち上がっていました。これは現在の米中の覇権競争と、よく似た雰囲気でした。

　当時、アメリカ政府はそれこそ１０００億円、１兆円という単位の研究費を、全米にある国立研究所などを中心に注ぎ込む一方で、期待するような知財収入もなければ、新しいビジネスや雇用も生み出せていなかったのです。これに不満がつのっていました。

　アメリカでは、政府系研究所の運営を民間の大学に委託できました。そのためシカゴ大学は、委託を受けてアルゴンヌ国立研究所を運営していました。カリフォルニア大学は、ロスアラモス国立研究所を運営していました。

　それまでアルゴンヌのようなトップレベルの研究所では、すばらしいアイデアが眠っていても、だれも商業化のポテンシャルを検討していませんでした。しかし１９８０年代のいくつかの法案は、こうした発明特許を民間企業が商業利用することを後押ししました。

　すぐれた特許に加えて、リスクをいとわない起業家たちを集めることができたら、商業化を大きく進められると期待して、ベンチャー投資のためのファンドを始めたのです。

　シカゴ大学の下でアーチを立ち上げたのは、スティーブ・ラザルスというすばらしいリーダーでした。もともとは知財ライセンスのため、新しい会社の基盤になりそうなテクノロジーや発明を探し回りました。しかし新しいビジネスをつくるには、そこに投資して、世話をして、育てる人々が必要になる。それに気づいたラザルスは、みずからＶＣのファンドをつくることにしました。それが現在のアーチ・ベンチャー・パートナーズです。

アカデミアの世界に「金銭インセンティブ」

アーチが、1号ファンドを始めたのは１９８８年のことです。投資をするための９００万ドル（約11億円）のお金を集めるのに、１年半という歳月がかかりました。

私はといえばシカゴ大学で化学を学び、化学業界で数年にわたって働いた後、ＭＢＡ（経営学修士）を取得するために大学に戻っていました。そこでアーチの創業インターンに参加したのです。

１号ファンドでは12社のスタートアップに投資をしました。そのうち4社が株式上場に成功し、4社が売却され、最後の4社は損失としてカウントしました。これがシカゴ大学にも大きな利益をもたらすファンドの成功実績となり、晴れてアーチはベンチャーキャピタルをビジネスとして続けることができるようになりました。

シカゴ大学の果たした貢献の一つが、アーチという大学発のベンチャーキャピタルに対して、シリコンバレーにあるＶＣたちと同じような、高い金銭的インセンティブを認めたことです。つまりスタートアップ投資が成功した暁には、ファンドのパートナーたちには出来高のボーナスが入ってくるのです。

金融の世界において、これは当たり前のことです。しかし当時、私はそれがどれだけ大切か知りませんでした。なにせＶＣのパートナーという肩書きは、カクテルパーティで「ほお、そいつはすごいですな」と、他の参加者から言われるくらいのものだと思っていました。

アカデミックな世界では、お金は空から降ってくるものであり、ビジネスの成長をちゃんとモニタリングせずに、どれがすぐれたプロジェクトなのかという選別や評価があいまいになりがちです。

私が知っている限り、今日においても大学発ファンドの多くは、その金銭的なリターンの責任を背負っている投資家がはっきりしません。

それからのアーチというのは、シカゴ大学からは独立した投資会社として、ちょうどいい距離感を保ちながらも、米国全土の大学発のスタートアップに注目をして投資先を広げてきました。

例えば、アーチの過去の投資先の一つに、遺伝子を高速で読み取るマシンを開発しているイルミナ社があります。現在は7兆円の価値があるライフサイエンスの巨大企業は、もともとタフツ大学による特許について、独占的な利用権をもらってビジネスを始めました。つまりイルミナが、大学の知財に大きなロイヤリティを払ったわけです。

大学にもスタートアップの株式の一部をシェアし、特許の申請や維持にかかるコストも分担する。そして、大学で生まれた知財に対して、スタートアップから利用料をきちんと払うのです。大学にとっては、成功しても失敗してもリスクはありません。

大学の知財の技術移転をルーツにしているアーチは、こうした大学や研究所の特許担当がどのようにものごとを考えるのか、その思考回路を熟知しています。

つまりトップサイエンティストにとっても、大学の知財担当者にとっても、最も利益になるような方法で投資案件を築いてきたのです。だからこそ、分断されていたアカデミアの世界と、それをビジネスとして商業化するスタートアップの世界を、橋渡しすることができたのだと思いますね。

これまでに500以上のスタートアップに投資し、オフィスもシカゴから、シアトル、サンフランシスコ、そして国外にまで広げています。

人類を進化させる「偉大なる黒子企業」

私たちが数十年にわたって仕事をしてきたのは、トップクラスの大学や研究所において、最も才能あるサイエンティストや発明家たちです。そうした人たちと社会を進歩させるような仕事をともにできるのは、本当に栄誉なことです。

ではアメリカにあるすべての大学を、回遊魚のようにグルグルと訪問してきたかといえば、そうではありません。私たちはトップティアの大学であったり、研究所などでも際立った活躍をしている、上位10%ほどのサイエンティストたち、いわば「スター研究者」に目をつけていました。

例えば2013年、私はツイスト・バイオサイエンス（Twist Bioscience）の共同創業者であるエミリー・ルプルーストという人物が、ずば抜けた研究者だという評判を聞きつけました。

そんな彼女から「遺伝子を書く」ための新しいアイデアを聞いたときは本当にドキドキしました。

この会社がやろうとしていたのは、これまでよりはるかに早く、安く、大量に、人工的に合成したDNAを生産することでした。

アーチはかつて、人間の遺伝子データを高速に読み取ることを可能にした、イルミナという企業の投資家でした。だからこそイルミナがつくった「DNAを読む」という時代の次には、いつか「DNAを書く」という時代が来ると考えていたわけです。その日が、やってきたと。

それまで人工的にDNAを合成するという方法は、とても非効率でした。これは7~8年前の話になりますが、自分で自由にデザインしたDNAを合成しようにも、200塩基対につき1塩基対ほどの比率でエラーを起こしていた。つまり、200文字につき1文字の割合で遺伝子の「誤字脱字」がある。

しかも、それまでDNAを生産するための方法は、1枚のプラスチックプレートを使った、遅くて高額なものでした。1枚のプレートに96個ものくぼみのような穴があり、ここからたった一つのDNAの断片を合成するのです。ところがツイスト・バイオサイエンスはシリコンを使って、約1万倍ものDNAを合成できる技術をもっていました。

それまで週末をつかって30個や40個のDNAをなんとか手に入れるという状態だったのが、週末だけで何万個ものDNAをサクッと手に入れられるようになりました。DNAを使って新しい治療やサービスを研究している人たちのスピードを、一気に加速させたのです。

エミリーによれば、遺伝子はこれからの社会の根本を変えるものです。例えば未来の農業においては、有害な化学肥料を大量に使うかわりに、遺伝子を改変したバクテリアによって、窒素など必要な成分を植物に届けることができます。

また途上国においてはビタミンAが不足しており、病気や死者がでている現状に対して、食べるとビタミンAを得ることができる「ゴールデンライス」が広がっています。これも遺伝子を編集したイネからできた、黄色のお米であり、人々の栄養状態を改善します。

人の寿命に大きな影響をあたえる医学の世界でも、遺伝子を改変した免疫細胞によって、ある特定のガン細胞を検知して、それを攻撃するという細胞療法の研究が進められています。将来、ガンというのは、いわゆる慢性病として治療できるものになるでしょう。こうした研究を加速させるのが、ツイスト・バイオサイエンスが量産するＤＮＡなのです。

アーチは投資をするときに、ツイスト・バイオサイエンスがこのアイデアをゼロから実現するためには、約25億円の投資が必要だと見積もりました。そしてうまくいったら、３００〜４００億円ほどの企業に成長するだろうと期待したのです。それが実際には、60億ドル（約６６００億円）のビジネスになりました。

ＤＮＡは、未来のコンピュータメモリになる

最初のミーティングをした段階では、ツイスト・バイオサイエンスは、まだなに一つビジネスプランには落とし込まれていない「計画」に過ぎませんでした。そこでアーチは、そうしたビジネスをつくるお膳立てをしたわけです。

ツイスト・バイオサイエンスは、合成生物学というマーケットを熟知しているエミリーと、深い研究分野を持っている専門家との組み合わせによって創業されていました。私たちはまず、この分野における知的財産の状況も慎重に調べてゆき、彼女たちが自由にビジネスができることを確認しています。

加えて、アーチは信頼できる外部の専門家たちにも意見を求めます。例えばゲノムの世界の先端企業となっているイルミナ社にも、意見を求めました。そしてゲノムの最先端を知り尽くしているプロから見ても、彼女たちのポテンシャルは驚くべきものだとわかりました。

ツイスト・バイオサイエンスがつくる合成DNAには、まったく想像を超えるような使い方もあります。それが生物のDNAを、メモリーデバイスとして使うという事業アイデアです。

DNAとは、究極の記録媒体なんですよね。室温でも問題なく維持でき、おそらく数千年にわたってデータを記録しておくことができる。

あなたが家族と撮影したすべての写真を絶対に失いたくないなら、クラウドに置きっぱなしにするだけじゃなくて、このDNAストレージに保存できるようになるでしょう。だから、マイクロソフトといった大企業が、ツイスト・バイオサイエンスから大量のDNAを購入して、データ保存用の研究をしているのです。

アカデミアとビジネスの「橋渡し」

アーチは一つひとつの投資先に対して、決まりきったテンプレートをつくって、当てはめるスタイルは取りません。彼らの成功のためには、時にはある知的財産について、世界中に散らばっている権利を一つに集約しないといけないケースもあります。これはアーチが「知財のロールアップ戦略」と呼んでいるものです。

アーチは過去、アメリカの大学から生まれてくる知的財産について、異なる研究グループの人たちが、とても良く似た研究をバラバラに行っていることにも気づきました。そこでアーチは、こうした異なる大学発の知財を一つにまとめてあげて、魅力的なスタートアップをつくるための「手法」としました。

例えばキャリパー(Caliper)という会社は、流体工学という分野のテクノロジーを使ったスタートアップですが、これは9つの研究機関たちによる技術と知財を持ちよることでつくられた会社です。かなり昔の話ですが、1999年に株式上場によって大成功を収めています。

よく大学のビジネススクールでは、テクノロジーを全面に押し出すというやり方は、間違ったビジネスのつくり方だと教えます。まずはマーケットが求めるようなビジネスを探しなさいと教えるわけです。つまり市場のニーズを見つけて、その後にソリューションを考えるという順番です。

しかしライフサイエンスに投資するアーチの場合は、まったく異なります。革新的なソリューションがあるけれど、それが市場でどのように使ってもらえるのか、わからないというケースが多いわけです。だから一つのサービスに絞って、賭けるような方法はとりません。さまざまなサービスの可能性を想定して、検証してゆくのです。

例えばアーチが投資したナノフェーズ(nanophase)という会社は、英国のエコノミスト誌によれば、ナノテクノロジー産業から生まれた最初のスタートアップです。この会社はナノメートルという「極小の世界」においては、化学材料はまったく異なる特性を持つという理解と、いくつかの基礎研究から始まりました。

材料を「極小の世界」でとらえ直すと、どのような新ビジネスになるのか。例えばナノ粒子となったチタンには、ユニークな特性があります。このチタンを日焼け止めの液体に混ぜることで、太陽などの紫外線をブロックしてくれるのですが、液体の色は透明なままになるのです。

これはとてもニッチな使い方ですが、コスメティック業界の企業たちは、このアイデアに殺到しました。なぜなら日焼け止めを透明にすることができれば、もう人々は真っ白なクリームを塗りたくったようには見えないからです。そしてより多くの日焼け止めを、消費者に売れると思ったからでしょう。

もしあるスタートアップが、まったく新しい技術分野に挑んでおり、まっさらな領域でビジネスをつくろうとしている場合は、文字通りあらゆるアプリケーションを生み出すチャンスがあるのです。自分のアタマで想像できるアプリケーションには、限界があります。だから現場では、一つひとつ、どんな価値が得られるのかを確認してゆくのです。

こうしたスタートアップを育てるためには、計画したマイルストーンの達成に応じて、資金を投じてゆきます。また政府からの資金であったり、企業との独占的なパートナーシップなども利用します。その場合は、会社全体をまるごと渡さないように、使用分野をまるでサラミをスライスするように、細かく分けます。

アーチが5年ほどまえに行った調査では、驚くべきことがわかっています。それは過去15年にわたってアーチの投資先スタートアップが、どのようにお金を調達したのかを調べたものです。その結果、ベンチャーキャピタルからの投資額よりも、DARPA(国防高等研究計画局)であったり、NIH(アメリカ国立衛生研究所)、もしくは州のプログラムによる助成金のほうが多かった。総額1000億円以上に上っており、それだけ奥深い研究を掘り起こしているということです。

電話があれば、いつでも飛行機に飛び乗る

アーチにとって最大の恩恵というのは、世の中のトップレベルの研究者たちや、偉大な起業家たちとともに働けることです。

例えば、イルミナの共同創業者であり、ハーバード大学ワイズ研究所のデイビッド・ウォルト教授のような人々と、長きにわたって仕事をする関係にあることです。彼はイルミナの後、クオンテリックス（Quanterix）というスタートアップを、アーチと一緒に立ち上げた連続起業家であり、スタートアップ投資家でもあります。

デイビッドはとても興味深い視点を持っています。彼は100回でも、200回でも、みずから打席に立ちたいというタイプです。だからこそ、彼は自分が関わっているすべてのスタートアップに全力で取り組んで、その成功を後押しします。だから彼と長らく仕事ができたことは本当に光栄であり、こうした人材は世界にとって宝物のようなものと感じます。

彼のような人物があと100人、200人、この地球上にいたら、もっと大きな問題が解決され、それは新しい製品になり、もっといい社会をつくり出せるでしょう。

そういう点では、もう一人のサイエンティストの名前が思い浮かびます。それは最近上場したスタートアップ、908デバイス（908 Devices）の創業者であるマイク・ラムジーです。

彼は、目の前にある物質がどのようなものか、瞬時に分析することができる「質量分析計」を革

新した人物です。危険な化学物質をリアルタイムで検知できるため、消防署、警察署、鉱山、油田からテロ対策にまで使われています。

これまで巨大な装置を必要として、専門的な実験室でしか使えなかった。それを彼は大気圧と温度で動作する質量分析計を開発することで、どこでも誰でも使えるようなプロダクトに革新してしまったのです。彼はこの分野における主要な知的財産のうち、半分以上を生み出している鬼才です。

この世界で長らく働くというのは、彼らのようなスター研究者から信頼を勝ち得ていくことにほかなりません。あいつが最高のパートナーだと言ってもらうためには、10年単位の歳月がかかりますし、あっという間にその信頼を失ってしまうリスクもあるのです。

もし明日、彼から「おもしろいアイデアがあるので、フロリダに来てくれないか」と電話が掛かってきたら、私はまちがいなく次に出発する飛行機に飛び乗って、駆けつけるでしょう。

超名門VCの再建を

パートナー
マムーン・ハミッド
(Mamoon Hamid)

託された男

クライナー・パーキンス
(Kleiner Perkins)

1972年、トム・パーキンスとユージン・クライナーがつくった老舗トップVC。起業家が必要なリソースを提供し、スタートアップの聖地、シリコンバレーの歴史に重要な役割を担ってきた。20のベンチャーファンドと4つのグロースファンドを通じて、アマゾン、グーグル、ジェネンテックなど、産業のパイオニアを含む数百社に100億ドル以上投資してきた。

本拠地……………………メンローパーク(カリフォルニア州)
社員数……………………21人

イグジット数/累計投資先数……729社/1867社

主な投資先……………Apple, Genentech, Netscape, Google, Nest, Intuit, Xilinx, Pinterest, Beyond Meat, Ring, Tesaro, Figma, Citrix, Amprius, Verisign, DocuSign, Rippling

テクノロジーの高速な革新によって、時代の潮目は目まぐるしく変わる。どんな時代が訪れようとしているのか、そこにどんなニーズが生まれようとしているのか。変化を見誤ることは、ベンチャーキャピタルにとって命取りだ。

クライナー・パーキンス（Kleiner Perkins）はここ10年以上その問題を抱えてきた。1972年に誕生し、ドットコムバブルで一世を風靡した、シリコンバレートップの老舗VCだ。ネットスケープやアマゾンに代表されるインターネットの新興企業に投資し、巨額のリターンを叩き出した。

しかし2000年代に入ると、ライバルのVCたちに大きく水をあけられる状況が続いた。フェイスブックやツイッターのようなSNSのアイコンを逃し、次に来ると読んだクリーンテック投資は振るわなかった。そして極めつけに、次世代を担うリーダーの育成にも失敗した。その凋落した名門が、再建を託したのが、SaaS企業の投資で名を上げたマムーン・ハミッドだ。

ハミッドは、クラウドストレージのボックス（Box）、企業向けのソーシャルネットワークサービスのヤマー（Yammer）、スラック（Slack）などに初期投資して大成功を収めた。

シリコンバレーで最も注目を集める投資家の一人であり、成功を掴む過程では、時代を読む大切さを痛感してきた。ハミッドがいかにしてSaaS投資を勝ち取ってきたのか。どのように次の時代を読み、かつてのトップVCを再建しようとしているのか、その戦略を聞いた。

ハミッド　私はシリコンバレーについて、何も知らない田舎者でした。ガツガツとシリコンバレーで一旗揚げるんだという野心があったわけではありません。米中西部のインディアナ州にあるパデュー大学で、電気工学を学び、就職もミネソタ州やインディアナ州の会社面接ばかりを受けていたのです。

ところが1997年、たまたま最初に就職したのは、シリコンバレーにある半導体メーカーのザイリンクス（Xilinx）でした。ここで、シリコンバレーの洗礼を受けることになります。

当時の半導体メーカーはドットコムバブルに沸いていました。半導体を使うネットワーク企業が多くの機器を、あらゆる場所で販売して景気が良かったのです。おかげで、ザイリンクスの株価は急上昇。大学を卒業したばかりの若造だった私は、ストックオプションが大金になるのを目の当たりにして、とても驚きました。

その頃には、インターネット関連の新興企業が続々と生まれていた。ネットスケープ、アマゾン、グーグル。この企業を支える資金は、一体どこから湧いているのかとよく思ったものです。

クライナー・パーキンスという名前を知ったのはこの頃です。彼らはネットスケープ、アマゾン、グーグル、そして私のいたザイリンクスにも投資をしていました。出資者たちに驚異的な利益をもたらす、シリコンバレーの超名門VCだったのです。

だから自然に、キャピタリストという仕事にとても興味を持ちました。どうしたらなれるのだろうと調べると、その多くはエンジニア出身で、ビジネススクールに行っている。中でも、クライナー・パーキンスの看板投資家、ジョン・ドーアは私と同じ電気工学を学んだ人物でした。彼はまだアイデアしかなかったグーグルを見出し、クライナーの黄金期を築いたレジェンドでした。

そこで彼の人生をなぞるように、ハーバード大学のMBAに進んだのです。

ビジネススクールを卒業後の2005年、私はU・S・ベンチャー・パートナーズ（USVP）に入社しました。バックグラウンドを生かして、半導体スタートアップの評価を手伝う仕事でした。

しかし、この頃にはフェイスブックやツイッターなどが生まれ、インターネットの第2波が起き始めていた。同年代の友人たちはすでにインターネット企業に熱視線を送っていました。

それを見て、私もさまざまなインターネット企業の起業家に会って動向を探りました。すると、ビジネススクールのクラスメイトが、飲食店検索・口コミサイトのイェルプ（Yelp）を立ち上げるというではありませんか。イェルプは２０１２年にＩＰＯし、現在は26億ドル（約２８００億円）になっています。当時、私はこの会社に投資するべきだと社内で強くプッシュしました。

ところがＵＳＶＰはイェルプの投資を見送ったのです。なぜなら社内でインターネットの波をキャッチできる人がいなかったからです。

「このディールはいい内容だが、Ｔシャツとジーンズで来るような若者に我々は投資しない」とパートナーに言われました。あれには、参りました。

率直に言えば、機動性に欠けていたのです。パートナーたちはベテラン揃いで、平均年齢は50歳以上、一方の私は27歳でした。また、どちらかというと企業の雰囲気も、ヒエラルキーがある徒弟制で、上に登っていくには何年もご奉公が必要でした。

時代の流れを見誤り、ここで投資分野についてＳａａＳ企業へ舵を切らなかったことは、ＵＳＶＰというＶＣにとって大きな痛手でした。

次の時代に賭けるなら半導体じゃない、インターネットやソフトウェアだ。私はそういう思いをますます強くしたのです。

SaaSエキスパートへの一歩

私は多くのネット企業を見ていくうちに、クラウドソフトウェアに興味を持つようになりました。その中でも特に可能性を感じたのは、ファイルストレージのクラウドサービスです。

どこからでも、どんなデバイスからでも自分の仕事にアクセスできる。そんな世界を考えていたのが、2005年に生まれたSaaS企業、ボックスでした。いまではクラウドのファイルストレージは当たり前ですが、この頃はまったく新しい概念だったのです。

創業者のアーロン・レヴィに会ったのは2007年秋、彼が21歳のときです。彼は映画を学んでいたのですが、撮影したフィルムのデータをUSBスティックに入れて常に持ち歩かなくてはならず、「もっといい方法があるはずだ」とずっと考えていたのです。

アーロンは単にお金を稼ぎたいだけではなく、これから何億人もの人々にとって重要な問題を解決したいと深く考えていた。それが、会話した最初の5分で伝わってきました。

彼がすごいのは、ソフトウェアの分野に非常に深い知識を持っていたことです。10代の頃にプログラミングに没頭し、友人と一緒に、自称グーグルより早いサーチエンジンを開発したり、15社ほどの起業を繰り返していました。

私が創業者と仕事をするときに求めているのは、「問題解決能力」です。一見、複雑に見える問題でも単純化して、非常にエレガントに解決できる。またはその方法を明確に考えているか、そこが重要です。

若きアーロンは、すでにこの素質を十分すぎるほど持ち合わせていました。たとえアーロンがボックスから何かを生み出さなくても、別の会社で何かをつくると確信しました。

私も大きなディールを当てて、キャリアを築かなくてはいけないというタイミングだった。アーロンに賭けることを決めていました。

クビになることを覚悟した日

USVPの社内でボックスへの投資を提案すると、鈍い反応が返ってきました。企業の成長性がしっかりわかるような追加調査をせよと言われ、本当に憂鬱になりました。私はアーロンのビジョン、市場の潜在性を理解してもらおうと必死でした。なぜなら、次の時代には必ずこの分野が花開くことを確信していたからです。

なんとか会社を説得し、さあ投資クロージングというところまで持ってきたのですが、悪いニュースが飛び込んできました。

なんと、グーグルがファイル共有サービスのプロジェクトを進めているというではありませんか。ガチンコの競合の登場です。「これは困った」と思いました。

ただ、ボックスには勝算はありました。アーロンが、ファイルストレージに深い知識を持ち、その分野のフロントランナーであったこと。また何事においても巨人が必ずしも勝つとは限りません。

実際にグーグルが発表した20のプロダクトのうち、ものすごくうまくいっている製品は「Gメール」を始めとして、いくつかしかなかったのです。だからグーグルが製品を出したからといって、競合するスタートアップが成功しないわけではないと考えていました。

それでも結局はUSVPを納得させられずに、投資は一時保留することになってしまった。アーロンに気まずく「もう少し、社内を納得させる裏付け作業が必要なんだ」と言うと、彼はとても紳士的に対応し、「うまく行くように乗り切ろう」と返してくれたのです。

しかし、その裏でアーロンは背水の陣でした。会社に資金がなくなっていて、取りうる選択肢は魅力的でない買収提案しかありませんでした。

私がすべきことは、たとえグーグルが1年後に製品を市場投入したとしても、ボックスには大きなチャンスがあるということをUSVPのパートナーに証明することでした。そして2008年1月、粘りに粘って投資にこぎつけたのです。320万ドル（約3.3億円）投資し、会社の23％のシェアを得ました。

しかし、次の危機はすぐにやってきました。2008年に始まった金融危機です。ボックスの売り上げは伸びていたのですが、どの企業も資金調達ができませんでした。

次の資本調達が近づいたクリスマスの2日前、アーロンに「このままでは会社を運営していけない。人を解雇する必要がある」とつらい話もしました。企業存続がかかっていました。USVPも、今後どうするかを考えていましたが、一度は乗った船。売り上げは金融危機の中でも伸びていたので、ギリギリ生き延びられるラインで様子を見ようと投資を続けました。

2009年になって、私は投資家としてのキャリアが終わったと思う瞬間がありました。

ＵＳＶＰのパートナーのメールが、たまたま私に誤って転送されてきて、そこには「私の後任を探している」という内容が書かれていました。ボックスの投資が評価されていないことはショックでしたが、私もここで投げ出すわけにはいきません。起死回生の一手をアーロンと探しました。

結局、売り上げは２００８年から２００９年に2倍に伸びました。そして２０１０年、ボックスは再び資金調達できるまで軌道に乗ったのです。

アーロンと私は「ここであいつのためにコケられない」と互いに思っていたのだと思います。そして支えあって山を越えたのです。

老舗トップVC再建にかける10年

マムーン・ハミッドがボックス、マイクロソフトが買収したヤマーでの成功で勢いに乗り、次に挑戦したのがディスラプションだ。

2011年、フェイスブックの元幹部でカリスマ的なチャマス・パリハピティヤ、USVP時代の仲間だったテッド・メイデンバーグとともに（P274）、これまでとはまったく違うアプローチを取る投資会社のソーシャル・キャピタル（Social Capital）を立ち上げた。

ハミッドたちが使ったのは、スタートアップが持つ「データ」だ。彼らはフェイスブックで磨いたデータ戦略を利用し、スタートアップが成長するシグナルを徹底的に洗い出した。それまでの投資は、美しいプレゼンテーションがもてはやされたり、一部のVCとコネがある起業家に資金が集まるということが往々にして起きていた。裏を返せば、本来なら価値を生むはずの企業が、平等に資金調達できなかったのだ。しかも、この構造は過去30年間変わっていなかった。

データを使えば、世界を変えられるような技術を持つ企業に、もっとチャンスを与えられるに違いない。これがハミッドたちの考えだった。

まず最初のテストでは、3000社近くのデータを分析。創業者に会う前に一気にふるいにかけ、ポテンシャルのある企業を数十社までに絞り込むことができたのだ。

投資先にはスラック、アンケート作成ツールのサーベイモンキー（SurveyMonkey：2018年IPO）、自動車のフォードに買収されたオートノミック（Autonomic：2018年買収）など、多数のSaaS企業を抱える。

ソーシャル・キャピタルはそのコンセプトとユニークな手法で、シリコンバレーのVC業界の新星として大きな注目を集めた。

ソーシャル・キャピタルの成長と成功が注目されるようになり、ある話が持ち上がりました。それは、老舗のクライナー・パーキンスと合併するという案です。名門クライナー・パーキンスはかつての輝きを失っており、変化をもたらそうとする力を必要としていました。しかし結局この話はうまくいきませんでした。二つの文化が違うVCの合併は、そう簡単ではありません。

ところが2014年頃、クライナー・パーキンスのトップからこう言われたのです。「再建を託したい、君の軌跡をそこで描いたらいい」。ソーシャル・キャピタルとの合併が無理でも、個人として立て直しを一緒にやれないかという話でした。

最終的に決断するまでに3年近くかかりました。同僚と一緒に始めたソーシャル・キャピタルには思い入れがあるので、別の会社に行くのはとても難しい決断だったのです。

しかし私は40歳を目前にしていました。この先の10年、どんな挑戦がしたいのかを考えたのです。それはいままでやったことがない、最高にエキサイティングなものでなければおもしろくない。そう考えたときに、これはリスクもあるけれど、やる価値がある大きな挑戦だと思ったのです。また不思議な縁も感じました。クライナー・パーキンスは、私がこの業界に入るきっかけになった憧れのＶＣだからです。もう一度、アーリーステージの企業に投資するナンバーワンＶＣとして返り咲かせたい、そう思いました。

移籍して最初の3カ月、これまでクライナー・パーキンスで働いていた人たちを大量にインタビューしました。物事が非常にうまくいっていたときのクライナー・パーキンスの魔法は何だったのか、そのエッセンスを理解しようとしました。見えてきたのは、ネットスケープやグーグル、アマゾンなどに投資していた頃、個々にはまったく異なる考えを持っている人たちが一緒になり、実に良い決断をしていたということです。

彼らは6~7人のかなり小規模なグループでした。良い決断を下すためのグループは、少人数であるべきだ。これは私の経験からも言えることでした。そして私たちは、本来のクライナーの強みであるアーリーステージの投資に集中することにしました。だから成長段階に入った企業へ投資するグロースファンドはその後にスピンアウトしたのです。

時代の変遷によってクライナー・パーキンスは、アーリーステージの投資ファンドとは別に、ＩＰＯ前の大型案件を取り込むグロースファンドを追加してきました。アーリーとグロースでは、企業の評価の仕方や投資手法が違います。この二つを両立させることに、大きな摩擦が生まれていたのです。ナンバーワンを目指すのであれば、自分たちがよく知っていることをうまくやらなくてはいけない。

クライナー・パーキンスに入社して4年ほどになりますが、1年目はこの組織の改革に取り組みました。チームの改革は95％が完了し、目指す形が出来上がってきています。

いま、私たちのミッションは、かつて見つけ出したグーグルやアマゾンといった、歴史をつくる創業者に早く出会い、良きパートナーとなることです。そして非常に早期のステージで投資することを目指しています。では、これからの時代をつくる企業として、どんなスタートアップに注目しているのか。例えば、私が気に入っているのがフィグマ（Figma）です。

デジタル化の流れが一気に進む中で、デザインのコラボレーションに目をつけて最新のツールをつくっています。クラウドベースで、まさにスラックのような生産性をアップさせるソフトウェアです。エンジニアやデザイナーだけでなく、マーケッターも使える仕様になっている。フィグマは、私たちが投資をする直前に製品を発表していて、収益はありませんでした。しかし時代が求めている企業であることは明らかです。現在ものすごい勢いで伸びていて、100億ドル（約1.1兆円）の評価額がつけられています。

そして、そのような企業を見つけるために私たちは「ワンチーム、ワンドリーム（One team, One dream）」という方程式を掲げています。

40代のこれからの10年をかけ、私はクライナー・パーキンスの新たな歴史をつくるために突っ走るつもりです。

COLUMN

グーグルがつくった「異端のCVC」の3つのルール

「グーグルの強みを活かした、ベンチャーキャピタルをつくるべきじゃないか」

2009年、急成長をつづけていたグーグル社内では、さまざまな新規事業をブレイン・ストーミングしていた。そうした中で生まれたアイデアが、グーグルの子会社としてスタートアップに投資してゆくコーポレイト・ベンチャーキャピタル（CVC）、グーグル・ベンチャーズ（Google Ventures）の立ち上げだった。2015年に、GVとしてブランド名を更新した。

発案者は、グーグル創業者たちと親しかった脳科学者のビル・マリスだ。そのアイデアにエリック・シュミットCEO（当時）が興味をもち、「あなたがグーグル社員になって、そのベンチャーキャピタルを始めればいい」とマリスを口説いたのだという。

しかし科学者だったマリスは、スタートアップ投資のド素人だった。そこでVCをゼロから創るため、まずは「グーグルの名刺」を武器にして、シリコンバレーにある伝説的なベンチャーキャピタルを一つひとつ訪ね歩いたという。とりわけ失敗するVCと、成功するVCの違いを見分けることが、彼の関心事だった。

この図々しいヒアリングは苦笑いをされることも多かったが、1年間にわたりクレイジーな行脚をつづけた結果、自分たちが成功するための「3つのルール」を定めた。つまりこのルールが実現しないなら、激しい競争にさらされるVCの世界ではグーグルでも勝ち残れないというわけだ。

1　人事権――グーグルのＶＣにおいて、誰を採用するかは自分たちで決める

2　インセンティブ――グーグルの給与ではなく、ＶＣ業界の高い成果報酬を採用する

3　投資決定権――グーグル本体と利害が一致しなくても、投資について口を挟まない

ラリー・ペイジとセルゲイ・ブリンの2人は、このルールをすべて守ることを約束したという。だからこそグーグルが１００％出資するＣＶＣであるにも関わらず、本社から独立して投資をすることができる、ユニークなＶＣとして出発することができたのだ。

ＧＶはこれまで７７０社以上のスタートアップに投資をしており、その投資対象はあらゆる分野にまたがっている。「機械学習（ＡＩ）」「金融サービス」「エネルギー」「新素材」などに加えて、いま最も投資額が伸びているのがライフサイエンスやヘルスケアの分野だ。

「グーグルはもともとデータ分析の会社。人間の遺伝子から健康情報まで、これから途方もない量のデータが生まれるのはライフサイエンスの分野であり、どんな革新的なサービスが生まれるのか、グーグルは投資をしながらウォッチしています」（シリコンバレーのＶＣ投資家）

だからこそ投資の1号案件は、誰もが安価な遺伝子キットを使って、遺伝子データから病気にかかるリスクを評価するスタートアップ「トゥエンティースリー・アンド・ミー(23andMe)」だった。日本でも有名なこの会社の創業者は、セルゲイ・ブリンの元妻アン・ウォジスキーだ。

人間一人あたりのゲノム情報（全遺伝子情報）のサイズは、それだけで１００ギガバイトを超える。そしてこのような遺伝子サービスが広がるにつれて、こうしたデータが百万人単位で増えてゆくことが予想され、そのデータ分析から新しい治療やサービスが生まれる可能性が高い。

「これから数年以内に、デジタルデータとして集められる人間の遺伝子情報は、ユーチューブにアッ

プされるすべての動画のサイズを追い抜くと言われています」（大手テクノロジー企業担当者）

指数関数的にデータが増えるエリアを、目ざとくウォッチしているというわけだ。

こうしたＧＶの投資動向というのは、実は一般のビジネスパーソンたちにとって、ヒントになることはとても多い。なぜなら今後5年、10年という時間軸において、有望だと思えるビジネス領域について、グーグルは有望なスタートアップたちに漏れなく投資しているからだ。

「かつてのインテル、今のグーグルは、ある注目分野の〝勝ち馬〟に全方位でお金を張っています。投資先のスタートアップが、お互いに競合同士でも気にしません」（同投資家）

多くのＶＣというのは、あるカテゴリーにおいて有望だと思ったスタートアップに投資をすると、そのライバル企業への〝浮気〟はしない。なぜなら、そのスタートアップの支援者だという大義名分が危うくなるからだ。しかし、グーグルはそうした伝統をあまり気にせずに、同じカテゴリーで競い合っているスタートアップたちに投資をしている。

ちなみにグーグルはスタートアップの買収もうまいことでも有名だ。多くの人がグーグルだと思っているサービスも、多くが企業買収によって完成している。アンドロイド（スマートフォンＯＳ）、ユーチューブ（動画配信）、ライトリー（グーグルドックス）、ウェイズ（グーグルマップの交通情報）、キーホール（グーグルアース）、アーチン（グーグルアナリティクス）、ポスティーニ（ジーメールに統合）と、切りがない。

そしてＧＶは、結局どのくらい成功したのか。その詳細はググっても決して出てこないが、合計で50億ドル（約５５００億円）にまで運用資産を増やしており、アメリカで最も活発なＣＶＣの一つとして君臨している。

4章 異能のディスラプターたち

SoftBank Vision Fund
Flagship Pioneering
Pear
Floodgate
Tribe Capital
Clearco
First Round Capital

世界を震撼させた、孫正義

ソフトバンクグループ会長兼CEO
孫正義
（Masayoshi Son）

ソフトバンク・インベストメント・
アドバイザーズCEO
ラジーブ・ミスラ
（Rajeev Misra）

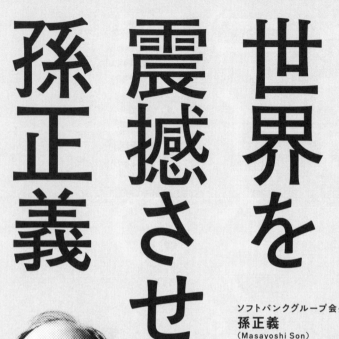

「10兆円ファンド」の正体

ソフトバンク・ビジョン・ファンド
(SoftBank Vision Fund)

2017年、ソフトバンクグループのCEOである孫正義と、ドイツ銀行で活躍したラジーブ・ミスラによって設立された、運用額10兆円をほこる巨大VCファンド。100億円から1000億円という前代未聞の金額を、世界中のユニコーン企業に投資するスタイルで、VC業界に波紋を呼んだ。以降、続々と巨大ファンドが生まれる引き金にもなっている。

本拠地……………………ロンドン
社員数……………………400人

イグジット数/累計投資先数………78社/434社

主な投資先………………Uber, DiDi Global, Grab, WeWork, ByteDance, Ele.me, Coupang, ARM, Oyo, Ola, Flipkart, Paytm, Cruise, Gopuff, DoorDash, Guardant Health

2016年10月、ソフトバンクグループ創業者の孫正義は、10兆円という途方もない資金力を持つベンチャーキャピタル「ソフトバンク・ビジョン・ファンド」を発表した。そして1000億円単位という、前代未聞の規模でスタートアップたちに資金を投下し始めたのだ。

アリババグループなどの投資実績がある孫正義が、サウジアラビアやアブダビなど産油国の政府系ファンドのお金を集めてくることによって、空前の規模の投資集団が出来上がったわけだ。そのコンセプトは、世界中のAI分野のユニコーンに成長資金を投じることだ。

これに慌てふためいたのは、ベンチャーキャピタルの聖地であるシリコンバレーだ。これまで起業家と投資家たちは、目には見えないローカルなネットワークによって結ばれており、スタートアップ投資というのは閉ざされた人間関係でおこなわれてきた地場産業だった。

ところがビジョン・ファンドはシリコンバレーの部外者でありながら、100億円、1000億円単位の資金力によって、大量のユニコーンたちにお金を注ぎこむようになった。これは競合するスタートアップの勝敗を左右するほどの金額であったため、その一挙手一投足をテクノロジー業界全体が固唾を呑んで見守ったわけだ。

2021年12月時点で、このビジョン・ファンドがどれほど成功したのか、その評価を決めることはできない。なぜならベンチャーキャピタルは、約10年間の運用期間によって、最終的にどれくらい資金を増やせたかで厳密に成否がジャッジされるビジネスだからだ。

しかし、一つ言えることは、ビジョン・ファンドはまったく新しい手法で、スタートアップ投資の規模を拡大させたパイオニアだということ。もはやベンチャーキャピタルは小さな地場産業ではなく、旧来のベンチャーキャピタルも大型ファンドを相次いでつくり、世界的なPEファンドたちもビジョン・ファンドの設立後、スタートアップへの大型投資を急加速している。

なぜ孫正義は起業家としての集大成をつくりあげようという60代に、資本家《キャピタリスト》になると宣言したのか。現在は２６０社ある投資先を、ひとつの有機的な企業群として広げたいという思惑とは。

巨大ファンドをつくり出した孫正義と、そのパートナーであるラジーブ・ミスラの両名に、ファンド設立の舞台裏を聞いた。


孫　１９９５年頃、インターネット革命が始まりました。これはソフトバンクグループが上場した直後でもありました。上場企業にとって、売上高や利益を伸ばしてゆくのは当たり前のことです。でも僕はインターネット革命が始まるという状況にあって、上場企業であるにもかかわらず「利益にはこだわらない。赤字でもいい。インターネットカンパニーへの投資を一気に始めるんだ」という号令をかけました。

同じように２０１６年ごろ、いまからＡＩ革命が始まると感じたわけです。そこで「孫正義は投資家になる」と話したのは、一つの事業、二つの事業を一生懸命に掘り下げるような、そういう会社のＣＥＯの立場にもうこだわらないという意味でした。

ＡＩ革命の最先端にいる起業家たちを、一気に集めないといけないと思った。だからソフトバンク（通信子会社）の経営は宮内社長に譲って、僕はビジョン・ファンドに集中すると決断しました。そのときに、一般の人たちには「投資家になります」と言わないと、伝わらないと思いました。それは事業会社のＣＥＯの立場からは、もう脱却するという意味でした。

よく「投資家なのか」「事業家なのか」と聞かれるのですが、僕は投資家は事業家のように考えるべきだし、本物の事業家は投資家のように考えるべきだと思います。つまり、投資家と事業家というのは相反するものではない。それぞれの真髄は、実は同じものだと思います。

ことの本質というのは、長期的にどれだけ会社の価値を増大させられるかということ。それを目指すという点において、投資家も事業家も事業そのものが生み出す長期的なキャッシュフローを見極めなければいけません。

同じく、事業家というのは単にモノを組み立てたり、販売するものではない。世の中がどのように変わるのか、その変わってゆく方向を理解して、ヒト・モノ・カネという経営資源を、投資ポートフォリオの組み換えのように再配分する仕事です。まるで投資家のように、事業家も考えないといけないと思うのです。

ですから投資家は事業家のように、事業家は投資家のように考えないといけない。

ナンバーワンたちが学び合う「群戦略」

ビジョン・ファンドは投資規模がとても大きく、なおかつＡＩという投資セグメントを先鋭化している点でユニークです。そこまで戦略をしぼっているベンチャーキャピタルは、いままで存在しなかったのではないでしょうか。

もともと私たちの投資先にはアリババであったり、米ヤフーといった会社がありました。さらに配車サービスのウーバー（Uber）やディディ（滴滴出行）、グラブ（Grab）といったスタートアップがビジョン・ファンドに加わりました。半導体設計のアーム（Arm）社もそうですね。

私たちには「群戦略」という考えがあります。我々のグループには、多数の起業家たちがいて、それぞれの事業分野でナンバーワンの座にあります。そこではＡＩの活用に投資先を特化していますから、起業家同士が刺激しあえる機会が、よりたくさんあると思います。

それぞれ事業内容は、フィンテックであったり、ライドシェアであったり、イーコマースであったり、テーマは異なります。しかし、どれも急成長中のスタートアップであり、起業家たちが若くて、みなＡＩを使っているとなれば雑談をするだけでも学び合える。

２０１９年にパサデナ（カリフォルニア州）で、投資先のスタートアップ創業者たち１００人以上が集まった会合がありました。お互いにスピーチをやったり、個別にコーヒーを飲みつつあちこちでミーティングをしていました。

みな目がキラキラして、話題が止まらないという光景が広がっていました。

彼らに共通しているのは、ほとんどビジョン・ファンドが筆頭株主であること。そしてソフトバンクグループは、お互いに学び合えるような場をつくっています。まさに「群戦略」による刺激の場を、目の当たりにした感じです。

例えばペイペイは、日本国内のペイメント分野でナンバーワンになりました。これも中国のアリペイ（Alipay）や、インドのペイティーエム（Paytm）といった最先端のサービスから、日本のペイペイへというように、お互いが技術的なものやビジネスモデルを助け合っています。

特にペイペイは後発でしたから、彼らから得たテクノロジーにおける支援だとか、ノウハウ、ビジネスモデルなど、得るものがたくさんありました。もともとヤフージャパンが３年かけて開発していたものを、ペイペイのデビュー直前にすべてやり直したのです。

これはソフトバンクグループの群戦略が、シナジーとして生きた事例かと思います。もしヤフージャパンのみでペイペイの開発をしていたら、おそらく成功しなかったでしょう。

GAFAであっても「盛者必衰」の世界

今回のパンデミックではズームなどを経由して、物理的な場所に関係なくコミュニケーションできるようになりました。だから地理的なものに関係なく、ビジョンを共有している人たちが革命をおこしてゆく。（ビジョン・ファンドは）そういう仕組みになれるでしょう。

ソフトバンクグループによる5兆円という日本経済史上最高の最終利益（2021年3月期）は、たまたま1回出ただけです。そんなに胸を張れるようなものではなく、そのレベルをコンスタントに出せないといけません。そして、ビジョン・ファンドを評価するのは、いろいろな意味でまだ時期尚早なのだろうと思います。

いま、私たちビジョン・ファンドが投資しているポートフォリオ企業は、200社以上になりました。これが何年か先になると、400社、1000社と広がってゆくはずです。これはAIを活用しているユニコーンの群れという、特異な存在になるでしょう。

なぜなら企業形態のあり方において、従来のような「一つの企業ブランド」「一つのビジネスモデル」「一つのテクノロジー」というものを30年単位で振り返ってみると、世界の時価総額トップ10位に入っている企業はガラッと入れ替わっています。（GAFAのような巨大企業であっても）入れ替わりは、避けられないと思います。

30年以上も経って、世界のトップ10位を維持できる会社というのはなかなかいない。つまり企業という存在は、創業者たちが歳をとって、テクノロジーが古くなって、ビジネスモデルも古くなってゆく。成長と輝きが、だんだんと薄れてゆくものなのです。

では、企業体とはなんぞやと考えるわけです。30年という時の試練を乗り越えて、何百年も輝き続けられるような企業体とはなんだろうかと。私たちが目指しているものは、そこにあるのです。ビジョン・ファンドの投資先の企業たちが、10年後の「世界トップ10」に何社入っているのかは、わかりません。ただし20年、30年、40年という長きにわたって、そうしたトップ10のなかにいつでもソフトバンクグループのファミリー企業が何社も入っている、もしくは入りそうな光景が広がっているのが理想です。

10兆円ファンドの「秘密のレシピ」

1件あたり100億円から1000億円単位という前代未聞のサイズの投資を、伸び盛りのAIスタートアップに、世界中で投資してまわる。そんなビジョン・ファンドの仕掛け人として、孫正義のアイデアを実現させたのが、ソフトバンク・ビジョン・ファンドを運営する、ソフトバンク・インベストメント・アドバイザーズのCEO、ラジーブ・ミスラだ。

二人の出会いは古く、2003年にドイツ銀行勤務だったラジーブが、ソフトバンクグループの事業拡大を資金面で支えたことがきっかけだ。2006年にソフトバンクグループがボーダフォン（Vodafone）を買収した際には、その2兆円にもおよぶファイナンスを裏側で支えたキーマンの一人だった。

そんな金融のスペシャリストであるラジーブは、孫からの呼びかけに応えて2014年にソフトバンクグループに参画。そして10兆円ファンドという壮大な計画を実現するため、ドイツ銀行時代の人脈を駆使して、中東のサウジアラビアやアブダビなどの政府関係者に、この野心的な巨大ファンドへの投資を打診したのだった。

そこで残っている逸話は、孫正義とラジーブの二人が、中東各国にプレゼンテーションをするために訪問したときのもの。ラジーブが用意したプレゼンテーション資料にあった、3兆円というファンドの運用資産額を、孫正義が直前になって10兆円に書き換えたことだ。これまでのスタートアップ投資ではありえない数字の積み増しに、ラジーブですら目を丸くしたという。

ちなみに孫は、ビジョン・ファンドは「金の卵」に投資をしていると説明してきた。しかし実際の投資アプローチとしては、金の卵からかえって、すでにユニコーン企業としての頭角を現したプレイヤーを世界中でウォッチして、成長資金を与えるものだ。かつて孫が、無名だったアリババ創業者のジャック・マーにおこなった初期投資とは、まったく異なるモデルなのは言うまでもない。

ラジーブ　2016年5月、私たちソフトバンクは英国の半導体設計企業のアーム（Arm）を約3兆円で買収しました。そのためにソフトバンクグループのバランスシート上にはもうあまりキャッシュが残っておらず、テクノロジー企業への投資を続けることが難しくなっていたのです。

ところがマサ（孫正義）は「これから10年間にわたって、AIのテクノロジーが巨大な社会インパクトと、巨大な富を生み出すはずだ」と語っていました。しかし、そうしたAIのテクノロジーに投資をしたくても、その資本をもっていない。その点をとても残念そうにしていました。

そこで私とマサは「それなら外部から集めてくるお金と、ソフトバンクのお金を掛け合わせたファンドをつくるのはどうか」というアイデアを議論したのです。するとマサは「それなら、一緒にそのアイデアを売り込むためのプレゼンテーションをつくろうじゃないか」と言うので、すぐに大きな絵を描くことになりました。

2016年夏、私たちは中東諸国を訪ねてまわりました。それぞれの有力者たちが、このアイデアに興味を示すか探ったのです。そしてプレゼンテーションを披露した後、サウジアラビアとアブダビが投資をしたいと言ってくれました。そこに、アップルやフォックスコンといった企業も出資者として加わり、ビジョン・ファンドができたのです。

ビジョン・ファンドの1号ファンドでは、金融工学上のちょっとした工夫をしています。より安全にリターンがほしい人と、野心的なリターンがほしい人が、それぞれ異なる形で共同出資できるようになっているのです。

安全にリターンをもらいたい人たちは、このファンドに対して融資（ローン）をする。これによって、年利7％のリターンを優先的にファンドからもらうことができます。ファンド期間の10年後には、出資したお金がおよそ2倍になるという計算です。

一方で成功時に大きなリターンをもらいたい人たちは、このファンドの株式に出資することになります。ソフトバンクグループはこちらを選択することで、1号ファンドの50％近くの株式を持つことができました。つまりリスクは高くても、投資が大きく成功した際のリターンに上限がなく、最大化するほうに張ったのです。

こうして出来上がった1号ファンドの資金は約1000億ドル（約11兆円）でしたが、実は450億ドルは融資として集まったものでした。一方、残りの550億ドルは株式で集めたお金です。

この前代未聞の巨額ファンドをつくったことで、いよいよ私たちは「これでゲームに参加できるぞ！」と思ったわけです。これが、ビジョン・ファンドの幕明けとなりました。

未上場の世界を、ガラリと変えた「先駆者」

ビジョン・ファンドの1号ファンドが登場するまで、最大級のファンドであっても、その運用資産額（AUM）は大きくても1000〜2000億円といったところでした。ところがビジョン・ファンドが10兆円を集めた後、スタートアップ投資という「未上場の世界」はガラッと変わりました。

シリコンバレーの名門VCのセコイアは、約6000〜7000億円の超大型ファンドを立ち上げました。またタイガー・グローバル（Tiger Global）は、1兆円に迫るファンドをつくりました。私たちが証明したことは、スタートアップ投資はもう「小さな世界」にとどまらないこと。小さなブティックサイズの産業では、もはやないということです。

ソフトバンク・インベストメント・アドバイザーズは、伝統的なベンチャーキャピタルではありません。配車サービスのウーバーへの投資額は、1社だけで70億ドル（約7700億円）を超えました。中国のディディに至っては、その投資額は120億ドル（約1.3兆円）ですからね。私たちは有望なビジネスに、青天井の軍資金を提供するようになったのです。

いまやブラックストーン（Blackstone）やKKRといった大手PEファンドまで、テクノロジー企業に投資するためのチームを持つようになりました。私たちはスタートアップ投資というのが、ここまで大きくスケールすると証明した、パイオニアなわけです。

例えば韓国のイーコマース企業であるクーパン（Coupang）は、2021年3月に時価総額5兆円をこえる評価でニューヨーク証券取引所に上場しました。しかしそのわずか3年前、このスタートアップの評価額が6000〜7000億円ほどだった頃、お金の出し手がいなかったのです。

彼らは物流倉庫などのインフラを築くため、大きな設備投資を必要としていました。もともと彼らはイーコマースのマーケットプレイスでしたが、そこから何度も拡張を繰り返してきた会社でした。そして韓国というイーコマースが細分化されている市場において、勝ち組になるため物流倉庫をつくっていたのですが、その追加資金が集まらない。

そこで以前からソフトバンクグループの投資先であったこともあり、ビジョン・ファンドの1号ファンドがやってきて、彼らがインフラをつくるために必要な2000億円の小切手を切ったのです。私たちはそこで、中国最大のイーコマース企業であるアリババグループと一緒に、クーパンが成長するための手ほどきをしてきました。

イーコマースの世界には、たくさんのおもしろいサービスやアイデアがあります。注文した商品が当日に届くようなサービス、早朝に配送してもらえるサービスなどを、有料で提供することもある。ユーザーが増えたら、広告システムをつくることによって、広告収入が上がるでしょう。またデジタル決済のサービスを広げて、料理などのデリバリーも展開し、生鮮食品の買い物にも手をつける。クーパンがまだイーコマースで試行錯誤している時期から、私たちはただのイーコマース事業で終わらず、あらゆる需要に応えられるスーパーアプリの地位をつくれるよう、支援してきたのです。

イーコマースのプラットフォームで、買い物から料理デリバリーまで多様なサービスを手掛けることで、配送スタッフの仕事の回転率が上がってゆきます。こうしてクーパンのサービス全体の最適化をしながら、フルスタックで事業を築いてゆく支援ができたと思っています。

ウィーワーク投資で学んだ「三つの教訓」

これまで、ビジョン・ファンドは3000社以上のスタートアップを見てきました。アメリカ、ヨーロッパ、アジアという三つの地域ごとに投資委員会を設けており、それぞれの地域ごとに投資をするべきと考えたら、私やマサのところへ連絡がきます。

そこで、実際にこの創業者に会って話をするべきかどうかを、決める形にしています。おそらくマサは2021年だけで250社の創業者と会っており、これまで累計で170社について投資を決めています。一つひとつの会社の最終判断には、多くの時間を使えませんから、信頼できる人たちでこの仕組みをつくっています。

もちろん、私たちは失敗から多くを学んでいます。

ビジョン・ファンドの1号ファンドが、ウィーワーク（WeWork）への投資について間違った判断をしたときには、多くのメディアの見出しを飾ることになりました。あの10兆円ファンドだからという理由で、ことさら批判は大きかったと思います。

私たちが失敗を通じて学んだことの一つ目は、集中投資によるリスクの回避です。ある特定のスタートアップにあまりにも集中投資をすると、問題になることを知りました。

例えば中国の配車サービス、ディディには120億ドル（約1.3兆円）を突っ込んでいるわけですからね。彼女たちが無事成長したのは幸運でしたが、ここまでの一点集中はもうしないと思います。ウーバーにも70億ドル（約7600億円）を投資しました。結果としてのリターンについては、ファンドとして大きな成功とは言えません。だからこそ2号ファンドについては、はるかに投資先を分散させるようにしています。おそらく1件あたりの平均投資額は、300〜400億円ほどに下がっているでしょう。こうすることで、多少のミスがあっても許容できる形にしました。

二つ目の学びは、投資先のガバナンスです。私たちは創業者に、あまりにも多くの裁量権を与えすぎた面がありました。創業者を信じられなければ、スタートアップ投資はできませんが、それでも彼らに責任を求めることは大切です。M&Aや株式上場などについて、すべて創業者が圧倒的なパワーで決定するようではいけません。こうした要素を、すべて洗い出しました。

三つ目の学びは、もし投資先のスタートアップが、数年という時間軸でうまくいかないことがあれば、潔く手を引くという決断をするということ。テクノロジーの業界は動きが速くて、ひとたび下降曲線に入ってしまうと、立て直すことはとてもむずかしいのです。

続々と投資する「ライフサイエンス企業」

いまソフトバンク・インベストメント・アドバイザーズは、世界で400人ほどのメンバーを抱えています。投資を担当するチームは160人ほどで、それ以外にも投資先を支援するオペレーションのチームであったり、何兆円という保有資産（上場株）を運用するチームなどもいます。

またオフィスの数は、全世界で11カ所にのぼります。スタートアップ投資は、遠隔地からお金を送るだけでは不十分だからです。だから上海、香港、シンガポール、ムンバイ、マイアミ、シリコンバレー、ロンドン、東京、そして出資者がいるアブダビやリヤドにも当然オフィスがあります。

今後、さらに破壊的なスタートアップたちが次々と登場してくると思っています。私たちの生活のあらゆる分野にそのビジネスは及ぶでしょう。そこでビジョン・ファンドは、最大のテクノロジー投資家の一つであり続けたいと思っています。投資先の候補は、尽きることはありません。

これから5年間のうちに新しい方法でガンを治したり、一人ひとりにカスタマイズされた医療サービスを受けられるようになるでしょう。そして価格はどんどん下がる。こうしたライフサイエンス分野のスタートアップに、実はビジョン・ファンドは30社以上も投資をしています。

例えば、1兆円企業になったガーダントヘルス（Guardant Health）は、わずかなコストで、血液分析から多くのガンの予兆を検知するというサイエンス企業です。こういった企業たちが、投資先にどんどん増えており、いまでは投資チームの注力分野の一つになっています。

ソフトバンクグループは、いまや名実ともに投資会社となりました。だから5年、10年という時間が経っても、私たちはスタートアップ投資をしていることでしょう。もちろん、そのときにはビジョン・ファンドが大きなリターンと成功を収めていることを願います。一つ目のファンドの成功は、二つ目の成功につながるものですからね。

さらに加えるなら、クーパンが10兆円企業となっていくように、200社以上ある投資先のスタートアップたちが花開くところをこの目で見たいと思います。

多くが、まだ30代のCEOが経営している会社たちです。彼らのビジネスに初期から手を貸し、そして10年後も友人であれたら幸せだと思いますね。

モデルナ
を生んだ、
ライフサイエンス

の「創業集団」

フラッグシップ・パイオニアリング
(Flagship Pioneering)

2000年、連続起業家のヌバール・アフェヤンが創業。ライフサイエンス分野のスタートアップ投資で高い実績をほこる投資会社でありながら、社内に大量のサイエンティストを雇い、みずから新会社をつくってゆく「スタートアップ工場」としても知られている。

本拠地……………………ケンブリッジ(マサチューセッツ州)
社員数……………………59人

イグジット数/累計投資先数………154社/330社

主な投資先……………Moderna, Editas Medicine, Laronde, Indigo Agriculture, Generate Biomedicines, Sana Biotechnology, Valo, Rubius Therapeutics, Inari Agriculture

パートナー
アヴァク・カヴェジャン
(Avak Kahvejian)

新型コロナウイルスが世界を覆った2020年、この未知なるウイルスによって社会のあらゆる機能は停止状態に追い込まれ、人々の働き方やライフスタイルは一変し、すでに560万人を超える人々が命を落とした。

そんなパンデミックと立ち向かう「武器」となるワクチンを圧倒的なスピードで開発したのが、ライフサイエンス分野のスタートアップであるモデルナ（Moderna）だ。人間の体そのものにクスリをつくらせるコンセプトで生まれたその製品は、まさにバイオテクノロジーの魔法のように映った。しかし、2010年にモデルナを創業した、ベンチャーキャピタルの名前を知る人はほとんどいない。その名はフラッグシップ・パイオニアリング（Flagship Pioneering）。「スタートアップを創る、スタートアップ」として知られる、2000年に生まれた投資会社だ。

その本拠地となるボストンのオフィスは、単なる投資会社のワークスペースではない。50人以上のサイエンティストたちが議論を重ねて、1年間で100以上の新しい起業アイデアを提案し、そこから検証プロセスを生き残った10社近くが生まれるという、ゼロイチの揺りかごだ。

彼らは自分たちを、投資家だとすら考えていない。一流の科学者チームによる議論、一流のチームによる実験とブレイクスルー、一流のチームによる起業というプロセスによって、まるでサイエンスフィクションのような仮説を、現実のビジネスに転化させるイノベーターだと自負している。

バイオテクノロジーの首都と呼ばれる米国ボストンにあって、その秘密主義と圧倒的なパフォーマンスをほこるフラッグシップ。その異端ＶＣの舞台裏について、同社ジェネラル・パートナーのアヴァク・カヴェジャンが語った。

アヴァク　フラッグシップは、単なる投資会社ではありません。ライフサイエンスの分野で新しい会社をつくるための「揺りかご」のような存在です。だから自分たちのことを、投資家ではなくイノベーターだと自負しています。

一般的なベンチャーキャピタルを、悪く言うつもりはありません。しかし彼らは、投資先スタートアップについて「ヒット商品がないなら、もっと売上高を上げるか、ダメなら売却するしかないだろう」というように考えます。

フラッグシップは違います。いくらのお金を投じたら、いくらの利益が戻ってきそうだという投資対効果では考えません。どれだけ大きなイノベーションを生み出したら、どれだけ大きな利益が期待できるのだろうかと考えます。

ですからフラッグシップの投資先スタートアップの多くは、社内にいるサイエンティストたちでアイデアを議論して、社内でインキュベート（投資育成）して、社内から孵化させた会社たちです。ここは、まだだれもつくったことのない会社をつくるための場所なのです。

新型コロナウイルスのワクチンの製造しているモデルナも、フラッグシップで誕生したスタートアップです。メッセンジャーRNA（mRNA）という物質を使って、人間の体にクスリをつくらせようというアイデアは、2010年にこのベンチャーキャピタルで生まれたものです。

私がフラッグシップに入社したころ、この驚くべきプロジェクトが始まっていました。きっかけとなった学術論文は、ハーバード大学メディカルスクールで研究をしていたデリック・ロッシのものです。その発見がビジネスになるのではと、相談をもちかけられたのがフラッグシップの創業者、ヌバール・アフェヤンでした。

「このmRNAを使うことで、さまざまなクスリを体内でつくれるのか?」という仮説をヌバールが提示して、それを創業メンバーたちで議論したのです。

フラッグシップは一つの技術に対して、単発のビジネスを考えるようなやり方はとりません。技術的なブレイクスルーがあったときに、いくつもの治療薬や治療法が次々と生まれるような、バイオテクノロジーのプラットフォームをいつも発想してきたVCです。

モデルナについては、次のような仮説が社内で立てられました。

仮説——もしも患者自身の細胞に、病気を予防したり、治療をしたりするタンパク質をつくらせることができたとしたら?
結果——mRNAという「細胞のソフトウェア」をデザインすることで、人間の体の中で、ワクチンや医薬品を制御可能な方法でつくることができる

こうした仮説を起点にして、本当に実現の可能性はあるのか、技術的なハードルはどこにあるのかを、外部の専門家たちといっしょに研ぎ澄ませてゆきます。そして本格的にスタートアップとして立ち上げようというときに、ヌバールはCEOとなるべき人物を口説き落としてきました。

それが大手医薬品メーカーの経営者であった、現CEOのステファン・バンセルです。このモデルナのプロジェクトを成長させるために、VCが外部からCEOを採用してきたわけです。

こうした新しい挑戦は、フラッグシップのもつ社内ラボで、誰もやったことがない実験をするところから始まります。フラッグシップは「誰もやっていないから、やらない」というVCではあり

ません。手つかずの分野だからこそ「実験してみよう」と考えるのです。

そしてフラッグシップは時間をかけて、革新的なライフサイエンス分野のスタートアップを、同時並行して社内から育てるプロセスをつくり上げてきました。こうしたプロセスから多数の上場スタートアップが誕生しており、モデルナも偶然に生まれたスタートアップではないのです。

イノベーションを起こすための「秘密のレシピ」

フラッグシップの前身となる投資会社が生まれたのは、2000年のこと。ライノサイエンス分野の連続起業家として成功していたヌバール・アフェヤンが、ライフサイエンス分野のスタートアップに投資だけでなく、その創業プロセスまで仕組み化しようというビジョンから誕生した。

当時の社名はニューコジェン（NewcoGen＝新しい会社の生成）。多産多死が当たり前のスタートアップの分野において、より技術的なハードルであったり、ビジネスにするための時間がかかるのがライフサイエンス分野だ。そうした世界において、唯一、体系だってイノベーションを具現化できる仕事がベンチャーキャピタルだと考えたのだという。

他のVCとの違いははっきりしており、「サイエンス分野の新領域で、一番乗りとなるスタートアップたちを創り出すこと」だけだ。言葉だけを聞けばかっこいいが、ベンチマーク先を真似たり、先行事例を手本にできないという点では、とてもリスクが高い。

そこでフラッグシップは、独自にベンチャーラボと呼ばれるスタートアップの育成施設をつくり、そこで新会社をつくるための「秘密のプロセス」を設計した。

4つの段階によって設計されたそのプロセスは、大まかに次のようなものだ。

1 探索（Exploration）――1年間で80～100回ほど、「もしも、これが実現したならば……」という新しい仮説を提案するためのプロセス。社内のサイエンティストが持ち寄ったこの仮説を、さまざまな一流の研究者たちにダメ出ししてもらったり、アイデアを膨らませたりしながら、その実現可能性や課題を検証してゆく

2 プロトタイプカンパニー（ProtoCos）――実験に挑む価値があるとみなされた仮説から、1年間で8～10社ほどプロトタイプのスタートアップとして誕生する。ビジネスとして難しいと判断したら、感情に引っ張られずにプロジェクトを中止するため、会社名はフラッグシップラボ（FL）に番号だけ加えた「FL1」「FL2」「FL3」と名付けられる

3 ニューカンパニー（NewCos）――ラボにおける実験によって、新しいブレイクスルーから、何かインパクトのあるプロダクトが生み出せるという段階になって、いよいよ名前のあるスタートアップとして組織化される。フラッグシップは巣立っていくための創業資金を注ぎ込み、ふさわしいCEOなどを採用してゆく。1年間で約6～8社がここまで到達する

4 グロースカンパニー（GrowthCos）――フラッグシップから孵化して、独立したスタートアッ

プとして成長し、ついには巨大な企業価値を持つスタートアップになる。2013年以降、すでに20社以上がこのようなプロセスで株式上場を果たしており、時価総額にして7兆円をほこるモデルナはその筆頭になっている

ハーバード大学ビジネススクールの論文によると、フラッグシップは毎年毎年、数十人ほどいる社内のサイエンティストのチームが、さまざまな注目分野についてアイデアを持ち寄っては、こんなスタートアップがつくれるのではないかと議論してゆく。

そのため特定の注目分野を掘り下げて、複数のスタートアップを生み出すこともある。例えば2008年ごろに、フラッグシップが注目をしたのは、人間の腸内で共生している微生物のマイクロバイオーム（腸内細菌）だったという。腸内で生きているこうした無数の微生物が、とても多様で、医学的にも大切だという見方が出ていたからだ。

例えば、そこから人間の便を採取することで、そこに含まれている微生物から、さまざまな病気を診断するテクノロジーが実現するのではないかという仮説が生まれている。一方で病気の治療に有用な微生物を投与することで、新しい治療法などが生まれるという仮説も登場した。

こうした微生物研究の積み重ねによって、フラッグシップからは4社のスタートアップが誕生している。その中には微生物のパワーによって、さまざまな農作物の収穫量を上げるサービスを提供する、世界最大級のアグリカルチャースタートアップ、インディゴ・アグ社（Indigo Ag）も含まれている。

私たちは過去10年間で、こうしたスタートアップを生み出すプロセスを、洗練し大きくしてきました。私が入社したころには、1年間でつくれるスタートアップの数は1〜2社でした。それが現在はプロトタイプカンパニーを10社ほどつくれるまでに拡大しているのです。

社内にはいま、さまざまなサイエンティストの集団を取りまとめて、新しいスタートアップづくりを指揮するオリジネーション・パートナーと呼ばれる人が、私を含めて5人います。それぞれが並行して、新しい企業づくりをおこなっています。

私のチームには、フラッグシップで働いている14〜15人ほどの科学者たちが所属しています。リーダーである私は彼らをさらに2〜3人ごとの小さなチームにわけて、それぞれが追究したテーマに沿った作業を進めてゆくのです。

だから私の一週間のカレンダーは、もうさまざまなミーティングでびっしりと埋め尽くされています。新しい起業アイデアをそこで揉んだり、ホワイトボードを使って「脂肪細胞の調査はいまこうなっている」という現状をやりとりしたり、動物実験による結果のデータに目を通して、仮説検証をチェックしたりします。

私が手がけたスタートアップの中で、最も記憶に残っている会社の一つがルビウス（Rubius Therapeutics）という会社です。これはサイエンスフィクションのような発想から、リアルな会社を生み出すプロセスでした。

従来の医学の世界で使われてきた治療薬とは異なり、人間がもともと持っている修復能力や、自己治癒能力などを活用した細胞療法が、とても大きなトレンドとして広がっていることに注目していました。しかし、すでにある会社の真似をしても意味がない。

そんなとき、フラッグシップのオフィスの近くで開かれた、合成生物学の分野のカンファレンスに足を向けたのです。そこである科学者がものすごくクールな発表をしていました。それはさまざまな細胞に分化できる幹細胞を、人間の赤血球にするという内容でした。

私たちはこれを聞いて、赤血球を使った新しい細胞治療のプラットフォームがつくれるのではと思ったのです。人間の血管の中をぐるぐる巡っている赤血球は、いつもは酸素を運んでいますが、そこに病気を治療するための物質を載せたらどうなるだろうかと。

赤血球のエンジニアリングをすることで、いろいろな病気を治すためのツールにできるのではないか。赤血球に治療したい対象へのターゲティングをさせる、または赤血球に抗原を運ばせることで、まるでワクチンのような働きをさせることもできるはずだ。

しかしアイデアを伝えたところ、その科学者から「あなたのアイデアのうち、いくつかは実行不可能だと思います」という返事があった。聞いてみると、さまざまな科学的課題があり、つまりできっこないと言うわけです。

絶対に無理とは考えなかった我々は、「じゃあ、試してみましょう」と、このプロジェクトに70万ドル（約8000万円）の予算を注ぎ込んで、約8カ月にわたってラボにおける実験を繰り返しました。そして信じられないことに、すばらしくポジティブな結果が得られました。

ルビウスはその後、エンジニアリングした赤血球によるさまざまな治療をおこなう「レッドプラットフォーム」を築き上げて、米ナスダックに上場しています。

ベンチマーク先もなく、参考論文や特許もない。そんな更地からおこなったクレイジーな実験こそ、フラッグシップらしいと思っています。

未来の会社は、すごいチームから生まれる

こうしたフラッグシップから生まれた企業の一つであるモデルナは、人類の歴史上、かつてないインパクトを与えたバイオテクノロジー企業かもしれません。

モデルナの共同創業者であるヌバールたちもまた、サイエンスフィクションのように聞こえる仮説から、まったく新しい治療法をつくってみせました。

もちろん道のりは平坦ではありませんでした。mRNAによって自分の体につくらせるクスリが、どんな病気を対象にするかという、その使い道が大きな課題でした。コロナのような感染症からガンまで、それぞれの難しさを踏まえながら、ロードマップを描くのがとても難しかった。

さらに合成したmRNAを体内にどのように届けるのかという、デリバリーの問題にも頭を悩ませ続けました。

しかしご存じの通り、新型コロナのワクチンは見事に機能しており、こうしたチャレンジは乗り越えられることが証明されたのです。

まだRNAを使ったイノベーションが完結したわけではありません。フラッグシップでは、RNAに着目した会社を他にもつくってきたからです。

例えばラロンド（Laronde）は、フランス語で「丸」を意味する名前を冠したスタートアップです。このスタートアップでは、モデルナなどが使っている1本のヒモのような形状をしているmRNAに

本づくりで大事にしていること

井上慎平

NewsPicksパブリッシング編集長。1988年生まれ。京都大学総合人間学部卒業。ディスカヴァー・トゥエンティワン、ダイヤモンド社を経てNewsPicksに。担当書に『シン・ニホン』『STARTUP 』『D2C』など。

ビジョン、イシュー、ソリューションの3つが揃った本であること。こういう世の中であってほしい、という願い（ビジョン）がまずあり、そのため、新たな論点（イシュー）を打ち出す。そして、それが絵に描いた餅に終わらないための具体案（ソリューション）も持つ、そんな著者の声を世に届け、揺さぶりたい。
思えばいつも、「世の中はすでに変わっているのに、仕組みや価値観が変わっていないがために生じるひずみ」を見つけては、それを本で解消しようとしてきた。本質的なモチベーションの根元は怒りかもしれない。すでに多くの人が取り組む問いを、より効率的に解く方法には惹かれない。答えよりも、新しい問いを見つけたときに何より興奮する。

富川直泰

NewsPicksパブリッシング副編集長。早川書房および飛鳥新社を経て現職。手がけた本はサンデル『これからの「正義」の話をしよう』、ディアマンディス&コトラー『2030年』、リドレー『繁栄』、近内悠太『世界は贈与でできている』など。

ビッグアイデア・ブック（新しい価値観を提示する本）であること。人間と社会の本質を摑んだ本であること。rational optimism（合理的な楽観主義）がベースにあること。そして、日本人には書けない本であること。最後の点について説明します。翻訳書ってお値段も張るし、日本人読者を想定して書かれていないのでピンとこない面ってあるじゃないですか。それでもぼくが海外の本を紹介し続けているのは、専門分野に閉じこもらず、「文系・理系」の垣根を越えた知見を総動員して大きなビジョンを示す胆力が、こうした本にはあるからです。

中島洋一

NewsPicks パブリッシング編集者、Brand Design ChiefEditor。筑波大学　情報学類卒業。幻冬舎、noteを経て現職。　担当した主な書籍に、宇田川元一『他者と働く』、石川善樹『フルライフ』、堀江貴文『君はどこにでも行ける』など。

おもしろい本であること。基準として、「この本を読むために生まれてきてよかった」という実感が最上級で、以降「この本のおもしろさに（一時でも）救われた」、「おもしろすぎて、（数ヶ月）頭から離れない」「（読後）ああ、おもしろかった」というような体験を大事にしています。
編集は、著者がすでに知っていることを深掘り、まだ知らないことを書き当て、高い純度で閉じ込める作業のお手伝いと心得ます。ビジネス書においても、ときに変化の痛みすら伴う深い学びを、快く受け入れ、鮮やかに記憶できるような編集を意識しています。

電子書籍がお得にご購入いただけます！

ソーシャル経済メディア「NewsPicks」の会員になると、NewsPicksパブリッシングの電子書籍がお得に購入できます。
NewsPicksの無料会員の方は10%オフ、プレミアム会員の方は20%オフでご購入いただけます。
※一部、対象外の書籍もございます。

書籍の購入・詳細はこちら

2030年
すべてが「加速」する世界に備えよ

ピーター・ディアマンディス&スティーブン・コトラー【著】
土方奈美【訳】

医療、金融、小売、広告、教育、都市、環境…。先端テクノロジーの「融合」によって、大変化は従来予想より20年早くやってくる。イーロン・マスクの盟友投資家がファクトベースで描く「10年後の世界」の全貌。

定価　2,640円（本体2,400円＋税10%）

他者と働く
「わかりあえなさ」から始める組織論

宇田川元一【著】

忖度、対立、抑圧……技術やノウハウが通用しない「厄介な問題」を解決する、組織論とナラティヴ・アプローチの超実践的融合。HRアワード2020　書籍部門 最優秀賞受賞。

定価　1,980円（本体1,800円＋税10%）

インスタグラム
野望の果ての真実

サラ・フライヤー【著】
井口耕二【訳】

ビジネスと「美意識」は両立できるか？　「王者」フェイスブックの傘下でもがくインスタグラム創業者の、理想と決断、そして裏切り。主要媒体の年間ベストブック賞を総なめにしたビジネス・ノンフィクション。

定価　2,640円（本体2,400円＋税10%）

パーパス
「意義化」する経済とその先

岩嵜博論・
佐々木康裕【著】

「パーパス（＝企業の社会的存在意義）」の入門書であり実践書。SDGs、気候変動、ESG投資、サステナビリティ、ジェンダーギャップ…「利益の追求」と「社会を良くする」を両立させる新しいビジネスの形とは。

定価　2,530円（本体2,300円＋税10%）

NewsPicks Publishing
NEWSLETTER

NewsPicksパブリッシングは
ニュースレターを配信しています。

Back Number

- vol.1 山形浩生、スティーブン・ピンカーを語る
- vol.2 出口治明、『1984年』を読み解く
- vol.3 WIRED日本版編集長・松島倫明、ケヴィン・ケリーを語る

ご登録はこちら　　バックナンバーはこちら

刊行書籍紹介

NewsPicksパブリッシングは
2019年10月に創刊し、ビジネス
書や人文書を刊行しています。

シン・ニホン
AI×データ時代における
日本の再生と人材育成

安宅和人【著】

AI×データによる時代の変化の本質をどう見極めるか。
名著『イシューからはじめよ』の著者がビジネス、教育
政策など全領域から新たなる時代の展望を示す。読者
が選ぶビジネス書グランプリ2021 総合グランプリ受賞

定価 2,640円（本体2,400円＋税10%）

D2C
「世界観」と「テクノロジー」で
勝つブランド戦略

佐々木康裕【著】

すべてがデジタル化する時代に最も注目を集めるビジ
ネスモデル「D2C」。「そもそもD2Cって何？」といった
素朴な疑問から、立ち上げの具体論までを網羅した、
入門書であり決定版。

定価 2,200円（本体2,000円＋税10%）

世界は贈与でできている
資本主義の「すきま」を
埋める倫理学

近内悠太【著】

世界の安定を築いているのは「お金で買えないもの
贈与」だ――。ウィトゲンシュタインを軸に、人間と社会
意外な本質を驚くほど平易に説き起こす。新時代の哲
者、鮮烈なデビュー作! 第29回山本七平賞 奨励賞受

定価 1,980円（本体1,800円＋税10%）

対して、まるでリングのように輪っかになったeRNA（エンドレスRNA）を使います。

人間の細胞の中には、このようなリングのような形状をしたeRNAが、長期間にわたって存在しています。こうしたeRNAを使って、人間が設計したクスリとなるような物質を長期間にわたってつくらせることができるような発明に、我々は挑戦しています。

eRNAは、いまみなさんがワクチンで打っているmRNAよりも安定しており、長きにわたって体内で存在できます。つまり1回や2回の注射だけですむワクチンだけではなく、何カ月にもわたって、時には何年にもわたって、自分の体にクスリをつくらせ続けることができると考えています。

すでに4億4000万ドル（約480億円）の資金を集めているラロンドの経営メンバーには、私のみならず、フラッグシップ創業者のヌバールも参加しています。そしてeRNAというブレイクスルーを活用して、100種類以上の「未来のクスリ」を生み出すプラットフォームになることを掲げています。

モデルナから、ルビウスから、ラロンドまで。革新的なライフサイエンス企業が連続して生まれる背景には、創業者のヌバールが提唱した「パラレル・アントレプレナーシップ」という考え方が根底にあります。それはすぐれたチームでアイデアを出して、チームでイノベーションを起こし、チームでスタートアップを起業するという方法論です。

いまフラッグシップには多くの資本が集まり、運用資産額はどんどん増えています。もし私たちの天井があるとすれば、こうした革新的なスタートアップを内部から創り出すことができる、人材をどれだけ集めることができるかでしょう。

つまり人材さえいれば、私たちのポテンシャルもまだ青天井だと思っています。

「ダイヤの原石」
を磨く、
気鋭の

パートナー（共同創業者）
ペジュマン・ノザド
（Pejman Nozad）

アクセラレーター

ペア
(Pear)

2013年、エンジェル投資家であるペジュマン・ノザドと、連続起業家であるマー・ハーシェンソンのコンビが立ち上げた。若い創業者がゼロから会社を創るプロセスを、手厚く支援するアクセラレーターであり、毎年秋のデモデーはトップVCの投資家が足を運ぶ。スタンフォード大学に強いネットワークをもち、学生向けの起業プログラムや資金提供もしている。

本拠地……………………パロアルト(カリフォルニア州)
社員数……………………10人

イグジット数/累計投資先数…………54社/266社

主な投資先……………DoorDash, Guardant Health, Aurora Solar, Branch Metrics, One Concern, Xilis, Gusto, Affinity, Nova Credit, BioAge

パートナー(共同創業者)
マー・ハーシェンソン
(Mar Hershenson)

シリコンバレーの心臓部にあるスタンフォード大学といえば、グーグルの創業者たちを始めとして、そうそうたるテクノロジー企業の創業者たちを生み出してきた超名門だ。

そんなトップレベルの頭脳を持つ学生たちを、一つ屋根の下に集めて、お金を与えたら何が起きるのか——。まるで道楽のようにも聞こえるアプローチで、次々と話題のスタートアップを育成しているのが、2013年に設立されたベンチャーキャピタルのペア（Pear）だ。

彼らは毎年、トップレベルのエンジニアリング専攻の学生たち20人を集めて、ビジネスをゼロからつくるための場所やリソースを提供。スタートアップの育成・投資プログラムを手がけている。

時価総額約7兆円になった米国トップのフードデリバリーサービスのドアダッシュ（DoorDash）や、時価総額1兆1800億円になった、わずかな血液でガンを検知するガーダントヘルス（Guardant Health）などは、そんな彼らの初期投資先の一例に過ぎない。

だからこそ毎年秋に開かれる、彼らが厳選して育てたスタートアップのお披露目イベントには、シリコンバレーの超一流の投資家など1000人以上が押し寄せるようになっている。

この異端のベンチャーキャピタルの共同創業者は、イラン出身のペジュマン・ノザドと、スペイン出身のマー・ハーシェンソンの移民コンビだ。彼らがどのようにダイヤの原石を掘り当てているのか、その舞台裏について聞いた。

ペジュマン　私はかつて、ペルシャ絨毯を販売するカーペット店のセールスマンでした。大学も出ておらず、スタートアップで働いたこともなく、テクノロジーについて学んだこともありません。

しかし、私が働いていたペルシャ絨毯の店は、世界で最も重要な場所にあったのです。それはスタンフォード大学のすぐ近くの目抜き通りにあり、あらゆるテック企業のCEOであったり、成功した投資家たちが往来する中心地だったのです。

彼らにペルシャ絨毯を売りながら、私はスタートアップの世界で起きていること、新しいビジネスを生みだす「ゼロからイチ」をつくる投資に、どんどん魅せられていったのです。

だから私がシリコンバレーの投資家になったのは、まったくの偶然です。スタンフォード大学や、ハーバード大学卒のエリートではありません。MBAも修めてなければ、コンピュータサイエンスを学んだこともありません。そもそも、テクノロジー業界で働いたことがないのです。

私はイランで生まれ、もともとプロサッカー選手としてプレーをしていました。サッカー選手だったので、本場のドイツに渡って学業とスポーツを続けました。

その後、私の兄弟のすすめによって、1992年にアメリカのシリコンバレーに渡ることになったのです。当時、片言の英語もしゃべれないまま、ポケットに入っているのは全財産の700ドルのみでした。イランにいる恋人と別れたくなくて、国際電話をかけまくったら、あっという間にお金がなくなってしまいました。

そこで仕事を探したのですが、最初に見つけたのは車の洗車係でした。これがアメリカで手にした、最初の仕事でした。いつも車をピカピカに磨いていました。少し英語を覚えると、次はヨーグルトショップの店員になりました。お金がなかったので、その店の屋根裏で半年間にわたって暮らしながら、日中はヨーグルトを売り、夜はテレビを見ながら英語を学んでいました。

そしてある日、一つのテレビコマーシャルが目に飛び込んできました。それはスタンフォード大学のすぐ近くのペルシャ絨毯店が、セールスマンを募集しているというものでした。

営業経験もないので最初は断られましたが、必死で売り込みをかけました。「なぜ、会ってもないのに不採用だと決められるのでしょうか」と。粘り勝ちをしたカーペット店で、私はペルシャ絨毯を売って、売って、売りまくりました。そこで、シリコンバレーで起きている重大な出来事に気づくことになるのです。

ペルシャ絨毯のセールスマンは、ギャラリーにやってきたお客さんの家に伺います。そこに20枚から30枚のカーペットを持ってゆき、彼らと数時間をかけて、どのカーペットが良いのかを選んでもらいます。多くはお金持ちですが、彼らの仕事を聞いてみると、すべてテクノロジー業界で成功をした人たちでした。それは有名なテック企業のCEOだったり、誰もが知っているようなベンチャーキャピタリストたちでした。

何より感銘を受けたのは、彼らは形あるモノをつくっているのではなく、知識によって新しい会社をつくっていたことです。ビジネスとはモノを売ってなんぼだと思っていた私にとって、これは目からウロコが落ちるような話だったのです。

投資家に化けた「カーペットの売り子」

1990年代のシリコンバレーの心臓部といえば、スタンフォード大学でした。ピーター・ティールであったり、グーグルの創業者たちがキャンパスを歩いていた時代です。テクノロジー産業にとって、最も大事な場所に、私が働いていたカーペット店はあったのです。

カーペットを日々売りながら、そんな人々の中に入っていきたい、そうしたコミュニティの一員になりたいと思いました。幸運にも、私はカーペットの仕事を通じて、兆円企業のCEOにも会うことができました。週末には、そうした人たちのバーベキューに呼んでもらえるようになりました。

またカーペット店という場所を使って、お茶をふるまいながら、起業家や投資家が集まるようなイベントを開くようになりました。例えば、ある日の夜には、セコイア・キャピタルという超有名VCの幹部たちを、すべてこのカーペット店に集めたことがあります。マイク・モリス、ダグ・レオーニといった、伝説的な投資家たちが顔をそろえたのです。

そこには約150人の、知り合いのスタートアップ創業者たちも招いていました。ペルシア料理をふるまいながら、特定の目的もなく、そういった人々に集まってもらったわけですね。

私にとっては、こうしたネットワークそのものに、すばらしい価値があると思えたのです。当時は、まだテッククランチ（TechCrunch）のようなメディアもなければ、Yコンビネーター（Y Combinator）のような起業家養成用のアクセラレーターもありませんでした。

だから私は、このカーペット店のオーナー一族と掛け合って、スタートアップ投資のビジネスをやろうと説得しました。私個人も、さまざまなスタートアップにエンジェル投資を始めたわけです。

とりわけ私は、まだプロダクトすらつくっていない「ゼロ」の状態の起業家というのは、どんな投資家たちからも相手にされないことを知っていました。そんな創業者のパートナーになりたいと思ったのです。そこで、私はかねてから知り合いであり、かつて投資をしたこともある起業家のマー・ハーシェンソンに、一緒にベンチャーキャピタルをやろうと口説いたのです。口説き落とすまでに、4年間という歳月がかかりました。

私とマーの二人は、言ってみれば「陰と陽」のようなコンビなんです。私は大学を卒業すらしていませんが、マーはスペイン出身ながら、スタンフォード大学でPh.D.(博士号)まで取得して、合計20もの特許を持っている才媛です。私はネットワーキングの達人であり、マーは連続起業家であり、発明家です。この二人のキャラクターを合わせれば、「ゼロからイチ」を生みだそうというスタートアップを支援するのに、最高だと思ったのです。

こうして2013年、ペアは生まれたのです。

正気じゃない「投資アイデア」

稀代のネットワーカーであるペジュマンが、4年間かけて口説き落としたのが、スペイン出身の連続起業家だったマー・ハーシェンソンだった。スタンフォードで博士号を取った後、半導体設計にかかわるスタートアップなど、3回もの創業経験を持つ人物だ。

性格も経歴も正反対の二人が始めたことの一つが、まるでテラスハウスのように、優秀なスタンフォード大学の学生たちを集めて、お金や知恵をさずけるプログラムだ。彼らはスタンフォード大学の授業も受け持ちながら、手厚い支援をするべき「未来の起業家」たちを探している。

マー 2009年、私はペジュマンから一緒にベンチャーキャピタルをやろうと誘われました。彼がアイデアを披露してくれたのですが、私の印象はといえば「おそらくこの人は、正気じゃない」

というものでした。

どんなアイデアかといえば、彼はスタンフォード大学のすぐ近くに家を持っていると。そこにスタンフォード大学の優秀な学生らをいっぱい集めて、彼らにお金を配って回りたいと言うのです。曰く、頭がいい学生を一つ屋根の下に集めれば、なにかすごいことが起きるはずだと。まったく、理解できませんでした。

ところが10年以上が経って、ペアがやっていることは、まさにそのアイデア通りのことなんです。私たちは、まだ誰も見向きもしないような創業者たちの「ゼロからイチ」を育てます。そしてもし成功すれば、彼らがつくったスタートアップに投資をします。

そのため毎年、スタンフォード大学のトップクラスの学生たちを集めて、スタートアップをつくるためのプログラムを多数提供しています。そこではビジネスをつくるための、あらゆるリソースを提供しているのです。

例えば、いま急成長しているワン・コンサーン（One Concern）というスタートアップもその一つです。この会社は、人工知能によって、地震や洪水、ハリケーンなどのあらゆる自然災害をシミュレーションして、そのダメージなどを予測している会社です。

創業者であるアハマド・ワニと初めて出会ったのは、スタンフォード大学のホールで開かれていた、何千という人工知能分野の研究プロジェクトが集まる研究発表会でした。

彼らのデモンストレーションを見て、私はふと足を止めました。アハマドはインドのカシミール地方の出身者であり、過去に大洪水で自宅を呑み込まれ、九死に一生を得る体験をした。そこで機械学習の知見をつかって、地震による被害をシミュレーションするという研究をしていたのです。

そうした原体験を聞いて、私は「あなたはこのアイデアを使って、スタートアップをつくる気はないんですか」と聞いた。ところが、返ってきた答えはNOでした。ビジネスにすることは、考えたこともないと。

そこで私は自分の名刺を置いて帰ったのです。

それから数カ月後、そのアハマドから電話がかかってきました。やっぱりスタートアップを始めることにしたという連絡でした。ところが再び会ってみると、彼はスタートアップ経営について驚くほどなにも知らなかったのです。

そこでペアは、彼が自然災害の研究者から、気候変動から社会を守ってくれるテクノロジー企業のCEOになるための教育を、ゼロから施したのです。

アハマドの最初のプレゼンテーションスライドは、災害予測のシミュレーションについて記述された合計45枚のスライドでした。それは投資家からすると、まったく意味不明なものでした。こうしたプレゼン資料のつくり方から、株式について、VCの役割についてまで、一つひとつ教えてゆく。そして彼らは、ペアが提供するオフィススペースで、1年くらいかけて育っていったのです。

いまではワン・コンサーンは、気候変動へのソリューションを開発するとても将来性の高いスタートアップに化けています。

スタンフォード大学で進める「究極の青田刈り」

アメリカには多数のベンチャーキャピタルがありますが、おそらくペアは、最も早く学生向けのスタートアッププログラムを提供してきたVCです。いまでは多くの投資家が真似をしていますが、私たちはパイオニアとして、毎年プログラムを磨いています。

あなたが投資家なら、きっと尻込みするでしょう。ペアの学生プログラムに集まってきているのは、まだ社会人経験もない若者でしょうと。そんな人材に、ビジネスを始めるお金を渡して大丈夫なのだろうかと。

例えばオーロラ・ソーラー（Aurora Solar）という高い注目を集めているユニコーン企業があります。彼らのプロダクトというのは、太陽光パネルを設置するためのソフトウェアです。太陽光発電によって節約できる電気代がわかり、また建築物に何枚設置できるかなども設備のシミュレーションや分析ができます。彼らが最初にペアの学生向けのプログラムにやってきたとき、創業者の2人はまだスタンフォードの学生でした。

当時のシリコンバレーは、クリーンテックバブルによる痛手から、回復したばかり。名門VCも環境系スタートアップ投資で大きな損失を被った経験から、学生のつくった太陽光スタートアップに金をだそうという投資家は一切いませんでした。

しかし、ペアは彼らを支援することに決めたのです。彼らにオフィススペースを提供してあげました。そしてオフィスから巣立つときには、合計18人の社員をかかえる急成長スタートアップになっていたのです。

「あなたたちのチームだけで、ペアのオフィスが埋まっちゃうよ。そろそろ、卒業だね」と発破をかけていたのですが、彼らは2年間も私たちのオフィスに粘っていたのを覚えていますよ。

アフィニティ（Affinity）というスタートアップも、学生向けのプログラムから生まれましたが、創業者たちはまだ19歳でした。彼らはスタートアップの投資家たちにとって、そのネットワークを強固にするのに欠かせない業務用ツールをつくっています。最近も70億円を新たに調達していますが、彼らのような創業者を私たちは10代の頃からたくさん知っています。

つまりスタートアップの「デイワン（最初の日）」どころか、時にはスタートアップが生まれる前の「デイマイナスワン」から、私たちは起業に関わっているのです。

大反対した「8兆円企業」への投資

どうやって「ダイヤの原石」のような創業者を見つけるのかといえば、それは言語化がとてもむずかしい。それはまるで、良いワインはどんなワインだろうかという質問と、よく似ています。言葉にすることが、とてもむずかしい。しかし一度、すばらしいワインの味を知ることができれば、あなたは「こういう味が良いワインなのか」ということが、理解できるようになってくる。そして年齢を重ねていくと、さらに深みがわかってきます。

あえて条件はなにかと言われたら、50個以上、リストに挙げることができるでしょう。リーダーシップは大切ですとか、粘り強さも大切ですとか、コミュニケーション能力も大切ですとか、挙げればきりがありません。

でも最後は、「このスタートアップと働くなら、自宅を抵当に入れてもいいだろうか」と自問することにしています。

例えば、いまでは720億ドル（約7.8兆円）という企業になったフードデリバリー企業、ドアダッシュに投資をしたときのこともよく覚えています。あれは有名なスタートアップ育成プログラムであるYコンビネーターのイベントに行ったときのことでした。

会場ではスタートアップのプレゼンテーションが始まろうというときに、相方のペジュマンが駆けつけてきて「僕らが支援するべきスタートアップを見つけたぞ！　ばったり廊下で会ったんだ」と言うのです。聞けば、ドアダッシュという料理のデリバリーサービスの会社だと言うので、すぐさま却下したいと伝えました。食料配達サービスなんか、テクノロジー企業ではないでしょうと。

しかし彼は「待ってくれ、君も絶対に会ったほうが良い」と繰り返すので、しぶしぶ了承をして、創業者のトニー・シューに会うために彼らの家に行ったのです。ペジュマンの面子のためにやっているというのが、正直なところでした。

ところが会ってみると、すばらしい人物でした。ホワイトボードを使って理路整然と、なぜドアダッシュが10兆円企業になるのかを語ってくれました。そして最後には、私が間違っていたのかもしれないと思うようになりました。

トニーの母親は、もともと中国では医師でしたが、アメリカでは免許が認められずに中華料理店で働いた過去があります。彼もウェイターをやりながら、スタンフォード大学の学費を稼いできた。だから、そうした小さな飲食店や事業主に、新しい収益源をもたらすサービスをつくりたかったのです。自らの深い人生経験から、スタートアップをつくろうとする創業者はそう多くありません。

私はその日、スタンフォード大学の近くの商店街を歩いて、ドアダッシュを利用しているレストランを一つひとつ、しらみつぶしにインタビューして回りました。

そこで返ってくる答えは、どれも「僕たちはトニーが好きなんだ。すごいサービス精神をもっている」というものでした。彼は、あなたが電話をかけたら、どんなときでも相談に乗ってくれるような人間性の持ち主なんです。最後はペジュマンに対して、やっぱりドアダッシュに投資しましょうと伝えたのです。

移民の二人だから、わかること

シリコンバレーには、たくさんのベンチャーキャピタルがあります。名門セコイア・キャピタルなどは、いわばスタートアップの世界における「ウォール街の大銀行」。あらゆるサービスを用意している、ゴールドマン・サックスみたいな人たちです。

しかし、それ以外にもたくさんブティック型のベンチャーキャピタルがあり、彼らは何かしら秀でている特徴を持っています。ファースト・ラウンド・キャピタルは、創業者のためのすばらしい教育コンテンツやネットワークをもっています。フォアランナー(Forerunner)は、コンシューマー向けのプロダクトをつくる会社にとっては、最高のサポートが受けられるＶＣでしょう。

そして「ゼロからイチ」をつくりたい人たちが、まずドアを叩くべき場所が、いつもペアであってほしいと願うのです。私たちが支援先のスタートアップとともにする時間というのは、２年間ほど。スタートアップが生み出されるゼロイチの時間に、私はものすごく濃密な支援をするのです。１週間に何度もミーティングをして、彼らとビジネスをつくっていく。

つまり私たちは創業者という人材に、ヘビーに投資をするサービス・ビジネスなんです。だから人手がかかります。現在はアクセラレーターのプログラムに15人、初期のスタートアップ投資に10人ほどの担当者が、ペアで働いています。

もちろんベンチャー投資の世界で、正解はありません。あらゆるベンチャーキャピタルが、それぞれ異なるやり方をもって、成功をしています。ペアはペアなりの、モノの見方をもっています。その上で私たちのユニークさをつけ加えるなら、ペアの共同創業者である私とペジュマンは、どちらも若い頃にアメリカに渡ってきた移民だということでしょう。

移民一世の人生というのは、ゼロから始める起業家によく似ています。だから私たちはアンダードッグ（噛ませ犬）のような存在にも目が向くのです。まだ誰も見向きもしないような創業者たちを、私はいつも探しています。

そこでダイヤの原石を見つけるには、たくさんの人たちと働いて、そのパターンを認識していく以外にありません。

シリコンバレーで最もパワフルな

女性投資家

フラッドゲート
(Floodgate)

2008年、連続起業家として有名なマイク・メープルズと、アン・ミウラ・コーが手を組んで設立。常に「変化の源流にいる」という意味を込めて、フラッドゲートと命名。シリコンバレーを中心に、新しいアイデアを掲げる起業家たちに目をつけて、シードからアーリーステージの投資をするトップVCのひとつ。

本拠地……………………メンローパーク(カリフォルニア州)
社員数……………………8人

イグジット数/累計投資先数……156社/409社

主な投資先……………Lyft, Cruise, Okta, Refinery29, Outreach, Applied Intuition, Twitch, Twitter, Angel List, Chegg, Rappi, Emotive, Monthly, Xamarin

パートナー(共同創業者)
アン・ミウラ・コー
(Ann Miura-Ko)

シリコンバレーで最も「パワフルな女性投資家」としてその名を知られるのが、日系アメリカ人のアン・ミウラ・コーだ。彼女が共同創業したフラッドゲート（Floodgate）は、創業期のスタートアップ投資で圧勝してきたトップVCの一つ。

フラッドゲートが生まれた背景には『リーンスタートアップ』という、2000年代に花開いた大きなムーブメントがある。スターンフォードで生まれたこの言葉は、小さく、素早く、フレキシブルに新しいビジネスを生むため方程式として、世界中のベンチャーシーンで共有された。

腕利きのエンジニアとおもしろいアイデアがあれば、あとはアマゾン・ウェブ・サービス（AWS）のようなクラウドサービスを利用して、安価に斬新なプロダクトがつくれる。そしてユーザーの反応を受けて、スピーディに改善を繰り返してゆくのだ。そこでは、もはや何億円という重たい創業資金は必要ない。

このリーンスタートアップの波を、ベンチャーキャピタルとして真っ先に掴んだのが、フラッドゲートだった。伝統的なVCたちの仕事がスローモーションに見えるほど、スピーディに創業間もないスタートアップを掘り起こしては、数千万円ほどの小口の資金をどんどん投じていった。

アンが得意とする領域は、革新的なマーケットプレイスの萌芽を見つけること。オンラインでお使いをしてもらうタスクラビット（TaskRabbit）から、ワンクリックで配車をしてくれるリフト（Lyft）、その他にも有名スタートアップを初期から多数支援しており、リフトについては1万倍という空前のリターンを手にしている。

どんな時代や場所であっても、最もエキサイティングなのは、小さな資本を求めている、どでかい野心たちである――。そんなマイクロVCの最高峰にのぼりつめたフラッドゲートの軌跡を、アンが明かしてくれた。

アン　２０００年代前半、まだフラッドゲートが登場する前のスタートアップ投資といえば、会社の50％の株式をもらう代わりに、５００万ドル（約5.5億円）を出資するぞというのが相場でした。つまり、会社の株式の大部分をＶＣが握っていたのです。

ところが、そうした慣習がひっくり返るような「事件」が起きました。それが、２００６年のアマゾン・ウェブ・サービス（ＡＷＳ）の登場です。もはや、人々はサーバーというハードウェアを持つ必要がなくなったのです。

この頃、私はスタンフォード大学の博士課程で学んでおり、研究用のサーバールームの管理を任されていました。誰も来ないので、こっそり子どもの授乳をしていた場所なんです。つまりサーバーの管理なんて、誰もやりたくない。

そこで私は、このＡＷＳの登場によって、あらゆる起業家がクラウドに移行すると考えました。そうなれば、スタートアップを始めるコストはずっと安くなる。コンピュータも安価になり、オープンソース・ソフトウェアも溢れている。この流れに賭けてみたいなと、思ったのです。

スタートアップの創業者も、これまでのように５００万ドル（約5.5億円）の創業資金をもらっても、そのお金を持て余すようになっていました。私はもともと「リーンスタートアップ」のアプローチを信じていたので、こうした旧来のＶＣのやり方にも疑問を感じました。

リーンスタートアップは、シリコンバレーのエコシステムを語る上では外せない、大切なキーワードです。アイデアを商業ベースにのせるプロセスのことで、最低限の商品やサービスを短期間でつくって、改善を繰り返すことで失敗を減らす手法を指します。これはスタートアップの「成功の方程式」と考えられ、スタンフォード大学でも丁寧に教えられています。最低限の試作品をつくるのに、何億円という大金はいらないでしょう。

そこで私は、２００８年にフラッドゲートという新しいベンチャーキャピタルの共同創業者になりました。起業家たちに「トップＶＣであっても、あなたの会社の50％の株式を譲り渡すなんてバカげてる。私たちなら50万ドルの出資に対して、株式の10％ですむわ」と言って回りました。

おりしもアメリカではリーマンショックが起きて、金融危機が始まっていた頃でした。ＶＣも財布のひもを締めており、エンジェル投資家たちの資産も冷え込んでいたのです。こんな時期に新しいＶＣを始めるなんて、正気だと思えませんよね。でも私のような新参者にとっては、そういう時期だからこそチャンスだと感じたのです。

交通オタクが描いた未来への賭け

私がフラッドゲートの駆け出し投資家だった頃に出会ったのが、ライドシェア（相乗り）サービスのリフト（Lyft）でした。リフトは、車に乗りたい乗客と、車を持っているドライバーを結びつけるアプリを開発し、乗車をリクエストすると、乗客の位置情報に基づいてドライバーが迎えに来てくれます。まさにシェアリングエコノミーの走りになった企業で、立ち上げたのはジョン・ジマーとローガン・グリーンです。

私は通常、スタートアップに必要な人材を二つのタイプに分けて考えています。

一つは「スーパービルダー」です。スーパービルダーは、文字通り何でもつくれてしまう人で、1〜2週間もあればプロダクトをつくってしまう。

そしてもう一つは「スーパーシンカー」です。彼らは市場のこと、競合他社について熟知していて、何がうまくいったか、いかなかったのか、深い洞察をもって思考します。

私は、この二つのタイプの人材の組み合わせを見ています。ジョンとローガンはまさにこの組み合わせでした。

出会った当時のサービスは、まだジムライド（Zimride）と呼ばれていました。彼らが、フェイスブックが運営するアクセラレータープログラムに参加していたところを捕まえたのです。ジョンたちは既に「大学キャンパス向けの相乗り」サービスを展開して成功していました。

ジョンとローガンは、20代前半の頃から交通機関に並々ならぬ関心をもっており、そのマーケットやビジネスに精通している点に強く惹かれました。

なんとローガンはカリフォルニア州サンタバーバラ交通局で、最年少の役員を務めた経験がありました。これからホットになる分野だから、交通分野でスタートアップを立ち上げたのではなく、根っこから「交通」という分野に興味をもっていたのです。

また、ジョンもコーネル大学で「グリーンシティ」という授業を取っており、これからグローバルで起きる人口爆発に備えて、どのように都市や交通インフラが変わっていくべきなのか、強い関心を持っていました。

なにより彼らはすばらしくクリエイティブな起業家たちでした。ジョンたちは「スタートアップの全盛期なのに、交通機関にはまだ誰も革新を起こしていない」と言っていたのです。

彼らの「まだ誰もやっていない」というアイデアがとても気に入りました。まだウーバーは誕生もしていなかった。しかし彼らは交通機関に大きな革命が起こせれば、経済に大きな変化をもたらすと信じていました。歴史的にも運河、鉄道、高速道路など、交通革命が経済のパラダイムをシフトさせてきたからです。

私は当時、スタンフォードの大学院生でありながら、フラッドゲートの投資家という二足の草鞋を履いている時期でした。まだ投資家として実績はありませんでした。

ジョンとローガンもリフトが初めての起業でした。

私たちは、まさにプロとしての道のりを築いているところでした。だから互いのことが、成功の第一歩として必要だったのです。

私は緊張しながら、リフトへの小切手を書いたのを覚えています。今でこそ160億ドル（約1兆7000億円）の企業に成長しましたが、当時は持たざるもの同士で、新しいマーケットをつくるために手を組んだのです。

私はスタートアップに投資するときは、そのビジネスアイデアではなく、人材に投資しています。つまりスーパービルダーとスーパーシンカーであるかを見極めている。

プレシードと呼ばれる、企業規模が2～5人の超アーリーステージの企業では、特にこのポイントが重要です。リフトの二人組は、まさにどんぴしゃでした。

決めたらトコトン乗る流儀

フラッドゲートが投資し、成功したもう一つの交通系スタートアップがあります。全米の自動車最大手、ゼネラル・モーターズが2016年に買収した、自動運転の技術を開発するクルーズ(Cruise)です。こちらはフラッドゲート共同創業者のマイク・メープルズがピンときた案件で、私はこの企業を見抜けませんでした。

マイクはクルーズの創業者にも信頼をおいていました。創業者は、ライブ配信サイトの「ジャスティンTV(Justin.tv)」、そこから生まれたライブストリーミング配信プラットフォーム「ツイッチ(Twitch)」をつくったカリスマ、カイル・フォークトです。

マイクは、カイルの次なる挑戦をサポートすべきだという意見でした。一方で、私はこの投資に真っ向から反対したのです。

なぜなら、もともとクルーズは旧来のクルマの天井に、まるでスキーラックのような巨大な物体を搭載することで、「自動運転車」にする発想から始まった会社です。誰があんなものを、自分のクルマの屋根に載せたいと思うでしょうか。自宅のホンダシビックに巨大な装置を載せて、自動運転車にしたいとは思わないでしょう。

これは資本効率がとても悪いビジネスですし、多くの人がそんな商品を買うとも思えませんでした。

「私なら、クルーズには投資をしない」と、マイクに伝えました。しかし、フラッドゲートには暗黙のルールがあり、誰かが「絶対にやるんだ」と本気で主張すれば、その主張は通るのです。マイクは私が大反対しても、やると言い張った。それなら、腹を括って投資しようとなったのです。

投資を決めるのは、テーブルの周りにいる誰もがやるべきだと言っているからではありません。最高の投資というものは、多くの人が最初はそれはどうかなと疑ってしまうようなものなのです。

いざ投資を決めて家族の一員になれば、それはもう自分にとってのファミリーでもあります。「その投資はあなたが決めたんだ、私が選んだわけじゃない」という文化ではありません。

こうしたスタイルを持ちながら、フラッドゲートは投資の仕組みをつくってきたわけです。いま私はこの投資先の企業が大好きですし、起業家たちを信じています。

アイデアではなく人に賭ける

アイデアではなく人に賭けるというお話をしましたが、最近投資をしたマンスリー(Monthly)の共同創業者、マックス・ドイチとその共同創業者も、まさにスーパーシンカーとスーパービルダーの組み合わせです。

マックスは非常におもしろい人物で、「人間は1カ月で新しいスキルを身につけられる」ということを、1年かけて自分の体験で証明しました。彼はフリースタイルのラップ、30分間ビジネス会話ができるまでのヘブライ語、バク転など新しいスキルを、1カ月ごとに次々とマスターしたのです。

そして最後は、ゼロからチェスをマスターし、現在のチェス世界チャンピオンのマグナス・カールセンとの対戦にこぎつけました。この対戦の様子は、経済紙「ウォール・ストリート・ジャーナル」が特集しています。残念ながらマックスは負けたのですが、私はこの記事を読んで「彼は本物の起業家だ」と思いました。

すぐに彼に連絡を取りました。そのとき、マックスはあるプロダクト開発に取り組んでいました。それは「語学を学びたい」、「ピアノを弾けるようになりたい」という人に、インストラクターがテキストメッセージを送ってスキルを伝授するというものでした。

私は、消費者が教育にお金をかけるとしたら、それは本当にビジネスに直結するもの、自分のキャリアを変えるようなものになると思っていた。だからマックスという起業家には夢中でも、このビジネスには消極的でした。

それを彼に話すと、なぜ彼が正しいと思うのかという理由を、ずらっと説明してきました。そして「24時間考えてから、また戻ってきて話し合おう」と言うのです。彼は本当にディベートが好きなんですね。

こういうやりとりを繰り返すうち「彼のアイデアは好きではないけれど、やっぱり彼の考え方は好きだ」と感じるようになりました。

事業のピボットは想定内

彼がチャレンジを続けられるだけの資金を、なんとか提供できないだろうか。そこで、マックスにこう伝えました。

「このままじゃうまくいかないと思う。今のアイデアを捨てて、次のアイデアを試すこともできる。でも、今のアイデアで突き進んで、私が間違ってるってことを証明してくれてもいい。どうする?」

そして彼は2~3カ月ほどで、最初のアイデアを捨てました。思ったように課金に結びつかなかったのです。「アン、君の言うとおりだ」、そう言って彼が次に持ってきたのは、これまでと違ったキャリア向けの製品でした。個人が新しいスキルを身につけるものでなく、スキルを身につけた人材を探すことができる、企業向けの採用ツールだったのです。

ある日、私はマックスに「あなたたち、人事部の幹部に売るようなプロダクトをつくりたいの?」と再び質問をしました。すると彼らは「やっぱり、それは僕たちの天職じゃない。コンシューマー向けの商品にこだわりたい」と言うのです。

そこで私は、「じゃあ今のアイデアを捨てて、さらに別のアイデアをすぐに試すべきよ」と、2度目のピボットの背中を押しました。そこから彼らは根性を見せたのです。

現在のマンスリーは、オンライン上で、双方向性のあるレッスンを提供します。例えば、ニューヨークで人気店のパティスリーシェフや、米航空宇宙局(NASA)のエンジニア、歌手のジェニファー・ロペスなどの振付師といったインフルエンサーが、1カ月間の集中クラスを受け持つのです。

私も、有名シェフのベイキングレッスンを受講しました。オンラインクラスは双方向でおこない、単にレシピを習うのでなく、最後には自分でオリジナルのレシピを考案しなくてはいけません。インストラクターや同じクラスの受講者と一緒に、パイやケーキのレシピをつくり上げる、これはとてもおもしろい経験です。

興味深いのはインフルエンサーたちが、フォロワーをつくるための新しいツールとしていること。まだまだ魅力的なインストラクターを開拓している最中ですが、収益の伸びはすばらしく、目を見張るものがあります。

スーパーパワーの源泉

スーパービルダーとスーパーシンカーをどのように見極めているのか。

それは、私がシリコンバレーで生まれて育ったルーツ、そして教育者という側面に深く根ざしていると言えるかもしれません。

スタンフォード大学を卒業してから今まで、ずっとこの大学で教鞭をとってきました。工学部でブロックチェーンなどのクラスを教えているのとは別に、メイフィールド・フェローズというプログラムに関わっています。

9カ月間にわたって学生の起業家精神を養い、リーダーとして必要なスキルを身につけさせるものです。プログラムにはインスタグラムの共同創業者、ケビン・シストロムやマイク・クリーガーも参加するなど、非常に実践的な内容になっています。

厳しい選抜を経て、多様な学部から集まった12人の生徒たちが、このプログラムで切磋琢磨するのです。私はこのプログラムで共同ディレクターを務めているのですが、まだ実績はないけれども、優秀な人材を評価する役目を担っています。

メイフィールド・フェローズの出願者の履歴書は、ものすごい数になります。ですから、新しい人材を見極めるというプロセスを誰よりもこなしています。博士課程に在籍していた2003年から、ずっと続けているトレーニングのようなものです。

フラッドゲートでも学生と交流するための、さまざまなプログラムを用意しています。またスタンフォード大学の枠を超えて、学生たちは私の家によく遊びに来ますし、彼らと深い交流を持つためのタッチポイントがたくさんあるのです。

私の人を見極める力というのは何年もかけて、たくさんの優秀な若者との交流の中で培ってきたといえるものでしょう。それこそが私がスーパービルダーとスーパーシンカーを見極めるための、スーパーパワーの源泉なのです。

高学歴で資産もある。そしてユニコーン企業の共同創業者としての名声もある。もうリタイアして、のんびり優雅に暮らすこともできる。

米国のスーパーエリートはなぜVCを目指すのか

それなのに2021年、その女性は新しくベンチャーキャピタルを始めることにした。なぜなら、その仕事が最も知的にスリリングで、社会にインパクトを与えると思っているからだ。

「まだ世間には公表してないのだが、おもしろい研究データがある。これはビジネスになるはずなんだけど、君も一緒にやらないか」

2015年ごろ、ヘルスケアの世界で活躍してきたジェシカ・オーウェンスはある人物から、そんなお誘いを受けた。それはお腹の中の赤ちゃんが健康であるかをテストする出生前診断を受けた妊婦のうち、血液成分に異常なパターンが検出された10人が、その後にガンに罹ったというデータだった。

それが、グレイル（Grail）という注目の血液検査ベンチャーの始まりだった。イルミナ（illumina）というゲノム企業の社内プロジェクトとして始まったこのスタートアップは、血液の中に浮遊しているDNAの破片を分析して、合計で50種類ものガンを早期発見するサービスを開発・商品化している。

創業CEOは、もともとグーグルで活躍していたAI分野の幹部であり、妻をガンによって失った人物だ。しかし、スタートアップを成功させるには最高の経営チームが欠かせない。そのためにスタンフォード大学のメディカルスクール（医学部）に学び、その後クライナー・パーキンスという名門VCで働いていたジェシカに、チームに入らないかと声がかかったのだ。

「しかし入社してから私が辞めるまで、CEOが4回も交代したのです。こうした医療の分野では、一つひとつ、地道にエビデンスを集めないといけません。そのインパクトをつくるには、何十万人という人たちを対象にした臨床研究が必要になるのです」（ジェシカ）

巨大なスケールで、多くの人の命を救うという崇高な目標があっても、それが本当にインパクトを持つようになるまで、かくも多くの資金的ハードル、時間的な試練が求められることを、嫌というほど思い知らされたのだという。

当時、ちょうど血液検査ベンチャーのセラノスというスタートアップが、わずかな血液から多数の病気を見つけ出すという触れ込みで巨額の資金を集めながら、それがウソと欺瞞にあふれたフィクションだったという一大詐欺スキャンダルが起きていた。そのため血液に関するテクノロジースタートアップは、すべて胡散臭く思われたのだ。

「セラノスの影に、いつもつきまとわれていました。だから、自分たちは本物だという、膨大な臨床試験による証拠がほしかった。そのために1000億円のコストがかかろうと、やらないといけなかった。セラノスは、それをやらなかったわけだから」（ジェシカ）

そしてグレイルは、血液によってガンを診断するという「リキッドバイオプシー」という新しい巨大トレンドのリーダーになり、商品化にこぎつけたあとの2021年8月、母体であったイルミナ社が97億ドル（約1兆円）という値付けで買収をしている。

極めて専門性が高くて、人命にかかわる規制産業であり、かつお金と時間がかかる。そんなヘルスケア分野からもっともっと革新的なビジネスをつくるにはどうしたらいいのか。ジェシカが出した答えは、みずからベンチャーキャピタルを立ち上げるというものだった。

「大きな企業にある知財を、スピンアウトしてグレイルをつくりました。これって、本当にクレイジーなほど大変な仕事なんです。だから私は、自分がやらかしたあらゆる失敗を教えながら、この世界を変えるようなビジョンをもった人々を見つけにいきたいのです」

そうやって誕生したのが、イニシエイト・スタジオズ（Initiate Studios）だ。ジェシカを中心にして集まった4人の創業パートナーは、いずれも医療やヘルスケア分野で、新しいスタートアップをゼロイチでつくってきたことのあるプロフェッショナルだ。例えばイアーナ・ディムコワは、ゼネラル・エレクトリック（GE）傘下のファンドで、ヘルスケア部門の投資や創業を手がけていた人物だ。

狙っているのは、ヘルスケアとビッグデータが重なる領域だ。いまグーグルやマイクロソフトといったテクノロジー企業と、遺伝子データや診断データなどをかけ合わせることによって、新しい時代の医療サービスや医療インフラが生まれようとしている。そうした新分野で、社内から新しいスタートアップを1年間で2~3社育成しながら、有望な外部のスタートアップにも投資するハイブリッドモデルだ。

お金もある。専門性もある。起業経験もノウハウもある。そんなエリートたちが集まって立ち上げたイニシエイトというVC。「ここまでやって、それでも成功するかわからないのが、ベンチャーキャピタルなんです」（シリコンバレーの投資家）というところが、アメリカにおけるVCの厳しさであり、そのチャレンジスピリットの凄みでもある。

成功の
シグナルを
見抜く、

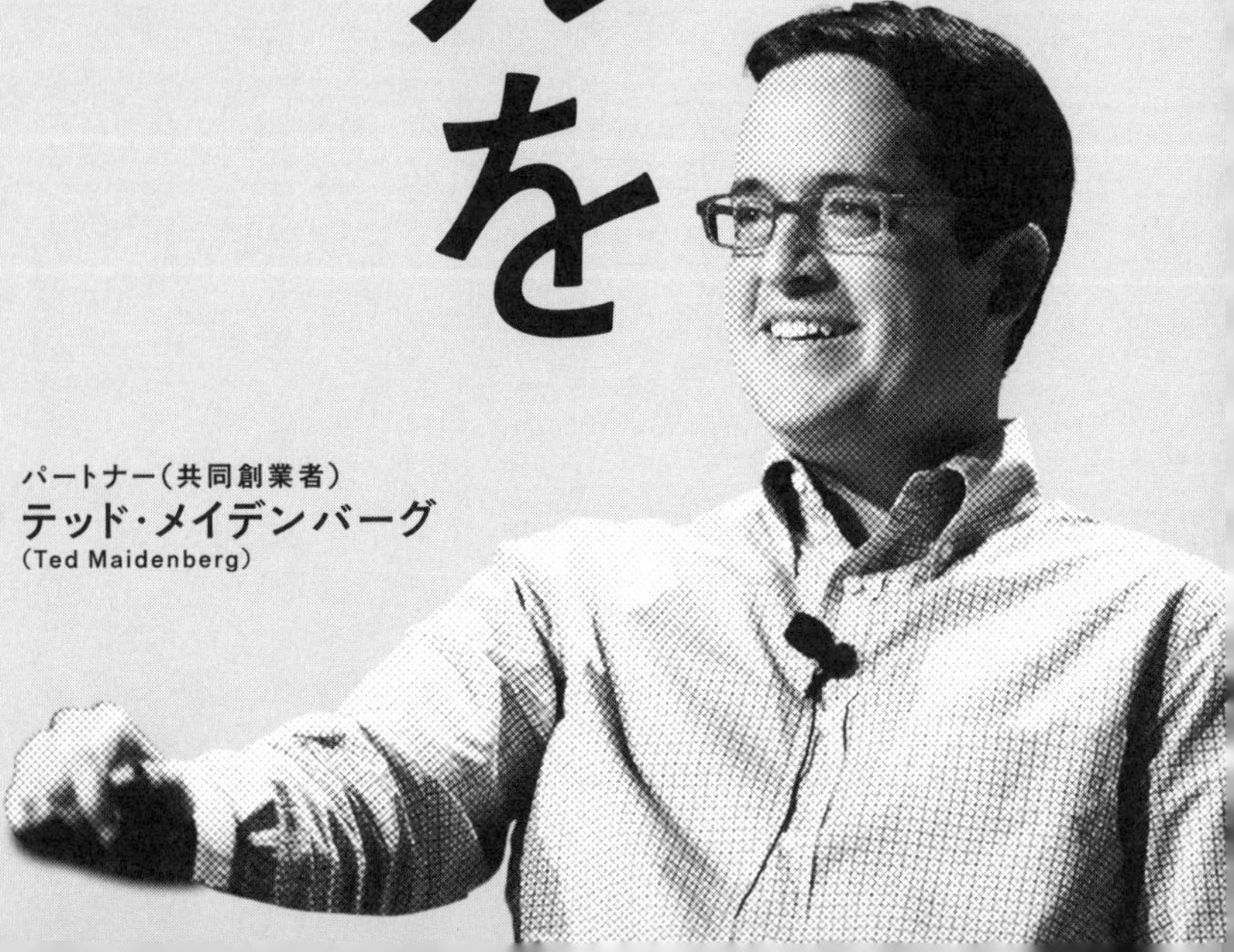

パートナー（共同創業者）
テッド・メイデンバーグ
（Ted Maidenberg）

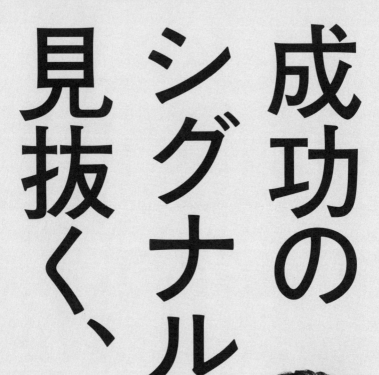

データ投資のマジシャン

トライブ・キャピタル
(Tribe Capital)

2018年、データ分析によって成長するスタートアップを見抜くという、独自のアプローチを武器にしたVCとして誕生。シリコンバレーの有名投資家のテッド・メイデンバーグと、フェイスブックのデータサイエンスチームの責任者らが手を組んで、毎年300社近いスタートアップをデータ分析で「徹底解剖」。新時代の投資チームとして注目を集めている。

本拠地……………サンフランシスコ(カリフォルニア州)
社員数……………12人

イグジット数/累計投資先数…………15社/224社

主な投資先…………Carta, Kraken, DCG, Bolt Financial, Relativity Space, Nium, Republic, Saildrone, Shiprocket, Momentus, Pipe Technologies

2018年に登場したトライブ・キャピタル（Tribe Capital）は、データ分析によって将来有望なスタートアップを見抜くという、データドリブン型投資のフロントランナーだ。

共同創業者であるテッド・メイデンバーグは、テクノロジー業界で活躍してきた有名投資家。一方でパートナーを組むのは、フェイスブックの爆発的な成長を裏側で支えた、有名データサイエンティストのジョナサン・シューだ。

彼らはスタートアップの創業者たちから膨大な社内データを預かると、独自開発したデータ分析システム「マジック・エイト・ボール（Magic 8-ball）」を活用して、まるで経営コンサルタントのように分析結果をフィード・バックしてくれる。それも無料だ。

この手法で毎年200〜300社ほどのスタートアップのデータ分析を手がけ、もしユーザーたちが熱烈に愛している「異常値」を叩き出すようなサービスを発見すると、すぐさま投資に乗り出すというベンチャーキャピタルだ。

超一流のスタートアップ投資家と、超一流のデータサイエンティストたちのコンビネーションは、いまデータドリブン投資という新しい地平線を切り拓いている。そのリーダーである、メイデンバーグが答えた。

テッド　1999年、私はAOL（アメリカンオンライン）という会社で、コーポレートベンチャーキャピタルの仕事をしないかという誘いをうけて、ベンチャーキャピタルの世界に入りました。当時のAOLという会社は、いまで言うところのグーグル、アマゾン、フェイスブックを合体させたような巨大IT企業だったのです。

当時は、狂乱のネットバブルのさなかにありました。例えばインターネットインフラの企業たちは、ゼロから生まれて、あっという間に2兆円、3兆円、4兆円という企業価値のスタートアップに化けていきました。こうしたバブルにあって、スタートアップは創業した瞬間に、上場目論見書を書いていたんです。すべてが、空想による計画なのですが。

その後、日本で2年半にわたってコンテンツビジネスの仕事をして、シリコンバレーに舞い戻りました。私は「日本で、モバイルの未来を見てきたんだ！」というプレゼンテーションをして、老舗のベンチャーキャピタルに採用されたのです。

当時は、iPhoneが登場する直前の2006年でした。かばんの中に日本や韓国のメーカーがつくった携帯電話を詰め込み、そこに最新のコンテンツをたっぷり入れて、それをシリコンバレー中の投資家たちに見せて回ったのです。そこから5年間ほど、投資家としてすばらしい経験をさせてもらいました。

しかし2011年、私は独立して知人と新しいベンチャーキャピタルをつくることにしたのです。スティーブ・ジョブズがちょうど亡くなって、彼が残した「チャンスを掴め、自分で何かを始めるんだ」という生き方に影響されて、心を奮いたたせたのです。

そうして設立したのが、ソーシャル・キャピタル（Social Capital）です。共同創業者となったチャマス・パリハピティアは、AOL時代からの知り合いであり、フェイスブックを世界最大のSNSに化けさせた、巨大なグロースをつくったことで知られる人物でした。

私たちは、ソーシャル・キャピタルの「秘密兵器」ともいえるアイデアの実現にとりかかったのです。それはフェイスブックが見せつけた、驚異的なグロースハックのノウハウと、そこで活用しているデータサイエンスの力を、あらゆるベンチャー投資に応用することでした。ソーシャル・キャピタルでは、自分たちの投資先に対して、ビジネスを加速させるため、データサイエンスの力を注ぎ込んでいました。フェイスブックでデータサイエンスチームを立ち上げた鬼才のジョナサン・シューも、このソーシャル・キャピタルの一員となります。

その後、ソーシャル・キャピタルの共同創業者たちは、別々の道を歩みます。私はといえば、フェイスブック出身のジョナサンなどと一緒になって、新たにトライブ・キャピタルというベンチャーキャピタルをつくりました。そこでデータ分析のスーパーパワーを、まだ投資をしていない、有望なスタートアップを評価するためにも使うようになったのです。

そのデータに「急成長」のサインあり

いまシリコンバレーのベンチャーキャピタル業界では、「あなたは誰を知っているか?」という世界から、「あなたは何を知っているのか?」という世界へのシフトが起きています。

トライブ・キャピタルの投資家たちは、未来を感じるセンスがあると思います。しかし最も重要視をしているのは、実はデータなのです。とりわけあるサービスやプロダクトの、初期ユーザーたちがどのように製品を使っているかというデータを深く分析しているのです。

フェイスブックが26億人を抱えるSNSをつくることができた理由の一つに、経営においてデータを徹底して重視していた点があります。だから、フェイスブックでは古くから、次のような合言葉が社内では飛び交っていました。

「神様、私たちはあなたを信じています。そこにデータがあるのならば」です。そのプロダクトは、本当にユーザーに愛されているのか。そのプロダクトは市場に適合しているのか。それをどのように計測して、どのように評価すればいいのか。そこがポイントなのです。

だから、みずからの直感や「目利き」に頼らずに、まずはそのスタートアップを取り巻いているデータや数字を、ちゃんと見るべきなのです。そうしたデータたちは、ときに投資家たちに「しまった、私の目利きは間違っていたんだ」ということを、教えてくれるのです。

私にとって「目からウロコ」となった案件があります。それが、ソーシャル・キャピタル時代に投資をしたスラック（Slack）です。このコミュニケーションツールについて、実は多くの投資家たちは「チャットアプリなんぞ、金を稼いだことはない！」とこき下ろしていたのです。

しかし幸運にも、私たちはスラックの社内に蓄積されている、彼らの初期ユーザーの動向を示す大量のデータにアクセスすることができました。スラック創業者とは、あるスタートアップの取締役を一緒に務める知り合いであり、彼らのプロダクトのユーザーでもあったからです。

フェイスブック出身のデータサイエンティストたちが分析すると、「このプロダクトのユーザーは、フェイスブックよりも高頻度で、このアプリを使っているぞ」という驚くべき結果を目にしたのです。また社内コミュニケーションツールとして、有名だったヤマー(Yammar) というサービスと比較しても、スラックが圧倒していました。

そこでスラック創業者のスチュワート・バターフィールドに、いくら資金が必要なのかを聞いたのです。彼からの提案は、株式の10％に対して、２５００万ドル（約27億円）はどうかというものでした。このときに企業価値で約300億円だったスラックは、その後2兆円を超える会社になりました。

（2020年には、セールスフォースが2兆8000億円で買収している）

2兆円企業を予見した「データの秘密」

もうすこし、スラックの成功の秘密を教えましょう。これは私もデータを見るまでわからなかったのですが、最大の成功要因の一つは、社外にいるゲストユーザーを増やすプロセスにあったのです。

スラックではメッセージのやりとりに加えて、ドロップボックス（Dropbox）であったり、ドキュサイン（DocuSign）などその他のサービスと連携させながら、まだスラックを使ったことがない外部のゲストユーザーを、続々と呼び込むことに成功していたのです。

例えばあるスタートアップのスラックチャネルでは、仕事を一緒にしているマーケティング会社であったり、法律事務所であったり、会計事務所など社外の人たちをゲストとして招いたチャネルをつくります。これで仕事がスムーズになるわけですが、こうした外部拡散もデータで掴んでいたのです。

なぜわかるかと言えば、スラックのユーザーが登録しているメールアドレスは、それぞれ所属している会社や組織によって異なりますよね。こうした新規ユーザーのメールアドレスが別の組織の所属であるかを調べていたのです。これがマーケティングなしでも自然とユーザーを増殖させる、ネットワーク効果の震源地だったのです。

ところがスラックの経営チームは当時、これがどれほどインパクトのあることか、まったく自覚していませんでした。だからトライブ・キャピタルは、「スラック上で外部の人をゲストに招くプロセスを、とにかく簡単にするべきです」と強く意見していたのです。

ビジネス用のアプリとして、こういう現象が起きることは、極めてレアなことだと私たちは知っていました。一般的に、給与計算や会計処理のソフトウェアを使っていても、それを外部のひとに猛烈におすすめしたり、共有することなんてないでしょう。

だから、これは世紀の大チャンスでした。もしこのネットワーク効果を維持できれば、何年にもわたって、スラックは大きな成長ができるわけです。一方で、手痛い失敗から、データの大切さを学んだこともあります。

今日のデータが、明日の「財務諸表」をつくる

私はソーシャル・キャピタル時代の2015年、安価で温かい食事を配送するスプリッグ（Sprig）というスタートアップに投資をしました。サンフランシスコやシカゴなどサービス地域は限られていましたが、投資をしたタイミングで、売上高は前年比で14倍も伸びていました。

基本的に、10ドルほどの手頃な値段で、ヘルシーな手づくりの食事を販売していました。料理を

注文すると、指定した時間に温かいメインディッシュの入った食事を届けてくれるのです。冷蔵庫の残り物を食べたり、ピザを食べたりするよりいいでしょう。

売上高がぐんぐんと伸びていたのですが、二つの点で気になることがありました。それは食事をつくる原料に加えて、配送するスタッフの人件費の高騰、そして廃棄物のコストです。これはとても複雑な方程式でなりたっています。

さらにスプリッグにとって災難だったのは、ウーバーイーツなどその他の配送プラットフォームの爆発的な広がりでした。この影響によって、配送スタッフを確保することが、ものすごく難しくなったのです。売上高を上げたければ、さらに配送スタッフを増やさないといけません。

私は投資担当として、取締役会のメンバーとして経営に入っていました。そのときは毎月10%もビジネスが成長しており、このフードデリバリーの事業はかなり有望だと思っていたのです。他の経営陣もそう信じていました。

ところがプレゼン資料ではなく、生のデータを使って分析していたデータサイエンスのチームは、まったく逆の見方をしていました。「まずいぞ。ユーザーたちの利用状況は、悪くなっている。継続率も一貫して落ちている」と言って、首を横に振っているのです。

最初は、信じられませんでした。しかし3カ月、6カ月と時間が経っていくうちに、データチームが見つけていた予兆が、実際の売上高などに反映されるようになったのです。こうした経験から、私たちは「どうやったら投資をする前に、こうした貴重な社内データにアクセスできるのか」を考えるようになった。それが、いまのトライブ・キャピタルの進化につながっています。

私たちは、トライブ・キャピタルで「マジック・エイト・ボール」というデータ分析ツールをつくり上げました。そして投資をする前に、スタートアップの創業者たちからデータを提供してもらう代わりに、そこで得られた知見を彼らに教えてあげることにしたのです。

いわば、データのコンサルティングを先に提供するというモデルです。結果として投資をしても、投資をしなくても、価値のあるフィード・バックをすることで、創業者たちは社内のデータを喜んで提供してくれたのです。

75%の企業は「その場でパス」

私は長らく、株式上場したスタートアップについて、投資家が次のように語るのを疑わしく思っていました。「彼の目をよく見たら、こいつは次のジャック・ドーシーに間違いないって思ったな」というような話です。それだけでは、再現性などありません。

マジック・エイト・ボールのシステムを使って、私たちは何をしているのか。それは、スタートアップの社内にある「ファーストパーティデータ」と呼ばれる、大量のデータを読み込んでいます。そこから重要なKPIを何十もはじき出して、その分析結果を数十ページのレポートとして速やかにつくることです。

このシステムが、レポートの75%ほどを自動的に書いてくれます。さらにデータチームが分析を加えます。こうした仕組みをつかって、1年間で200社から300社というスタートアップの事業についてデータで評価をしているのです。

どんなすぐれた分析でも、それが3週間もかかるようなら意味がありません。私たちが投資をしているシリーズA、シリーズBという初期のスタートアップでは、良い投資案件というのは、あっという間に決まってしまいます。その速さに対応しているのです。

ちなみにトライブ・キャピタルでは、100社のスタートアップのデータ分析をしたら、75社についてはその場で投資を見送ります。彼らのビジネスにおいて、まだ特別なことはなにも起きていないとデータから判断できるからです。

投資対象とはならない75％のスタートアップに対して、そこに多くの時間を費やさないように、トリアージするのです。その次の20％については、「なかなか良いですね」という結果が出ます。その場合は、経営者たちに会ったり、そのマーケットが有望かどうかを調べます。

最後の5％の中に、すぐさま創業者の家に駆けつけて、その場でタームシート（出資条件の合意書）を渡すようなディールが眠っています。「オーマイゴッド、このチャート図はぶっちぎりだ！」というような結果が出るケースですね。

例えば、いまでは8000億円の企業価値をほこるカルタ（Carta）というスタートアップは、そうしたケースの一つでした。この会社は、スタートアップなど未公開企業において、だれがいくら株を持っているのかという株主情報を管理するためのプラットフォームを運営しています。この会社のデータは、ユーザーたちを異様なほど惹きつけている傾向が際立っていました。

ちなみに一見して小さなビジネスに見えても、市場において異様な支持を受けているプロダクトがあった場合、私たちはそのマーケットの小ささなどに怖じ気づきません。そうしたプロダクトをつくれるチームには、はるか巨大なビジネスを生めるポテンシャルがあると信じているからです。

最大の資産は「データ分析の蓄積」だ

カルタのサービスでは、あるスタートアップについて、どんな法人が株主として名を連ねているかがわかります。創業者もいれば、ベンチャーキャピタルのような投資家もいれば、エンジェル投資家もいれば、社員たちも株を持っていますよね。

スタートアップの株主たちが、どんどん細分化されている中で、カルタはそのオーナーシップが常にアップデートされるプラットフォームになってゆきました。一見すると地味なサービスですが、2017年ごろになると、一気に花開くようになったのです。

これまでエクセルシートで無理やり、スタートアップの株主情報を管理していた法律事務所などが「もうスプレッドシートで、こうした株主構成をマネージするのは限界だ!」とギブアップをし始めたからです。そのときに、カルタは業界のデファクトスタンダードになっていました。

最初は株主構成(キャップテーブル)を管理するサービスとして始まりましたが、その後は投資家たちがファンドをマネジメントするツールとしても広がり、さらには「カルタクロス(CartaX)」という、未上場株を売り買いするプラットフォームサービスまで始めてしまいました。

またカナダのバンクーバーにある、サーテイン(Certain)というスタートアップも記憶に残っています。彼らはIDのマネジメントをするサービスをつくっているのですが、初期ユーザーたちの継続率がずば抜けて高かったのです。ある特定の部門が使い始めると、会社全体に広がっている様子がわかりました。

カナダにある小さなスタートアップだったんですが、すぐさま飛んでいって、ディールを決めにいきました。私たちのデータ分析の結果を伝えて、「あなたがたは、なにが起きているのかわかっていますか」と話したのです。そこで、私たちが投資することに決まりました。

そして最も大事な点ですが、私たちはこうしたデータ分析を、何百社というスタートアップに対して繰り返してきたのです。だからこそ、私たちはトップ10％の有望なスタートアップが、どれくらいユーザーの継続率を維持しているのかを知っています。一方で、ふるわないサービスの解約率を知っています。

これはＳａａＳのようなビジネスモデルであっても、フィンテック企業であっても、ヘルスケア企業であっても、それぞれの分野ごとに知っているのです。これこそが、トライブ・キャピタルに蓄積されている財産だと思っています。

だからこそ10年後には、トライブ・キャピタルにとって一人ひとりの投資家の能力やネットワークよりも、こうしたデータ分析の蓄積とノウハウこそが、最も価値のある資産となっているでしょう。

VCを
ディスラプト
する、

CEO（共同創業者）
アンドリュー・ドゥソウザ
（Andrew D'souza）

新しいVCの誕生

クリアコ
(Clearco)

2015年、連続起業家として成功したミシェル・ロマノウと、アンドリュー・ドゥソウザのカップルが創業。多くのVCとは異なり、スタートアップ創業者から株式を奪わずに、レベニューシェアの形で資金を提供するモデルを開発。D2CやSaaSといった注目分野で、投資先を急拡大させている。

本拠地……………………トロント(カナダ)
社員数……………………600人
主な投資先………………Haus, UNTUCKit, Andie, Vanity Planet, Farmgirl Flower, Italic, Switch Grocery, Nectar Sleep

プレジデント(共同創業者)
ミシェル・ロマノウ
(Michele Romanow)

カナダ出身の連続起業家であるミシェル・ロマノウは、英国版の『マネーの虎』とも言うべき人気テレビ番組「ドラゴンズ・デン（Dragons' Den）」に出演しているとき、多くの創業者たちが直面している不条理に気がついた。

スタートアップの創業者たちが、グーグルやフェイスブックなどに使う目先の広告予算を手に入れるために、大切な株式を切り売りしているのはおかしい——。そこで彼女は、スタートアップ投資の常識を塗り替えるような、クリアコ（Clearco）という新しい金融サービスを始めたのだ。これまでのベンチャーキャピタルのように、お金と引き換えに、株式を取ってゆくことはない。また銀行のローンのように、担保や個人保証を求めることもない。

その代わりに、有望なビジネスであるということを示す、データの提供を求めるのだ。そのデータが明るい未来を示していれば、24時間以内に100万〜10億円というお金を、あっという間にスタートアップの銀行口座に振り込んでくれる。そしてスタートアップからは、そのお金で成長させた毎月の売上高から、レベニューシェアという形でお金を回収してゆく。その利息は、トータルで投資元本の6％ほどに設定されているという。

この新しい投資サービスは、VCをディスラプトするVCとして、世界で6000社を超えるスタートアップにまたたく間に広がった。とりわけイーコマース事業に強く、無数のD2Cブランドが彼らの支援をうけるようになっている。その投資件数だけみると、世界で最も影響力のあるD2C投資集団とも言える。

株を奪わない、新しいスタートアップ金融の発明。そのクリアコの共同創業者であり、プライベートではカップルでもあるミシェル・ロマノウと、アンドリュー・ドゥソウザに、その舞台裏を聞いた。

ミシェル　私はカナダで生まれ育った、連続起業家です。私にとってビジネスほどおもしろいものはありません。

大学生の頃にキャンパスでコーヒーショップを立ち上げました。卒業後は、高級食材のキャビアをホテルなどに販売するスタートアップを設立し、養殖場をゼロからつくり上げたこともあります。

さらに2010年から、イーコマースの会社をいくつか立ち上げたのです。そのうちスナップセーブス（SnapSaves）というアプリを運営する会社は、グルーポン（Groupon）に買収されました。しかし当時のイーコマースのエコシステムというのは、まだまだ小さなものでした。

決済システムをつくるためだけに、1カ月もの時間がかかったのです。いまだったら、ストライプ（Stripe）のような金融インフラサービスを使えば、あっという間にできちゃいますよね。

なによりも覚えているのは、ものを売り買いするコマースの事業は、資金調達をすることが、ものすごく難しいということでした。

そして2015年、私は28歳で連続起業家として、最年少のキャストとして人気テレビ番組「ドラゴンズ・デン」に出演することになりました。この番組では、さまざまな起業家たちがスタジオにやってきて、自分のビジネスを売り込むプレゼンテーションをします。それを私たち出演者が、実際に投資をするか、しないかの審査をするのです。

その収録現場というのがすごいもので、なんと17日間にわたって、合計で250人もの起業家のプレゼンテーションをスタジオで審査するのです。もう分単位でものごとが進む、はちゃめちゃな経験でした。

そしてテレビ番組は、やたらとイーコマースの起業家を取り上げるのです。なぜなら売りものがあるので、視聴者にもわかりやすいんですよね。だから毎日、5つも、6つも、似たようなイーコマースの事業についてのプレゼンを聞いていたのです。

この番組のハイライトは、起業家たちが「1000万円を投資してくれたら、私の会社の株式の10%をあなたに差し上げましょう」などと、渾身の売り込みをかける交渉の場面です。対する出演者たちは、「私なら2割増の金額を出しましょう」などとディールを盛り上げます。

ところが私が興味をもったのは、彼らが果たして、なんのためにお金を求めているかという点でした。聞いてみると、彼らはグーグルやフェイスブックなどにオンライン広告をたくさん打って、新しいお客さんを呼び込むマーケティングの資金を欲していたのです。

私は、すぐに「このディールはおかしい」と思いました。それが、いま世界で最も多くのイーコマース企業に投資している、クリアコの出発点になりました。

人気のテレビ番組で生まれた「新しい金融」

いまでもよく覚えているのが、木製のスマートフォンケースを販売している親子経営のスタートアップです。すでに1億円以上の売上高があり、その収益構造もすばらしかった。

スマホケースは一つ50ドルほど。原価は10ドルで、お客さんを一人見つけるためのオンライン広告の費用が10ドル。一つ売れば、およそ30ドルの利益になる計算です。

そんな彼らがスタジオにやってきて、「もし10万ドルを出資してくれたら、この会社の株式の20％をあなたに差し上げます」と売り込んでいたのです。その話を聞いた私は、「これは双方にとって最悪のディールだ」と思いました。

事業の性質上、このスマホケースの会社が将来、売上高の10倍、20倍という企業評価を得て、アップルのような会社に買収されることはないでしょう。上場時のキャピタルゲインを狙う投資家の立場からすれば、それでは株式をもらう魅力が薄いのです。

一方で、起業家の立場からしても、やはり問題です。彼らは目先のオンライン広告の予算と引き換えに、自分の会社の権利の20％を譲り渡そうとしています。この判断を、いつか激しく後悔することでしょう。

なぜなら彼らの会社は、フェイスブック広告に10万ドルを突っ込めば、50万ドルの売上高が得られるという目算が立つからです。つまり非常にリスクの低い広告予算のために、会社を切り売りしようとしているわけです。

私は翌日、そのテレビ番組のスタジオにゆくと、彼らにまったく異なるオファーを逆提案しました。「あなたの望み通り10万ドルを投資しましょう。しかし株式はいりません。その代わりに6％の利息をつけて返すまで、毎月売上高の一部を返済に当ててください」と提案したのです。

彼らには、個人保証も担保も求めません。仮にビジネスが成長せずに、返済できなくても、彼らの会社を奪うこともありません。だからこれは銀行によるローンでもないのです。起業家にとっては、乗らない手はない話です。

スタートアップの創業者に対して、彼らの株式を奪わずに、スピーディに成長資金を提供してあげる――。そんなクリアアコの創業アイデアは、こうして人気のテレビ番組のスタジオの中から、生まれたのです。

あれから7年、いまクリアアコは世界で6000社以上のスタートアップに投資をしており、その金額も合計で25億ドル（約2700億円）を超えるところまで来たのです。

「20分で出資」という秘密兵器

クリアアコではオンライン上で、わずか1日で投資を決める「20分間タームシート」を提供しています。これは多くのベンチャーキャピタルが、長時間かけて審査するプロセスを、20分でやってしまうという意味がこめられています。

私たちの投資モデルのおもしろいところは、スタートアップの創業者のカリスマ性には、目もくれないことです。スタンフォード大学やハーバード大学を卒業したピカピカの人物による、どうやって1000億円企業をつくるかというトークに耳を傾けることもない。

その代わり、私たちは彼らのビジネスに関わる、多様なデータの提供を求めるのです。例えば決済データから、商品を配送するための物流データ、口座に紐づいた売上高などのデータ、さらにフェイスブックやグーグルなどオンライン広告の運用データなどです。

彼らのビジネスを、360度異なるアングルからデータで評価します。こうしたオンラインデータは、そもそも改ざんすることが難しい。そんなデータをリアルタイムにウオッチして、彼らのビジネスを評価するのです。

注目点の一つは、ビジネスがどのように成長しているかということ。さらに会社の売上規模よりも、彼らのビジネスの収益構造をよく見ます。イーコマースの事業ならば、100ドルの売上高に対して、原価や広告費はいくらか。また顧客はどのくらい高いロイヤリティを持っているのか、低コストで顧客を増やせる方法が見えているのか、といった点にも強い関心を持っています。

クリアアコの投資モデルというのは、そのスタートアップにお金を入れたら、半年後、9カ月後、12カ月後に、彼らがきちんと収益を出せるかにかかっています。

多くの場合は起業家の性別も出自もどんなプロダクトを売っているのかすら知らないまま、投資プロセスを進めていきます。

それ故にクリアアコの投資先は一般のVCに比べて、女性起業家の比率が8倍も高いのです。さらに黒人やラテン系といったマイノリティ出身の創業者もかなり多い。伝統的なスタートアップ投資のバイアスとは無縁なのです。

もちろんこれはチャリティではなく、私たちには見えてなかったダイヤの原石がたくさんあるということです。そこに、私の心はいつもときめくのです。

アメリカ最大の「お花のD2C」の逆襲

私の記憶にのこる投資先の一つに、ファームガール・フラワーズ（Farmgirl Flowers）というスタートアップがあります。美しいブーケを贈ることができるオンラインサービスで、この市場で圧倒的なポジションを勝ち取った会社です。

創業者のクリスティーナ・ステンベルは、自分一人でこのビジネスを始めました。そして事業スケールを大きくするために、多くのベンチャーキャピタルを訪問しましたが、誰一人として首を縦にふりませんでした。花束なんて儲からない。すぐに枯れてしまうだろうと。

そこで彼女は、クリアコのサービスを使って、オンライン広告を打つための資金を手にしたのです。それだけではなく、アメリカ全土でオープンする必要のあった花束の配送センターをつくるためにも、クリアコのお金がとても大事な役割を果たしたのです。

ファームガールが送る花束には、美しい麻の袋がついており、彼女たちがつくった素敵なブランドがそこに添えられています。この会社は、クリアコにとって忘れがたい投資先でした。

そして彼女たちは見事、アメリカにおける生花のオンライン市場を勝ち取ったのです。

またハウズ（Haus）は、よりクオリティの高いアルコール製品を、世の中に届けているスタートアップです。創業者のヘレナは、もともとアルコール飲料に関わる仕事をしてきた人物でした。

そこで「ほとんどのアルコール飲料は、例えるならばマクドナルドのジャンクフードのようなクオリティじゃない。私なら二日酔いで頭痛がすることがないような、ずっとすぐれたアルコール飲料をつくれるはずだ」と考えたのです。

彼女の会社もクリアコを使って、合計6回にわたって成長資金を手にしました。これまで無数のスタートアップに投資をしたので、一つひとつは語りきれませんが、こうしたストーリーは枚挙にいとまがないのです。

ベンチャーキャピタルの「間違った使い方」

クリアコは、一般的なベンチャーキャピタルではない。なぜならスタートアップ投資はするものの、彼らの株式を奪わずに、レベニューシェアによって利益を回収するからだ。それでも彼女たちが、ベンチャーキャピタルを破壊するベンチャーキャピタルと語られるのには、理由がある。

なぜなら、クリアコは既存のベンチャーキャピタルたちの領域を、静かに奪おうとしているからだ。これまで株式を切り売りして、ベンチャーキャピタルから資金を集めていた創業者たちに、株式を売らなくてもいい「新しい道」を広めようとしている。

とりわけD2Cなどリテール分野に始まり、最近ではSaaS（ソフトウェア・アズ・ア・サービス）の分野に、潜在的な大きなチャンスを見出している。裏を返せば、それはD2CやSaaSのスタートアップに投資をしてきたVCのお株を、部分的だが奪っていることに他ならない。

近年は資金だけではなく、一歩踏み込んで、創業間もない起業家への支援プログラム「クリアエンジェル（ClearAngel）」もスタートさせた。これは言ってみれば、Yコンビネーターのようなアクセラレーターのデジタル版だ。手掛けるのはクリアコ共同創業者にして、ミシェルと同居するパートナーでもあるアンドリューだ。

アンドリュー　ベンチャーキャピタルという仕組みは、リスクの高いビジネスに対して、投資するために発明されました。新しいビジネスにはたくさんの研究費が必要だし、その結果もなかなか予想できない。

そんなチャレンジに出資することで、人類を月や火星に送り出してきたし、医療問題や栄養問題、気候変動などの解決に挑むわけです。

ところが最近のベンチャーキャピタルの投資というのは、実は営業であったり、マーケティングだったり、リスクの低い支出に流れています。ある有名な投資家は、ベンチャーキャピタルが出資したお金の40～50％は、グーグルとフェイスブックのオンライン広告に使われていると指摘しています。

これは、ベンチャーキャピタル本来の仕事ではないはずです。

だからこそ、ベンチャーキャピタルはいまこそ原点に立ち返って、深い専門知識をもって、新しいチャレンジをするスタートアップを後押しすることに注力すべきだと思います。

クリアコはその代替手段として、オンライン広告に投資すれば伸びるスタートアップに対して、株式を奪わずに、成長した売上高の一部をシェアしてもらうことで投資回収します。

最近ではイーコマースのみならず、ＳａａＳの会社にも、何百社と投資をしています。彼らのお金の使いみちもはっきりしており、そうしたスタートアップに堅実な投資をしているのです。

未来の勝者をサポートする「新プログラム」

クリアコはこれまで6000社以上に投資をしましたが、同時に何万社というスタートアップからの依頼を断っています。なぜならデータを見たときに、そのビジネスがまだまだ投資基準に達していないケースが多いからです。

そこで2021年、私たちは「クリアエンジェル」という新サービスを始めました。そのアイデアというのは、まるでYコンビネーターのような起業家支援プログラムを、まだ小さなスタートアップに提供するというものです。

彼らの多くは、毎月の売上高が数千ドル（数十万円）ほどしかありません。そこで2万5000ドル（約270万円）というお金を渡す代わりに、売上高の2％を今後4年間にわたってシェアしてくださいというオファーをするのです。

クリアエンジェルの運営側からすると、投資が回収できるかどうかは、彼らの売上高をどれだけ伸ばせるのかという一点に懸かっています。彼らの株式を奪わないまま、もし成長させることができたら、その一部をリターンとして得るわけですね。

ではどのようにビジネスを後押しするかと言えば、データを使った経営支援ツールを彼らに提供するのです。手元にあるお金をどのように使ったら、効果的にビジネスを伸ばすことができるのか、そうしたアドバイスを得られるのです。

このプログラムに入ると、オンラインでサービス画面にログインできます。そこには彼らの経営データをもとにして、「次の三つの施策をやれば、もっとビジネスの価値が高まります」といった目標をだします。例えばイーコマースであれば「あなたのビジネスの粗利益率を上げるために、サプライヤーと交渉するか、価格を上げたほうが良い」、「お客さんの購入率を上げるために、有効なソフトウェアや代理店があります」などと、個別の方法でアドバイスをしてくれます。

99％の起業家は「シリコンバレーの外」にいる

そうしたアドバイスによって、ビジネスを伸ばせる創業者たちがいるのです。体に優しい低カロリー食品などを扱っているスタートアップ、スイッチグロサリー(SwitchGrocery)の創業者もそうでした。もともと他人からお金を出資してもらうことに、消極的だったのです。

しかしオンライン広告に対する結果には、目をみはるものがありました。しかし以前は「マーケティングにお金は使うけど、それはちょっとずつで構いません」というスタンスでした。だからマーケティング効果を、ろくに追跡もしていませんでした。

しかしクリアコを使うようになって、「新しい資金があれば、どのくらいビジネスを加速させられるのか」を考えるようになった。いまではクリアエンジェルのプログラムに入り、会社拡大のためのデータや指標を追いかけています。

ポストパンデミックの世界では、あらゆる商品はオンラインで手に取ってもらうことになり、ほとんどのビジネスがオンラインに移行してゆきます。つまりすべてのビジネスが、一種のイーコマースになるのです。

ところが私たちが支援しているようなスタートアップの多くは、シリコンバレーのような特別に恵まれたエコシステムの外で生きているわけです。トップクラスの経営メンバーや、潤沢な資金を持ったベンチャーキャピタルにアクセスすることもできません。

だからこそデジタル的にプログラムされた、クリアエンジェルのアドバイスなどが大事なのです。グーグルで検索しても出てこないような濃い知見を提供できれば、多くの起業家が異なる成長曲線をつくれるからです。

インドで生まれ、カナダの移民として育った私は、それがよく理解できます。起業家たちに会ってみれば、シリコンバレーの創業者も、それ以外の創業者もたいして変わりません。ただし、そこで享受できるメリットが違うのです。

私たちはクリアコを通して、世界の起業家たちが受けられる支援をもっともっとフラットにしたいと思っています。いま米国や英国など7カ国でサービスを広げていますが、アジアにもすばらしい起業家たちがおり、将来そこで仕事ができたら素敵だと思っています。

投資モデルを
再発明する、
VC業界の

レジェンド

ファースト・ラウンド・キャピタル
(First Round Capital)

2004年、ジョシュア・コップルマンとハワード・モーガンという、二人の連続起業家が立ち上げた。より少額の資金で、インパクトあるスタートアップが創業できる時代の到来を見抜き、その後に急増する「マイクロVC」の先駆けとして名声を勝ち取ってきた。

本拠地……………………フィラデルフィア(ペンシルベニア州)
社員数……………………9人

イグジット数/累計投資先数……287社/935社

主な投資先……………Roblox, Uber, Square, eero, Warby Parker, AppNexus, Clover Health, Metromile, Blue Apron, Bowery, Superhuman, Looker, North, DNAnexus

共同創業者
ハワード・モーガン
(Howard Morgan)

生まれたばかりのスタートアップに、初めてとなる資金を投じる「ファースト・ラウンド」という社名には、特別な理由がある──。

２００４年に誕生したファースト・ラウンド・キャピタルは、創業初期の起業家たちを対象にした、シード投資に特化しているトップティアのベンチャーキャピタルだ。

彼らが目をつけたのは、インターネット時代のスタートアップは、すばらしいアイデアと起業家がいれば、わずかな資金で急成長できるというトレンドだ。そのモデルは、小さなファンドでも、巨大企業のタネを育てられるという「マイクロＶＣ」の先駆けとなった。現在シリコンバレーには、こうしたマイクロＶＣが数百社から１０００社近くあると言われている。

彼らはパイオニアとして累計３００社以上の創業期のスタートアップに投資しており、そこには６９７億ドル（約7兆6000億円）で上場したウーバー（Uver）や、７７０億ドル（約8兆4000億円）企業になったゲーム会社のロブロックス（Roblox）などが含まれている。

また初めてスタートアップを起業するという、創業者たちに手厚い支援をすることでも有名だ。これまでの投資先の起業家たちも入っているコミュニティを運営し、相互に助け合うという、ネットワーク中心の支援システムをつくったＶＣの草分けでもある。

最高の起業家にとって、最高の「ファースト・ラウンド（最初の資金調達）」をおこなう投資家でありたい。そんな哲学を持つトップＶＣをどうつくったのか、共同創業者のハワード・モーガンがその経緯を明かした。

ハワード　ファースト・ラウンドをつくるまで、私はすでに20年間にわたって金融の世界にどっぷり浸かっていました。とりわけ新しい投資モデルをつくることに強い興味があり、そこで複数の投資会社をつくってきました。

例えば1982年、いまもってウォール街の伝説的なファンドになっているルネッサンス・テクノロジーズ（Renaissance Technologies）を立ち上げました。共同創業者であるジェームズ・シモンズは、いわば数学界の天才でした。

ルネッサンス・テクノロジーズは、数学や物理の天才たちがつくったモデルによって取引をする、クオンツファンドとしてその名を轟かせました。ウォール街における史上最高益を叩き出した投資会社として、いまでもよく知られています。

また1996年には、ビル・グロスという連続起業家とともに、カリフォルニアにアイデアラボ（Idea Lab）というスタートアップを次々と生み出すスタジオをつくりました。これはたくさんのおもしろいアイデアを会社にする、スタートアップの育成事業のようなモデルです。

そしてひょんなことから、創業間もないスタートアップに少額投資する、マイクロVCと呼ばれるモデルをつくりました。それがファースト・ラウンド・キャピタルの始まりです。

あれは2004年夏、リゾート観光地となっているナンタケット島（マサチューセッツ州）にいたときのこと。これまで複数のスタートアップを一緒につくってきた連続起業家、ジョシュ・コップルマンが、こんなアイデアを提案してきたのです。

「なあ、いまこそ創業直後のスタートアップに特化した、シードステージ専門のファンドをつくるチャンスじゃないか？」と。なぜならスタートアップを創業するコストが、急激に安くなっていたからです。

私たちがインフォノティクス（Infonautics）というスタートアップを創業した1992年、最初のプロダクトを提供するまで、約500万ドル（約6.3億円）のお金を費やしました。自分たちでサーバーを買い込み、それを大量に積み上げた。オラクルから有料のデータベースソフトのライセンスを買いました。その上に、こんがらがったプログラムが走っていたのです。

1998年にはハーフドットコム（Half.com）を創業しました。これはアマゾンの半値で、中古の本を売るというサービスでした。このとき、約200万ドル（約2.6億円）の創業資金を必要としました。サーバーは安くなっていましたが、24時間体制で保守メンテする人間を必要としていました。

ところが2003年、私たちがターンタイド（TurnTide）というセキュリティ会社をつくったとき、資金は75万ドル（約8600万円）で済んだ。この会社は、シマンテックが買収してくれました。

つまるところ、「もうスタートアップをつくるのにもう億単位のカネは要らない。だからこそ少額の投資で、おもしろいスタートアップに多数投資する」というアイデアに行き着いたのです。

それがファースト・ラウンド・キャピタルの始まりです。

5000倍の利益を生んだ「即レス」

ファースト・ラウンドがつくった投資ルールは、次のとおりです。

1　ファースト・ラウンドは、1社あたりおよそ25万ドル（約2700万円）を投資する
2　創業して数年間、私たちは投資先の株式の15～20％を保有する
3　さらにスタートアップが成長したら、そこは他の投資家に任せる

ファンドをつくったら、最初の2～3年間を投資期間にします。そこで、およそ60社から80社、有望なスタートアップに創業資金を提供します。

ウーバーに出資したのは、ファースト・ラウンドの二つ目のファンド（2号ファンド）でした。このファンドの出資者には、イェール大学と、プリンストン大学という名門大学が運営している基金が含まれていました。

当時、合計120億円ほどの2号ファンドを説明すると、次のように言われたのです。

「すごい小さなファンドなんですね。いいでしょう、20億円でも、25億円でも、必要な額を言ってください」と、二つ返事で承諾してくれました。

彼らからすれば小さな金額であり、巨大な大学基金への影響は、まったくない。ただ、生まれたばかりのスタートアップ投資という点に、興味を持っただけでした。

「シード投資はおもしろい。でも僕らの運営する基金の利益には、ピクリとも影響はないけどね」と、話していました。つまりマイクロVCというのは、ベンチャーキャピタル産業においても微々たる存在だと思われていたわけですね。

ところが2号ファンドは、70社の投資先のうち、69社目にウーバーを引き当てていたのです。

私たちはファースト・ラウンド・キャピタルは、投資先を見つけるために当時有名だったスター

トアップのイベント「デモ（DEMO）」の運営会社と組んでいました。このDEMOのイベントに応募した、すべてのスタートアップの事業内容にアクセスできる契約を結んだのです。

そこから、ザクザクとおもしろいスタートアップが見つかりました。

ウーバー共同創業者のギャレット・キャンプも、このDEMOのイベントを通して、出会ったひとりです。彼は当時、スタンブルアポン（StumbleUpon）というスタートアップをつくっており、私たちはそこに投資をしたのです。その後、首尾よくイーベイに買収されました。

「君が次のスタートアップをつくるときには、ぜひファースト・ラウンドに声をかけてくれ。次のチャレンジをするためのお金とオフィスを、僕らは渡すから」と、伝えたのです。

そして、その日がやってきたのです。

2010年5月、ギャレットが新しいビジネスについて、ツイートを始めました。

「3台のクルマがサンフランシスコを走っているぜ……。ウーバーキャブ（UberCab）は、今夜も絶好調だ」（ギャレットのTweetより）

そこへ、ファースト・ラウンドのパートナーがすかさず連絡を入れた。

「オレも一口かみたいな。説明してくれないか」（I'll bite :-) Can I learn more?）

これは後に、5000倍の投資リターンを記録することになった、歴史的な「即レス」として知られるようになりました。

投資の数カ月後、ウーバーの経営陣にはトラビス・カラニックが加わりました。ギャレットによれば、もしトラビスがいなければ、ウーバーは米国の5つか、6つの都市だけで終わっただろうと。

しかし、トラビスは米国700都市をウーバーのサービスで塗りつぶした。

そして上場時、ウーバーへの投資は約5000倍のリターンになって「世紀の大ホームラン」になりました。

その頃にはファースト・ラウンドへ出資した大学基金や機関投資家が、顔色を変えるようになっていました。プリンストン大学やイェール大学から預かったお金は、それぞれ10億ドル（約1100億円）近い巨大なリターンとして、彼らの手元に戻したからです。

早熟のウーバー、遅咲きのロブロックス

同じようなシード投資の世界でも、ウーバーのように早咲きのものもあれば、爆発的な成長をするのに時間がかかる遅咲きのものもある。オンラインゲームサイトを運営するロブロックス（Roblox）は、ウーバーとは正反対の投資先でした。それはゆっくりゆっくり、成長したのです。

ウーバーに投資するちょっと前の2007年末、私たちのパートナーであるクリス・フラリックは、ロブロックスというおもしろい投資先を見つけてきました。彼らは、オンラインゲームの開発会社でした。それもまだ、ベータ版ができたばかりのタイミングでした。

私たちは、ロブロックスの初期投資を「パス」しました。ゲーム業界というのはヒット依存型のビジネスで、いいディールじゃないと考えました。投資条件も、ファースト・ラウンドに完璧にはフィットしなかった。時価総額はすでに10億円に達していましたから。

ところがその後、投資をあきらめなかったクリスは8歳になる息子マックスを連れてきたのです。

そしてロブロックスになぜ投資すべきか、どれほど魅力的か、我が子にプレゼンテーションさせたのです。絶対にこのスタートアップに、投資すべきだと。

実はクリスは、投資を見送った後もロブロックスのオフィスを訪ねては、創業者と会話をして、その後のサービスの推移をウォッチしていた。そして過去12カ月で、ユーザーの合計プレイ時間が、1週間あたり30万時間から160万時間に跳ね上がっていることをつかんでいました。

もちろん、息子にもロブロックスで遊ばせていたのです。

「我が家のちびっ子ユーザーは、まるで相棒ができたようにロブロックスで夢中になって遊ぶようになった。いまならまだ、投資に入るチャンスがある」と、クリスは私たちにメールをくれました。

そして2009年7月、ファースト・ラウンドは投資を決めたのです。ところが、その後は長い辛抱が待っていました。

ロブロックスが兆円企業になるのを、合計13年にわたって待つのは、簡単ではありませんでした。ただし幸運だったのは、ロブロックスに出資をした2号ファンドは、すでに預かった資金を5倍以上のリターンにしていたこと。先ほど紹介した、ウーバーがものすごく成長していたからです。だからロブロックスに見切りをつけずに、つまりファンドとしての保有期間を延長することができました。

投資後の2010年から2016年まで、ロブロックスの成長はとても遅かった。それでも創業者たちはロブロックスに新機能を加えて、コンテンツを磨きつづけ、私の孫たちはずっとプレーを楽しんでいました。

そして2017年ごろに、一気にサービスとして羽ばたいたのです。

２０１４年に１００億円だったロブロックスの時価総額は、２０１８年にやっと１０００億円に到達し、２０２０年には４０００億円に伸びていました。そして２０２０年末には３兆円になり、翌年３月に約４兆５０００億円で上場したのです。

ベンチャー投資の世界では、ロケット船のようなスタートアップもあります。しかし、そうではないスタートアップもあるのです。

さらに最近では、ＳＰＡＣによる上場や、ダイレクトリスティング方式の上場もある。こうした選択肢によって、同じように辛抱をしてきたスタートアップが、一気に出口に殺到しています。

ダイレクトリスティング方式で上場したロブロックスも、そんな努力を重ねてきたスタートアップの一つなんです。

ＣＴＯを救うのは「他社のＣＴＯ」

いま世界中のベンチャーキャピタルは、誰もがお金を出すだけでなく、人材採用からマーケティングまで手厚い支援を約束するのが通例になっている。有名どころでは、アンドリーセン・ホロウィッツが宣伝する「エージェント方式」だろう。

しかしファースト・ラウンド・キャピタルは、いち早く創業者支援に注力してきたベンチャーキャピタルでもある。例えば「ピッチアシスト」と呼ばれる４～６週間のプログラムは、初めての創業者たちに、今後の資金調達のノウハウを叩き込んでくれるブートキャンプだ。

また「ディスカバリー・アシスト」というプログラムでは、まだ初期のプロダクトしかないスタートアップに対して、最初の顧客になってくれそうな15〜20社を、彼らのネットワークから素早く見つけてくれる。

そして15年以上にわたる投資によって、これまでに支援してきたスタートアップのコミュニティも運営している。そこでは、あるスタートアップのCTOが、別のスタートアップのCTOに悩み相談もできるような前線基地になっている。

ファースト・ラウンドの原点は、生まれたばかりのスタートアップと経営者を助けることです。彼らの成長を、支えることです。そのために私たちがつくった、ファースト・ラウンドの投資先ネットワークは、極めて特別な存在になりました。

私たちは早くから、投資先のCEOだけが入れるメーリングリストをつくったのです。CTOだけの別グループもつくりました。これはその後、多くのVCたちが参考にした支援モデルで、特にアンドリーセン・ホロウィッツが有名です。

想像してみてください。あなたが社員数が6人のスタートアップのCTOだとしたら、テクノロジーについて困ったとき、社内で相談できる相手はいないはずです。だからそんなとき、例えば私に連絡してくれたらいいのです。私は12年間にわたって、コンピュータサイエンス分野の教授をしていた専門家です。あなたに、いくつか助言を与えられるでしょう。

しかし、例えばモバイルネットワーキングについて、最先端の技術的な問題について知りたいとしましょう。そうなったとき、ファースト・ラウンドが築いたコミュニティを使えば、他のスタートアップで活躍する40人、50人、60人のCTOに相談できるわけですね。メールを投げれば、数時間すると「オレも試行錯誤してみたけど、たぶんこの技術を使えば良いんじゃない？」というレスが返ってきます。これは、すばらしい支援になるのです。

いまでも覚えているのは、ミント（Mint）という有望なスタートアップが、ある日いきなりSOSを出したときのことです。

深夜3時の「SOSメール」

あれは2007年、ファイナンス分野のスタートアップであるミント（Mint）が、テッククランチのイベントで「優勝」したときのことでした。当時、ミントには5000人ほどのユーザーしかいませんでした。

ところがこのニュースを聞いて、大量の人々がミントを使ってみようと、サービスになだれ込んできたのです。

創業者CEOのアーロン・パッツァーが、慌ててメーリングリストに投げ込みをしました。「誰か、MySQL（データベースサービスの一つ）にくわしくない？　ミントのシステムが、停止しちゃったんだ！」と。

するとメーリングリストの参加者が、なんとMySQLの共同創業者の電話番号を送ってよこしたのです。アーロンは、すぐさま助けを求めるコールをしています。

シリコンバレーではちょうど午後6時ごろでしたが、まさか相手がドイツに住んでいて、実は午前3時半だったことすら、気づかないほど切迫していたようですが（笑）。

しかし、彼は電話をとってくれて「こいつらに聞けばわかる」と言って、最も素早く解決してくれるキーマンにつないでくれた。そして「データベースの保存領域を100倍にしろ！」というアドバイスで、無事に解決したのです。気づいてみれば、その日には2万5000人の新規ユーザーがミントに一気に押し寄せていたのです。

ここで言いたいことは、創業期のスタートアップが、気軽に相談できて、わずか1～2時間で誰かのサポートがもらえるネットワークの大切さです。

例えば、あるCEOはこんな相談をしていました。

「僕らはまだカネがない。社員たちのクリスマスボーナスには、一人あたり25ドルの予算しかないんだ。どうすりゃいいかな……」

彼はたくさんのレスをもらっていました。私が好きだったアドバイスは「スターバックスのギフトカードにしてあげれば、コーヒーが6杯飲めて、6回このボーナスに込めた気持ちを思い出してもらえるだろ」です。

多くの起業家にとって、その他の起業家の悩みは、数カ月前に経験したもの、数週間前に経験したものであることが多い。そうやって、次世代の起業家をお互いに助けてあげるのです。

私の強みというのは、自分が組んだパートナーの能力を、最大限に引き出すことです。それが大学で学んでいる博士課程の学生であっても、ともにスタートアップをつくる共同創業者であっても、投資先の起業家であっても、彼らを最も輝かせられる裏方になれる。

そして彼らは、自分のアイデアを形にするときに、私に相談をしにきてくれる。そうやって、仕事をしてきたのです。

もう一つ、私が博士課程で専門に学んだのは、数学的な意思決定の分野です。ここで学んだ思考が、あらゆる仕事に通奏低音として流れています。

ルネッサンス・テクノロジーズは、もちろん数学的なモデルをもとにした、クオンツファンドの先駆けです。

アイデアラボは、とめどなくスタートアップを生み出す、インキュベータの投資モデルをつくりました。ファースト・ラウンドは、シード投資の分野の新しいモデルの先駆者です。

こうやって、ずっと新しいモデルづくりを、私は投資の世界でやってきたのかもしれませんね。

COLUMN

24時間以内に巨額投資をオファーする「タイガー軍団」の正体

常識知らずのうつけ者か、それとも新たな破壊者か——。

2021年で最もベンチャーキャピタル業界を騒がせたのは、まるで獰猛なトラを彷彿とさせる、タイガー・グローバル（Tiger Global）というファンドだ。ニューヨークを拠点とするこの「トラ」は、VC業界の伝統をあっさりと無視しながら、超ハイペースでスタートアップを買い漁ったのだ。

調査会社のピッチブックによれば、このタイガー・グローバルは2021年で340件以上の投資案件を決めている。つまり営業日あたり1.3件という、狂ったペースで、時には100億円単位のマネーを降り注いだ。さながら札束をぶっ放すキャノン砲のようだ。

この年の3月に67億ドル（約7370億円）という巨大なファンドをつくったと思ったら、なんと3カ月後には、ほとんど全額を投資に使い尽くしていたと言われる。そして腹ペコのタイガーはそれでは空腹が満たされないのか、さらに夏以降に追加で100億ドル（約1兆1000億円）のファンドを立ち上げている。

投資先はと言えば、「話題のユニコーンぜんぶ」と言ってもいいだろう。判明している625社の中には、未上場のスタートアップもあれば、上場後も保有し続けている公開企業も含まれる。

ちなみにスタートアップメディアの The Information の報道によれば、タイガー・グローバルは特に紹介者もないスタートアップのCEOに電話をかけてきて、いきなり好条件の出資をオファーしてくる。そしてケースによっては、数日で投資決定を下すというのだ。記事には「彼らからお金を出すと言われるまで、資金を集めようとすら思ってなかったよ」という、起業家の驚きのコメントまで紹介されている。

まともな紹介者もなく、成長株のスタートアップを食い荒らすようにして、高値の条件をまるのみしてお金をばら撒く。伝統的な金融業の中心地である、ニューヨークのウォール街の流れをくむタイガー・グローバルについて、シリコンバレーのVCが「まったくの邪道」と、大きな嫌悪感を抱くのは当たり前だった。

ところが、名門VCのファウンダーズ・ファンドの投資家であり、タイガー・グローバルの戦略を注意深くウォッチしていたエヴェレット・ランドル氏は、メールマガジンで次のように警告をした。

「このタイガーたちは、馬鹿ではない。むしろ、旧来のVCのビジネスモデルを食っている」

同氏によれば、その恐ろしさというのは、大きくなったスタートアップに必要なのは「安くて、速くて、好条件のカネ」がすべてだと喝破したこと。そして伝統的なVCが主張する「手厚い経営サポート」などは、本当は不要なんだという点を突き付けているところだ。

タイガー・グローバルは、他のVCよりスタートアップに高い値付けをして投資する。しかも、デューデリジェンス（事業調査）もとても簡素だ。そのため多くの起業家に歓迎されるが、投資家として高値づかみをすれば、それはリターンが減るということを意味する。

しかし、それもタイガー・グローバルの狙いなのだ。リターンを減らすリスクを負う代わりに、ファンドの運用資金をいっときも眠らせずに、超高速で回転させる。通常のVCが3年ほどかけて、一定のペースで投資してゆく定石を無視して、数カ月で運用資金をぶちまけるのだ。

他にも伝統的なＶＣたちが、イラつくような手法を平然と行う。時間効率が悪いということで、スタートアップを手厚くサポートすることはなく、スタートアップのＣＥＯが経営支援を求めたら、外注先の大手コンサルタントのボストン・コンサルティング・グループに面倒をみてもらう。起業家のミッションとビジョンを信じて、そのパートナーたらんと考えるＶＣにとっては、怒りが収まらないはずだ。しかし、その圧倒的な効率とロジックによって、タイガー・グローバルのリターンは平均的なＶＣの2倍以上と報じられている。

話はそこで終わらずに、同様のスタイルをとるファンドがスタートアップ投資の世界に次々と参戦している。タイガー・グローバルと同じ歴史的ルーツを持っている、コーチュア・マネジメントなど複数のファンドは、まとめて「トラの子たち（Tiger Cubs）」と怖れられている。

「ＶＣ業界には、シャネルやエルメスのような高級ブランドを持つプレイヤーと、超格安のウォルマートのようなプレイヤーしか残らないだろう。その中間にいるＶＣの多くは、消え去ってゆく運命にあるはずだ」（ランドル）

もちろん高級ブランドとは、本書で紹介するようなトップ1％の常勝集団たちのことであり、残りは「安くて速くて好条件のカネ」を投じる、タイガー・グローバルのようなプレイヤーが呑み込んでゆく。お金がますますコモディティになったいま、単純にお金を出すだけのＶＣは、この虎の餌食になる運命なのだ。

5章 世界各地の覇者たち

Creandum
Seedcamp
GGV Capital
Blume Ventures
Asia Partners
East Ventures
Kaszek
Flying Doctors Healthcare Investment
Oui Capital
Endeavor Catalyst

スポティファイを生んだ、北欧のゲーム

パートナー
フレドリック・カッセル
(Fredrik Cassel)

チェンジャー

クランダム
(Creandum)

2003年、元マッキンゼーのコンサルタントだったステファン・ヘルゲソンらが設立。北欧を起点にして、ヨーロッパとアメリカのスタートアップ投資を接続して、スポティファイなど多数の欧州発スタートアップを創業期から支援してきた。ベルリン、シリコンバレーにも拠点を構える。

本拠地……………………ストックホルム(スウェーデン)
社員数……………………13人

イグジット数／累計投資先数………53社／202社

主な投資先……………Spotify, iZettle, Klarna, Cint Group, Trade Republic, Bolt, Taxfix, Kahoot, Virta Health, Vivino, Tide, Stockeld Dreamery

パートナー(創業者)
ステファン・ヘルゲソン
(Staffan Helgesson)

2000年代初頭、北欧諸国（スウェーデン、デンマーク、ノルウェー、フィンランド）は、スタートアップの不毛地帯だった。テクノロジーといえば、通信会社のエリクソンやノキアといった、大企業たちが陣取っている分野だった。

そんな北欧で生まれたベンチャーキャピタルが、クランダム（Creandum）だ。2003年に登場したこのスタートアップ投資集団は、人口にしてわずか1000万人ほどのスウェーデンに本拠地をおきながらも、ヨーロッパから生まれるユニコーン企業を一つひとつ掘り起こしてきた。

ミッションは、北欧という小さな国々の枠を飛び出して、グローバルで勝てるスタートアップたちを後押しすること。それまでスタートアップに対して懐疑的だったヨーロッパの人たちの固定観念を、次々と打ち破るような成果を上げてきたトップVCだ。

その真骨頂となる投資先が、アップル・ミュージックを大きく引き離して世界最大になった音楽配信サービスのスポティファイ（Spotify）だ。クランダムが最初の投資家となったこのスウェーデンの企業は、いつしか世界60カ国、3億6500万人という月間ユーザーをかかえる（2021年7月時点）、時価総額5兆円を超えるグローバル企業に変貌した。

ヨーロッパの片隅にある小国から、世界をひっくり返すようなスタートアップはつくれる——。クランダムはそうした方針を掲げて、これまで100社以上のスタートアップに投資し、ヨーロッパの起業家たちの「ガラスの天井」を破壊してきた。

北欧をスタートアップの震源地として育ててきたクランダム。その創業者であるステファン・ヘルゲソンと、創業期から活躍するフレドリック・カッセルの両名に、世界で勝てる起業家をどう支えてきたのか、その舞台裏を語ってもらった。

フレドリック　スポティファイという謎めいたスタートアップを知ったのは、２００７年2月のことでした。私は母校であるスウェーデン王立工科大学に、なにかめぼしい投資のネタがないか網を張っていました。その日はテックイベントが主催されるということで、注目していたのです。

イベント会場には行けなかったのですが、観客たちがコメントや質疑を残していったオンライン上のチャネルを見てみると、ある人物のプレゼンテーションが強烈な印象を残していったことがわかりました。それが、スポティファイのＣＴＯ（最高技術責任者）だったのです。

どんなサービスを開発しているかも明かしていなかったのですが、私は創業者であるダニエル・エクにすぐ連絡をしました。彼の第一声は「クランダムなんて、聞いたことない」でした。そこで私は、北欧の殻をやぶっていくような起業家を探しているファンドだと熱弁したのです。

彼らのプレゼンテーション資料というのは、「海賊版ソフトより、遥かにすぐれている」という売り文句で始まるものでした。当時は、音楽の違法ダウンロードソフトが大量に出回っていました。人々はＭＰ３ファイルを自分のパソコンにダウンロードすると、一つひとつ曲名を手入力して、無料の音楽コンテンツをかき集めていました。

ダニエルによれば、そんな面倒なことはもう必要はない。「世界中のすべての音楽コンテンツがそろっており、クリックした瞬間に曲が流れ出すようになる」と語っていたのです。私からすれば、そんなアイデアを実現するのは二重にも三重にも、理解不能な話でした。

しかし開発中のスポティファイのベータ版を見せてもらったら、それが実現できていた。

彼らはなんでもいいから、ある特定の曲を思い浮かべてくれと言ったのです。そこで、私は「ザ・

ベア・カルテット」というマイナーなミュージシャンの名前を挙げました。おそらく当時、このアーティストのCDは5000枚ほどしか売れてなかったでしょう。しかし開発中のスポティファイの画面上には、彼らのすべての曲名がずらりと並んだのです。私は衝撃で、あごが外れそうになりました。

またモバイル版アプリのデモンストレーションにも衝撃を受けました。それはまだノキアの携帯電話が世界ナンバーワンだった時代のことです。私は未だに、自宅からオフィスへの通勤時間に、初めて自分の携帯電話でスポティファイを再生した日のことを覚えています。まだ3Gのデータ通信の時代でした。私は音楽を聴きながら、これが新しい世界なんだと確信していました。

ところが、実際に投資を決めるまでには18カ月という、とても長い道のりがあったのです。

「スタートアップの墓場」で生き残れるのか

2000年代後半、音楽業界は「スタートアップの墓場」として有名でした。

音楽産業には二つのビジネスモデルがあると言われており、一つはレコードやCDなどパッケージを売ること。もう一つは新規参入したいスタートアップから、前払いでコンテンツ利用料を巻き上げることだと皮肉られていたほどです。

私はあらゆる人にスポティファイへの投資アドバイスを求めましたが、誰もが異口同音に「音楽業界にだけは関わるな」という助言を残してゆきました。頼りにしていたメンターにも意見を聞いたのですが、「一刻も早く、そのディールから遠ざかりなさい」という返事に打ちひしがれました。なぜ反対なのか。要点は音楽レーベルというコンテンツ保有者との契約が大きな課題だったのです。そもそも、スポティファイはコンテンツ利用料として大きな資金を用意しないといけません。また音楽レーベルごとに、それぞれ異なる支払いの約束もしないといけません。彼らに不利な条件を呑まされた上、そこから脱却できないかもしれません。

もう一つの課題は、創業者たちが提示してきたスポティファイの「評価額」が、とても高かったことです。まだサービスも開始していないスタートアップにもかかわらず、3500万ユーロ（約45億円）という値付けは、ヨーロッパにおいて前代未聞の高さでした。

スポティファイの経営陣はこの値付けに対して、まったく条件を譲らなかった。クランダムとして投資をしたいタイミングはたくさんあったのですが、彼らは決して安直に投資オファーを受け入れませんでした。だから長い時間をかけて、投資条件について議論を続けました。

こうしたプロセスにおいて、私たちは考えを変えて、もしスポティファイがすべての交渉に対して強気のスタンスを取るなら、むしろ投資家としてはそのタフさを喜ぶべきだと思ったのです。

そしておもしろいことにスウェーデンという国は、一世を風靡した違法ダウンロードソフト「パイレーツ・ベイ（The Pirate Bay）」を生んだ国でもあります。大手音楽レーベルの経営陣は、アメリカ市場ではまだCD販売で食えると考えていましたが、北欧ローカルの担当者らはとっくにパッケージ売りのビジネスは破綻していると悟っていたのです。

だからスポティファイの経営陣は、スウェーデンにおいて、4つの大手音楽レーベルのうち1社と長期契約を取りつけてきた。そして残りの2社ともタフな交渉を続けながら、彼らがイエスと言ったら、最後の1社も乗ってくる状況にこぎ着けました。そのときに私たちは、投資の「引き金」を引いたのです。

私たちが賢かったから、スポティファイへの投資で大成功したという話ではありません。

私たちは、誰よりも創業者二人に近かった。18カ月にわたり彼ら個人を間近で見て、彼らが成し遂げようとするものの大きさを信じられたのです。

米国とヨーロッパが「接続した日」

スポティファイはなぜスウェーデンに本社を置きながら、アメリカという巨大市場でビジネスを拡大できたのか。その舞台裏には、ピーター・ティールが率いるファウンダーズ・ファンド（Founders Fund：P82）という、シリコンバレーの強力な投資家が出資したことが大きな意味を持っています。

実は、私たちはシリコンバレーにいるトップ投資家たちと、独自のネットワークを持っていました。なぜならアメリカでも屈指のベンチャー投資の教育機関「カウフマン・フェロー（The Kauffman Fellows）」のプログラムを受けて、2年間にわたって、アメリカの多種多様なファンドの担当者と知り合うことができたからです。

だから2009年6月、まだアメリカでサービスすら開始していないスポティファイについて、私はファウンダーズ・ファンドに売り込みをかけました。そこで反応したのが、音楽サービスのナップスター（Napster）をつくり、その後にフェイスブックの初代CEOを務めたショーン・パーカーでした。

ファウンダーズ・ファンドの投資家としても活動していた彼が、北欧で生まれたスポティファイに魅了されたのです。そして彼は投資を決めた上に、かつて経営していたフェイスブックという巨大なSNSとの結びつきをつくってくれました。

だから2011年にスポティファイがいよいよアメリカでサービスを開始したとき、すでに8億人のユーザーを抱えていたフェイスブックと独占的に提携できたのです。SNSを通じて音楽コンテンツを広める方法で、スポティファイはクールな音楽配信サービスとして、その王座めがけて駆け上がっていきました。

アメリカの有力ベンチャーキャピタルが、北欧のスタートアップに投資をする、しかもアメリカでまったくビジネスをしていない状態で投資するのは、異例中の異例のことでした。まだスポティファイは、米国投資家の視界には入っていませんでしたから。

もし私たちが、米国のカウフマン・フェローという教育プログラムに参加していなかったら、この「橋渡し」は成立していなかったかもしれません。それくらい国境をまたいだこのディールは、斬新なものでした。

クランダムという北欧のベンチャーキャピタルは、北欧にとどまらず、アメリカにおいてその存在感を高めてゆくことを、極めて重要視していました。その努力が結晶したと言える、ディールだったと思っています。

「ガラスの天井」が砕け散った

スタートアップの世界では、誰かが「これは本当に実現できる」ということを目の前で見せるまで、それが可能だとは信じてもらえません。だからこそ、最初にそれを実現した人たちは、計り知れないインパクトをもたらすのです。VCの世界だってそれは同じです。

スポティファイが証明したことは、ヨーロッパの片隅にある人口1000万人の小国から、世界を席巻する兆円単位のグローバル企業がつくれるということでした。不可能は可能であると、やって見せたのです。

ちなみにスカイプというスタートアップが唯一、スポティファイの数年前から存在しました。しかしスカイプは創業からほどなく買収されて、最後はマイクロソフトの傘下におさまり、独立した企業としては長く存在しませんでした。そうした点で、スポティファイはまったく新しい生き物だったのです。

北欧の起業家たちは、スポティファイの次もつくれるはずだと勢いづきました。ドイツの起業家たちは、8分の1しか人口のない「弟分」のスウェーデンが世界的に成功できるならば、ドイツにもできるに決まっていると考えました。

それまでヨーロッパというエリア内で活躍していた起業家たちのハートに、火がついたのです。「俺のプロダクトだって、世界に通用するんじゃないか」と新しい夢を見るようになったのです。

スポティファイの成功は、ヨーロッパの「ガラスの天井」を粉々にして、野心的なスタートアップが生まれる時代の号砲となったのです。

2021年のいまとなっては、北欧は合計で人口2500万人しかいない地域ながら、ヨーロッパから生まれるユニコーンの震源地になっています。そしてドイツも、イギリスも、こうした流れに乗っています。それはまるで、大きな時代の波のうねりを見ているようです。

そして幸運にも、北欧のベンチャーキャピタルであるクランダム（本社：ストックホルム）は、このスポティファイの最初の投資家になれました。そして彼らのようにグローバルを目指してフルイングするような、ヨーロッパのスタートアップ100社以上に投資してきたのです。

ノルウェー発のカフート（Kahoot!）は、世界中で使われているクイズアプリを開発し、いまや巨大な教育プラットフォームになっています。最近の企業価値は70億ドル（約7700億円）に達しています。

ヴァータ・ヘルス（Virta Health）は、パーソナライズされた糖尿病治療サービスを提供する20億ドル（約2200億円）のユニコーンで、フィンランド出身の起業家が立ち上げました。

ドイツ発のトレード・リパブリック（Trade Republic）は、欧州を代表する、手数料無料の株投資プラットフォームです。この会社は米国のセコイア・キャピタルが出資したことで、50億ドル（約5500億円）の値札がつきました。

ヴィヴィノ（Vivino）は、いまや世界最大のワインコミュニティを運営しているスタートアップであり、またワイン販売業者でもあります。いまアメリカ市場で、驚くほどの成長を見せています。ヴィヴィノはノルウェーから生まれました。

彼らがどこまでスポティファイに直接、影響されたかはわかりません。ただしスポティファイが、欧州のスタートアップが世界的企業になる道を提示したのは、100％間違いありません。みんな、そんなことは不可能だと思っていたのですから。

早すぎた「モバイルインターネット投資」

クランダムというベンチャーキャピタルは、当初から首尾よく欧州のスタートアップ投資に成功したわけではない。共同創業者のステファン・ヘルゲソンは、もともとはマッキンゼーで働いていた経営コンサルタントであり、シリコンバレーの熱気に当てられてファンドを組成した。

しかし、クランダムの1号ファンドは、思ったようには離陸しなかった。スウェーデンという人口1000万人ほどの小さな国で、ドメスティック市場に存在するような、創業間もないスタートアップだけを対象にするのは限界が見えていたという。

さらにお金を預けてくれる出資者たちも、大企業中心のメンタリティを強く持っており、新しく生まれてくるソフトウェアやコンシューマーサービスの可能性について、なかなか理解してくれなかった。例えば、スカイプのような急成長するスタートアップを見つけても、それが大きなビジネスになるとは信じなかったという。

そこで、クランダムの創業メンバーたちは、思い切って最初の出資者たちと手を切った。そしてインターネットインフラや半導体のような分野から、ソフトウェアの世界に大胆にピボットしている。つまりベンチャーキャピタルというのは、それ自体が一つのスタートアップなのだ。

　そしてテクノロジー人材のクラスター、北欧ならではの美しいミニマルなデザイン、簡単に人材が辞めないというロイヤリティの高さが、クランダムのような野心的なＶＣのお金と結びつくことで、往年のスタートアップ不毛地帯を変えていった。


ステファン　２００３年春、私はスウェーデン発のクランダムというベンチャーキャピタルを設立し、３０００万ユーロ（約38億円）を集めて1号ファンドを立ち上げたのです。パートナーであるフレドリック・カッセルも、約半年後にファンドに加わってくれました。

　この1号ファンドは思ったほどうまくゆかず、私たちは大きく投資戦略をピボットしています。ターゲットをスウェーデン国内の技術系スタートアップではなく、欧州全体を対象にして、新しく登場していたソフトウェアやコンシューマー向けのサービスに焦点を当てました。

　それから15年間にわたって、私たちは一貫した戦略をとっています。ただし投資対象の地域を徐々に広げていきました。スウェーデンから北欧各国に、そしてドイツからイギリスにと、ヨーロッパ全土を対象にするようになりました。そしてストックホルム（スウェーデン）とベルリン（ドイツ）に主要オフィスを構えています。

　また8年前には、アメリカのシリコンバレーにもオフィスをつくりました。なぜなら、私たちの投資先にはとても成功している欧州発のスタートアップなのに、最も大きな価値のあるアメリカ市場をとれていない会社が多数あったからです。

　欧州のスタートアップにとって、米国市場というのは最重要マーケットです。だから今日、ストックホルム、ベルリン、そしてサンフランシスコに拠点をかまえており、主に欧州の創業者たちが、米国で資金を調達するための手伝いをしています。

あなたは「十分なリスク」を取っているか

今クランダムの歴史を振り返ってみると、スウェーデンという国にとどこもらずに、投資拠点を海外に広げていったのは、すべて合理的だったように思えます。しかし、正直に申し上げれば、そこにはたくさんの試行錯誤がありました。

幸運だったのは、クランダムの中核メンバーたちが、当初から米国のシリコンバレーの投資家たちと強いコネクションをつくれたことです。フレドリックが話した通り、シリコンバレーのベンチャー投資の教育機関「カウフマン・フェロー」には、私をふくめて4名が学んでいます。

そこではアメリカにおける、最も成熟したベンチャーキャピタル産業のモデルを、根底から理解することができました。だからこそ、ヨーロッパにおけるスタートアップ投資において、グローバルな視座をもって優位に立つことができたのです。

おもしろいことに、ヨーロッパの出資者たちからはよく「そんな大きな投資リスクを取る必要があるんですか?」と問い合わせを受けました。しかし、アメリカで最も洗練された出資者たちからは「あなたは十分なリスクを取っているんでしょうか?」と聞かれるのです。リスクマネーに対する国ごとの理解の違いが、はっきりわかるようになったのです。

スポティファイに投資した後に、クランダムに起きたことも話しておきます。現在、私たちがシードやシリーズＡなど創業期から投資をしているスタートアップの顔ぶれを眺めると、すでにユニコーン、もしくはユニコーンになるという投資先が10〜15社もあります。これは、一つひとつの積み重ねによって生まれたものです。

先ほどのべた1号ファンドは、そこまで首尾よくいきませんでした。戦略転換をした2号ファンドは、スポティファイなどの大成功もあり、ヨーロッパのベンチャーキャピタルとしては最高記録となる13倍のリターンをもたらしました。

3号ファンドでは、合計で33社の投資案件にお金を振り向けました。およそ3年間で資金を使い切ったのですが、その時点で大きなリターンを出せるのかわかりませんでした。早くから急成長の予兆を見せていたスタートアップは、一つもなかったからです。

この33社の投資先のうち、50％以上が創業期の投資を引き受けたものでした。そしてどのスタートアップも、すべからく欧州の国内市場ではなく、最初から大きなグローバル市場を狙っているビジネスばかりでした。私たちはそういう起業家たちを、とにかく積み上げていったのです。

そして気がついたら、そのうちの6〜9社ほどがユニコーンになりそうです。時間が少し掛かったのですが、野心的なトップティアのスタートアップをきちんと選びつづければ、とても大きなリターンが生み出せると実感しています。世界に向かってフルスイングができるような欧州のスタートアップたちが、この数年間で、ようやく花開くようになったのです。

欧州を覚醒させた起業家

マネジングパートナー（共同創業者）
レシュマ・ソホーニ
（Reshma Sohoni）

コミュニティのグラウンドゼロ

シードキャンプ
(Seedcamp)

2007年、共同創業者のレシュマ・ソホーニとソール・クラインを中心に、30人のヨーロッパの投資家たちが設立。欧州のスタートアップコミュニティをゼロから育て、現在5つのファンドを運営する。投資件数も多く、欧州で最も忙しいアーリーステージのVCとして名高い。

本拠地……………ロンドン(イギリス)
社員数……………8人

イグジット数/累計投資先数………131社/529社

主な投資先…………Wise, Revolute, UiPath, Pointy, Sorare, Glover, Pleo, Hopin, Harbr Data, wefox, Rossum

2007年に創業したシードキャンプ（Seedcamp）は、ヨーロッパ発の起業家たち、とりわけ初めてスタートアップをつくったばかりの創業者たちが、お互いに力を合わせ、ノウハウを共有し、創業資金を集められるアクセラレーターとして誕生した。

当時はアメリカと比べて、眠っているかのようなヨーロッパのスタートアップ産業だったが、決してテクノロジーで劣っていたわけではない。いまのインターネットを形づくっている「ワールド・ワイド・ウェブ（www）」も、ワイヤレス通信のワイファイ（Wi-Fi）の規格も、リナックスに代表されるオープンソースの潮流も、実はすべてヨーロッパ生まれだ。

そこでシードキャンプは、欧州全体をターゲットにして、すぐれたスタートアップ創業者たちを中心にしたコミュニティづくりをゼロから始めた。当初は年1回のイベントを開催し、そこに有名な投資家やテクノロジーメディアを招き、さらに公募したスタートアップを競わせることで、見込みのある起業家に創業資金を投じたのだ。

ヨーロッパに起業家のコミュニティをつくり、いまや最も多忙なトップVCの一つとして、その座に君臨しているシードキャンプ。その共同創業者であるレシュマ・ソホーニに、バラバラだったヨーロッパの起業家たちをつなぎ合わせてきた物語を聞いた。

レシュマ　アメリカがスタートアップ大国であるのに、なぜヨーロッパの存在感はこんなにも薄いのか。私たちがシードキャンプを立ち上げたのは、ヨーロッパに巨大なピラミッドのようなエコシステムを創るためです。その「一丁目一番地」となるのは、起業家のネットワークづくりでした。

当時、シリコンバレーのエコシステムを10だとしたら、ヨーロッパは2ぐらいのものでした。

才能ある起業家たちは各国にバラバラに点在しており、ともに学んだり、ノウハウを共有するコミュニティはなかったのです。シリコンバレーで生まれていたYコンビネーターのような起業家向けのブートキャンプもなければ、華やかなテックイベントもありませんでした。

けれど私はヨーロッパの国々がそれぞれの文化と仕組みを持ってつながっている市場に、壮大なポテンシャルを感じていました。国同士をもっとうまくつなぎ合わせることで、アメリカ合衆国のシリコンバレーならぬ「ヨーロッパ合衆国」のシリコンバレーをつくれるのではないかと思うようになったのです。

「失うものなんてない、ここでゼロから生まれるものにかけてみよう」。そう決めたところからシードキャンプはスタートしました。

2007年、私は連続起業家のサウル・クラインと組んでシードキャンプを立ち上げると、ロンドンで1週間にわたるスタートアップイベントを開きました。それはひと月ちょっとの突貫工事で準備したもので、おそらく一発モノで終わると思っていました。しかし、この企画に呼応してくれたすばらしい仲間が現れたのです。

この年、スタートアップ業界の情報インフラともいえるメディア「テッククランチ」が、初めてロンドンに上陸して、欧州発のスタートアップに光を当てようとしていました。

東欧で生まれたビデオ会話サービスのスカイプ（Skype）で、創業者の一人だったニコラス・ゼンストロームは、欧州のスタートアップを育てるためにアトミコ（Atomico）というベンチャーキャピタルを立ち上げたばかりでした。

ドイツのベルリンでは、アメリカのスタートアップを爆速でコピーして、それを高値で売却することで名を馳せた、ロケットインターネット社が登場しました。創業者のザンバー3兄弟は、スタートアップはクールだというイメージを発信していました。

こうした新しいメディア、投資家、起業家たちが、シードキャンプのイベントに大挙して駆けつけてくれたのです。そして集まったスタートアップに向けて講演をしたり、ディスカッションや助言をしてくれた。彼らも「喜んでノウハウを共有したいけど、そんな場がなかった」というのが本音でした。

予想外の大盛況となったイベントで、シードキャンプは選考プロセスを通った20社のスタートアップをロンドンに招待して、彼らにデモンストレーションを披露する場を提供しました。そして有望だと考えた6社に対して、創業資金を出資したのです。これが、私たちの最初の投資です。

それから5年以上は見返りのない努力の連続だったと思います。投資する企業を探す前に、起業家たちを集めて育成し、エコシステムをゼロからつくらなくてはいけなかったのですから。その頃はイベントを開いても「チャリティーイベントか何か？　かわいらしい」とからかわれ、本流のビジネスパーソンからは相手にされませんでした。

しかし初期のシードキャンプのコミュニティには、後に兆円企業となる世界的な起業家の卵たちが、いくつも混ざっていたのです。

ちょっとした小遣い稼ぎから兆円企業へ

そうしたスタートアップの一つが、格安の手数料で国際送金ができるワイズ（Wise：旧名

TransferWise）でした。

いまでは時価総額1兆円を超える上場企業になったワイズですが、共同創業者のターヴェット・ヒンリクスは、もともとスカイプの1号社員でした。彼はシードキャンプの起業家コミュニティに初期から繋がっており、時にはメンター役を引き受けていました。とてもスマートな人物なので、私はその動向を追いかけていたのです。

そして2010年、私はテッククランチの最新ニュースで、彼が新しいスタートアップを始めることを知ったのです。社名はワイズ（当時はトランスファーワイズ）でした。彼らは多額の手数料がかかる国際送金を、格安でおこなえるフィンテックサービスを開発していたのです。

エストニアに本社があるスカイプの社員だったターヴェットは、給料をユーロで受け取っていました。ところが生活拠点はロンドンに置いていたため、つねにエストニアからイギリスに国際送金をせねばならず、その為替手数料が法外であることを知っていました。

一方で、もう一人の共同創業者のクリスト・カーマンは、ロンドンで働いており、給料をポンドで受け取っていました。ところが故郷はエストニアにあり、そこで支払うべき住宅ローンのために、つねにイギリスからエストニアに国際送金をしないといけなかったのです。

まったく反対方向の国際送金をしていた2人は、それぞれが高い送金手数料を払うくらいなら、お互いにユーロとポンドを交換することで、擬似的に国際送金ができるP2P（ピア・トゥ・ピア）の金融サービスを考えついた。そしてやってみると、これはビジネスになるぞとわかったわけです。

ちなみに、私はちょっとした創業時の秘密を知っていました。実は当初、ターヴェットはパートタイムでしか事業に関わっていなかったのです。

テッククランチの記者がワイズの記事を書くときに、スカイプの1号社員だったターヴェットの名前が入っていると見栄えがいいので、共同創業者という肩書で登場しただけだったのです。本当は別のビジネスをやっていたのですが、メディアをハッキングしたわけですね。

しかし私たちは、これが極めて大きなチャンスがあるビジネスだと考えて、ターヴェットがフルタイムの共同創業者としてコミットするべきだと、何度も話をしました。それから二人はいつでも一緒に並んで、このビジネスを成長させるようになり、私はその初期投資家となったのです。

政府との協調関係がフィンテックを花開かせる後押しに

ちなみに私はインドに生まれながら、幼少期にアメリカに移民した家族に育てられました。そしてペンシルバニア大学を卒業した後、ベンチャー投資の仕事であったり、イギリスの通信会社のボーダフォンなどを経て、ロンドンでシードキャンプを創業したのです。

だからワイズに投資をしたときにも、アメリカのスタートアップ業界と正面から戦うのではなく、どうしたら味方につけられるのか、そのアイデアを考えていました。だからワイズのP2P国際送金のビジネスアイデアを、アメリカ側の有力VCに売り込んでいったのです。

シリコンバレーの有力VCに連絡をしても、基本的には「オレたちの投資先は、自分たちの近所のスタートアップだけだね」というリアクションが当たり前でした。そうした時代にあって、私は売り込みのための渡米ツアーを組み、ニューヨークにある有力VC、ユニオン・スクエア・ベンチャーズがワイズへの投資を決めたのです。

これは2010年前後の出来事ですが、こうした努力の結果、すこしずつ周囲の目が変わっていきました。シードキャンプという新興VCはまだ無名でしたが、アメリカのトップVCたちが投資をしたと聞くと、たくさんの人たちが興味を持つようになったのです。

もう一つ付け加えておきたいのは、政府によるスタートアップエコシステムの後押しが、ものすごく大切であったことです。政府による規制に対して、スタートアップはそれを受け入れるだけでなく、一緒に政策をつくってゆくことができます。この点において、英国のスタートアップ業界はとても大きな成果を上げています。

当時、キャメロン首相の政権（2010~2016年）において、テクノロジーの政策を担っていたキーパーソンたちから、私も官邸に呼ばれていました。彼らはスタートアップが重要だと知っており、とりわけイギリスの歴史ある金融業界にイノベーションをもたらそうと、フィンテックの可能性を真剣に考えていました。

こうした議論から実現したアイデアの一つが、スタートアップを集めるための「起業家ビザ」でした。これによって、例えばPh.D.を持っているような才能ある人たちを、素早く集めることができるようになりました。またエンジェル投資を加速させるため、税制優遇を与えるSEISという制度も生まれました。

極めつけは金融分野のスタートアップたちが、まだ開発段階の新しいサービスやプロダクトなどを、試験的にユーザーに提供できる「FCAサンドボックス」という制度ができたことです。これによって、とりわけ英国においては、新しいフィンテックのイノベーションが花咲くようになったのです。

無口なギークがデカコーンをつくるまで

いまでは世界的なフィンテックの中心地となったロンドンで出会ったのが、すでに企業価値にして3兆円を超えるデカコーンになったレボリュート（Revolut）です。これはあらゆる通貨で買い物をしても、為替手数料をかぎりなくゼロにしてくれる、次世代のデビットカードやモバイルアプリのサービスとして広まっています。

ロンドンの金融街には、フィンテックスタートアップたちが入居している「レベル39」という場所があります。そこに入居していたシードキャンプのコミュニティの起業家から、ものすごく変わっているけど、図抜けて頭のいい人物がいるとの連絡を受けたのです。

訪ねてみると、ロシア出身の創業者がとても奇妙なサービスをつくっていたのです。それは世界中を放浪するバックパッカーが、国から国へと移動するときに、なけなしの貯金を為替手数料で失わないように設計したデビットカードでした。

それが、レボリュート創業者のニコライ・ストロンスキーとの初対面でした。彼はものすごく口数が少なくて、ほとんどしゃべらないのです。彼はみずから対面でプレゼンテーションするときに、なんと自分のプレゼンテーションを録画した動画を流していました。どれだけ寡黙なのかと、これには呆気にとられました（笑）。

金融業界のトップトレーダーとして活躍しながら、海外をよく旅していたニコライにとって、国を移動するごとに為替手数料がムダになることがストレスでした。そこでドルやユーロ、円などを、手数料ゼロで両替しながら使えるサービスを思いついたのです。

バックパッカー向けとして売り出すのは、ものすごく筋が悪いと思いました。一方で彼には、革新的なものを創るようなオーラがあったのです。ロシアの最高学府の一つであり、数学ではトップといわれるモスクワ物理工科大学を卒業しており、リーマン・ブラザーズや、クレディ・スイス証券のトレーダーとして腕を磨いていきました。

ただしスタートアップの創業者としては孤独で、ポツンと一人ぼっちでオフィスビルに座っていたのです。つまりビジネスを大きくスケールしたり、その事業を多角化してゆくノウハウを持ったような、仲間とつながっていませんでした。

そこでシードキャンプは、他の投資家を巻き込むようなアプローチで、レボリュートへの投資を進めたのです。シードキャンプのブランドが認知されると、私たちが興味を持ったスタートアップなら、ぜひ会いましょうという投資家たちがいたからです。そして彼らは、レボリュートにすごく興味を持ったのです。

当時は奇妙なデビットカードのビジネスでしたが、国境を越えるフィンテック企業として、どんどんサービスを多角化してゆきました。私たちは、寡黙なニコライが秘めているビジョンの大きさや、グローバルに事業を広めたいという野心に賭けていたのです。

ヨーロッパを長い眠りから覚醒させた14年

創業から14年という時が流れて、私たちシードキャンプは、いまや1年間で4000社ものスタートアップから出資検討の応募がくるようなVCに成長しました。そこでは大量のノイズの中から、これぞという会社を選び出し、わずか35社ほどに投資先を絞っているのです。そのためには、投資プロセスを仕組み化しないといけませんでした。

まずはオンラインで、数十もの質問について答えてもらいます。その先に進んだスタートアップに対しては、ズームによるオンラインミーティングで面談をします。そこから投資担当者とのミーティング、また私たちのLPも参加する投資会議へとつながります。

2019年にロンドンで設立されたバーチャルイベントのプラットフォーム、ホーピン（Hopin）もそうやって探し当てたスタートアップです。ただし例外的だったのは、ミーティングをしてから20分くらいで、私たちが「いますぐ契約書にサインしてくれ！」と迫ったことでしょう。

創業者のジョニー・ブハファットは、胃腸の病気を患ったため、2年間にわたって自宅でロックダウン生活を送っていた人物です。これはもちろん、パンデミックの前のことですよ。だからこそ、オンラインでたくさんの人とコミュニケーションできる、バーチャルイベントの会社を創業したのです。

彼のプロダクトは、まだローンチすらしていませんでした。しかし独力で開発したホーピンは、とても使いやすく、美しくデザインされたプロダクトでした。これは金曜日に予定されている投資会議まで待ってはいけない案件だと思って、すぐさま投資交渉に入ったのです。

笑えるのは、その後の投資会議で彼はひどいプレゼンテーションをしたことです。しかし、シードキャンプが前のめりで投資を決めていたこのスタートアップは、現在、ヨーロッパで最速で成長しているユニコーン企業になりました。

とても嬉しいことは、創業者であるジョニーが、かつてヨーロッパの創業者たちが「できないかもしれない」と思っていたことを、最初から「絶対にできるはずだ」と思っていることです。彼はしょっちゅう私のところに来てこう言うのです。「次の四半期には500万ドル（約5.5億円）の収益を上げられると思う」「次は1000万ドル（約11億円）になると思うよ」と。

そして、私も自信を持って「そうね、あなたならできるわ」と応えるのです。なぜなら、私たちは、ワイズやレボリュート、ユーアイパスなどが何者でもなかったような時代から、彼らが世界へ飛躍するプロセスをこの目で見てきたからです。

シードキャンプの創業期、私が一番恐れていたことは、最も優秀な才能たちがヨーロッパを去っていくことでした。いま世界最大のフィンテック企業になったストライプ（Stripe）の創業者たちは、祖国のアイルランドからアメリカにわたり、そこで創業したのです。

しかし幸運なことに、いまヨーロッパでは世代を超えて拡大してゆく、スタートアップの黄金時代が始まっています。ここはもう歴史的な建造物を眺めたり、美術館をめぐったり、レストランでおいしい食事をするだけの場所ではありません。

ヨーロッパのスタートアップの新たな時代は、まだ目覚めたばかりなのです。

中国のユニコーン軍団を

パートナー
ハンス・タン
(Hans Tung)

とらえた巨人

GGVキャピタル
（GGV Capital）

2000年にシリコンバレーで設立され、シンガポール、中国、東南アジア、インド、ブラジルなどに投資網を広げ、グローバル投資の最高峰にあるVC。とりわけ中国ではバイドゥ、アリババなど世界的企業にいち早く出資して、新興国から生まれる新しい消費者やサービスという大波をとらえ、合計60以上のユニコーン企業に投資してきた。

本拠地……………………メンローパーク（カリフォルニア州）
社員数……………………32人

イグジット数／累計投資先数………195社／847社

主な投資先………………Ant Group, Alibaba, ByteDance, Didi Global, Youku, Xiaomi, Xpeng, Tujia, Airbnb, Wish, Peloton, Lime, Houzz, StockX

中国、アメリカ、シンガポール、インド、ブラジル——。ＧＧＶキャピタルは、これまでいくつもの大陸にまたがって革新的なスタートアップを掘り起こしてきた、国境なきユニコーンハンターとして名声を轟かせるトップＶＣの一つだ。

彼らが有名になったのは、２０００年代前半から中国のインターネット産業に目をつけた「先見性」によるものだ。多くのシリコンバレーの投資家たちが、この新しいマーケットをとらえきれない中で、彼らはアリババ（Alibaba）、バイトダンス（ByteDance）、シャオミ（Xiaomi）、ディディ（DiDi）といった、時代の寵児となるスター起業家たちに投資していった。

その中心的な存在となったのが、ＧＧＶの看板投資家であるハンス・タンだ。台湾系アメリカ人としてカリフォルニアで育ったハンスは、もともと歴史が大好きだった。とりわけ一つの産業が、時代によって国から国へと移ろってゆくダイナミズムにいつも心を躍らせていた。

だからこそ20年前、まるで土漠のようだった中国・深圳が秘めているポテンシャルを、いち早く見抜くことができたという。多くの人たちが「世界の工場」と呼んでいた中国は、彼の目には「世界のスタートアップハブ」に映っていた。

インターネットの世界に新しく入ってくるユーザーは、どのようなセンスで人生を楽しみ、どのようなサービスを愛用し、どのようなアイデアに魅了されるのか。こうした視点で積み上げてきたＧＧＶの投資は、いまや中国のみならず、インドやブラジルなどの新興国にまで広がっている。

新しい時代の波をとらえて、ボーダーレスに投資をする。そんなＧＧＶのエース投資家であるハンスが、どうやって未来の市場を見極めているのか、その思考について語る。

ハンス　人生において、正しいときに、正しい場所にいる、という瞬間があります。

私は、台湾生まれのアメリカ人です。13歳のときに、両親に連れられて米国ロサンゼルス（カリフォルニア州）に引っ越しました。

そしてシリコンバレーにあるスタンフォード大学に入学したおかげで、イノベーション中心の世界を肌で感じられました。それはピーター・ティールがキャンパスを去ったばかりの頃であり、私が卒業する頃にネットスケープが誕生し、インターネット産業が注目を集めていました。

大学を卒業すると、まずはウォール街にある投資銀行メリルリンチで働きました。そこでは、急成長するアジア企業たちとの競争に敗れて、会社を売却すると決めた米国の製造業者たちの衰退を目の当たりにしました。

アジアの新興国のビジネスが、米国のニューヨークから田舎町にまで波及して、それまでの産業構造をガラリと変えてしまう時代になっていました。そんな経済のダイナミズムが、いつしか私の情熱を駆り立てるようになりました。

そんな私が中国を初めて訪れたのは、1995年のことでした。今でこそ中国のシリコンバレーと呼ばれる深圳市（広東省）は、驚くほど静かなところでした。まだ都市としての開発が始まったばかりで、目ぼしいビルのひとつもない。ところがそれ以降、私は中国に毎年行くにつれて「やばい、ここでは何かが起きているぞ！」と、驚くようになるのです。

ドン、ドン、ドン。中国の都市部では信じられないほどのスピードで、高層ビルなどが建てられてゆき、そのカタチが変わっていました。自分の未来を考えたときに、この中国には巨大なチャンスがあると思うようになりました。

中国ユニコーンたちの「黎明期」

2003年に、投資家として働いていた私を強く引きつける、歴史的な出来事がありました。それはわずか18カ月の間に、中国のインターネット企業が4社上場したことです。

2003年、中国のオンライン旅行代理店のシートリップ（ctrip）、2004年、メッセージサービスのテンセント（Tencent）、ゲーム企業のシャンダ（Shanda）、そして2005年、検索サービスのバイドゥ(Baidu)です。

バイドゥは米ナスダックに上場すると、一夜にして時価総額は50億ドル（約5500億円）に跳ね上がりました。それは中国で、初めてユニコーン企業が生まれた瞬間でした。

現地ではブロードバンド回線が普及し、すでに1億人以上のインターネットユーザーを抱えていました。その人数は毎年20%、30%という恐るべきスピードで拡大していたのです。それでも世界のインターネット企業のトップ10の半数が、いずれ中国企業になるとは想像もしていませんでした。

ちなみに当時、米国のシリコンバレーのVCたちは中国に押し寄せましたが、ほとんど失敗に終わっています。

理由は、主に二つあります。まず中国の秘めているポテンシャルを「輸出産業」だと考えていたことです。本当は、13億人が生み出す巨大な内需にチャンスがありました。

もう一つは、中国にいるすぐれた人材について、単なる「人材供給源」と見なしたことです。しかし、彼らはアウトソーシングの仕事をこなすのではなく、みずからビジネスを立ち上げるパワーをもった起業家でした。

私はといえば台湾、韓国、シンガポールといった国が、いかにテクノロジーハブとして台頭してきたか、その驚くべき変化の歴史を知っていました。だから米国のスタートアップ投資家として2005年、かなり大胆な決断をしました。中国に移住することを決めたのです。

そして現地のスタートアップに入り込むことで巡り合った、すばらしい中国人の起業家の一人が、シャオミ（Xiaomi）を創業することになるレイ・ジュン（雷軍）でした。

出会ったのは、2008年3月のこと。北京市内で一緒にお茶を飲んだのです。

彼はもともとキングソフトというソフトウェア企業のCEOとして、同社を上場させています。その当時はCEOの職を辞めており、エンジェル投資家として活動していました。

そんな彼とは投資先の中国スタートアップについて、おしゃべりに花が咲きました。彼はこれから中国にやってくる巨大なトレンドは、次の三つの分野が牽引すると考えていました。「イーコマース」「SNS」「モバイル・インターネット」です。これらの投資テーマに絞り込んで、エンジェル投資をしていたのです。

ちなみに当時アップルのiPhoneはまだ登場したばかりで、いまでは中国のメッセージアプリの代名詞になっているウィーチャット（WeChat）であったり、QRコードを使ったモバイル決済といったサービスは、影も形もありませんでした。

私たちは意気投合して友達になり、共同投資を始めたのです。

そして知り合ってから3年ほど経ったある日、彼は新しいスタートアップをつくる構想をしてくれました。それが、革新的なスマートフォンをつくるというアイデアでした。ビジネスモデルを見ると、中国の「次世代トレンド」の3大要素をふんだんに詰め込んだ、新しいものでした。

それがシャオミの始まりです。シャオミのスマートフォンは、大部分を「イーコマース」で販売する。実店舗をつくれば、そこに多額のマージンや費用が発生する。オンライン中心だからこそ、ギリギリまで値段を下げられる。そのマーケティングは、いつも「ソーシャル・ネットワーク」をフル活用する。中国のユーザーたちが、シャオミの噂をして拡散することがマーケティングになる。シャオミのスマートフォンは、ただのハードウェアビジネスではない。「モバイル・インターネット」の時代にあって、モバイルゲームや広告コンテンツなど、多様な収益点を仕込んでいました。

つまり、シャオミとは創業時からハードウェア企業ではなく、中国のインターネット企業として生まれたと言えるでしょう。この戦略により、サムスンのギャラクシーや、アップルのiPhoneと比べて遜色ないスペックの端末を、ずっと手頃な値段で提供できたのです。

私はシャオミの戦略には勝ち目があると、はっきり理解することができました。

10年間で「9兆円企業」に

しかしほとんどの投資家は、そんなビジネスは不可能だと考えました。2010年に誕生したシャオミの戦略がもし正しいとすれば、それは同時に、モトローラやエリクソン、ノキアといった巨大企業がすべて敗北することを意味します。当時、そんなシナリオをだれが想像できたでしょう。

しかし、中国のイーコマースやSNS、モバイルゲームの急速な台頭を知っていたら、そして中国の起業家たちのポテンシャルを知っていたら、シャオミの未来を信じられたはずです。「なあ、シャオミのスマートフォンは、三つのメガトレンドすべてに乗っているぞ」と。

だから、私はレイ・ジュンの初期投資家として小切手を切りました。

彼と過ごしていると、それが中国の北京のど真ん中であっても、シリコンバレーにいるような錯覚に陥ります。そして私が台湾系で、彼が中国系であっても、お互いに同志だと思えました。

レイ・ジュンはシャオミのスマートフォンを売り出すと、毎週、アンドロイドベースの独自OSをアップデートして、どんどん進化させていきました。SNS上で熱狂するユーザーたちが、何百何千という改善要求やリクエストを出すと、それを毎週のようにOSのアップデートに取り込んでいったのです。そのファンの広がりは、すぐに中国語圏を越えて、アップデートされたOSは海外言語にも翻訳されるようになりました。

レイ・ジュンを台湾のスマートフォンメーカーである、HTCに紹介したときのことです。「あいつは、シリコンバレーで出会ってきた人々より、頭が良いやつだな」と、HTCの幹部たちは舌を巻いていました。

2010年以降、中国のスマートフォン市場では、アップル、サムスンに並んで、シャオミが大きな存在感を持つようになりました。信じられないことに、ノキアやモトローラの話をする人は、ほとんどいなくなったのです。

そしてスマートフォンに加えて、さまざまなIoT機器をつくるようになったシャオミの時価総額は、いまや85億ドル（約9兆3000億円）になっています。

かのレイ・ジュンはEV（電気自動車）という新しいチャレンジに挑んでいます。

TikTokを生んだ「出会い」

投資家である私は、すばらしい起業家たちと最初に会った日のことを、はっきり覚えています。シャオミのレイ・ジュンだけでなく、メイトゥアン（美団）のワン・シン、そしてミュージカリー（musical.ly）のアレックス・チュウもそうです。アレックスのつくったミュージカリーは、後に中国のバイトダンスに買収されて、世界を席巻することになる「TikTok」に化けました。

アレックスと出会うまで、私はいくつも中国のSNSに投資をして失敗しています。

最初に投資をした中国のSNSは「チャイナ・ブログ」というスタートアップでした。しかしスタートアップの競争が激しくて、ライバルである「シナ・ブログ」の前に、敗れ去りました。

二つ目の投資は、かなり注目された「カイシン001（Kaixin001）」というSNSスタートアップでした。彼らは一時、中国版Twitterと言われるウェイボー（Weibo）のライバルだったのです。

このカイシン001は、ロシアではよく知られたDSTという投資ファンドと争って、その座を勝ち取ったものです。それだけに思い出深いディールですが、やはり失速しました。

私はこの二つの失敗から、中国でもトップクラスのプロダクトマネジャーが、どのような人材かを肌身で学びました。また中国でSNSがどのように設計されるのか、どのようなサービスが心を掴むのか、間近で見ることができた。

この経験のおかげで、初めてミュージカリーの創業者アレックスとルイスに会ったとき、ミュージカリーという音楽SNSを、どのような思想から設計しているのか、すぐにわかりました。中国出身の彼らが、米国のアップルのアップストアを席巻できたのも、私にとっては偶然ではありません。(ミュージカリーは2015年、ヒットソングに合わせて、一般ユーザーが口パクしながら、パフォーマンスをする短尺動画で大人気になった)

私たちGGVは、ミュージカリーへの投資を主導しました。しかしミュージカリーには決定的な弱点がありました。ユーザー一人ひとりに対して、動画コンテンツをパーソナライズするようなバックエンド技術、つまりアルゴリズムの開発が得意ではなかったのです。そうなると、サービスを巨大化することが難しい。だから、彼らは会社を売ることを決意しました。

水面下ではアップルもグーグルも、ミュージカリーの買収に大きな興味を示していました。しかし、どの企業もうまくミュージカリーにはフィットしなかった。

一方で、私は中国北京にあるバイトダンスが、興味を持っていると知っていました。そして、彼らがグローバル企業を目指しており、米国のマーケットを狙っていることも知っていました。

だからこそバイトダンス側の投資家であるSIG(Susquehanna International Group)と一緒に、迷っているアレックスたちの背中を押しました。

「絶対にジャン・イーミン(バイトダンス創業者)と話をするべきだ。彼らは本気でグローバル企業を目指しており、米国や欧州ですでに成功しているミュージカリーとは、すばらしい組み合わせになるはずだ」と。

それまで中国のテクノロジー企業は、どんなに自国マーケットを独占しようと、本当の意味でグローバルになれた会社はありませんでした。

しかし中国でも最高の機械学習のチームを持っているバイトダンスと、欧米のカルチャーに溶け込んでいるミュージカリーが融合すれば、歴史的な会社がつくれるのではないかと思ったのです。

「一緒になれば、もっとどでかい会社がつくれる」。それが、私の意見でした。

そしてついにアレックスたちは、ジャン・イーミンに会社を売ったのです。そこから生まれたTikTokによる快進撃は止まるところを知らず、いまでは世界で最も価値のあるスタートアップに化けたのは知ってのとおりです。

いま20代なら「インドに飛ぶ」

私はかつて東京の地下鉄のホームで見た路線図が、いまだに脳裏に焼きついています。そこでは壁いっぱいに描かれているマップに、20、30、40本という地下鉄の路線が、網の目のようになって、絡まり合っていました。そして、ハッとしたのです。

「なんてことだ。これから中国にある100以上の都市たちは、こんなカタチで発展してゆくんだ!」と、心の中で叫んでいました。

人口が集中するアジアの大都市にとって、網の目のように張り巡らされた地下鉄というのは、まったく理にかなった交通システムです。米国のようなハイウェイ(幹線道路)中心だったら、すぐ目詰まりを起こすでしょう。

日本の地下鉄の路線図のような発展が、中国の台頭に重なり、それは中国のスタートアップに投資をする大きな仮説になりました。そしていまでは中国の先にある、東南アジアやインド、そしてブラジルといった国々に注力をしています。

こうした新興国では、新しくインターネットに接続された、10億人という「新しい消費者」たちによって沸きたっています。そこは各国の一人あたりのＧＤＰ(国内総生産)が、ちょうど３０００ドル（約33万円）を超えてきたエリアでもあります。

これを中国に重ね合わせてみると、ちょうどアリババグループがタオバオ（淘宝網）という、イーコマースのサービスを始めたタイミングとぴったり重なります。つまり、これらの国ではいま「アリババの次」が生まれ、すばらしい起業家コミュニティが育っていると言えるでしょう。

だから私がもしいま20代の投資家なら、米国や中国に加えて、インドのバンガロールに飛ぶでしょう。米国でインド系の経営者がＣＥＯをしている会社がどれだけあるでしょうか。グーグル、マイクロソフト、アドビなども、その一例に過ぎません。

インド人たちが持っている才能やプロダクト力は、目を見張るものがあります。現地に目をやれば、毎年２００万人もの学生たちが、サイエンス分野から生み出されるんですよ。インドからも、中国のような巨大なグローバル企業が生まれます。それを目にするのは、時間の問題です。

私たちの人生には、あふれるほどのデータがあります。それは無数のドットのように、散らばっています。私がいつも注意しているのは、そうした一つ一つのドットを歴史的な文脈でつなげること。正しいドットを見極めること。そうした思考訓練を続けるのです。

その先に、あなたしか見えない社会のパターンと投資チャンスがあることに気づくことでしょう。

インドの「カンブリア爆発」を

パートナー（共同創業者）
カーシック・レディ
（Karthik Reddy）

手にした野望

ブルーム・ベンチャーズ
(Blume Ventures)

2010年、ムンバイを拠点にしていた2人のエンジェル投資家が立ち上げたVC。インドの起業家コミュニティに深いネットワークを築いており、米国系ファンドが大きな存在感を放つインドで、高いパフォーマンスをほこる現地発のVCとして大きな注目を集めている。

本拠地……………………ムンバイ(インド)
社員数……………………12人

イグジット数/累計投資先数…………72社/311社

主な投資先……………Unacademy, Grey Orange, Exotel, Servify, Tricog, Turtlemint, Pixxel, Stellapps, Purple, Spinny, Slice, Yulu

パートナー(共同創業者)
サンジェイ・ナス
(Sanjay Nath)

いまインドは、世界で最も爆発力のあるスタートアップの震源地になっている。14億人の人口を抱えているこの国では、スタートアップの「カンブリア爆発」が起きており、すでに年間投資額は3兆円を超えている。そしてこのチャンスを逃すまいと米国の名門ベンチャーキャピタルや、ソフトバンクグループなどは果敢に投資を続けている。

そんなインドにおいて、ビジネスをゼロから立ち上げる創業者を応援してきたトップVCが、ブルーム・ベンチャーズ（Blume Ventures）だ。もともと個人ベースで活躍していたインド人のエンジェル投資家であるカーシック・レディと、サンジェイ・ナスが手を組んで、多様性あふれるインドの新興スタートアップたちの深いネットワークを築いている。

もともと共通語として英語を話せる上に、テクノロジー人材をたくさん生み出してきたインドでは、アメリカに渡って成功するキャリアだけではなく、インド発のグローバルスタートアップを創るという野望がリアリティを帯びている。

大波にのっているブルーム・ベンチャーズの投資先には、3500万人が利用するオンライン教育の巨大プラットフォームとなったアンアカデミー（Unacademy）、アマゾンに対抗する物流ロボットやシステムをつくるグレイオレンジ（GreyOrange）、ミレニアル世代向けのクレジットカードを展開するスライス（Slice）などのユニコーン企業たちが並ぶ。

エンジェル投資家というルーツから、成功する保証のない無名のスタートアップ創業者たちを、人材のポテンシャルというものさしで評価してきた。それをベンチャーキャピタルのファンドとして、スケールする仕組みに昇華してゆく。いまインドで最も注目されているブルーム・ベンチャーズの創業者、カーシックとサンジェイにその舞台裏を聞いた。

カーシック　１９９９年、アメリカのペンシルバニア大学ウォートン校に留学をしていた頃、そこはインターネットによるドットコムブームに沸いていました。記憶に残っているのは、２年生のクラスにいた約７５０人の同級生のうち、10％は夏休みの後に帰ってこなかったこと。みなスタートアップで働き始めたのです。

アメリカで目の当たりにした最先端のテクノロジーや、それが社会に与えるインパクトの大きさについて、母国のインドでも何かを生み出せないだろうかと考えるようになりました。そこで２００６年に帰国すると、大手メディアグループで働きながら、エンジェル投資家として活動するようになったのです。

私は仕事が終わって週末になると、インドで芽生えていたエンジェル投資家のコミュニティで、ボランティアメンバーとして働くようになりました。玉石混交のスタートアップたちを調査したり、ネットワークを盛り上げる活動にいそしんでいました。しかし、私はエンジェル投資家として大したお金を持っていなかったのです。

さらにあろうことか、手元にあった10万ドル（約１１００万円）ほどの全財産をすべて、創業まもないスタートアップ投資に突っ込んでしまった。ほどなくして、これは愚かだったと気づきました。ひとたび投資をしたら、そのスタートアップが成功するまで、お金は引き出せないからです。

スタートアップ投資というのは、ハイリスク・ハイリターンであり、創業期への投資は尚更です。そのため最高のリターンを出すためには、少なくとも４〜５年間にわたって、リスクや投資先を分散させながら続けるのが基本なのです。

ではどうしたら資金力のない私が、エンジェル投資家として大成功を収められるのか。それを思案しているときに、エンジェル投資家のネットワークである「ムンバイ・エンジェル」で知り合ったのが、後にブルーム・ベンチャーズを一緒に立ち上げるサンジェイでした。

私はアメリカの東海岸にある金融会社で働いた経験があり、彼は西海岸のシリコンバレーで働いたことがあるインド人です。父親がやっているビジネスが成功したので、その資産を運用するために、彼はスタートアップ投資をしていました。そこで２０１０年に、私たちはブルーム・ベンチャーズという新しいＶＣを立ち上げたのです。

毎月３００円で使える、格安データ通信の衝撃

まずインドのスタートアップの熱気を理解するには、この話からしないといけません。

２０１６年9月、インドでは国全体をまるごと変えるような出来事がありました。それが通信会社リライアンスによる「ジオ革命」です。彼らは４Ｇの高速モバイル・インターネットのサービスを、半年間無料にするという、とんでもないキャンペーンを始めたのです。

それまでスマートフォンの４Ｇのデータ通信料金というのは、毎月６０００円以上はかかりました。データの利用上限は４ギガバイトほど。とても高額であり、国民の１％未満のハイエンドユーザーしか使うことができませんでした。それを、いきなりタダにしたのです。

彼らはこのキャンペーンによって、１億５０００万人もの新規ユーザーを獲得しました。多くの

インドの人たちは、スマホで無料の高速モバイルインターネットを使いまくったのです。それこそ毎日8時間、半年間ぶっつづけでユーチューブ動画を見たとでも思ってください。

この期間、ジオのユーザーの累計データ使用量は、なんと中国最大の通信会社であるチャイナモバイルを超えてしまった。

これがどれだけ、想像を絶するデータトラフィックを生むようになったか、わかるでしょうか。その後もジオはデータ通信の価格破壊をおこない、いまでは毎月30ギガバイトのデータ利用プランが月額300円ほどです。音声通話とセットにしても、月額500円ほどで済みます。

インドにおける5億5000万人のスマートフォンユーザーにとって、いまや高速のモバイル通信のサービスというのは、水や電気とまったく同じものになったのです。

いまパンデミックにあって、私も自宅でリモートワークをしていますが、自宅のWi-Fiネットワークすら使っていません。iPhoneやiPadで一日中データ通信をしており、毎月120ギガバイトのプランを我が家では利用しています。請求書の料金は、これでひと月1300円です。

インド政府が有線の通信インフラを整えるのにモタモタする間に、無線の通信インフラがごっそり革新されてしまった。文字通り、あらゆるインド人がスマートフォンを通して、飲んだり、食べたり、学んだり、生活のサービスすべてをデジタルで利用するようになったのです。

これがインドのスタートアップ企業による「カンブリア爆発」の引き金になりました。この破壊的に安いデジタルインフラによって、新しいサービスや人材が育っているわけです。

ユーチューブから始まった、インドの「教育革命」

エンジェル投資が原点であるブルーム・ベンチャーズにとって、最初のユニコーンとなった投資先のアンアカデミー(Unacademy)も、ジオ革命の恩恵にあずかりました。彼らはインドの教育産業におけるゲームチェンジャーで、すでに3000万人以上が登録し、35万人以上の有料課金ユーザーを抱えている、巨大な教育プラットフォームです。

そこで学べる内容はプログラミングのみならず、インド工科大学(IIT)などエリート大学の入試対策から、公務員試験対策のコース、さらにお菓子づくりやチェスといった趣味の個人指導にまで広がっています。

創業者のガラガウ・ムンジャルと出会ったのは、2015年のこと。バンガロールで開かれていたイベントの会場で、知り合いの起業家から「あなたは絶対に、あの人に投資するべきだわ。すごくおもしろい動画コンテンツをつくっているんだ」と紹介されたのです。

彼らはまだ、教育コンテンツをアップしているユーチューバーに過ぎませんでした。しかし、彼の即席のプレゼンテーションがすばらしかった。都会のお金持ちの子どもしか受けられないハイクオリティな教育を、インドの隅々にまで行き渡らせると語ったのです。そのために何年も動画配信をおこなっており、この情熱は本物だと感じました。

それまでのインドの学習塾では、100人単位の生徒たちが教室にすし詰めになり、有名な講師の授業を受けていました。その授業料は数十万円にのぼるコースもあり、個人指導などのぞむべくもありません。それを毎月2000円ほどの価格帯から、誰もがスマートフォンで受講できるようになったのです。

彼のユーチューブチャンネルは、ぐんぐんと成長していました。そうした人気コンテンツをともに支えていたのが、共同創業者のローマン・サイニです。彼は当時、州の市役所で働いており、インドの公務員試験対策のコンテンツをつくれたのです。

すばらしい起業家チームに出会うと、体の底から、この人物と組むべきだという感覚が湧き上がります。インドが抱えている社会問題を解決するのだと、アンアカデミーはながらく胸に秘めていたのがわかりました。さらにインドを超えた海外マーケットまで視野に入れていたのです。

彼は一人、また一人と、自分のアイデアを買ってくれる投資家を集めていました。そこで私たちも、一緒に投資をしてくれそうなエンジェル投資家に声をかけてゆきました。そして数週間後、アンアカデミーの初めての投資ラウンドが成立したのです。

このサービスで最も人気のある講師のひとりは、いまや1年間で5000万円以上の大金を稼いでいます。インドにおける最高学府であるインド工科大学に合格するために、エンジニアリング試験対策を教えているのです。

この人気講師には、すでにオンライン上で10万人以上の生徒がついています。なぜこんな巨大なプラットフォームが可能になったのかといえば、先ほどのジオ革命によるモバイルデータ通信の価格破壊があったからです。

ブルーム・ベンチャーズの投資先は300社以上にのぼり、その対象分野はソフトウェアからモビリティ、フィンテック、バイオテクノロジー、ロボティクスと、エリアを絞らずに広がり続けている。拡大の背景にあるのは、インドにおける有望なテクノロジー人材たちが続々と起業家を目指すというトレンドだ。

インドにはもともと英語を話せる技術者たちが大量におり、これまでバンガロールなどのテクノロジー都市において、欧米企業のアウトソーシングを引き受けたり、開発拠点のリサーチャーとして力を蓄えてきた。そうした人材が大手IT企業で活躍したり、さらには新しいビジネスをつくろうとしているのがインドの急成長を支えている。

7000万人の「マイクロ酪農家」をDX

例えば、注目のアグリテック（農業）の分野で伸びているステラップス（Stellapps）は、大手IT企業で働いていたベテラン社員4人が「脱サラ」して創業した。彼らはIoTセンサーを乳牛に取りつけることによって、全国で約7000万人が従事していると言われている、インドの酪農産業というビジネスをDXしようとしている。

インドにおける酪農家のほとんどは、一人あたりわずか2頭ほどの乳牛を飼育しているマイクロサイズの事業主だ。そうした酪農家が毎朝、その日その日の稼ぎを得るために、搾りたてのミルクを生乳所にもってゆく。となれば当然、そのクオリティが安定しないのが問題だった。

ステラップスは20種類以上のIoTデバイスを開発し、それを無料で酪農家たちに配っている。そこで牛の健康状態からミルクの成分、温度、品質などを、製造工程すべてにおいてデータでチェック。そのモニタリングの仕組みを、ミルクの品質を安定させたい大手乳製品企業に売っている。

この「ミルクの見える化」によって、これまで同じ価格でしか買い取ってもらえなかった酪農家たちが、クオリティによって選別されるようになった。すでに300万以上の酪農家に導入されており、すぐれたミルクのつくり手に対しては、これからローンなど金融サービスも提供する。そのインパクトの大きさから、ビル・ゲイツも手厚く支援しているスタートアップだ。

初期投資家であるブルーム・ベンチャーズは、インドのあらゆる産業において、メガサイズのDXが起こってゆくと考えている。そしてインドという自国市場に留まらずに、アメリカを始めとしたグローバル市場で活躍するような起業家が、いよいよ生まれるタイミングに来ている。とりわけB2B分野において、グローバル市場にチャンスがあると語るのがサンジェイだ。

サンジェイ　ブルーム・ベンチャーズが、創業期のスタートアップに投資する基準は人材です。投資を決めるときに、その理由の50％以上は創業者と、その経営チームへの評価です。だからこそ、これまで成功例がないようなビジネスでも、私たちはお金を張ってきました。

急成長するイーコマースの裏側にある、物流倉庫を自動化するロボットベンチャーのグレイオレンジも、そうやって見つけたユニコーン企業です。彼らはいまインドのみならず、日本を含めたアジア市場、そしてアメリカでいよいよビジネスを拡大させています。

創業者のサメイ・コーリと、アクシャ・グプタの二人を知ったのは、まだ彼らがビルラ工科大学でロボット工学を学んでいる学生だった頃です。この大学は私の母校でもあるのですが、彼らが国際的なロボット競技大会である「ロボカップ」に出場して、世界で2位の成績を収めたというニュースを見たからでした。

ロボカップでは、自律型のロボットたちにサッカーで対戦してもらう種目があります。この二人組はすばらしいロボットをつくっていたのですが、たった一つ、方角を感知するシステムが不完全でした。そのため決勝戦では、なんとオウンゴールを決めてしまい、惜しくも優勝できなかったのです。そんな彼らはロボットへの情熱で溢れていました。

しかし、ロボット事業はお金が掛かる、とても難しいビジネスです。そのため多くのベンチャーキャピタルは、出資しなかった。しかし私たちは、創業者のサメイという学生にはセールスの才能があり、自分たちのビジネスを説得力をもって語れるタイプであることを知っていました。だからロボットの技術だけではなく、彼らがそれをビジネスにする力を信じたのです。

当初は教育用のロボットを売っていたグレイオレンジでしたが、その後に苦心してチャンスを見出したのが、物流倉庫を自動化するためのロボットとソフトウェアでした。そしてインド最大のイーコマース企業であるフリップカート（Flipkart）が、彼らの活躍を目に留めたことから、ロボットを導入してくれたのです。

アマゾンが証明した通り、イーコマースというのはバックエンドの物流システムが極めて重要です。フリップカートの経営者はそれを理解しており、自社の物流子会社にロボットを試験的に導入してくれた上に、米国の有名ファンドであるタイガー・グローバル（Tiger Global：P316）のトップに、とてもおもしろいスタートアップだと紹介をしてくれました。

タイガー・グローバルはわざわざ米国のMIT（マサチューセッツ工科大学）から、ロボットの専門家を呼び寄せて、グレイオレンジのテクノロジーは本物なのか調査しました。そしてインドのイーコマースが急成長するなら、この物流ロボットも成長すると考えて、通常では相手にしないような小さなスタートアップに小切手を切ったのです。

このニュースが広がると、その他の投資家から問い合わせが殺到しました。グレイオレンジはインドから、シンガポール、香港、日本などのマーケットにも手を広げ、アメリカ進出も果たしたのです。そこでは大手物流業者に合計5000台ものロボットが採用されて、ピーター・ティールが率いるファンドからの投資も受けることになりました。

いまでは世界最大のアパレル企業であるZARA（運営会社インディテックス）や、H&Mといった会社たちの物流倉庫でも、このグレイオレンジのロボットが働いているのです。出会ったときには学生だったサメイは、いまではアメリカに拠点を移しており、インド発のグローバル企業のモデルになろうと奮闘しています。

アメリカとの往来がスタートアップの波をつくっている

かつてインド出身のテクノロジー人材が、世界的な注目を集めたことがありました。それが2000年を迎えたときに、これまで下2ケタの数字で西暦を管理してきたコンピュータシステムが、とんでもない誤作動を起こすのではないかという「2000年問題」でした。

このとき、大量のインド人エンジニアたちが米国にやってきて、プログラムの修正のために働きました。その仕事ぶりと、英語によるコミュニケーション能力の高さによって、欧米からＩＴ関連のビジネスがさらに舞い込むきっかけになりました。

実は２０２０年に始まったパンデミックは、インド人のエンジニアにとって「２０００年問題」の再来だと思っているのです。なぜならリモートで働くのが当たり前になり、シリコンバレーにいなくても、世界的なスタートアップがつくれるとみな考えているからです。そうした仕事を最も得意としているのが、欧米とインドにまたがって仕事をしてきたインド人なのです。

だから私たちは、アルカ・ベンチャー・ラボ（Arka Venture Labs）という投資会社をつくりました。これはインドのＢ２Ｂスタートアップに対して、アメリカ市場でビジネスを伸ばすための資金やサポートを提供する会社です。

そもそもグーグルのＣＥＯのスンダー・ピチャイから、マイクロソフトＣＥＯのサティア・ナデラ、またアドビＣＥＯのシャンタヌ・ナラヤンまで、すべてインド移民ですよね。こうした人たちは、かつてインドからアメリカに渡った、いわば頭脳流出していった人材なのです。

アメリカとインドには強い結びつきがあり、１９６０年代、１９７０年代に、アメリカはたくさんのグリーンカード（永住権）をインド人の医師たちに発行しました。当時は、アメリカに医師が足りなかったからです。その後にエンジニアや、ビジネスパーソンたちも続きました。

そして現在、そうしたインド人の頭脳たちが母国に舞い戻ってきているのです。もちろんアメリカに残っている人もいれば、インドに戻ってきた人もいる。研究開発に深く関わった人たち、起業家精神を持った人たちが国境を越えて、インドのスタートアップの大波をつくっています。そこに挑んでいるのは、グレイオレンジだけではありません。

これからみなさんは国境を越えて、世界的なスタートアップをつくるインド人の起業家たちをもっともっと目にすることになるでしょう。

東南アジアの
ブルー
オーシャンを

制する賢者

アジア・パートナーズ
(Asia Partners)

2019年、東南アジア最大のテクノロジーグループであるシー(Sea)の社長だったニック・ナッシュを中心に、合計6人が立ち上げたVC。急成長する東南アジア7億人の経済圏をターゲットに、有望なスタートアップに成長資金を注ぎ込む。東南アジアに焦点を当てたVCとしては、最大の規模をほこる。

本拠地……シンガポール
社員数……6人

イグジット数/累計投資先数……1社/7社

主な投資先……GudangAda, RedDoorz, SCI Ecommerce, Doctor Anywhere, Snapask, Carsome, Kaspi Bank

マネジングパートナー
(共同創業者)
ニック・ナッシュ
(Nick Nash)

東南アジアに、時価総額で18兆円を超えた圧倒的な企業がある。ゲーム、イーコマース、デジタル決済などを展開するシー（Sea）だ。シンガポール生まれのテクノロジー企業で、創業から10年あまりで東南アジアの圧倒的ナンバーワンの地位を築いた。

そのシーが光り輝くずっと前に、密かに投資をしていた男がいる。それがニック・ナッシュだ。シーを見つけたのは、ジェネラル・アトランティックという米国の投資会社に勤めていたときのこと。資金調達を手伝っていると、投資先であるシーから手腕を買われて逆指名、社長（グループ・プレジデント）としてヘッドハントされたという経歴を持つ。シーの成長期を財務面で支えながら、2017年には見事にニューヨーク証券取引所への上場に導いた。

そんなニックが次に挑戦するのが、東南アジアからシーに続くようなスタートアップを生むことだ。2019年に立ち上げたアジア・パートナーズ（Asia Partners）は7億人が暮らす、この新しい経済圏に賭けるベンチャーキャピタルだ。

東南アジアには、シリコンバレーとは異なるどんなゼロイチが生まれるのか。未来の勝ち馬を見抜く方法を研究し続ける気鋭の投資家、ニックに聞いた。

ニック　私のVCとしてのキャリアは2002年、コンサルティング企業のマッキンゼーを経てジェネラル・アトランティック（General Atlantic）という投資会社に飛び込んだことからスタートしました。

ジェネラル・アトランティックは、テクノロジー企業への投資を専門に行い、約780億ドル（約8.5兆円）の資産を運用しています。みなさんもよく知っている、免税店のDFS（デューティ・フリー・

ショッパーズ）の創業者が立ち上げました。このビジネスで巨万の富を築いたチャールズ・フィーニー氏が、一族の資産を管理するためにつくったファミリーオフィスが原点なのです。

当初は不動産や石油ガスなどにも投資をしていましたが、その後、テクノロジーに特化したファンドとして頭角を現してゆきます。

投資家としての転機がやってきたのは２０１１年のことです。当時の上司から、シンガポールにオフィスを開くので、ぜひ赴任してくれないかと声を掛けられたのです。行くとなれば、もちろん家族連れになります。妻に相談すると、「行くに決まってるじゃない。その場でイエスと即答すべき大チャンスよ」と尻を叩かれました。そんなこんなで、私は成長まっ盛りのシンガポールに降り立ったのです。

足元にあった「ダイヤの原石」

ニューヨークとは違って、ジェネラル・アトランティックの知名度もブランドもない。そんなシンガポールを根城に、東南アジアのスタートアップ投資のチャンスを探しました。インドネシア、タイ、マレーシアなどを飛び回っていましたが、私たちのスタートアップのオフィスから１キロしか離れていない場所に、キラリと光る「ダイヤの原石」を発見したのです。

それがシーという会社です。ゲームから始まり、イーコマース、デジタル決済など次々に事業を拡大し、いまや時価総額１６４６億ドル（約18兆円）を超える東南アジア最大の巨大テック企業になりました。

シーは、私も在学していたスタンフォード大学ビジネススクールの1年上の先輩だった、フォレスト・リーが創業しました。

もともとオンラインゲーム用のプラットフォームとして、インスタントメッセンジャーのようなサービスから始まりました。東南アジアの多くの言語に対応し、VPNの機能が付いていたので、ベトナムにいても、タイにいても、みなネットゲームを楽しめたのです。

そこにオンラインゲームの人気カテゴリとなる、マルチプレイヤー・オンライン・バトル・アリーナ（MOBA）の大波がやってきました。これはプレイヤーが異なるチームに分かれて、互いの陣地を攻撃し合うオンライン対戦ゲームのことです。

シーは2009年から様々なゲームを配信しており、アジアですでに成功をしていました。その成功を糧に、アメリカの超ヒット作品を東南アジアの国々に独占配信するチャンスを手にしたのです。例えば、お化けタイトルである『リーグ・オブ・レジェンド』の開発会社を説き伏せて、独占配信することに成功しています。

言ってみれば、コカ・コーラのボトラー（コカ・コーラ社から原液をもらい、ジュースの製造から販売まで行う）のようなもので、ビジネスとして大変旨味があるものでした。これが、ゲーム会社としてのシーの爆発的な成功を後押ししたのです。さらに、2017年からは独自のゲームタイトルもつくっています。つまり配信会社から、独自のIPを抱えるようになった。このゲームは2020年、世界で最もダウンロードされたゲームになっています。

米国からは「見えない景色」

シーが立ち上がった2009年頃、「シーへの投資は、パスだな！」と豪語する投資家たちが多数いました。多くの投資家は、すでに成功した国やエリアにある、既存のサービスとの相対感でしか値付けできません。だから新しいサービスが新しい市場で登場すると、ほとんどが「価値ゼロ」とみなすのです。

さらにシーが特殊だったのは、創業期からまったくお金に困っていなかったことです。アジア屈指の大富豪ファミリーであり、シャングリラホテルなどを所有している、クオック家が出資していたからです。さらに、中国の巨大テクノロジー企業のテンセントも、株主に入っていました。だから信じられないことに、まだ創業して間もないシリーズAの資金調達で、シーの時価総額は10億ドル（約935億円）と評価されてユニコーンになっていました。すでに年間で1500万ドル（約14億円）の純利益を上げていたのです。

一体どれだけのスタートアップが、累計20億円ほどの資金調達で、これだけの利益を上げられるでしょうか。

一方で、私が働いていたジェネラル・アトランティックも、彼らを過小に評価していました。中国では、シャンダ（Shanda）やパーフェクト・ワールド（Perfect World）というオンラインゲームの上場企業がありましたが、お世辞にもホットとは言えなかった。アメリカからすれば「なんで斜陽なゲーム産業にカネを入れるんだ」と思ったでしょう。

しかも投資しても、シーの取締役会のメンバーの席はくれないという条件でした。だから本社を説得するのは一苦労。それまで10年間、ジェネラル・アトランティックでがむしゃらに働いた実績がなかったら、誰も首を縦に振らなかったでしょう。そういうディールだったのです。

本社のゴーサインが出たのは、シーに初めて出会ってから3年後の2014年。そこから、ものすごい勢いで、ニューヨークと東南アジアを往復しました。飛行機の乗りすぎで、鼓膜が破れてしまったほどです。そして、なんと私自身がこのシーの社員になってしまうのです。

投資家から「社長」に転身

あれは2014年11月、ジェネラル・アトランティックからアメリカへの帰任が命ぜられていた頃です。シーの創業者のフォレスト・リーとランチをしたときに、彼から「シーグループの社長にならないか」と切り出されたのです。

「東南アジアはこれから最高におもしろくなる。もし子どもたちが将来、自慢に思うようなことを僕らができるとしたら、その現場はアメリカなのか、それとも東南アジアなのか」

その問いで、私の脳裏によぎったのは、中国のアリババです。ジャック・マーを創業時から支えた名参謀に、ジョセフ・ツァイ（共同創業者・副会長）という人物がいます。ジョセフは、アメリカのロースクールを卒業した後、投資会社に就職。そこで香港に派遣されて、投資先を探しているうちにジャック・マーに出会うのです。

彼はアリババへの投資を決めた後、ジャック・マーのラブコールを受けて、高給が約束されていた欧米の仕事を捨てて、アジアのスタートアップの経営者になったのです。そのとき、私も「彼のように生きてみたい」と思ったのです。

そしてシーの社長として働いていく中で、必ずしもアメリカ流のやり方が、唯一の「勝利の方程式」ではないことを知りました。例えばアメリカの社会では、CEOはカリスマ性があり、ビジョナリーでなければいけません。

とにかくタフで万能でないと、リーダーになれないと教えられます。一方、アジアではすばらしい人材が、役割分担をしながら会社を成長させることができます。

そもそもアジア全体では合計40億人が暮らしており、それぞれの分野にふさわしい人材で分業できる。これが、アジア流の成功のポイントです。フォレストと私のコンビも、まさにそうでした。

フォレストはシーのプロダクト戦略をすべて引き受け、才能ある人材の採用を担いました。一方、私はオペレーションや資金調達を引き受けました。損益計算書を管理する人、キャッシュフローを計算する人など、通常アメリカではCFOが一人でやるような仕事を、さまざまな人が分業して各々が最も得意なことに集中できる体制をつくったのです。この仕組みによって、シーはものすごいスピードで動くことができます。

そして、シーはゲーム事業のみならず、デジタル決済、イーコマースの分野でどんどん東南アジアにビジネスを広げていきました。そして、世界で最も利益の高いインターネット企業の一つへと大躍進したのです。

移民の子でも、戦える

シーは2017年9月、ニューヨーク証券取引所に上場しました。そして東南アジア発の企業として、過去最大の資金調達に成功したのです。私はその後、東南アジアから生まれる次世代の起業家たちを支援したいと思いました。それが東南アジアに特化したベンチャーキャピタル、アジア・パートナーズを立ち上げたきっかけです。

私は、まさか自分が創業者になる日が来るとは夢にも思っていませんでした。というのもインド移民の子どもとして育ったからです。身長は163センチメートル、アメリカの典型的な白人のCEOの姿とは違います。CEOたちが当たり前のようにたしなむゴルフも苦手です。

私の両親はインドからポケットに400ドルを入れてアメリカにやってきました。私たちは、メイフラワー号に乗ってきた白人の子孫ではなく、その逆です。起業家は「白人の子どもが目指すもの」と思って育ちました。

だから自分は、きっと一生どこかの会社の従業員だろうと思ってきました。しかし社長として働いたシーは、とても魅力的な会社でした。体の使っていない筋肉を見つけて、それを動かす感覚がありました。

私たちは「これは自分には無理だ」という文化的な思い込みを持っています。最悪の思い込みは、他人から押しつけられたものではなく、自らの思い込みなのです。

私なりの野心と、それまで身につけた自信。この二つをもって、新しいＶＣであるアジア・パートナーズをつくろうと決意したのです。

手本は中国、新産業の「空白地帯」を探せ

アジア・パートナーズが狙うのは、東南アジアで急成長するスタートアップです。

私たちは、２０２９年までに東南アジアから、時価総額が１１００億円以上になるユニコーンや、それ以上のデカコーンが20社以上は誕生するとみています。これは当てずっぽうではなく、ちゃんとした根拠があります。

一つは、東南アジアの可処分所得が中国の10年前のレベルに来ていること。つまり、これから中国がたどったような、中間層が大きく成長する黄金時代に入るのです。

その中で、中国で盛り上がっていて、まだ東南アジアにない「空白地帯」を見てみると、デジタルヘルス、フィンテック、イーコマースの物流といった分野が見えてきます。その分野で、これから成長してくる芽を数えると20を超すのです。そして、その半分が今後10年の間にＩＰＯを迎えることになるでしょう。私たちは、この数字に絶対的な確信を持っています。

では私たちが、どのようにスタートアップを選ぶのか。その必勝法はシンプルです。いまや成熟した中国で、どのような企業が花咲いたのか、その歴史を緻密に分析することです。どの産業分野が成長し、どこに大成功したスタートアップが生まれてきたのか。その軌跡をたどると、ものすご

くおもしろいことがわかります。東南アジアのエコシステムは、中国の「10年前」をそっくりなぞっているのです。

中国のスタートアップがＩＰＯした時期と産業を見ると、成長の始まりは「通信」です。その後、オンライン広告、ゲーム、旅行会社などが生まれました。実際、シーが株式上場を果たしたのは、中国のアリババが香港証券取引所に上場してから10年後の出来事でした。私たちは中国の成長産業の歴史から、次にどんな波が東南アジアに来るのか予想し、空白地帯を埋めようとしています。

例えば、その一つがオンライン教育のスナップアスク（Snapask）です。スナップアスクは高校生、中学生向けの家庭教師オンラインアプリで、宿題や受験勉強の手助けをしてくれるサービス。コロナ禍の２０２０年４月から11月までで、登録学生数は40％増加し、売り上げは45％伸びました。

スナップアスクは香港で生まれた企業です。香港はアジアのどの都市よりも資金力がありますが、興味深いことに、多くの香港の投資家が地元生まれのスタートアップを見落としてきました。これはニューヨークのスタートアップが、地元の投資家に長く無視されていたことと似ています。

ダイヤの原石を見つけようと、遠くばかり見ていたら、実は足元にあった。まさに、灯台もと暗しなわけです。私たちは、スナップアスクのユーザーの半分が東南アジアにいることに目をつけました。

二つ目は格安ホテルチェーンを運営する、レッドドアーズ（RedDoorz）です。ここは東南アジアで最大の資産を持つ、ホテルマネジメント会社になっています。新型コロナにもかかわらず、彼らの収益は２０２０年に2倍以上になりました。インドネシアの国内線のフライトは通常レベルまで戻っていて、それに伴いホテルも回復している。これはエアビー・アンド・ビーよりもずっと強い回復を示しています。

三つ目は、中古車取引プラットフォームのカーサム（Carsome）です。中国ではオンライン自動車取引の企業が多いのですが、これは東南アジアにやって来る波だとみています。そしてパンデミック前と現在では、取引量が2倍になっています。誰もバスやタクシーを使いたいと思わない中で、車を買いたい消費者の需要を掴みました。

時価総額にして18兆円を超えるシーのような企業であっても、日本では未だに名前を聞いたことがないという人は意外と多いのではないでしょうか。シリコンバレーが「世界リーグ」だと思うと、そのまわりが見えなくなってしまうのです。

世界はシリコンバレーの外でも爆発的に成長しようとしている。そして東南アジア発のユニコーンの名前を皆さんが聞く日は、そう遠くないのです。

インドネシアを圧倒する、創業投資の

パートナー（共同創業者）
衛藤バタラ
（Batara Eto）

カリスマ

イーストベンチャーズ
(East Ventures)

2009年、インドネシア出身の起業家であるウィルソン・クアカと衛藤バタラ、そして日本のスタートアップ投資家である松山太河の3人が組んで、インドネシアと日本にまたがるVCとして誕生。各国に独自のファンドをつくり、多数の創業期のスタートアップに投資して、ユニコーン企業の原石を掘り当ててきた。

本拠地……………………ジャカルタ(インドネシア)
社員数……………………13人
イグジット数/累計投資先数………116社/478社
主な投資先……………Tokopedia, Traveloka, Kudo, Ruangguru, ShopBack, BukuWarung, Warung Pintar, Lang-8.com, Shippo, Tech in Asia, Mercari, Gumi, SmartHR, SYNQA

パートナー(共同創業者)
ウィルソン・クアカ
(Willson Cuaca)

東南アジア最大のマーケットは、人口2億7300万人を抱えるインドネシアだ。このインドネシアがスタートアップ投資とは縁のなかった時代から、地元にいる若き起業家たちに目をつけては、新しいビジネスをつくる支援をしてきたベンチャーキャピタルがある。

それが、インドネシアで圧倒的な知名度とブランドをほこっているイーストベンチャーズ（East Ventures）だ。共同創業者は3名おり、ウィルソン・クアカと衛藤バタラはインドネシアで育った高校の同級生、もう一人は日本のエンジェル投資家として有名な松山太河だ。

日本とインドネシアという二つの国をまたぐように生まれたこのベンチャーキャピタルは、日本でメルカリやビズリーチなど有名スタートアップへの投資で知られる一方で、海の向こうでは、1000億円を超えるユニコーンを大量に発掘している。

彼らがイーストベンチャーズを創業した2009年、ターゲットにしたのは、まだインターネットを使ったことがないインドネシアの人口95％の人々だった。スマートフォンの普及によって、初めてインターネットを使うことになる巨大な未来市場がそこにあると踏んで、とりわけ若いスタートアップ創業者に投資を続け、いまでは450社以上のポートフォリオを抱えている。

インドネシア人が、インドネシア発のスタートアップを信じなかった時代、彼らはどのようにして投資チャンスを見出したのか。そして何千人、何万人という創業者たちを見て、彼らが出した「すばらしい創業者」に共通するポイントとは何か。

イーストベンチャーズ共同創業者のウィルソンとバタラに話を聞いた。

ウィルソン　私はインドネシアのスマトラ島北部の出身です。高校時代はコンピュータが大好きなギークであり、そこで出会った同級生というのが、のちにイーストベンチャーズをともに設立する衛藤バタラでした。お互いにいつも夜更けまで、オンラインでチャットをして遊んでいました。

高校卒業後、バタラは日本の大学に留学して、東京に行ったのです。そこでミクシィという日本版のＳＮＳの創業メンバーの一人として、株式上場なども経験し、とても大きな成功を手にします。

一方の私はというと、インドネシアの首都ジャカルタに行きました。そして大学在学中から、インターネットを使うための必須デバイスとなっていた、シスコ製品について学び、そのデバイスを使ってネットワークをつくる仕事を始めていました。

その後にシンガポールに渡ると、スタートアップの経営を始めました。そして２００８年、iPhoneで使うためのアプリを販売するアップストアが誕生するやいなや、まっさきにアプリづくりを始めたのです。

ちなみにシンガポールでは政府みずからベンチャー投資のファンドをつくり、スタートアップを活気づけていました。おもしろかったのが、シンガポール政府によるスタートアップ育成政策の一つ。これはスタートアップに対して1社50万ドル（約５５００万円）を出資して、上限として20％の株式を取得するというものでした。

この政策が実行されると、一夜にして企業価値が２５０万ドル（約2億７０００万円）のスタートアップが、シンガポールに雨後の竹の子のように発生したのです。すべての創業者たちが、満額の５５００万円を受け取って、上限である20％の株式を差し出すのですから、そういう計算になりますよね。

私はバタラとシンガポールで再会をすると、「インドネシアでは、まだ誰もスタートアップ投資をやっていない。すごい価値を生み出せるんじゃないか」と語り合ったのです。

これが、イーストベンチャーズの始まりになりました。

イーストベンチャーズは、ローカルな問題に挑むようなスタートアップに焦点を絞りました。グローバルなエコシステムには、グローバルな解決法を提示する企業がある。サーチエンジンならグーグル、SNSならフェイスブックがあります。イーストベンチャーズは、そこには投資をしない。

インドネシアには約1万7000の島々があり、合計で500もの方言があり、東西に三つの異なる時刻帯がある国です。インドネシア特有の市場に対して、鋭い皮膚感覚や知恵をもっている創業者たちがいます。そうした「地元」の創業者たちに私たちは投資をしようと考えました。

2009年、私たちは次のような理由で、インドネシアのスタートアップ投資にはチャンスがあると思っていました。

一つ目は、インターネットの普及率です。当時、インドネシアでは2億5000万人ほどの人口のうち、インターネットを使っている人数は1300万人でした。つまり、国民の5％ほどしか利用していなかったということです。

一方で通信会社は群雄割拠、お互いにしのぎを削っていました。これから通信価格はどんどん安くなってゆき、ネットユーザーは飛躍的に増えるだろうと思ったのです。

二つ目は、ユーザーが新しいサービスを、いかに素早く受け入れるかについての考察です。当時、インドネシアではツイッターが広く受け入れられていました。誰も、インドネシア市場でツイッターを広めようという努力はしておらず、オフィスも存在しないのにです。

インドネシアはアルファベットを使う国なので、ユーザーは欧米用につくられたプロダクトに、簡単にフィットできる特徴を持っているのです。

三つ目は、スマートフォンの端末価格です。グーグルが開発したアンドロイドＯＳは、オープンなＯＳになることを目指していました。１台あたり１００ドル以下のアンドロイド端末が出回ることで、モバイルインターネットが一気に花開くと思いました。

だからイーストベンチャーズの本拠地も、ジャカルタに置いたのです。そこで見つけた起業家が、インドネシア最大のイーコマース企業トコペディア（Tokopedia）の創業者でした。

２兆円企業をつくる男、２年間無視される

トコペディア創業者のウィリアム・タヌウィジァヤは、もともとインターネットも英語もないような地域で、貧しい家庭に育った。父親と叔父がお金を出しあって、首都ジャカルタの大学に通うことができた。しかし在学中に父親が重い病気にかかり、毎日インターネットカフェの夜間シフト担当として、午後10時から午前6時まで働き続けたという。

一方、そこで当時はほとんど普及していなかった、インターネットの世界に触れるというチャンスがあった。独学でテクノロジーについて学びながら、２００３年に大学を卒業すると、ソフトウェア企業のモバイル担当部署で働くようになる。そこで芽生えていったのが、イーコマースに対する熱い思いだ。

2007年には「インドネシアのイーコマース企業を創りたい」と上司に提案。しかし、そうしたアイデアが採用されることはなかった。それから2年間、ウィリアムはみずから出資をしてくれる投資家を探しつづけることになるのだが、どんなにプレゼンテーションをして回っても、彼を信じる人はいなかったという。

イーストベンチャーズは、そんなウィリアムが苦戦している理由がすぐにわかった。

当時のインドネシアにおける成功の条件は、米国で学んだといった海外経験、裕福なファミリーの出身者であること、そして有力者へのコネクションを持っていることだ。目の前にいるウィリアムは、どれ一つ持っていない。英語も話せないから、海外投資家は一瞥もくれない。

前年に元上司のエンジェル投資を受けたものの、成長資金のあてがないトコペディアに対して、イーストベンチャーズはわずか24時間で出資を決めた。それはイーストベンチャーズが、これまでのインドネシアの「成功する条件」とは、まったく反対のものさしで評価したからだ。

ウィルソン　ウィリアムとは2010年に出会って、その翌日には25万ドル(約2200万円)の投資を決めていました。なぜなら彼が語ってくれたストーリーに、誠実さと、徹底した一貫性を感じ取ったからです。私たちはトコペディアがいつか、インドネシア版の『楽天』になると信じました。

多くの人々は、イーコマース分野の世界的なプレイヤーが参入してきたら、トコペディアは勝てないだろうと考えていました。しかしその後、私たちはトコペディアによる「ダビデとゴリアテの戦い」(弱者が強者を打ち負かした逸話)を目にしたのです。

私たちがトコペディアに出資してから、続々とイーコマース分野に巨大資本を投下するライバルが参入してきました。米国の巨人であるイーベイは、インドネシアの政府系通信会社のテルコム・インドネシアと手を組んで、ブランジャ(Blanja)というサービスをいきなり立ち上げたのです。

もちろん、最初は不安になりました。彼らは最先端のテクノロジーを、余すことなくインドネシアのイーコマース市場に持ち込むのだろうと思いましたから。しかし、私たちはまだ未成熟なインドネシアのイーコマースで、そんなテクノロジーが機能することはないと知るのです。

いきなり洗練されたサイトをつくっても、インドネシアの人たちにはピンとこない。インドネシア人の好みは、もっとゴチャゴチャして、カオスなものでした。ウェブサイトの至るところでバナーがチカチカと光っている。そういうのが好きだったんです。

同じく2012年、ドイツのロケットインターネット社が立ち上げた、ラザダ（Lazada）というイーコマース企業もインドネシアに参入してきました。彼らはまだ帽子のようなアイテムしか売ってないのに、高額なテレビ広告をばんばん打ってきました。これには驚きました。

しかし、トコペディアは徹底して低コストな施策をとりつづけた。グーグルのSEO(検索エンジン最適化）やオンライン広告などを続けながら、地道なマーケティングをやっていました。

そしてテレビ広告については、ライバルの「死角」が見えていました。彼らがテレビ広告を打つたびに、インドネシアの消費者たちはイーコマースに興味を持つ。そしてオンラインで検索すると、トコペディアのサイトが上位にヒットするように、私たちはユーザーを呼び込んでいたのです。

なによりトコペディア上でモノを売ってくれる販売業者の支援に、とにかくこだわっていました。ローカルの起業家というのは、ビジネスにおける「時機」をつかまえる皮膚感を持っています。トコペディアで最初に売れたアイテムは、「私たちは恐れていない」というスローガンが書かれたT

シャツでした。これは2009年に発生したジャカルタの爆弾テロ事件を受けて、多くの国民が掲げたメッセージをプリントしたものです。

トコペディアは、このキャンペーンが起きるとすぐに反応して、大量のスローガンつきTシャツを売るようになりました。名もなきイーコマースが、創業ののろしを上げたわけですね。

そして気がつけば、一つまた一つと海外からやってきたプレイヤーを退けていったのです。

私が「プレゼン資料」を見ない理由

そして私たちはいま、450社以上のスタートアップに投資しています。彼らがユニコーンになろうがなるまいが、投資すべきだと思いました。

そうした投資を通して、どうすればすぐれた創業者を特定できるのかを考え続けてきました。なんとか共通する要素を見つけようとしてきました。その結果として生まれた仮説が、「誠実さ」「矛盾した性質」「ハイレベルな自己認識」の三つが決め手だというものです。

まず一つ目は、誠実さですね。誠実さの本質はなにか考えたら、それは誰もあなたのことを見ていなくても、正しいことができるということです。そうした人物というのは、ビジネスにおいても一貫したストーリーを語るものです。何を聞いても、一貫した答えを返してくる。

二つ目は、矛盾した性質です。例えばグローバルな知識をもっていながら、そうしたビジネスをローカルで実現できること。ものごとを幅広く見渡せるジェネラリストでありながら、特定のエリアについては深い知識を持つエキスパートであること。こうした、二つの相反する性質を、兼ね備えているということです。

最後が、ハイレベルな自己認識です。なぜ自己認識が大切なのかといえば、スタートアップの経営にあっては、１００人、１０００人、時には1万人という異なる能力を持つ人たちを集めて、彼らに働いてもらわなければなりません。もしあなたが自分の弱点を理解していれば、その点について自分より賢い人を採用することができる。強みがわかっていれば、その強みを倍々にできます。

究極を言えば、起業家の本質というのは自己認識だと思っています。自己認識ができる人間は、なぜみずからが四苦八苦しているのかを知っており、みずからが知らないものは何かを把握できる。そうした人たちは、ものすごく謙虚です。

私がもし「これから５０００億円の市場を手にする予定で、毎年の成長率が30％を記録しており、3カ月以内にキャッシュ・フローがプラスになるんです」という完璧なプレゼンをこなす人物に出会ったら、逆に不安になりますね。あなたの弱みはなんですか、と彼に聞くでしょう。

私が起業家と話をするときは、プレゼンテーション資料は不要だとお伝えしています。そして、彼らとはただ向き合って話をするわけです。

先ほどの三つの仮説を見抜くために、美しいプレゼンテーションなどは不要なのです。

インドネシアの「リープフロッグ現象」

イーストベンチャーズは、日本とインドネシアの双方にルーツを持つ、いささか不思議なベンチャーキャピタルとして始まった。しかし共通しているのは、ローカルのスタートアップコミュニティに深く根付いて、有望株を発掘してゆくアグレッシブさだ。

日本側では、共同創業者である松山太河氏が、連続起業家の山田進太郎氏が新しくつくるスタートアップのアイデアを聞いて、歩きながらメルカリへの初期投資を決めたという逸話がいまでも知られている。

一方でインドネシアでは、大財閥のグループ企業が幅を利かせている現地のビジネスシーンにおいて、インターネット産業に挑もうという若き創業者らに投資をしていった。ちなみにインドネシアのビジネスエリートたちの多くは、そうした投資に興味を示さなかったという。

しかし時は流れ、いまではインドネシアで最も人気のある就職先には、すでに巨大になったスタートアップたちが顔を並べている。その代表格であるのが、配車サービスから始まったゴジェック（Gojek）と、先に紹介したトコペディア（Tokopedia）という評価額1兆円以上のメガコーン企業たちだ。

また社会におけるスタートアップの地位は飛躍的に高まり、ゴジェック創業者であるナディム・マカリム氏は2019年、まだ35歳という若さで、インドネシア政府の教育大臣という要職に就任している。また大企業の幹部クラスに、三顧の礼をもって迎えられるスタートアップ幹部も多い。

さきほどの2社は2021年4月、東南アジアにおける市場競争に勝ち残るために経営統合して、ゴートゥーグループ（GoTo Group）という新たな巨大スタートアップ企業になっている。そしていつしかイーストベンチャーズの投資金額も、インドネシアが日本を逆転するまでになった。

バタラ　2009年にイーストベンチャーズを立ち上げた頃、インドネシアのスタートアップ産業は日本と比べて10年は遅れていた。正直なところ、そもそもそんなに多くの投資先候補がなかったのです。だから、おもしろいと思ったらどんどん出資していきました。ただし、私たちが工夫をしたのは「他の投資家を巻き込む」ということでした。

当時はイーストベンチャーズ・ナイトというイベントを、何年間か主催していました。日本で成功したエンジェル投資家であったり、サイバーエージェント系のベンチャーキャピタルであったり、日本のIT企業の担当者などを招いて、インドネシアのスタートアップとつなぐイベントです。

だからトコペディアに私たちが投資をした後、サイバーエージェントやソフトバンク・ベンチャー・アジアなど、日本系資本が彼らを支えています。これは、私たちが日本とインドネシアをつなげていたからです。インドネシアのスタートアップを信じていないのは、むしろインドネシアのビジネスパーソンたちでした。

あれから10年経って、状況はまったく変わっています。いまインドネシアのスタートアップには、海外の資本もどんどん入ってきています。かつて笑われたようなスタートアップが、伝統企業を上回る時価総額をほこり、経済のメインストリームになっています。

日本は戦後から経済成長をし続けた中で、伝統的なビジネスの基盤がものすごく強い。だからスタートアップがリテール分野をやろうが、物流分野をやろうが、既存産業に入り込みづらいんですよね。資本面でも、オペレーション面でも、楽には勝てません。

ところが、インドネシアは基幹産業がスタートアップに切り替わりやすいのです。例えば投資先にルアングル（Ruangguru）という教育系スタートアップがあります。インドネシアの学生向けに教育コンテンツをたくさんつくっており、オンラインで提供していますが、ものすごく伸びています。すでに1000億円の企業価値に近づいているんです。

日本ではリクルートがサービスとして「スタディサプリ」をやっていたり、オンライン英会話のレアジョブがあったりしますが、それでも単体でユニコーンクラスの会社はない。そもそも日本は学習塾がたくさんあるので、オンライン塾が台頭するのは簡単じゃない。

インドネシアではそこをスキップしてしまう。いまではインドネシア最大のエドテック企業で、5000万人以上のユーザーが使っています。

インドネシアにおける商機を見て、自分たちでつくったスタートアップもあります。会社名はワルン・ピンター（インドネシア語で、スマート屋台という意味）。もともとインドネシアには、数百万軒という小さなキオスクが街にあるのですが、彼らをデジタル化しています。CEOは、イーストベンチャーズで働いていた人物です。

きっかけはイーストベンチャーズが新しいオフィスに移転したら、その前に小さなキオスクがあったことなんです。長らく経営していたようですが、あまり清潔ではなくて、見栄えも悪かった。そこで私たちがキオスクをきれいにして、誰もがWi-Fiを使えるようなホットスポットにしてあげたんです。

すると、配車サービスのドライバーたちが、Wi-Fiを使いたかったり、スマートフォンの充電をしたいという理由からそのキオスクに集まるようになった。そしてあっという間に売上高が3倍になったんですよね。これを見て、スマートなキオスクを仕組みにできると思ったのです。

これまでキオスクの店主たちは、お砂糖を一つ仕入れるにも、すべて手書きでメモをして、自分で買い出しに行っていたわけですよね。このワルン・ピンターのアプリを使うと、必要な品物を仕入れて、届けてもらうことができます。買い出しのために店を閉めて、機会ロスをすることもありません。

ワルン・ピンター側は、そうした商品を仕入れてもらうときに、手数料をとっています。つまりキオスク向けのB2Bのイーコマースを経営しているのに近い。加盟してくれるキオスクが増えるほど、その卸売をしているワルン・ピンターにも購買力がつくので、利益率が上がってゆきます。

かつてイーストベンチャーズを始めた頃、ファンドの資金を集めようとすると「インドネシアのインターネット企業で、上場した会社はあるんですか」「どれくらいの時価総額になるのですか」という質問をされても、うまく答えられなかったんです。それが一番、悔しかった。

でも、現在は違います。私たちイーストベンチャーズは日本とインドネシア、それぞれに複数のファンドを運営してきましたが、気がつけばインドネシア側の資産運用額のほうが、もう2倍ほどのサイズになっているのです。

巨大な経済圏を創った、

マネジングパートナー（共同創業者）
ニコラス・セカシ
（Nicolas Szekasy）

南米最大の投資集団

カゼック

(Kaszek)

2011年、南米最大のイーコマース、メルカド・リブレの共同創業者、ニコラス・セカシとエルナン・カザが立ち上げた。それまでVCが存在しなかった南米でスタートアップ投資の基礎を作り、ラテンアメリカ発のユニコーンの半分以上を支援するという、圧倒的な実績をもつ。

本拠地……………………ブエノスアイレス(アルゼンチン)
社員数……………………10人

イグジット数/累計投資先数…………28社/189社

主な投資先……………Nubank, QuintoAndar, NotCo, Kavak, Creditas, Bitso, Loggi, Tiendanube, Xepelin, JOKR, La Haus, Cora, GetNinjas

かつてインターネット産業の「蚊帳の外」にあり、ベンチャーキャピタルすら存在しなかったラテンアメリカ（中南米諸国）。しかし、過去5年間にわたってスタートアップ投資額は倍々ゲームで増えており、2021年はいよいよ1兆円を超える。

そんなラテンアメリカで、圧倒的な存在感をほこるベンチャーキャピタルがカゼック・ベンチャーズ（Kaszec Ventures）だ。彼らはラテンアメリカから生まれるユニコーンの過半数に投資をしており、カゼックファミリーの傘下からは、すでに南米を越えてグローバル展開するプレイヤーが生まれている。

カゼック創業者のニコラス・セカシとエルナナン・カザの二人は、ともに南米最大のイーコマース企業である、メルカド・リブレ（Mercado Libre）の創業メンバーだ。インターネットユーザーが人口の数％しかいなかった時代から、この南米のデジタル化を20年間にわたって引っ張ってきた「マフィア」たちが、次世代投資を加速させている。

ブラジル、アルゼンチン、コロンビア、チリを始めとして、総人口6億人を抱えているラテンアメリカ。その巨大な新興市場を、地場発のトップVCであるカゼックはどのようにデジタル化しているのか、共同創業者のセカシが明かした。

ニコラス　1999年は、南米がテクノロジーによって新しい世界に変わった変節点でした。そこでは、中南米最大のイーコマース企業になる「メルカド・リブレ」が産声を上げたのです。私はそこでジェットコースターのようにアップダウンするこの会社のCFO（チーフ・ファイナンシャル・オフィサー）となったのです。

メルカド・リブレは、スタンフォード大学のビジネススクールに留学した、南米出身の起業家チームがつくったスタートアップです。ＣＥＯのマルコス・ガルペリン、ＣＯＯのエルナン・カザのどちらも、私より後にスタンフォードにやってきた後輩であり、みな顔見知りでした。

彼らはオンラインで品物を売買したり、オークションができるウェブサービスを構想していました。しかし、当時のラテンアメリカのインターネットの普及率は、わずか2〜3％でした。それもイーメールを送るか、オンラインニュースを見るくらいのもので、イーコマースというジャンルすら存在しませんでした。

「ネットで物を買うだって？　手で触って、その商品を確かめるようなお国柄の場所で、ジョークはやめてくれよ」と、ラテンアメリカの誰もが言っていた時代です。しかしアメリカではイーベイのような会社が台頭しており、インターネットの大波がやってきているのは明らかでした。

メルカド・リブレの経営チームはものすごく強力で、コアチームの半分は、スタンフォード時代の同窓生たちを引き抜いてつくり上げました。そしてアルゼンチンからブラジル、メキシコ、コロンビアなどを飛び回って、続々とオフィスを立ち上げていったのです。

ちなみにメルカド・リブレは、イーベイにインスピレーションを受けていますが、独自の工夫をしていました。インターネット取引が信用されておらず、クレジットカードも普及していない南米で、まずはクオリティがはっきりした新品の売買にしぼり、売り手と買い手がカフェなどで待ち合わせをして、ダイレクトに金銭の受け渡しができる仕組みにしたのです。

そんな中で大きな試練だったのは、インターネットバブルが弾けた２０００年です。私たちはその年に４６００万ドル（約49億円）を資金調達したばかりでしたが、市場は一気に冷え込み、スタートアップにはお金が流れてこなくなった。

あるメルカド・リブレの投資家からは、いますぐに会社を畳んで、手元のお金を投資家たちに返すべきだという声も上がりました。立ち止まったら、死あるのみ。アメリカやスペインなど海外事業をすぐに停止して、猛烈にコストカットを進めた上で、すこしでも収益を高めるプロジェクトを推進しました。

創業当時、ラテンアメリカでイーコマースをやろうという会社は、100社ほどありました。しかし1年後に生き残っていたスタートアップは、わずか4社でした。そして数年後に残ったのは、メルカド・リブレともう一社だけ。そして私たちは、最後のライバルを買収したのです。

2007年にナスダックに上場すると、一晩で時価総額は1000億円を超えました。そんな言葉はまだありませんでしたが、事実上、南米最初のユニコーンだったのでしょう。そしておもしろいことに、私たちの銀行口座には、2000年に調達したお金の半分がまだ残っていたのです。どれだけ筋肉質なビジネスをつくったか、よくわかるでしょう。

野心的なビジョナリーを発掘するための挑戦

メルカド・リブレは、いまや南米最大のイーコマースです。ユーザー数は1億3200万人もおり、時価総額は5300億ドル（約5.8兆円）を超えています。そこにはすばらしい仲間がいましたが、私はスタートアップの投資家として、新しい人生を始めようと思うようになっていました。

すでに多くのスタートアップの起業家たちが、ビジネスの相談に来ていました。しかしお金を集めようにも、南米にはベンチャーキャピタルは存在しなかった。お金の出し手といえば、アメリカのゴールドマン・サックスやJ・P・モルガンなどのグローバルな金融機関ばかりだった。

そこで2010年に、メルカド・リブレのCOOだったエルナンと話をして、メルカド・リブレのような成功をどんどん南米で増殖させるための、ベンチャーキャピタルをつくろうと考えたのです。自分たちのほうが大銀行のバンカーたちよりも、はるかに価値ある支援ができると思ったからです。

そこで私たちが設立した南米初のVCが、カゼックでした。ラテンアメリカという巨大なローカル市場に照準を合わせて、野心的なビジョンを持って、その実行力を示せる創業者を発掘してゆく。私たちはメルカド・リブレを創業したマフィアとして、彼らをサポートするのです。

そこで出会った創業者の一人が、南米最大の銀行をつくるというビジョンを掲げたヌーバンク(Nubank)でした。創業者のデビッド・ヴァレスは、お互いに長いこと知り合いでした。彼もスタンフォード大学のMBA出身者であり、シリコンバレーのトップVCであるセコイア・キャピタルのパートナーとして抜擢されるという、最高のキャリアを歩んでいました。

セコイアはブラジルに新しい投資拠点をオープンしており、デビッドはそこの責任者でもありました。そのためカゼックはよく彼と情報交換をしていたのですが、セコイアはこの新オフィスを閉じてしまった。

そこからが、彼のクレイジーなところです。なんとセコイアを退職して、これまで大銀行が幅を利かせていたブラジルに住んで、南米最大の銀行をゼロからつくるというアイデアを思いついたのです。南米に住んでいる人からすれば、あまりにも馬鹿げたアイデアです。

これは2013年のことですが、ブラジルには巨大な銀行が5つもありました。それらはバンコ・デ・ブラジルであったり、バンコ・ブラデスコといったエリート金融機関であり、この5つのプレイヤーだけで市場の80%を牛耳っていたのです。ブラジル人の知り合いは「すぐに潰されるから、やめておけ」とみな大反対しました。

一方で、ブラジルの人々はそれまでの金融サービスに強い苦痛を感じていました。ブラジルの銀行が発行するクレジットカードの多くは、なんと年利が400%ほどでした。カードには年会費がかかる上、不正行為を防止したり、テキストメッセージでアラートを受け取るのは別料金のオプションです。これがどれだけメチャクチャか、南米以外で暮らすみなさんにはわかるでしょう。

ヌーバンクはまずクレジットカードに狙いをつけた。オンラインで入会申請ができて、わずか2日間でユーザーの手元にカードが届けられる。年会費はもちろんゼロ。この紫色にデザインされたクレジットカードは、これまでユーザーの我慢によって成り立っていた、ブラジルの古い金融業界をひっくり返してゆくのです。

ヌーバンクの創業期、デビッドは小さな家を借りており、経営チームの何人かはそこで共同生活をしていました。私たちもよくその家に行って、一緒に仕事をしたものです。もし何か問題があったら、24時間365日体制で駆けつけました。

彼らが部屋にこもって革新的なクレジットカードを開発したり、ユーザーを集めるマーケティング戦略を練っているときに、私たちはヌーバンク社員の採用をどんどん進めてゆきました。メルカド・リブレで培ったネットワークを通じて、私たちは優秀な人材にアクセスできたからです。

ヌーバンクは、すばらしいユーザー体験をつくっていました。「自分の銀行を愛している人は、手を挙げてください」という質問をしたときに、誰もが手を挙げるような銀行を見たことがあるでしょうか。それほどヌーバンクのサービスは、熱狂的に愛されていたのです。

これをブラジル中に広めるために、カゼックからは「メンバー・ゲット・メンバー戦略」を提案しました。これはヌーバンクのファンが、口コミによって新しいユーザーに広めるためのプログラムなのですが、これが極めてうまくいったのです。

クレジットカードから始まったヌーバンクは、普通預金口座からローン、さらには資産運用から保険にいたるまで、あらゆる金融商品をそろえるようになりました。そして既存の人銀行の口座がなくても、すべてのサービスを受けられるようになったのです。そのサービスには、不透明な手数料はまったくかかりません。

そして現在、ブラジルを始めとして、メキシコ、コロンビアなどで合計4000万人以上のユーザーがヌーバンクを使っています。美しいデザインと、直感的で親しみやすいサービス。コストも最小限に抑えられるため、数え切れないほど多くの人たちの生活を改善しました。そしてもう、巨大な銀行も彼らを無視できなくなったのです。

ヌーバンクは兆円企業として近々上場する予定ですが、私は彼らがブラジルどころか、世界最大級のデジタル銀行になる可能性があると思っています。すべてのサービスが、オンラインで瞬間的に完結する。それほど、彼らのサービスは徹底しているのです。

瞬く間にマヨネーズ市場の10%を奪ったユニコーン

カゼックは合計で7つのファンドを運営するまでになり、これまでに96社のスタートアップに投資をしています。ラテンアメリカから生まれたユニコーンの半数が、私たちのポートフォリオに含まれているのです。そこでは欧米のコピーではなく、南米発のイノベーションが生まれています。

私のお気に入りは、急成長しているフードテック企業のノットコ（NotCo）です。チリから生まれたこのスタートアップは、植物性のマヨネーズやミルク、チーズなどをつくっています。

この分野には、競合がいくつもあります。しかし、ノットコほど独創的な戦略とテクノロジーによって、この植物性食品を生み出しているスタートアップはないでしょう。彼らは「ジュゼッペ」と名付けた人工知能を搭載した、フードテックのためのソフトウェアを開発しました。これは動物由来の製品に含まれているタンパク質を、植物の世界で模倣してくれるソフトです。

例えばノットミルクは、牛乳とまったく同じような風味があり、かき混ぜれば泡立ちます。しかしその材料は他社が使っているような、麦やアーモンドではありません。これはキャベツやパイナップル、エンドウ豆といった、想像もしないような材料を混ぜ合わせているのです。ジュゼッペが「これならミルクができる」と特定したのです。

彼らが生み出したハンバーガーのパティは、レンズ豆を使っている他社の植物肉とはまったく違います。これは食べてみないとわからないでしょうが、ジューシーで、本当に肉のような血が通っている食感がある。その他にも、植物性のアイスクリームやチーズもつくっています。

初めて出会ったとき、彼らはまだ7人のチームでした。小人数でありながら、とてもおいしい植物性のマヨネーズを完成させていました。このマヨネーズはチリで大人気になって、大手食品メーカーのクラフト・ハインツであったり、ユニリーバといった大企業から、あっという間にマヨネーズ市場の10％を奪ってしまったのです。

カゼックはその創業期に投資をして、彼らのプロダクトを、どうやってグローバル展開するかについて議論してきました。彼らはすぐにアメリカ市場に行きたがっていましたが、まずはチリで足場を固めて、そこから南米市場へと一つひとつの商品ラインナップから、パッケージ業者のネットワークを築いたのです。

そして2020年に、念願だったアメリカ市場に参入しました。彼らのつくったノットミルクは、アメリカの有名なスーパーマーケットであるホール・フーズ・マーケットの全店舗で売られています。そしてマクドナルドとは、革新的なアイスクリームを提供する話をしています。すでにユニコーン企業になったノットコの夢は、「21世紀のネスレ」になることです。

倍々に加速するラテンアメリカのVC投資

いまラテンアメリカのスタートアップ投資は、ここ数年間で倍々のスピードで拡大しています。

2017年に1000億円を超えたかと思うと、2018年には2000億円を上回り、2019

年は4300億円に。そしてパンデミックによってデジタル化が加速し、2021年は1兆円を超えるペースになっています。

私がメルカド・リブレの創業メンバーとして働いた頃は、アメリカで成功したビジネスモデルを南米に持ってきて、コピーするというパターンがほとんどでした。もちろんコピーといっても、独自のローカル市場にフィットする適応力と実行力が問われるので、それは簡単ではありません。

しかしいまラテンアメリカでは、自分たちの社会の問題を、自分たちでゼロから解決しようというスタートアップが登場しています。

カゼックが投資するオンライン不動産サービスのクイントアンダール（QuintoAndar）は、ブラジルから生まれたユニコーンです。ブラジルでは都市部で家を借りようとしても、オンラインに十分な情報はなく、かつ高額な家賃保険に入ることを求められます。そんな苦痛を解消するため、彼らは賃貸をスムーズにするプラットフォームになり、南米全体に手を広げようとしています。

メキシコで生まれた中古車を売買するマーケットプレイス、カヴァック（Kavak）はもうすぐ企業価値が1兆円になろうという注目株です。ラテンアメリカの中古車マーケットは、これまですごく不透明であり、ポンコツの整備不良車をつかまされるリスクがとても高かった。カオスだった市場を、彼らは透明にしているのです。

ビッツォ(Bitso) は暗号資産のカテゴリーで伸びており、アリス（Alice）は保険業界を変えようとしています。こうしたスタートアップが、続々と立ち上がっているのがラテンアメリカです。その中から、ヌーバンクだったり、ノットコのような、世界でも通用するイノベーションのリーダーが生まれるところまでエコシステムが進化してきました。

20年前の南米にはベンチャーキャピタルは存在せず、インターネット産業の「蚊帳の外」にありました。しかし、いまでは自信をもって「これから数十年にわたって、メルカド・リブレのような巨大企業が生まれてくるだろう」と言い切れる時代になったのです。

最後のフロンティア、アフリカ投資の

フライング・ドクター 創業者
オーラ・ブラウン
（Ola Brown）

破壊力

フライング・ドクター・ヘルスケア・インベストメント／ウイ・キャピタル
(Flying Doctors Healthcare Investment／Oui Capital)

アフリカ最大の2億人の人口を抱えるナイジェリアは、スタートアップの「最後のフロンティア」として有望視され、新興VCが立ち上がっている。2018年に設立されたウイ・キャピタルと、2011年に設立されたフライング・ドクターは、それぞれ欧米で教育を受けたエリートが運営する、次世代投資家の筆頭格となっている。

本拠地……………………ラゴス（ナイジェリア）
主な投資先……………MVX, AWA bike, AMOpportunities, Akiba, Clane, Dr CADx, Afluence, OkHi, Quabbly, TeamApt

ウイ・キャピタル パートナー
オル・オインサン
(Olu Oyinsan)

2050年の世界において、中国、インドに次ぐ、グローバルで第3位の人口をほこるようになる未来の大国。それはアフリカ最大の経済圏を持つ、ナイジェリアだ。

2021年、倍々ゲームで伸びているアフリカのスタートアップ投資額は49億ドル（約5500億円）を超えたが、そのナンバーワンとしてナイジェリアは熱い視線を集めているスタートアップ投資の「ラストフロンティア」だ。

人口は右肩上がり、若者が圧倒的に多くを占めるが、いまだに医療や交通などのインフラは未整備。そんなナイジェリアにおいて、スタートアップとはビジネスのみならず、本来は国がやるべき公共インフラの領域まで手を広げる社会的なムーブメントになりつつある。

銀行口座を持たない人たちが使えるデジタル送金から、1日単位で加入できるマイクロ保険、さらにはブロックチェーンを使った金融インフラをつくること。また富裕層を除けば、まともな病院にかかることはできず、慢性的にクスリや医療機器が足りない医療インフラを、多種多様なスタートアップたちが担っている。

そんな国家全体のアップデートを裏で支えているのが、現地生まれのVCたちだ。

アフリカの医療ヘルスケア分野の投資に特化したフライング・ドクター・ヘルスケア・インベストメント（Flying Doctors Healthcare Investment）と、テクノロジー分野で注目を集めるウイ・キャピタル（Oui Capital）という2つの新興ベンチャーキャピタルの創業者が、熱気に包まれたナイジェリアのスタートアップ投資を語った。

「人生であんなショッキングな出来ごとはなかったし、すべての感覚を失ってしまった」

2011年、イギリスのメディカルスクールを卒業したエリートにして、医師や研究者としてのキャリアを歩んでいたオーラ・ブラウンは、人生で最もショッキングな出来ごとによって、ヘルスケア分野をアップデートする起業家になると決めた。

当時、ナイジェリアにいた妹が急病で倒れたときに、その治療ができる病院に移送する、まともな手段がなかった。ローカルの病院で苦しんでいる妹を、本当は航空機で高度な医療センターに運んであげたかったが、そんなフライトは手配できなかったのだ。

「妹を輸送できるような航空機は、南アフリカにしかありませんでした。妹が亡くなったときに、私は自分の人生を使って、どんな変化を社会に起こせるのだろうかと考えました」と、オーラは話す。

猛烈な行動力を売りにしていたオーラはそこから、ナイジェリアでヘリコプターや航空機を使った、航空救急サービスを提供するフライングドクター（Flying Doctors）を創業。政府とも話をつけて、最も医療が乏しいアフリカにおいて、空路を使った医療インフラをつくっていった。

「いまでは100人以上の社員と、20機以上のヘリコプターや航空機を抱えて、ナイジェリア最大の航空医療サービスに成長しています」と、オーラは説明する。

しかし、2億人以上の人口をかかえるナイジェリアでは、そもそも病院にかかれる経済的な余裕がある人はほとんどいない。オーラによれば、政府による国民一人あたりの医療費の支出は、アメリカでは年間200万円を超えるのに対して、ナイジェリアはたったの700円だ。

そこでオーラは、ナイジェリアを中心としたアフリカ各国における、あまりにも未成熟な医療インフラをアップデートするため、新たにベンチャーキャピタルを始めると決意。外部のVCに参加して経験を積みながら、最終的にはゼロから投資会社をつくり上げた。

「ソフトウェアが世界を喰っているのは、ナイジェリアでも明らかでした。新しいテクノロジーを使えば、社会を一足飛びにアップデートするリープフロッグ現象を起こせると思いました。特にアフリカのヘルスケア投資の少なさを知り、自分がそれを変えられると思ったのです」（オーラ）

そこで設立されたのが、フライング・ドクター社の関連投資会社である、フライング・ドクター・ヘルスケア・インベストメントだ。

医療ヘルスケア分野に特化してスタートアップに投資をしており、長らく機能不全を起こしていたナイジェリアの医療を、一つひとつ塗り替えはじめたのである。

例えばその投資先のライフストアズ・ファーマシー（Lifestores Pharmacy）は、ナイジェリアの医療のセーフティネットになっている、薬局をデジタル化するスタートアップだ。

このスタートアップの創業者コンビは、一人がハーバード大学のビジネススクール出身、もう一人がスタンフォード大学のビジネススクール出身という「超キラキラ」な経歴を持つ、米国帰りのナイジェリア人たちが立ち上げた。

彼らが狙ったのは、いわゆる薬局だった。ナイジェリアにおける医療現場の最前線は病院ではなく、クスリを買うことができる薬局だ。しかし患者がそこに駆け込んでも、オペレーションは混沌としており、ほしいクスリは慢性的に品切れになっていたりする。

そこでライフストアズは、最先端のクラウドベースのソフトウェアによってデジタル化した、薬局を経営するためのＳａａＳビジネスを展開している。

「ナイジェリアの医療インフラは、デジタル化した街中のドラッグストアが中心になる。このアイデアを聞いた時に、私は得も言われぬ高揚感を覚えました」（オーラ）

ナイジェリアにある薬局の多くは、テクノロジーなどわからないパパママ経営であることも多い。だからいきなりＳａａＳサービスをつくって売り込んでいっても、だれも理解できないし、薬局がデジタル化されることもない。

そこでライフストアズは自ら見本となる直営店舗をつくり、ソフトウェアによって在庫を管理したり、商品発注をするワークフローを確立した。そうしたベストプラクティスをマニュアル化して、まずは無料で、あらゆる薬局にシェアしたことで現地に受け入れられるようになった。

「こうしたデジタル化した薬局が増えれば、偽造された医薬品が出回るのを防ぎ、クスリの公平な価格設定ができるようになり、医薬品のバリューチェーンがどんどん透明になっていきます。そこに、彼らの底知れぬインパクトがあるのです」（オーラ）

現在は３００店以上のデジタル薬局のチェーンを築いているライフストアズだが、これからは店舗にオンラインの端末などを置いて、来店者が遠隔医療を受けられるような新サービスも計画しているという。

保険金詐欺が多発する社会で医療サービスが浸透するインパクト

「私は医者から投資家になったので、病院の課題をよく知っています。電子カルテサービスのヘリウムヘルス（Helium Health）は、たまたまフライングドクターと同じオフィスビルに入っており、アフリカ全体の医療インフラの解決を目指しているスタートアップでした」（オーラ）

たかが病院の電子カルテ、と笑うなかれ。アフリカの多くの国においては、日本では想像のつかないインパクトを持つ。

電子カルテが普及すれば、紙やペンで仕事をするよりずっと効率がいい。しかしナイジェリアではそれ以上に、バラバラになって機能不全に陥っている病院、薬局、保険会社などの医療システムを、上手につなげるだけで、それぞれを劇的に改善させるチャンスがある。

そもそもナイジェリアでは、患者がウソの病気を申告することによって、保険金を騙し取るという保険金詐欺がものすごく多い。しかも信じられないことに、患者と病院がグルになって、保険会社からお金をせしめようとするケースもあるので、それが負のスパイラルを生んできた。

患者はウソをつく。病院はグルになる。信用できないから、保険会社はカネを払わない。日本では当たり前のように命のセーフティネットになっている医療保険が、こうした理由によって、まったく機能しない事態になっている。当たり前だが、保険サービスの浸透率もとても低いままだ。

そこでヘリウムヘルスが病院の電子カルテとデータを整えることで、患者の診断のプロセスが一気に透明になってゆき、保険会社に対するインチキを大きく減らすことが期待されている。

最近では、保険金の支払いをしぶる保険会社に代わって、病院に先んじてお金をファイナンスするサービスも提供しているという。

また電子カルテのデータによって、病院と薬局をつなぐこともできる。これまで医師が処方していたクスリが、薬局では在庫切れで手に入らないという、患者にとっては憤懣やるかたないケースが多発してきた。しかし今後、データによって結びつけば、きちんと必要なクスリを入手できるようになる。

つまり電子カルテがただ便利なだけではなく、病院における診断、治療薬の処方、保険サービスの活用など、大きなカテゴリー全体を機能させるためのコーディネーターとして、アフリカで広がってゆく可能性があるわけだ。もちろん、そうなれば大きな投資リターンも期待できる。

フライングドクターではこの他にも、匂いによって病気を診断するという斬新なテクノロジーを持つコニク（Koniku）であったり、フィンテック分野のスタートアップながら、病院や薬局などのキャッシュフローを支えることもできるペイヒッポー(Pay Hippo）など、産業全体を覆うようにして、さまざまなスタートアップ投資を積み上げている。

「ヘルスケアや医療というのは、これからアフリカ全体で1600万人の新しい雇用を生み出すことを期待されている領域です。そこでスタートアップたちはもっと安く、もっとクオリティの高いサービスを提供し、そのサービスは国境を越えて広がります。だから私は、この分野に巨大なチャンスを見ているのです」（オーラ）

ちなみにオーラはかつて日本語を学んだことがあり、イギリスで医師として働いた後、日本の慈恵医科大学で2年間ほど研究者として働いている。

欧州、アジアにおけるさまざまな社会の違いを知っているからこそ、テクノロジーによって激変する、アフリカの未来の形が見えるのかもしれない。

アフリカ生まれのファンドだからできること

「なんで俺たちナイジェリア人は、地元のスタートアップが資金を集めるために、ロンドンやサンフランシスコ、香港まで飛行機で行かなくちゃ行けないんだ」

2019年に誕生したウイ・キャピタル（Oui Capital）はそんな疑問に答えるために始まった、いま勢いに乗っているナイジェリア発のベンチャーキャピタルだ。まだ創業者一人きりのような、創業したばかりのスタートアップを対象にしている。

もともとアメリカの金融機関や投資会社、スタートアップで働いてきたオル・オインサンは、アフリカの金融業界には、中小企業やスタートアップたちにお金を貸すような仕組みがないことを知っていた。そこで母国のナイジェリアにいる起業家たちを応援するためのベンチャーキャピタルを立ち上げたのだった。

「ウイ・キャピタルの『ウイ（Oui）』は、フランス語において『イエス』という意味です。これまでナイジェリアの起業家は、創業資金が必要でも、誰からもイエスと言ってもらえなかった。だから自分たちは、最初にイエスと言える存在になるため、そう名付けたのです」（オル）

ウイ・キャピタルが解消しようとしたポイントは2つ。

ホーム・グロウン・ファンド（地元生まれのファンド）として、海外の投資家たちには事業的にも、ネットワーク的にもその価値がなかなか見極めづらいナイジェリア現地のCEOたちに、資金を届けること。新しいアイデアの仮説検証をする、創業フェーズのお金がとにかく足りないのだ。

もう一つは、起業家を助けてくれるハイレベルなメンター集団をつくること。「価格戦略はこうあるべきだ」「次のマーケットはここだ」と、事業経験などをもとに教えてくれる人材が、スタートアップ分野にいなかったからだ。

「ナイジェリアの大手銀行の経営幹部から、トップコンサルティング会社のパートナー、それからグーグルの上級エンジニアなど、あらゆる人達にメンターになってくれるようお願いして、いまでは20人以上のチームになっています。もしフィンテック企業の創業者が困っていたら、銀行出身のメンターが、アイデアをテストするチャンスを提供してくれるよう銀行に掛け合ってくれます」

そんなオルが関わったスタートアップの中には、ナイジェリア人の感覚をもっていなければ、その可能性を見抜けないようなビジネスがずらりと並ぶ。

例えばアフリカ最大の産油国だからこそ、海上油田を往来する船をマッチングするサービスとして始まった、海運をDXするスタートアップがいま急成長している。

「このMVXという海運スタートアップに投資をした2019年、そのサービスはまだプレゼンテーションだけの構想段階だったのです。彼らは船でモノを運ぶために、まるで配車サービスのウーバー(Uber)のように使えるサービスを考えていたのです」(オル)

ナイジェリアというのは、アフリカ最大の産油国だ。とりわけ海上油田が多数あるために、陸地からそうした現場に人や物を届けるために、たくさんの船舶を往来させないといけない。ところがこのプロセスには、中間業者がたくさん入り込んでおり、とてつもなく非効率なオペレーションで運用されていた。

「膨大なエージェントがいて、船を手配しようにも4週間ほどかかり、コストもすごく高くなってしまう。そこでこの非効率なマーケットを透明にすることができたら、アフリカを中心に80億ドル（約8800億円）のビジネスになると踏んだのです」

MVXの創業者はもともと海運業で働いていたため、石油のみならずさまざまな資源を運ぶために船舶をつかうのが、どれだけ厄介なことか深く理解していた。そこでまずは1万5000ドル（約150万円）という小さな投資によって友人を雇って、プロトタイプをつくったという。

この新しいサービスでは、オンラインで船を手配して、人や機材を油田に運べる。もはやエージェントに電話をして、紙と鉛筆で記録をする必要もなければ、搭載した品物がよくわからなくなるような事故も防ぐことができる。

西アフリカなどで船舶を多数かかえている海運会社に掛け合って、このサービスに船を登録してもらうように、頼み込んで回っていった。そうやって集めた船たちのオンラインチャーターは、これまでより遥かに低コストでできるようになり、手数料は15％から10％、ついには2.5％まで下がっていった。

「危なかったのは2020年春に、石油価格が大暴落して、マイナス価格になったときのこと。これまで石油関連のビジネスが80％を占めていたのですが、そのビジネスがただただ消えてゆくのを眺めていました。実際に、いくらかの従業員を解雇したのです」（オル）

しかし、MVXはこの石油産業から、一般貨物にビジネスの軸足をピボット。いまではさまざまな貿易に、この海運のプラットフォームは使われるようになり、2021年は毎月30％のペースで劇的に成長。陸上のトラック輸送のプラットフォームとも連携し、ナイジェリアの貿易インフラはいまや、新興のスタートアップが支えるようになったという。

社会課題解決の最前線はスタートアップにある

ウイ・キャピタルの投資先には、すでにユニコーンに化けようとしているフィンテック企業もある。それがチームアプト（TeamApt）だ。これはデジタル銀行をつくっているスタートアップだが、そのやり方がいかにもナイジェリアだ。

彼らの金融サービスは、銀行口座をもたない人たちでも簡単につかえる。

例えばバナナ売りをしている女性が、その日の売上である現金を預け入れたり、バナナの仕入れ代金を誰かに送金したいと思ったら「マネーポイント」という看板が掲げてあるキオスクや屋台を街中で見つければいい。

そうしたキオスクの店主などは専用の小型端末をもっており、銀行口座がなくても、その人の現金を預かったり、送金したりするという、いわば「人間ＡＴＭ」のような役割を果たしてくれる。

つまり小型端末一つで、銀行の支店のような役割を、それぞれの地域のコミュニティの中で増やしていくのだ。

これによっていつでも公共料金の支払いのために送金ができたり、知人や親類にお金を送ったりと、さまざまな金融サービスを受けることができる。

またスマートフォンをもっているユーザーは、そうした機能をアプリで行うことができるようになり、それが急激なスピードで広まっているという。

「アフリカでは、まずデジタルの決済や送金がフィンテックで登場しました。そしてフィンテック2.0の世代になったいま、テクノロジーを使って預金や資産運用、与信などのサービスも生まれています。そしてなにより、ナイジェリアは世界で最も急速に暗号資産の導入が広がっている国の一つでもあります」（オル）

いまウイ・キャピタルは、ナイジェリアのみならず、南アフリカ共和国、そしてケニアといった、テクノロジー企業が生まれてくるアフリカの主要都市をカバーするようになっている。そしてテクノロジーを学ぶためのオンラインツールは、指数的に増えているため、今となっては独学をした若者がいきなり新しいプラットフォームをつくるような時代に入っているという。

「先週、ノーコード（プログラミング不要）のためのプラットフォームをつくっている、3人の若いナイジェリア人の起業家チームと会いました。彼らは技術をすべて、オンラインで独学していたのですが、彼らと面談したシリコンバレーの投資家は、そのレベルの高さに驚いていました」（オル）

社会インフラが貧弱で、資源国家に特有の貧富の格差がひどく、汚職も多くて、政治がうまく機能していない。そんなナイジェリアは、アフリカで最も多額のスタートアップ投資がおこなわれている、ベンチャーによる社会課題解決の最前線だ。

その未来をゼロから創っているのが、ここに紹介したような新興のベンチャーキャピタルであることは言うまでもない。

NPO発、
世界の起業家
ネットワークへの

マネジングディレクター
アラン・テイラー
（Allen Taylor）

「マイクロ投資」

エンデバー・カタリスト

(Endeavor Catalyst)

世界で最も大きな起業家支援ネットワークを運営するNPO「エンデバー」の投資部門として、2012年に設立された。支援先のスタートアップに、少額を「相乗り投資」するというモデルを採用。南米を筆頭に、中東、アジアで投資数の80%近くを占めており、現地から生まれた創業者らのビジネスを資金面でも支えている。

本拠地……………………ニューヨーク(ニューヨーク州)
社員数……………………5人

イグジット数/累計投資先数………37社/238社

主な投資先……………Cabify, Rappi, Brex, Bukalapak, Checkout.com, EBANX, Glovo, d-local, Hotmart, Flutterwave, Satellogic, Loft, MadeiraMadeira

たとえ世界の片隅に生まれたとしても、リスクをとって新しいことを始める覚悟があれば、起業はできる。そんな才能たちを応援するコミュニティをつくりたい——。

エンデバー（Endeavor）は、そんな理想から始まった非営利のプロジェクトだ。1997年に創業者であるリンダ・ロッテンバーグが、まだスタートアップの片鱗もなかった南米から始めた活動は、いまや世界最大の起業家支援ネットワークとなっている。

これまで1349社ものスタートアップを支援先として選び、リンクトイン創業者のリード・ホフマンや、ヤフーの元CEOであるマリッサ・メイヤーのみならず、各国を代表するような実力派の経営者たちが相談に乗ってくれる。また世界45カ国にオフィスを構え、海外市場へのアクセスから、資金調達のサポートも受けられる。

そんなNPOのエンデバーが設立したのが、VC業界でも類を見ないような手法で、大きなリターンを上げているエンデバー・カタリスト（Endeavor Catalyst）だ。彼らはエンデバーの支援先スタートアップが、成長の兆しを見せたときに、トップ投資家に混ざって自動的に「あいのり投資」をするベンチャーキャピタルだ。

小さな割合でしか株を持たないため、一見すると存在感がない。しかし投資先の181社のうち、すでに企業価値10億ドル（約1100億円）を超える新興国のユニコーン企業がずらりと並ぶ。

寄付金で運営されているエンデバーが、ファンド運営によって巨額のリターンを狙うのは不思議に思えるが、リターンの大半はエンデバーへの再投資に回される。つまりスタートアップの世界をもっと広げるための非営利団体を、よりサステナブルにするVCとして機能しているのだ。

非営利団体のエンデバーは、どうやって高収益の「あいのり投資」のモデルを生み出したのか。マネジングディレクターであるアラン・テイラーがその道のりを明かした。

アラン　エンデバーの歴史は、南米のアルゼンチンから始まりました。創業者のリンダは南米のカルチャーに魅せられて、そこで起業家を志したのですが、実は米国以外の国にはアントレプレナー（起業家）に相当するような言葉が、そもそも存在しないことに気づいたのです。

それは、彼女がある日タクシーに乗ったときに、気がついたことでした。そのタクシー運転手は大学でエンジニアリングを学んだのに、政府や大企業くらいしか技術者の働き口はなく、望むような仕事がないと言う。ならばいっそ、アントレプレナーになったらどうかと聞いたのです。

しかし、タクシー運転手にはまったく意味が伝わらなかった。そもそもイノベーションや挑戦をするという意味で使う、アントレプレナーという言葉がスペイン語に存在しなかったからです。これが原体験となり、エンデバーは各国の有力な経営者を巻き込みながら、アントレプレナーを支援するコミュニティをつくってゆくのです。

例えば、フィンテック業界におけるカリスマ起業家であるウェンセス・カサレスは、エンデバーが早くから支えてきた人物です。アルゼンチンの片田舎で羊飼いの家に生まれたウェンセスは、大学を中退して、南米で初めてとなる金融ポータルサービスをつくって大成功しました。

（ウェンセスはリビット・キャピタル（P158）のミッキー・マルカの長年のビジネスパートナーでもある）

当時の彼は古びたオフィスにおり、兄妹たちも巻き込んでスタートアップを始めたにもかかわらず、すでに33社ものベンチャーキャピタルに出資を断られていました。しかしリンダはそういった創業者たちを信頼のネットワークに招き入れることで、支援してゆきました。

のちにウェンセスは事業が成功するとエンデバーのメンター役となり、その他のアルゼンチンの起業家たちを助けるようになります。そこで相談に乗っていたチームが立ち上げたのが、グローバント（Globant）というソフトウェア企業でした。アルゼンチンの通貨危機を逆手にとって、格安でソフトウェア開発を受託するビジネスを始めたのです。

また私たちは、1999年にアルゼンチンで生まれたメルカド・リブレ（Mercado Libre）というイーコマース企業を、創業年にエンデバーの支援先として選んでいます。彼らはその後に「南米のアマゾン」として圧倒的なプレイヤーになり、ニューヨーク証券取引所に上場して560億ドル（約6兆円）の時価総額をつけています。

エンデバーに助けられた起業家は、成功するとエンデバーの支援者になってくれる。こうした活動を各国に広げながら、私たちはシリコンバレーの有名VCたちを引き連れて、それぞれのコミュニティを繋げてゆきました。しかし、次のようなフィードバックを受けるようになったのです。

それは、「セコイアやアクセルといった有名VCを紹介してくれるのは嬉しいけど、もしあらかじめエンデバーが投資をしてくれていたら、もっと意味がある」というものでした。しかし、これは難問でした。なぜならエンデバーは非営利を貫いており、大きなリターンを狙ったり、時にはCEOを交代させるようなVCとは距離をとってきたからです。

1990年代後半から2000年代前半にかけて、VCは誤解を恐れずに言えばネガティブな存在でもありました。会社の株式を手に入れて発言権を得ることで、CEOを追い出したりすることもあった。つまり起業家から会社を盗もうとするイメージもあり、会社に付加価値をもたらすポジティブな役割はあまり理解されていなかったのです。

株式を奪いすぎないフェアな投資モデルとは

この難問を解くために、私たちはエンデバーの取締役でもあった、リンクトイン創業者のリード・ホフマンであったり、有名VCであるグレイロック・パートナーズや、エマージェンス・キャピタルのトップ投資家を交えて、どうやったら非営利団体がスタートアップ投資を正当化できるのか、議論を重ねました。

確かに、メルカド・リブレのような「金の卵」が支援先にたくさんいるとしたら、そこに投資をするのはファンドとしては理にかなっています。しかしエンデバーは寄付によってまかなわれているNPOであり、世界中で500人近くのフルタイムのスタッフが必死で働いています。

そうした努力の成果の上澄みをすくうように、新しいVCを立ち上げて、大儲けするような人たちがでたら納得できるだろうか。さらに等しく支援してきたスタートアップを、より好みするように出資したら、公平性を著しく損なうのではないか。そうした課題を、一つひとつ解決しないといけませんでした。

そこで2012年に生まれたのが、エンデバー・カタリストのベータ版となる「エンデバー・ファンド・フィランソロフィー」でした。これはベンチャーキャピタルとしては珍しい仕組みになっています。まずファンドを運営するための管理手数料をゼロにしました。そして仮にホームラン案件によって利益が出ても、その80%を母体のNPO法人であるエンデバーに還元するようにしたのです。

またエンデバーの支援先であるスタートアップから、「えこひいき」をして投資しないための仕組みも整えていきました。まず支援先のスタートアップがビジネスを育て、500万ドル（約5.5億円）を超える資金を集めるタイミングを条件とします。そこにプロのVCが出資をするならば、自動的にエンデバーも「あいのり投資」を提案するというものです。

またエンデバー・カタリストは、投資先スタートアップの株式の2％までしか所有しない。資金調達においても、そのラウンドの調達額の10％以上は出さない。さらに多くのVCが求めるような経営メンバーの席も求めません。こうしたルールを決めたことで、当初は「絶対にやりません！」と反対していたリンダも、最後は同意してくれたのです。

こうやって、自動的に少額だけ「あいのり投資」するという不思議なVCが生まれたのです。当初はこれで利益が出るのか不安でしたが、フタを開けてみたら、ベータ版のファンドは元本の6.5倍という大きなリターンを叩き出しました。

10年で200社以上に投資し37社がユニコーンに

エンデバー・カタリストの1番目の投資先は、冒頭でも紹介したアルゼンチンのソフトウェア企業、グローバント（Globant）でした。グローバントはクライアントに応じて、新しいソフトウェアを開発するスタジオのような会社で、グーグルが初めて契約した外部パートナーの一つでもあります。

2011年にグローバントの創業者とランチをしたときに、この新しいファンドに賛同をしてくれました。彼らはすでに大きく成長していましたが、その次に予定している資金調達ラウンドにおいて、新たにエンデバー・カタリストに投資枠を用意してくれたのです。

そこで切った小切手は、200万ドル（約1.6億円）。まだベータ版として始めていたファンドにとっては、少なくない金額でしたが、これが最高の滑り出しとなったのです。2014年にグローバントはニューヨーク証券取引所に上場を果たし、大きなリターンを手にしました。

このベータ版のファンドでは、グローバントを含めて6社に投資をしたのですが、そこにはトルコのスタートアップもいくつか含まれていました。私たちは中東においても、スタートアップコミュニティをつくって支援していたからです。

ヤメクセペティ（Yemeksepeti）は、トルコで早くからフードデリバリーを立ち上げたスタートアップです。エンデバーは5年以上にわたって支援しており、とりわけ米国の投資家との橋渡しをしていました。だからテクノロジー投資で有名なVCであるジェネラル・アトランティックが、トルコのスタートアップに資金を入れていたのです。

彼らのビジネスは爆発的に成長しており、すでに複数の投資オファーをもらっていましたが、同じようにエンデバー・カタリストに投資枠を用意してくれました。そして数年後に、約6億ドル（約720億円）で買収されることになり、私たちは5倍ほどのリターンを得たのです。

ベンチャーキャピタル側がいくら大金を投資したくても、起業家たちが必要としてくれなければ、投資は叶いません。しかしグローバントであったり、ヤメクセペティたちが私たちに投資枠をつくってくれ、また他にも「僕らもエンデバーに投資枠を設けたよ」という声が掛かるようになり、すこしずつ自信を深めていきました。

エンデバー・カタリストを始めて10年目になりましたが、多くの投資家たちがひしめくなかで、支援先のスタートアップは私たちを認めてくれています。だからこそエンデバーが支援してきた1300を超えるスタートアップのうち、200社以上に投資をすることができたのです。そのうち37社は、すでに評価額にして10億ドル（約1100億円）以上に育っています。

世界の片隅にいる孤高のCEOを支えるネットワーク

エンデバーはファンドを立ち上げた2012年から3年間にわたって、アメリカやイギリスの有名VCの担当者たちを連れて新興国のスタートアップコミュニティを案内する、インベスタートレックという企画をおこなっていました。

ブラジルやメキシコ、トルコ、インドネシアには、すばらしい起業家のコミュニティが立ち上がっていました。しかしアメリカの有名投資家たちは、そこに行きもしなければ、そうしたスタートアップに見向きもしなかったのです。だからエンデバーが、そうした人たちに「何が起きているのか見てくれ！」と言って、飛行機に詰め込んだのです。

そこで、何が起きたのか。シリコンバレーの名門VCのセコイアが南米で投資した1号案件というのは、私たちのお気に入りの支援先のスキャンテック（Scanntech）というスタートアップでした。

同じくアクセルはブラジルのビッグデータ企業、ネイルウェイ（Nailway）に投資を決めました。

　私たちの支援先には、そうしたすばらしいスタートアップがたくさんあるのです。アラブ首長国連邦（ＵＡＥ）で生まれたチェックアウト・ドットコム（Checkout.com）を知らない人も多いでしょうが、実は１５０億ドル（約1.6兆円）という企業価値をほこる注目のユニコーンです。

　彼らはシリコンバレーの巨大なフィンテック企業であるストライプ（Stripe）の競合でもあり、デジタル決済や国際送金サービスを手がけており、すでにヨーロッパやアジア、ドバイなどに１０００人以上の社員を抱えています。

　創業者のギヨーム・ポサーズは創業してから、ドバイで暮らしている若く孤独なＣＥＯでした。２０１２年に創業してから7年間にわたって、なんと自己資金だけで会社を回していたのです。だからこそお金ではなく、エンデバーの持っているネットワークと人脈をとても必要としており、２０１７年に支援先の一つになりました。

　爆速で成長しているチェックアウト・ドットコムのような企業には、さまざまな問題が降り掛かってきます。例えば、1年間でどうやって１０００人もの従業員を雇うことができるのか、といったものです。こうした悩みに対して、エンデバーのフィンテック部門の担当者は、コンシェルジェのように相談に乗ったのです。

　そして彼はいろいろな起業家と出会うことで、資金を調達すべき理由はお金だけではなく、すぐれた人たちを仲間にするためであることを理解したのです。初めての資金調達では、彼らがドリームチームのような経営メンバーをつくるお手伝いをしました。

　初めての資金調達にもかかわらず、チェックアウト・ドットコムの評価額は２０００億円近くにつけました。15ものVCが手を挙げるような注目のディールでしたが、ここでもエンデバー・カタリストに、特別に投資枠を用意してくれたのです。

私はこの会社が、いずれ10兆円企業になるだろうと信じています。そこまで成長すれば、彼らに投資したファンドはおそらく50倍という、高いリターンを生むことになるでしょう。すでにおわかりのとおり、私たちはエンデバーというNPOの支援によって、最高のディールと結びついているのです。

世界中のベンチャーエコシステムを新世代に継承する

こうした物語は、いまも現在進行形です。私たちはレベルの高いグローバルな投資家を、どんどん新興国に引き込んでいるのです。例えばエンデバーではケニアに新しくオフィスをつくりましたが、まだこの地のスタートアップは、多くのトップ投資家のレーダーには映っていません。

一方で南米では、いまメキシコに大きなお金が流れ込んでいます。アクセル、ライトスピード、アンドリーセン・ホロウィッツといったシリコンバレーのトップVCたちが、創業期のスタートアップにどんどん投資をしています。この流れはパンデミックで加速をしています。私たちにとっては、隔世の感があります。

そしてひと度、巨大なグローバルスタートアップが生まれると、そこで働いていた人たちが「マフィア」となって、さらに新しいスタートアップを立ち上げます。そういう意味では、エンデバー・

カタリストの投資先である、コロンビア発のラッピ（Rappi）はその象徴でしょう。

創業者たちは最初のスタートアップに失敗した後、新たにピボットをして、料理のデリバリー分野のビジネスとして再出発しました。彼らはエンデバーに加わっている南米の起業家たちと交流しながら、ピボットの方法を考えて、そしてコロンビアに留まらず、南米全体をターゲットにするようなビジネスをつくりました。

ちなみに彼らは再出発の際に、シリコンバレーにある有名なアクセラレーターであるＹコンビネーターに応募して、そのプログラムを経てから南米に戻ってきました。ラッピはいまや料理や食品だけでなく、あらゆるものをオンデマンドで配送してくれる、南米のスーパーアプリとして50億ドル（約５５００億円）の企業価値をほこるまでになりました。

それまでラテンアメリカは対象じゃないと語っていたようなトップ投資家たちも、ラッピに投資をするようになり、エンデバー・カタリストもそこに「あいのり投資」をしています。もちろん兆円企業になるでしょう。

そして昨年、Ｙコンビネーターに参加するスタートアップたちが登場するデモ・デーの後で、こんなジョークを耳にしました。「ラテンアメリカ出身の起業家で、ラッピの元従業員じゃない人はいないよね」というものです（笑）。

かつてシリコンバレーでは、ペイパルの創業期のメンバーたちが、続々と新しいスタートアップを立ち上げて「ペイパルマフィア」と呼ばれました。同じようなことが中国でいま多数起こっており、そうした大波は次にインド、インドネシア、ブラジルにやって来るでしょう。

なぜなら、人材、市場規模、資本の三つが揃ったところに、こうした強力なスタートアップのエコシステムが生まれて、2世代目、3世代目のマフィアたちが生まれてくるからです。そして第1世代が10年かけてつくったユニコーンを、第2世代は5年、第3世代では2年でつくれるほど、そのスピードは加速しているのです。

さらにパンデミックは、多くの人たちがズームによるビデオ会議によって、投資することを現実のものにしました。私はこれによってベンチャーキャピタル産業が、どこまでボーダーレスになるのか、とても興味を持っています。信頼さえあれば、いよいよ地理的な制約がなくなっているからです。

私は最近、「地理的制約の終わり」というタイトルでブログを書きました。すこし大げさかもしれませんが、たしかに住んでいる場所はもう重要ではありません。そうした時代に先駆けて、エンデバーは世界中に信頼のネットワークを築いてきました。

かつて「ソフトウェアが世界を食う（Software Eats the World）」と語ったのは、シリコンバレーの有名投資家のマーク・アンドリーセンです。ここでいう世界とは、私からすればアメリカのことにすぎません。

しかしついに本当の意味で、スタートアップが世界を食うような時代になったと言えるでしょう。

COLUMN

なぜハリウッドセレブが、スタートアップ投資に群がるのか

あなたは金持ち（rich）と、富裕（wealthy）の違いがわかるだろうか。どちらも、山のようにお金を持っていることに変わりない。しかし、前者はただ現金をたくさん持っているだけ。後者は、不動産や株式などによって、世代を超えた富や繁栄を手にすることだ。

2010年前後、この二つの違いの重要性に気づいたのが、エンタメ産業の聖地であるハリウッドの俳優やアーティストたちだ。

日本でも有名人がスタートアップ投資をするというニュースは、ちらほら話題になっている。プロサッカー選手の本田圭佑、長友佑都や、お笑い芸人のロンドンブーツ1号2号の田村淳などが、スタートアップにお金を投じていることは知られている。しかし、ハリウッドなどでは10年以上も前からこの流れが加速している。

クラブハウス（Clubhouse）、ウーバー（Uber）、エアービーアンドビー（Airbnb）、スポティファイ（Spotify）――。いま米国のセレブリティたちは、こうした旬なスタートアップに投資をしては、上場前からその株式を保有するようになっている。

背景にあるのは、一銭でも多くの現金を稼ごうという「キャッシュ文化」から、スタートアップの株式に投資することで、長期的な資産をつくろうという「エクイティ文化」へと向かう、セレブたちの価値観のシフトだ。そのアイコンとなっているのが、有名俳優のアシュトン・カッチャーだ。

人気俳優としてブレイクしていたカッチャーは2007年、あるニュースを知って衝撃を受けることになる。それは人気ラッパーであった50セントという歌手が、飲料メーカーへの株式投資によって、100億円以上のリターンを一夜にして手にしたというものだった。

このラッパーは賢かった。人気のドリンク「ヴァイタミンウォーター」の開発企業と仕事をする際に、いわゆる現金のギャラではなくて、その会社の株に投資させてほしいと交渉したからだ。

こうしてエナジーブランド社の株式を受け取ると、ラッパーとしての知名度をフル活用してコラボレーションドリンクを開発。さらにはテレビコマーシャルにも出演することで、このブランドを一気にスターダムに押し上げていったのだ。もちろん、現金はもらっていない。

しかし2007年、コカ・コーラ社はこのエナジーブランドの成長に注目して、およそ41億ドル（約4800億円）で電撃買収をした。株式を持っていた50セントは、わずか3年間で100億円以上の報酬を手にしたのだ。

「俺はクソみたいなカネ持ちだ、死んでも使い切れねえほどのカネがある」。50セントはその後の作品において、先にお金をもらうのではなく、先に金をはらって株式をもらったことで、とんでもない富を手に入れたと記している。

「やっちまった。彼みたいに有望なスタートアップの株式に投資をすれば、現役を引退しても、食うことに困らないような資産をつくれるのに」。これまで現金のギャラでしか報酬を受け取っていなかったカッチャーは、このときに初めて、セレブがスタートアップの株式を持つ意味の大きさを感じたのだという。

それからカッチャーは、シリコンバレーのテクノロジー業界に飛び込んでゆく。ベンチャーキャピタルの知識を本格的に学んでゆき、起業家たちがデモンストレーションするような、テックイベントにも多数姿を現すようになった。そしてなんと、知人たちとベンチャーキャピタルを立ち上げてしまい、続々と有力スタートアップを掘り出してゆくのだ。

2016年4月、経済誌のフォーブスでは大成功したアシュトン・カッチャーが表紙を飾り、こんな見出しが踊った。

「テック界のトップ投資家たち：ウーバーからエアービーアンドビーまで、3000万ドルを2億5000万ドルにした男」

そこではセレブとして、自分の知名度やフォロワーたちへの発信を通して、支援できるスタートアップを戦略的に狙っていたことも明かされている。そしてこの成功に続けとばかりに、アメリカでは多数のセレブたちがスタートアップ株へ投資をしている。

一方で、ハリウッド（ロサンゼルス）とシリコンバレー（サンフランシスコ近辺）には、長らく思想的な戦いがあったことは、暗黙の共通認識があった。

ハリウッドの俳優やアーティストは、プラットフォームが魅力的になるのは「最高のコンテンツ」のおかげだと考える。絵のない美術館は、ただのビルだという主張だ。

だからフェイスブックが上場して、創業者たちが兆円単位の億万長者になると、ハリウッドでは「レディ・ガガやジャスティン・ビーバーなど、アーティストが無数のファンたちを引き連れてるのに、フェイスブックから何を得られたっていうんだ？」という声が上がった。

一方で、シリコンバレーは「そうじゃない。オレたちのプラットフォームがなければ、すばらしいコンテンツを人々に届ける術はないだろう」と信じている。

しかし、近年のスタートアップの創業者たちは、こうしたセレブたちがもたらす影響力を認めるようになった。ツイート一つ、ユーチューブ動画一つで大きな注目を集められたり、電話一本で大企業の経営者などと話をすることができる。そんな彼らに対して、特別に投資枠を用意するというスタートアップたちが増えているわけだ。

2021年年初から話題になった音声SNSのクラブハウスも、大量の有名人たちがおしゃべりをすることで一気に人気に火がついたが、裏側では100人以上の有名なインフルエンサーたちに少量の株式をもってもらうことで、このメディアの応援者になってもらい、成長を狙ったと言われている。つまりSNS時代は、セレブ投資と最高の相性にあるわけだ。

アメリカでも有名なセレブ投資家は増えているが、俳優のレオナルド・ディカプリオやウィル・スミス、ラッパーのNasやJay-Z、プロテニス選手のセリーナ・ウィリアムズなどは、著名なエンジェル投資家だ。彼らはスタートアップの強力な支援者であり、また大きなリターンを狙っているビジネスパーソンでもある。

芸能の世界で生きているセレブたちは、輝かしいスポットライトが当たる「人生のわずかな時間」を使って、生涯にわたる利益をもたらすスタートアップに投資すべきだと気づいている。

そうじゃなければ金持ち（リッチ）にはなれても、本当の富裕（ウェルシー）にはなれない。だからこそアシュトン・カッチャーは、高級車に乗るのではなく、投資先のウーバーの配車サービスでいつもスタジオに通っていたのだ。

6章

新産業をつくる革新者たち

DBL Partners
Breakthrough Energy Ventures
IndieBio
Backstage Capital
MaC Venture Capital

E・マスクが惚れた「儲かる

マネジングパートナー（創業者）
ナンシー・ファンド
（Nancy Pfund）

環境投資」の実践者

ダブル・ボトム・ライン・パートナーズ

(DBL Partners)

2008年、より良いコミュニティや社会をつくり、同時に金銭的なリターンを得ることをめざして、ナンシー・ファンドが立ち上げたインパクト投資のパイオニア。まだ懐疑的に見られていたテスラに投資をしており、イーロン・マスクの信頼を勝ち得て、ソーラーシティやスペースXといった今をときめくスター企業の投資家としても知られる。

本拠地……………………サンフランシスコ(カリフォルニア州)
社員数……………………8人

イグジット数/累計投資先数…………36社/111社

主な投資先…………Tesla, SpaceX, SolarCity, Farmer's Business Network, NEXTracker, Pandora Media, View, Andela, Apeel Sciences, Bellwether Coffee, Better Place Forests, Mapbox, The RealReal, FivePrime Therapeutics

二酸化炭素を減らす気候変動銘柄や、貧しい人々を助けるスタートアップへの投資は、長らく「儲からない」が常識だった。金銭的なリターンと環境的・社会的なメリットが両方得られるなんてよくできた話はないはずだ。その概念を根底から覆すベンチャーキャピタルがある。2004年に誕生した「ダブル・ボトム・ライン・パートナーズ（DBL Partners）」だ。

DBLは環境と社会へのインパクトと同時に、金銭的なリターンを実現するインパクト投資に特化したVCで、そのダブル・ボトム・ラインの名の通り、「最高の金銭的リターン」というボトムライン（純利益）と、「環境や社会へのインパクト」というボトムラインを守ることをミッションに掲げている。

誰もがEV（電気自動車）をおもちゃだと笑い飛ばした頃にテスラを見出し、イーロン・マスクの信頼を勝ち得て、スペースXやソーラーシティなど超ホームラン級の投資を次々と成功させてきた、まさにインパクト投資のパイオニアだ。

創業者のナンシー・ファンドは、「インパクト投資は慈善事業ではない」とズバリ言い切る。伸びる会社、つまりリターンが出せる会社でなければ、そもそも環境や社会へのインパクトは出せないというのが彼女の持論だ。

世の中にインパクト投資という言葉が生まれる前からこの分野に賭けてきた彼女は、成功の方程式をいかにしてつくったのだろうか。ナンシーが明かす。

ナンシー　私の父はエンジニアで発明家、母は政治に積極的な人でした。私はそんな両親のハイブリッドで、常にテクノロジーとそれを取り巻く政策に関心を持っていたのです。大学では新しく生まれるバイオテクノロジーと公共政策について研究したり、アメリカを代表する環境保護団体「シエラクラブ」でインターンとして働きました。この頃はベンチャーキャピタルという言葉すら知りませんでした。

私がVCに関わるようになったのは、1984年に投資銀行のハンブレヒト&クイスト（H&Q）で仕事を始めたときです。

いまでは信じられませんが、まだサンフランシスコにスタートアップ企業がほとんどない時代で、それらに投資するVCや銀行もごくわずかでした。

しかしH&Qには環境問題を考える小さなファンドがありました。「サステナブルな理念」を持った飲料メーカーなどに、細々と投資していたのです。

それが1990年代から2000年にかけて起きた、ドットコムバブルで大きな変化を迎えることになりました。

シリコンバレーに大量の資金と人が流入して潤う地域が誕生した一方で、貧しい地域との格差が広がったのです。それを見かねた地元の経済団体が、私たちに地元の雇用と振興を担うファンドをつくってほしいと持ちかけてきました。

私の上司は、「ナンシー、君はこれをやるために生まれてきたようなもんだよ」とすぐに反応しました。私の情熱がテクノロジー、イノベーション、そしてそれらを推進する政策が交わるところにあることを知っていたからです。

喜ぶと同時に悩みました。イノベーションを促進しながら、環境的・社会的にポジティブな影響を与えるファンドの構想自体が前代未聞だったからです。実現できたらすばらしいと思いましたが、20年弱もの間、会社員として働いてきて、その間に一度も起業家になろうと思ったことはなかったのです。

しかし断るには魅力的すぎるチャレンジでした。怖くなかったと言ったら嘘になりますが、このチャンスに賭けてみようと決断し、後のＤＢＬが生まれたのです。

『生まれたて』のテスラを発見

私がテスラを見つけたのは２００６年、スタンフォード大学の教授の紹介で、テスラの共同創業者で元ＣＴＯのＪＢ・ストラウベルに会ったときです。

この年に、ちょうどスポーツカータイプの電気自動車「ロードスター」が発表されたのですが、まだテスラの名は世の中にほとんど知られていませんでした。

持続可能なエネルギーへの転換を目指すテスラのミッションは、私たちＤＢＬの投資基準そのものです。とても楽しいドライビング体験ができる一方で、化石燃料を使わないクリーンな乗り物を手に入れられる。この企業のビジョンとチームに感銘を受けました。

また自動車メーカーというのは、大量の人材を必要とします。グーグルに入社できるような、恵まれたソフトウェアエンジニア以外の人たちの雇用も、しっかり生むことができる。社会的なインパクトは十分に生み出せると思い、すぐに投資すべきだと判断しました。

当時、巨額な資本が必要になるＥＶメーカーへの投資を、多くの投資家が「狂っている」と一蹴しました。しかし私にはある種の確信がありました。それは社会が変わり始めていたということです。地球温暖化問題にどう対処するのか、本格的に社会の議論が巻き起こっていました。そして何より、ゼネラル・モーターズ（GM）が90年代につくった第一世代の電気自動車（03年末に計画を中止）には、熱心なファンがついていたのです。世の中の価値観のシフト、そして電気自動車への需要が見えていました。

もちろん最悪のリスクヘッジも考えていました。たとえロードスターが1台しか製造されないという事態に陥っても、高級スポーツカーメーカーに会社を売却できるだろうと踏んだのです。

二人三脚で乗り越えた難局

2007年、アメリカ政府は総額250億ドル（約2.9兆円）の予算を計上して、次世代の環境技術の開発を行うメーカーに融資すると発表しました。

私たちDBLがテスラへの投資を決めて最初に行動したのは、ワシントンD.C.のエネルギー省に協力を仰いで、この融資への手続きをすることでした。政治家に掛け合ってテスラの革新性と、これが将来に必要な技術だということを説いて回りました。

成長産業をつくるには企業の技術に加え、それをスケールさせるために国の政策にうまく乗っていくことが大切です。この両輪がないとうまくいかない。だから私たちは、テスラもしっかりこの政策に乗る必要があると考えていました。

ただこの交渉が、その後の難局を救うことになるとは、そのときは想像もしていませんでした。

2008年に金融危機が起き、誰もスタートアップに投資しなくなったことで資金がどんどんなくなっていったのです。

テスラにとって間違いなく暗黒の時代でした。私たちは手持ちの資金を見て「この少ない資金をどこに割り振ったらいいんだ」と頭を抱えたものです。テスラは、2008年に低金利融資をエネルギー省に申請し、2009年には4億6500万ドル（約430億円）の融資を受けられることが決まりました。危機に先んじて行っていたロビー活動が、融資の申請に効いたのです。

その後、私たちはテスラの工場探しでも奔走しました。当時はホワイトスターというコードネームだった「モデルS」をつくる場所を探さなければならなかったのです。

私たちが重視することの一つは、地域社会へのインパクト。だからカリフォルニア州のシリコンバレー周辺に、テスラの工場を探したいと思っていました。しかし、シリコンバレーに工場を持つなんて非常識な話です。生活費が高くコストがかかりすぎるし、規制もあるので製造業を始めるには無理があると思われていました。

北カリフォルニアのどの地域が工場に適しているか、空き倉庫などをテスラのチームと一緒に調査しました。そしてある場所に候補地を絞りこんだのです。経済効果を測るさまざまなシミュレーションを行い、ようやく理事会でゴーサインが出た数日後、「もっと安く労働者を雇える」とニューメキシコ州知事から工場誘致のラブコールが届きました。

やっと見つけた北カリフォルニアの工場が、最後の段階で州外に出て行ってしまうと思ったときの失望感は忘れられません。テスラにとってベストな場所か、地元への貢献を一番に考えるのか。感情的には簡単に割り切れませんでしたが、結局はテスラにとってベストな選択であるべきだと思いました。そうでなければ本末転倒です。テスラのビジネスのためなら仕方ない。しかし、ニューメキシコ州への工場建設に舵を切ろうとした矢先、その場所には思ったよりメリットがないことがわかってきました。

さあどうするか、そこで最後に浮上してきたのが、トヨタ自動車とGMが設立した合弁工場「NUMMI（ヌミ）」の跡地です。

GMが破綻してNUMMIの事業から撤退したことで、2009年にトヨタも閉鎖を決めた場所でした。しかも、その場所はテスラ本社とは目と鼻の先にあったのです。テスラの地元に研究開発部と工場を持つことは、これ以上にない大きなメリットでした。さらにNUMMIで自動車製造に関わっていた5000人のスタッフを雇うことができたのです。まさに雨降って地固まるとはこのことでした。

（2010年、NUMMI跡地の工場新設がテスラの飛躍に大きく貢献し、ナスダック市場への上場につながった。現在、テスラの時価総額は約1.1兆ドルに達している）

イーロンから勝ち得た信頼

正直、テスラがここまで成長するとは誰も予想していなかったでしょう。ただ、どんなに浮き沈みがあっても、イーロン・マスクが会社を正しい方向に導いていると信じていました。21世紀の新たな価値をつくる会社であることは間違いがなかったし、私たちは全力でサポートしたいと思ってきました。

あるときは、イーロンが使っている自家用ジェット機についてこんなことを言いました。「イーロン、ジェット機が仕事で大切なのはよくわかるけれど、二酸化炭素をものすごく出しているわ。どうするつもり？」と。すると、イーロンが即答しました。「まさにテスラこそが、二酸化炭素の排出量を相殺する秘密兵器じゃないか！」とね。こういったジョークも言いながら、苦しい時期を一緒に乗り切ってきたのです。

イーロンが成功したのは、電気自動車をつくったことではありません。バッテリー、ソーラーエネルギーの製品など、巨大なクリーンエネルギー企業をつくり、21世紀の大きな社会課題を解決するスタートアップの象徴になったことです。それによって、一般の人たちのクリーンテックのスタートアップへの理解がとても進みました。

その後の2007年には、イーロンの従兄弟が創業する、太陽光発電のソーラーシティに投資するチャンスを得ました。ソーラーシティは2012年にIPOを果たし、住宅用の太陽光パネルの設置で全米トップになるのですが、このときはまだ創業まもないスタートアップでした。

イーロンが従兄弟に直接、「このVCは役に立つかもしれない」と言って私たちを紹介してくれたのがきっかけです。蓋を開けてみれば、シリーズAで出資できたVCは私たちだけでした。イーロンから勝ち得た信頼が、次のヒット案件につながったのです。

「インパクト投資とリターンの両立はできるのか」、そんな懐疑的な声もある中で、私たちはしっかりと金銭的なリターンを得ながら、ソーシャルインパクトが生めることを一つずつ証明していきました。

農家、食物に起きる大革命

私たちは脱炭素という観点から、農業、食料の分野へも投資を広げています。農業は世界の炭素の30%以上を生み出していますが、この分野にイノベーションを起こせばすごいインパクトがもたらせます。

例えば、投資先のファーマーズ・ビジネス・ネットワーク（FBN）は新しい農業のシステムをつくろうというスタートアップです。これまでの農家は、どんな野菜や果物を育てるか、どの肥料を使うのか、いくらで作物を売るのが適正なのかという判断に、データを活用していませんでした。

すべて地元の農家と話しながら、なんとなく決めていたわけです。そこでFBNは、土壌の種類、気象などを衛星写真のデータを使って分析し、「この農家はいま、AやBの作物を栽培するといい」という情報を割り出すのです。また種や農薬などについても適正価格がわかります。農家は、ビッグデータを活用し、より良い判断を下して収穫量を増やすことができるのです。

地球の人口が90億人に達すると予想されているいま、全人口に食料を供給するためには健全な農業のシステムが必要なのです。

この企業には2020年夏、世界最大の資産運用会社であるブラックロックが中心になって2億5000万ドル（約260億円）を投資、一気にユニコーン企業になりました。

また、ベルウェザー・コーヒー（Bellwether Coffee）という二酸化炭素を大きく削減できる、ユニークなスタートアップにも投資しています。この企業がつくっているのは、二酸化炭素をほぼ出さない焙煎機です。小さな話に思えるのですが、コーヒーはアメリカの一大産業。アメリカでは毎日4億杯のコーヒーが消費され、関連産業も合わせた市場規模は約24兆円です。実はコーヒーは飲料の中で最も多くの二酸化炭素を出す「非エコ」な飲み物なのです。

旧来のやり方では、コーヒーを焙煎する際に大量のエネルギーを消費して二酸化炭素が出ます。しかし、彼らが開発した冷蔵庫サイズのモダンな焙煎機は、電気でコーヒー豆を加熱するため、二酸化炭素の排出量が98％も減るのです。

インパクト投資は甘くない

そもそも長い間、金銭のリターンと環境・社会へのインパクトは両立できないという声があったのはなぜでしょうか。それは多くの投資家がこれまで痛い目にあってきたからです。

ドットコムバブルが弾けた2000年、IT企業への投資は急速に減り、次なる大きな投資先として再生可能エネルギーとクリーンテックが浮上しました。

2005年、アメリカで太陽光や風力を始めとする再生可能エネルギー源を奨励するため、税金が控除されるようになったことも流れを後押ししました。これまでIT企業に投資してきたVCが、「おもしろそうな会社がある」と飛び込んできたのです。私はこれを「観光客による投資」と呼んでいます。

そこに2008年のリーマンショックが起きました。市場が凍りつき、石油・天然ガス価格が下落、ソーラーパネルの競争力がなくなるなど経済状況が一変しました。投資家も資金を一気に引き上げていったのです。

クリーンテックの企業には、基礎技術を開発するところからスケールアップする製品をつくるまで、膨大なコストと時間がかかります。ソフトウェアで早くスケールできるビジネスに慣れた投資家たちは、この世界を甘く見ていたとも言えるでしょう。

現在、クリーンテックを含むインパクト投資への関心は、「観光客」のフェーズを超えてメインストリームになってきていると感じています。

国や企業、非営利団体は気候変動が差し迫った危機であることを理解するようになりました。そのために、環境的なインパクトを求めて投資する組織、企業はどんどん増えています。またZ世代やミレニアル世代の若者も環境問題への意識が高く、ビジネスと社会的インパクトの両立を求めている。

私が若い頃は、「仕事で大金を稼いだら、慈善家になってお金を寄付すればいい」と言われていました。でもいまはそれでは足りません。求められているのは、この二つを同時に成功させることです。

この時代にインパクト投資はあったらいいもの(Nice-to-have)ではなく、必要不可欠(Must-have)なものなのです。そしてもう一度言います、この両立は可能であり、それは私たちが証明してきたことでもあるのです。

ビル・ゲイツが
進める、
気候変動

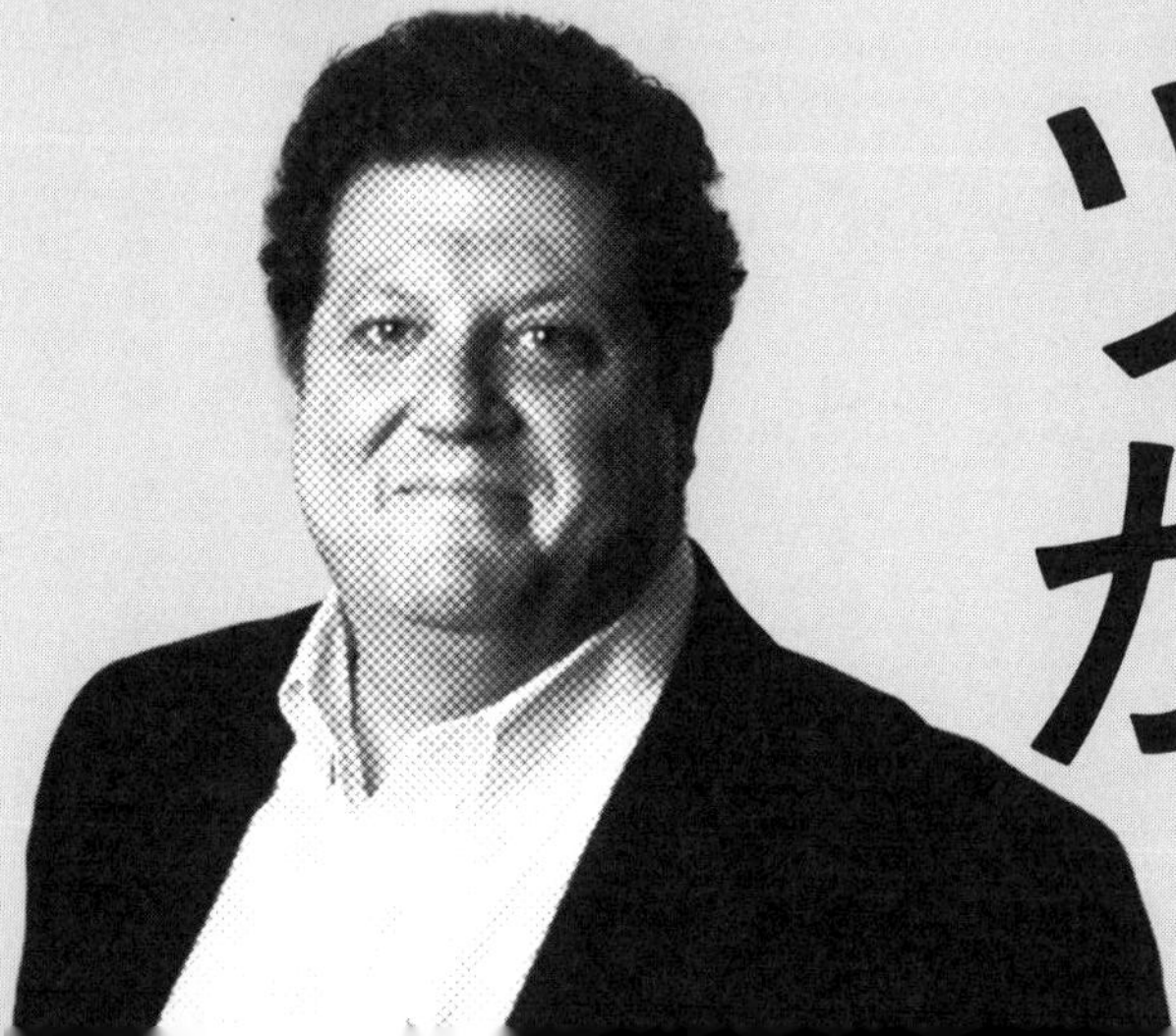

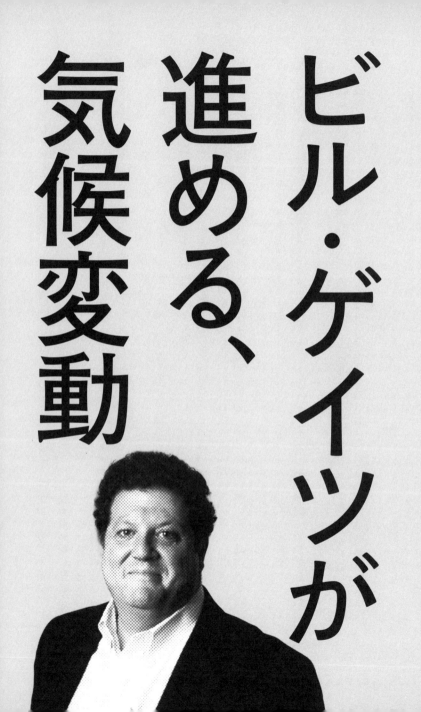

投資の秘密

ブレイクスルー・エナジー・ベンチャーズ
(Breakthrough Energy Ventures)

2016年、早くから地球温暖化について警鐘を鳴らしていたビル・ゲイツの呼びかけで設立されたファンド。脱炭素に向けた有望なテクノロジーをもつスタートアップに対して、通常のVCより長期にわたって、プロジェクトをサポートする。その分野は化学材料から植物肉、発電技術、水素エネルギーまで多岐にわたる。

本拠地……………………カークランド(ワシントン州)
社員数……………………35人

イグジット数/累計投資先数……………2社/87社

主な投資先…………Redwood Materials, Pivot Bio, QuantumScape, IonQ, Nature's FYND, Form Energy, Motif, Turntide Technologies, Commonwealth Fusion Systems, Malta, Iron OX, ZeroAvia

テクニカルリード
エリック・トゥーン
(Eric Toone)

いま地球全体が直面している、最も大きな課題の一つが気候変動だ。すべての国や産業が直視せねばならないビッグイシューについて、革新的なスタートアップ投資によって、解決を加速させようというベンチャーキャピタルがある。

それがビル・ゲイツ氏が2016年に立ち上げた、ブレイクスルー・エナジー・ベンチャーズ（Breakthrough Energy Ventures）だ。その名前のとおり、まったく新しい技術的なブレイクスルーによって、二酸化炭素などの排出量などを劇的にカットできるスタートアップに投資して、そのビジネスを後押しする。

実はクリーンテックの分野というのは、お金と時間がものすごくかかる。

なぜなら毎年510億トンもの温室効果ガスを出しているのは、私たちの日々の生活に欠かせない、電力やエネルギー、食料、製造業などの社会インフラであり、そのアップデートには何兆円、何十兆円というお金がかかるからだ。

だからこそブレイクスルー・エナジー・ベンチャーズは、まずは自分たちのお金を引き金にして、クリーンテック分野のスタートアップのお手本をつくる。そして、そこに巨額の資金が後追いで流れ込むという、新しい産業づくりのサイクルを生み出そうとしている。

出資者のLPは世界を代表するハイテク分野の億万長者たち。ファンドの運用メンバーは、クリーンテック分野の最高峰の知識を持つ、科学者たちを中心にした集団だ。

その投資先は、まるで脱炭素のイノベーションをかき集めた、びっくり箱のようだ。

水素燃料電池によって、まったく二酸化炭素を出さない飛行機をつくるゼロアヴィア（ZeroAvia）。電気自動車のバッテリーを、超高効率でリサイクルするレッドウッド・マテリアルズ（Redwood

Materials)。建築用のコンクリートに、二酸化炭素を封じ込めるカーボン・キュア（Carbon Cure）。

サステナブルな地球という巨大な課題に、ベンチャーキャピタルという仕組みでチャレンジする、ビル・ゲイツが創り出した新興ファンド。その投資責任者の一人である、エリック・トゥーンがそのチャレンジを語った。

（筆者らが実施したエリック・トゥーン氏への取材内容を補足するため、同氏による過去の発言などから一部補足している）

エリック　ブレイクスルー・エナジー・ベンチャーズは、2016年にビル・ゲイツの呼びかけによって始まった、気候変動と戦うための独創的なベンチャーキャピタルです。ビルには先見の明があり、この地球上でものすごくユニークな地位を築いた人物です。

温室効果ガスの削減について、国際的な取り決めを話し合うパリ協定（2015年）の場で、各国のリーダーはクリーンテックへの研究開発費を2倍にするという、野心的なプランを発表しました。ビルはそれに対応する民間セクターとして「ブレイクスルー・エナジー・コーリション」を結成し、その組織内におけるVCのファンドとして、我々は生まれました。

ビルはお金を集めることができるだけでなく、気候変動というテーマに多くの人達の注目を集める能力をもっており、またすぐれた人材を引き寄せる求心力があります。私たちにお金を出資している、出資者たちの顔ぶれを見てください。

アマゾン創業者のジェフ・ベゾス、フェイスブック創業者のマーク・ザッカーバーグ、アリババ創業者のジャック・マーに始まり、世界で最も影響力のある個人のお金が集まっています。

ビルはそうした民間のお金を起点にして、いま世界最大の課題である気候変動に挑むことができる唯一の存在だと言えるでしょう。

これだけ難しい問題を解決するには、地球上で最も大きな新産業を生み出さないといけない。ここには巨大なビジネスチャンスが眠っています。しかし正直に申し上げると、この分野のスタートアップ投資が、本当に大きなリターンを生み出せるフェーズにきているのか、まだ不確かなのです。例えば2000年代の10年間にわたって250億ドル（約2.7兆円）～500億ドル（約5.5兆円）という資金が、クリーンテック分野に投じられたというデータがあります。しかし、そのほとんどが失敗に終わった。

だからビルはこの失敗を乗り越えるために、まったく異なるアプローチでこのファンドをつくったのです。まずこのファンドは、一つのファンドの運用期間を20年間にしている点です。これは多くのテクノロジー分野のVCたちのファンドと比べて、2倍にわたる長さです。

クリーンテック分野は、フェイスブックやグーグルを生んだ、ソフトウェア産業とはまったく異なります。リアルな世界における問題に対処するため、物理的なハードウェアも必要となり、その事業をスケールアップするのに途方もない時間とお金がかかります。

10年間で、サクッとGAFAのような成功例をつくることなどできない。

つまり私たちは、恐ろしく我慢強い投資家になろうとしているのです。もちろんダラダラとやっていいという訳ではなく、この時間軸で猛烈にイノベーションを進めないといけません。20年先にどれだけリターンが必要なのか計算すると、ちょっとめまいがすることもありますが（笑）。

またブレイクスルーには、約30人ほどのスタッフがいますが、ものすごく専門性の高いメンバーによって組織されています。20人以上が化学、物理、数学、工学などの分野で、博士号を取得している研究者たちです。

なにしろ私も化学の教授であり、デューク大学で30年にわたって教えていました。私たちほど深く、クリーンテック分野の知識をもったベンチャーキャピタルはいないでしょう。おもしろそうなテクノロジーがあれば、チームを組成します。発明家や研究者について膨大なリサーチをしており、どの技術がうまくいきそうか、どの技術がビジネスとしてスケールしそうかを、調べているのです。

温室効果ガスを激減させるイノベーションたち

では、どんなスタートアップに投資をしているのか。これまで90社以上にお金を注いでいますが、そこにはユニークな基準があります。まず私たちは温室効果ガスがどこから発生しているのかを徹底して調べて、その削減に大きなインパクトを与える分野を見極めているのです。

そのため、特に次の5つの分野に強い関心をもって投資しています。それは「電力」「輸送」「建築物」「製造業」「農業」になります。こうしたカテゴリーにあって、世界の温室効果ガスの1%（0.5ギガトン）をカットできる可能性のあるスタートアップに投資をしてゆくのです。

例えば投資先のカーボン・キュア（Carbon Cure）は、2007年にカナダで生まれたクリーンテック企業です。コンクリートの原料になるセメントは、その製造過程でものすごい二酸化炭素を発生させるのですが、彼らはここに目をつけました。

まずコンクリートをつくるプロセスにおいて、さまざまな工場などで排出された二酸化炭素を、コンクリートの中に封じ込めてしまう生産方法を生み出したのです。さらに二酸化炭素を封じ込めることによって、コンクリートの強度がより上がるという効果があります。そうなると、コンクリートの主原料であるセメントの使用量も減らすことができるのです。

なぜコンクリートをつくるために排出される、二酸化炭素をカットすることに大きなインパクトがあるのか。それはグローバルな都市づくりにおいて、今後ものすごい勢いで新しい建築物が建てられることになるからです。2050年の都市における建築物の70%は、これからつくられるのです。

振り返れば1980年、この地球上にあるメガシティ(人口1000万人以上の大都市)は、ニューヨークと東京の2つしかありませんでした。しかし、今ではメガシティが45個に増えているのをご存じでしょうか。そしてこれからも増えるでしょう。

そうなったときに、これまでの建築物と同じようにコンクリートとセメント、鉄という素材ばかり使っていたら、そこから排出される温室効果ガスによって地球は破滅してしまうのです。しかし、その代替案を見つけることは簡単ではありません。なぜなら、コンクリートの価格はあまりにも安いからです。

では、どうするか。こういう大きなインパクトをもつ難問こそ、私たちが最も興味をもっていることなのです。

地球を救うなら、合成チーズをつくれ

温室効果ガスがどこから生まれているか理解すると、どの分野からインパクトがあるスタートアップが生まれる可能性があるのか、見極められるようになります。例えば火力発電所や石炭発電所などを含む、電力というのは全体の25％を占めているに過ぎません。

同じくらいのインパクトをもっている分野には、実は農業があります。農業・畜産業の分野は温室効果ガスの排出源としては約20％以上を占めています。そこで私がダイレクトに関わったスタートアップが、ピボット・バイオ（Pivot Bio）という会社です。

75億人の人々が食事をするためには、どうしても合成肥料が欠かせません。この合成肥料がなければ、私たちが農業によって得ることができる農作物の収穫量はものすごく下がってしまい、おそらく地球全体で生きていける人口は20億人くらいが限界になっていたでしょう。

ところが、この合成肥料をつくるためのハーバー・ボッシュ法という製造プロセスは、ものすごい温室効果ガスを出すのです。驚くかもしれませんが、この合成肥料をつくるだけで、地球上の温室効果ガスの1％を排出しているのです。

ピボット・バイオは微生物のパワーを使って、農業では欠かせなかった合成肥料を使わなくても、豊かな農作物を育てることができるようなテクノロジーを持っています。この微生物を土の中に入れると、その植物の根からでる液体や炭素を餌にして、必要となる窒素を生成してくれるのです。

農業でおもしろいテクノロジーはたくさんあるのですが、例えば人工肉の分野がいま盛り上がっていますよね。牛を育てるプロセスにおいて、たくさんの温室効果ガスを生み出してしまうため、私たちもこの分野でいくつか投資をおこなってきました。

しかし実は、牛の40%は乳製品のために育てられています。ではその乳製品とはなにかといえば、その半分弱をチーズが占めているんですね。つまりチーズというのは、大きなインパクトを持つ食品なのです。ところがチーズをつくるには、カゼインというタンパク質が必要ですが、これは細胞外で合成するのが難しいのです。

どうやったら、1ポンド(約450グラム)あたり200円ちょっとの価格のチーズを人工的に合成できるのか。この分野では、マギー・リカルデという女性が、大豆によってこのカゼインというタンパク質を発現させることに成功しました。そしてノベル・フーズ(Nobell Foods)というスタートアップとして、牛が要らないチーズの原料をつくっているのです。

新しい社会をつくるための「バケツの一滴」

伝統的なベンチャーキャピタルは、自分たちの投資先スタートアップの中から、満塁ホームランとなるような案件が生まれることで成立します。うまくいくか、いかないか、見極めるために少しの時間と、少しのお金を与えます。

テクノロジー分野において少しの時間とは、半年間から1年間のことです。少しのお金といえば、せいぜい50万ドル（約5500万円）といったところでしょう。そうやって投資先を増やしてゆくため、仮に失敗案件があっても、想定内の失敗として受けいれられます。

なぜなら、フェイスブックのような10兆円、20兆円になるようなスタートアップを捕まえられるか、逃してしまうかが、多くのベンチャーキャピタルにとって最大の関心事だからです。そうしたホームラン案件を逃してしまったら、あなたは夜ベッドで眠れなくなるでしょう。

ところが、クリーンテック分野における少しの時間というのは、5年間になるのです。ちょっとしたお金となれば、3000万ドル（約33億円）になるでしょう。つまり多産多死の投資アプローチというのは、私たちブレイクスルーにとっては有効ではないのです。

投資先の70％が、失敗して、跡形もなくなったら困る。だからこそ私たちは、ファンドの内部にまったく異なる専門性を持った科学者を抱えているのです。

もちろんすでに成功している、クリーンテック企業もあります。テスラ（Tesla）もそのうちの一つでしょう。テスラが成し遂げた最も重要なことの一つは、電気自動車に対する、人々の考え方を根っこから変えたことです。

テスラは、多くの人が自分もほしいと思うような、クールな商品としての電気自動車をつくりました。すでにフォードからメルセデス、ポルシェからトヨタ自動車まで、あらゆる自動車メーカーが電気自動車をつくっていますが、テスラがいなければ、こうした大きな潮流は生まれなかったはずです。

しかしクリーンテック分野のスタートアップ投資を考えるときに、どれだけ巨大なスケールの事業が必要なのか、求められている規模の大きさを忘れてはいけません。スケールしなければ、大きなインパクトは出せないのです。

だから私たちの目標であり、重要な活動の一つが、クリーンテックの分野にこれまで投資してこなかったファンドや、新しい資金を呼び込んでいくことです。

ブレイクスルーの投資が引き金になって、後から自分たちも投資をしたいという人が現れるようなサイクルをつくってゆきたいのです。そして可能なら、外部のベンチャーキャピタルと一緒になって投資する、シンジケートを組むようにしています。

ブレイクスルーが拠出するお金は、このスタートアップ投資の世界からみれば、バケツの中の一滴のような存在にすぎません。最近目にした統計によると、クリーンテック分野を含んでいるサステナブル投資が占める割合というのは、スタートアップ投資全体でまだひと桁%に過ぎません。必要なお金から考えると、まだまだ足りないのです。

なぜなら私たちが直面しているのは、極めて安いコストで、極めてスケーラブルな形でつくられた既存のインフラを、新しくつくり直そうというチャレンジだからです。新しいインフラをつくるためには、時には何兆円、何十兆円という投資が必要になるでしょう。

例えばカナダの東海岸のラブラドール沖には、ヘブロン・ベン・ネヴィスという油田があります。この油田の開発には、総額で40億ドル（約4400億円）の費用がかかり、合計で30年間にわたるオペレーションのために、さらに30億ドル（約3300億円）のコストが必要になると言われています。

その油田からは累計で7億5000万バレルの原油が採取されると言われており、これは世界すべての需要を8日間にわたって、満たすことができる量です。こうやってエネルギー産業というのは、莫大なコストとスケールによってつくられています。

だから今では、大気中に排出された二酸化炭素を吸収するというテクノロジーが注目を集めていますが、これを本当のソリューションにするためには、世界の石油化学産業の5倍の規模を持つ、新しいインフラを構築しないと計算が合わないのです。しかも、温暖化の進行を考えれば、残された時間はあと30年もないのです。

だからこそこのクリーンテックの分野には、継続的に投じられるお金が、もっともっと必要なんです。私たちブレイクスルーは、ベンチャーキャピタルとして新しいアプローチを生み出すことによって、その呼び水になりたいと思っているのです。

科学者をCEOに進化させる

創業者
アーヴィンド・グプタ
(Arvind Gupta)

バイオラボ

インディバイオ
(IndieBio)

生物学を用いて、新しいソリューションを生み出すスタートアップを育てる新興アクセラレーター。2015年にデザイナーだったアーヴィンド・グプタが創業し、サイエンティストをCEOに進化させる、数カ月のプログラムを展開する。育てた企業は、培養肉をつくるフードテック企業から、3Dプリンターで人工臓器をつくる企業まで、多岐にわたっている。

本拠地……………………サンフランシスコ(カリフォルニア州)
社員数……………………10人

イグジット数/累計投資先数…………20社/151社

主な投資先……………Upside Foods, Perfect Day, NotCo, The EVERY company, Geltor, Endless West, California Cultured, BeeFlow, Prellis Biologics, Jungla

ついにバイオロジー（生物学）は、永遠のような時間とお金をかけなくても、新しいビジネスを生むことができる時代になった。その中核になるのは、優秀なサイエンティストたちをCEOに進化させてくれる場所だ——。

2015年に本格稼働したインディバイオ（IndieBio）のオフィスは、サンフランシスコ市のダウンタウンにある。小さな玄関を開けて、地下フロアに降りてゆくと、そこにはビーカーやフラスコ、無数の実験器具たちが並んでいるラボスペースが現れる。

この秘密基地のような空間には、細胞培養によってジューシーな牛肉をつくったり、3Dプリンターによって人工臓器を印刷したり、植物から新しい乳飲料をつくるスタートアップたちが集まっている。ここは4カ月におよぶ起業プログラムと投資によって、彼らの第一歩を支援するアクセラレーターなのだ。

入居者はバイオスタートアップが共有できる実験室とオフィス空間によって、科学者たちが素早く試行錯誤を繰り返して、プロダクトをつくることができる。すでにプログラムからは169社が巣立っており、その企業価値は合計で42億ドル（約4600億円）にのぼる。

背景にある仮説は、バイオロジーはいまや短期間でビジネスを急加速できる、テクノロジー産業のひとつになったという理解だ。ここから未来の食品メーカー、未来の化学材料メーカー、未来のファッション企業たちが、生物学の力によって生まれることを、固く信じているわけだ。

「地球に住んでいるビリオン（10億人）にインパクトを与えながら、企業価値としてビリオン（10億ドル）を超える企業たちを育てる」。野心あるサイエンティストたちを集めているインディバイオは、生物とテクノロジーの交差点において、どんなゼロイチを創っていけるのか。創業者のアーヴィンド・グプタに話を聞いた。

アーヴィンド　インディバイオは、その名前にあるようにバイオロジー（生物学）に特化して、スタートアップを支援するアクセラレーターです。なぜバイオロジーなのか。もっと楽に稼げそうなソフトウェアじゃないのはなぜかと聞かれますが、ここにはちょっとやそっとじゃ解けない問題に挑むおもしろさがあるのです。

２０１５年に本格稼働したインディバイオがユニークなのは、支援先のスタートアップが入居するオフィススペースに、実験用のラボを併設していることです。そこでサイエンティストたちは、自分の研究がビジネスになるのか、昼夜にわたって実験を繰り返す。そのプロセスを、共有のラボで素早くおこなうことで、失敗するリスクを減らせるのです。

サイエンティストたちはここに入居すると、私たちから創業資金として27万５０００ドル（約３０００万円）を受け取ります。そして数カ月のプログラムで試作品をつくり、それを多くの投資家たちに披露する「デモ・デー」を通して、新しい資金を獲得していきます。

インディバイオを卒業したスタートアップは、こうして新しい資金を集めるためのプロセスをくぐり抜けて、自分の手でビジネスを育ててゆくわけですね。

もう一つのこだわりは、具体的にどんなプロダクトをつくるのか、その製品デザインを中心に据えたことです。生物学の世界から生まれてくるスタートアップを、まるで新しい食品メーカーや、新しい化学材料メーカーのように扱った。これは当時、とても新しい視点でした。

最初は、あらゆるところで馬鹿にされました。学会にゆけば、「そんなかわいらしいラボがあるなんて、「素敵ね」とからかわれました。バイオロジーは実はものすごく幅広い分野に応用できるのですが、そのプロダクトを目にするまで、誰もこの分野には見向きもしませんでした。

あれから5年以上が経って、いまではバイオロジーというのは、とてもホットな投資分野に化けていますよね。フードテックの分野では、植物肉をつくっているビヨンドミート（Beyond Meat）が上場して、ウォール街はこのトレンドに熱狂しました。また生物によってつくられたアパレル繊維から、建築用の材料開発にいたるまで、私たちは誰よりもリスクをとって、このムーブメントをつくってきました。

いま目にしているトレンドは、バイオテクノロジーが秘めているポテンシャルを考えると、まだ始まりに過ぎません。どれだけ多くの製品に応用することができるのかが明らかになるにつれ、みなさんは本当に驚くことになるでしょう。

例えばいま、世界はどんどん電動化していますね。クルマはEV（電気自動車）になってゆき、ますます社会は電気を中心に動くようになっています。しかし、ここにはボトルネックがあります。それはバッテリーの生産に欠かせない、リチウムやモリブデンといったレアメタルの不足です。

レアメタルは地中から掘り出すので、増産が難しい。しかも中国など特定の国や地域に偏在しています。そこで注目されているのが、生き物がある特定の金属を集めることができる能力です。こうしたバイオロジーの研究をもとにして、貴金属を効率よく抽出・回収できるかもしれません。

私たちは、これから生物学がテクノロジーの王道になると確信しています。そして10年後、20年後には、わざわざバイオテクノロジーとは言わなくなるでしょう。食品でも、化学でも、医療でも、バイオテクノロジーは当たり前に使われるものになるのです。

細胞を培養して「本物の肉」をつくるインパクト

2016年に支援したアップサイド・フーズ（Upside Foods）は、インディバイオから生まれた代表的なスタートアップの一つです。彼らは動物からではなくて、動物の可食部の細胞を人工的に培養することで肉をつくっています。環境負荷の少ない「クリーンミーツ」として、ビル・ゲイツも出資しています。

ある日、創業者のウマ・ヴァレティからインディバイオに応募がありました。そこには「牛の筋肉の幹細胞を使って、それを培養基で増やすことで、本物のミートボールやハンバーグがつくれる」という事業アイデアがあったのです。これは、目からウロコの発想でした。

すぐに私は電話をかけました。白熱した議論になったのですが、そのとき彼は高速道路をクルマで走っていたので、高速の路肩に停車をしながらアイデアを話していたそうです（笑）。しかし聞けば聞くほど、おもしろいテクノロジーだと思いました。

ウマはもともと心臓外科医として働いていた人物でした。手術をしているときに、治療のために使った幹細胞たちが、心臓の筋肉に変化をしてゆくのを見ているうちに、細胞から肉を培養できるというアイデアを閃いたのです。

しかし、強烈におもしろいからといって、スタートアップとして成功するわけではありません。そもそも細胞からつくった肉は、おいしいのか。細胞を培養することで、何百万人、何千万人が食べているハンバーガーの肉を量産できるのか。仮にそれが可能だったとしても、消費者は支持してくれるのか。その答えを知る方法は、ありません。

どう判断するべきか。そのポイントは、この培養肉が与えるインパクトが、尋常じゃないほど大きいという点でした。世界の食肉市場というのは100兆円産業です。だからもし大成功すれば、半端じゃないリターンが得られるはずだ。そう考えて、30秒後には投資すると答えていました。

私たちはこの培養肉について、食品会社に販売するようなB2Bビジネスにすべきか、ダイレクトに消費者に売ってゆくB2Cのビジネスにするべきかなど、あらゆる議論を尽くしました。

しかし何よりも特筆すべきは、心臓外科医だったウマがすばらしい直感を持った起業家だったということでしょう。

彼は2017年に、自分たちのブランドを売り込むために、信じられないような賭けに挑みました。それは培養基でつくったミートボールを、経済紙のウォール・ストリート・ジャーナルのジャーナリストに試食させるというものでした。これは衝撃的な賭けでしたね。

ジャーナリストの反応次第では、このアップサイド・フーズの命運は尽きるかもしれなかった。しかも細胞を培養するには時間がかかるため、約束の日までにつくれたのは「たったひと粒」のミートボールだけだったのです。会場にはシェフが来てくれて、このひと粒の培養肉を使った料理を提供してもらったのです。

いざ試食となると、ジャーナリストは最初、いぶかしがっていた。そして恐る恐るミートボールを口に運ぶと、「うん、いいわね（Okay, good）」と笑ったのです。

おそらく予想よりおいしかったのでしょう。そのときの記事が、アップサイド・フーズにとって、どれだけ大きな一歩になったか知れません。

インディバイオを卒業した彼らは、すぐに資金調達に成功して、いまでは企業価値にして5億ドル（約550億円）のスタートアップに成長しています。彼らは植物からつくった代替肉ではなく、本物の肉をつくっており、これからフードテック業界のリーダーとしてさらに活躍するでしょう。

高コストの研究をビジネス化する秘密

インディバイオが早くから理解していた「バイオベンチャーの秘密」があります。

それは生物の力を使って、新しい食品や材料などの物質をつくれても、最初は思ったように生産することができず、歩留まり率がとても低くなる。結果として、ものすごく高コストで、かつ少量しか物質がつくれないという課題に突き当たるのです。

この壁をどう乗り越えるかが、ビジネス化のポイントなのです。私たちが支援先のスタートアップと見出した答えは、まずは少量でも高い価格で売れる、プレミアムな物質づくりを成功させる。それから徐々に歩留まりを改善して、安く大量につくれる商品に広げてゆく方法です。

例えばバクテリア（微生物）からコラーゲンを合成するスタートアップ、ジェルター（Geltor）もそうした道のりを歩みました。プリンストン大学でPh.D.を取得していたアレクサンダー・ロレスタニが、アカデミアの世界を飛び出して、ビジネスを始めようと応募してきた会社です。

彼らはもともと微生物をつかって、さまざまなタンパク質をつくることができるプラットフォームを構想していました。しかしインディバイオは、具体的なモノをつくるための場所です。そこで彼らが選んだのが、食品から化粧品にまで使われるコラーゲンだったのです。

コラーゲンというのは、その純度やクオリティによって、まったく異なる価格で売られている物質です。例えば整形手術などの医療の世界で使われるコラーゲンは、ものすごく高純度なものしか使えないため、1グラムあたり数百ドルから数千ドルもします。

その次にくるのが、魚などを原料にした海洋性コラーゲンというものです。これは健康食品やドリンク、化粧品などにも使われるのですが、純度は中レベルです。その価格相場はというと、1キログラムあたり300ドルほどです。1グラムではなく、1キログラムですよ。さらに安いコラーゲンは、食品などに混ぜるゼラチンと呼ばれるものです。

ジェルターはこうやって、コラーゲンの純度と価格のカーブを上手に渡ってゆくように、ビジネス計画を立てたのです。つまり異なる市場における、異なる用途をおさえながら、いまは主に化粧品市場でビジネスを広げています。こうしたノウハウも、当時はほぼ知られていませんでした。

もちろん彼らは、プリンストン大学に在籍しながら起業することもできたでしょう。そうした場合、そこで生まれた知財はすべてプリンストン大学の所有物になります。しかしインディバイオに来ることで、サイエンティストはその知財を自分のものにすることができるのです。

大学で培ったテクノロジーを持ち出して、スピンアウトさせて、スタートアップを始めるという支援先もあります。この場合は一般的に売上高の2%と、株式の3%を所属する大学に譲り渡すことになります。しかし、もし選択肢があるのであれば、良いアイデアであればあるほど、みずから独立してスタートアップをつくることを私はおすすめします。

デザイナーがバイオテックのVCを興した理由

これまでスタートアップの世界では、サイエンティストは知的財産を生みだす「歯車」の一つに過ぎませんでした。そして伝統的にバイオテックの企業をつくるには、5億円、10億円という巨大なコストがかかることが、当たり前だったのです。

しかしインディバイオは、サイエンティストも新しいビジネスを創出するクリエイターであり、企業経営をするCEOになれると信じています。そして従来よりはるかに素早く、バイオテックのスタートアップを生み出して、プロダクトをつくれると考えています。

私もかつてカリフォルニア大学サンタバーバラ校で、遺伝子工学を学んでいる学生でした。生き物たちの遺伝子をコントロールすることができれば、世界にものすごいインパクトを与えることができる。そんな未来に心が躍ったのです。

ところが1990年代後半の遺伝子工学においては、一つひとつの実験にものすごく時間がかかりました。あらゆるプロセスでエラーが起きます。若い頃の私には、こうした忍耐を重ねるような時間の使い方が、どうしてもできなかった。それで生物学の道に進まず、デザイナーとして生きてきたのです。

しかし過去20年間で、サイエンスの世界はものすごく進化し、はるかに安いコストで、クイックに新しいことができるように変化しました。自分がほしいと思った配列のDNAをネットで注文すれば、たった一晩でそれを製造して、届けてもらえる世界になったのです。

そして私はデザイナーでありながら、つねに生物学に愛着をもちつづけていました。だからこそデザインコンサルタントとして得てきた知見を使って、生物の世界の研究開発をスピードアップさせる方法があると思い、それを2011年に学術論文として書いたのです。

だからベンチャーキャピタルであり、ハードウェアから暗号資産まで、分野特化型のアクセラレーターを複数運営しているSOSV創業者、ショーン・オサリバンと出会ったときに、バイオロジーの分野でもそのような挑戦ができると語りました。それがインディバイオの始まりでした。

いまでも覚えていますが、私はホームオフィスから電話をかけて「いまから革命的なことが起きるんだ。私たちはそのど真ん中にいるんです」と語ったのです。そのために必要な資金を伝えると、彼は「わかった、始めるのに3000万ドル（約33億円）が要るんだな。ぜひやろう」と返事をしてくれたのです。

起業家として成功していたオサリバンが、自分の資産を運用しているファミリーオフィスのお金を使って、このインディバイオのLPとなってくれました。こうして2013年秋にアイデアとして浮上したものが、2015年には実験スペースつきのオフィスとして実現したのです。

食品、材料から医療まで広がる可能性

生物学は言わずもがな、新しい食品や材料だけでなく、私たちの健康や医療にも大きな貢献をし

てくれます。私にとって忘れがたい支援先のスタートアップは、3Dプリンターで人間の毛細血管などをつくっているプレリス・バイオロジクス（Prellis Biologics）です。

創業者であるメラニー・マシューは、化学工学の博士号をもった研究者でありながら、独創的なビジネスプランをインディバイオに応募してきました。彼女は「光分子レーザー」という分野のエキスパートなのですが、人間の細胞のような小さなものを壊さずに噴出して、それを立体的につくってゆくことが可能だと言うのです。

これはバイオ3Dプリンターという注目の分野なのですが、そんなマシンが数千万円の初期投資によってつくれるのか、彼女に聞きました。すると彼女は「イエス」と即答したのです。だからインディバイオの支援先として、プレリスの挑戦をサポートすることにしました。

人間の臓器を3Dプリンターでつくる上で、最も大きな課題の一つが、微小な血管をきちんと再現することでした。しかし彼女の持っていた光分子を使った方法では、ナノメートル単位の極小の生体組織をつくることができる上、競合プロダクトより圧倒的にスピードが速かったのです。

そしてインディバイオのプログラムによって、人間のリンパ節をプリントすることに成功しました。これは移植をするためではなく、人間の免疫システムの一部を、人工的にプリンターでつくったものだと思ってください。ここにウイルスなどを注入することで、治療薬となる抗体をつくるのに役立てるのです。

私はこうした進歩を見て、この分野にくわしい知人の投資家に「彼女がやっていることを、すぐに見に来てほしい」と連絡をしたのです。彼はこのバイオ3Dプリンターを見てから数週間後、プレリスに250万ドル（約2.7億円）を出資しました。

これからプレリスは製薬業界と手を組むことによって、さらに事業をスケールさせることが可能でしょう。またリンパ節から始まった臓器の３Ｄプリンターですが、例えば十分な量の肝細胞を手に入れられたら、何らかの方法でそれらを接合して、臓器移植のために使えるといった未来も思い描いています。

私がインディバイオを始めたときに、ＶＣ業界の人たち全員が笑い飛ばしました。なぜなら私はボストンのようなバイオテクノロジーの中心地にもいなければ、ジェネンテックのような名門企業の出身者でもありません。生物学を学んだといっても、ハーバード大学で博士号を持つエリート研究者ではありません。

つまり、アウトサイダーだったのです。しかし馬鹿だと思われているものに、新しい世界をつくる種が混じっているのです。そうした逆境の中で、みずからの仮説を信じるのはとてもむずかしいことです。私はそうした状況に直面したら、自分のルーツでもあるインド建国の父、マハートマ・ガンジーの名言を思い出すのです。

「彼らはまずあなたを無視し、次に笑いものにして、ついには挑みかかってくるでしょう。そうやって私たちは勝つのだ」。インディバイオはまさにそうしたプロセスを経験しながら存在証明を続けているのです。

女性から黒人まで、マイノリティに

パートナー
ブリタニー・デイビス
(Brittany Davis)

光を当てる新鋭VC

バックステージ・キャピタル
(Backstage Capital)

2015年に、黒人女性であるアーラン・ハミルトンが設立。これまでスタートアップの世界でマイノリティだった、女性起業家やマイノリティ人種の起業家などにスポットライトを当て、積極的に支援をする。VCの民主化を掲げ、クラウドファンディングでLPを募ったことも話題になった。

本拠地……………ロサンゼルス(カリフォルニア州)
社員数……………7人

イグジット数/累計投資先数……22社/177社

主な投資先……………Carrot, BookClub, Maven, LendStreet, Bitwise Industries, West Tenth, Kiira, Nickson, Beautycon, Filament, Zero Grocery

ベンチャーキャピタル業界には、広く知られる「不都合な真実」がある。それは経済のメインストリームにあるスタートアップにおいて、ベンチャーキャピタルが投資するお金の多くが、白人男性にばかり集まっていることだ。

いかにダイバシティという美辞麗句をうたっていても、数字は嘘をつかない。アメリカにおいて、ソロの女性起業家への投資は全体のわずか2.2％。さらにマイノリティ出身の創業者への投資も10％未満だ。

そんな状況をひっくり返そうと挑んでいるのが、ベンチャーキャピタルの民主化という旗を掲げて、大きな注目を集めているバックステージ・キャピタル（Backstage Capital）だ。

創業者は、エンターテインメント業界出身である黒人女性にして、自身もレズビアンだと公表しているアーラン・ハミルトン。コネも学歴もないところから資金集めを始め、多くの賛同者を巻き込んで、いまマイノリティ出身の起業家たちのネットワークをつくっている。

この新興ＶＣのメッセージに共感した出資者には、有名ＶＣのアンドリーセン・ホロウィッツ、スラック創業者のスチュワート・バターフィールド、その他多くのトップ投資家たちが含まれる。

さらに近年、誰もがスタートアップ投資ができる世界を目指して、一般人が１００ドルからバックステージ・キャピタルに出資できる、株式型クラウドファンディングのプロジェクトで注目を集めた。

黒人、女性、性的マイノリティ。ダイバシティを象徴するような新興ＶＣのバックステージ・キャピタルは、長年のスタートアップ投資の構造問題を解けるのか。

アーランの右腕であるブリタニー・デイビスが、その勝算を語った。

ブリタニー　かつて私の父親はテクノロジー業界で働いており、ソフトウェアを開発するスタートアップを立ち上げようとしました。しかし黒人はベンチャーキャピタルへアクセスできず、独立してもうまくいかず、父はコンサルティングファームなどの企業に勤めたのです。その苦労が、私の脳裏には焼きついています。

一方で、私が育ったノースカロライナ州にあるダーラムは、かつて「黒人のウォール街」と呼ばれた、マイノリティ金融で栄えた街でした。黒人が経営する初めてのミューチュアルファンドも、黒人が初めて経営する保険会社も、家からクルマで20分ほど走ったところにありました。

マイノリティビジネスは、こうやって金融のパワーを借りて育ったんだ。その歴史に胸を打たれた私は、子どもながらに「大きくなったら、ウォール街で金融を学んでやろう」と思うようになったのです。そして大学を卒業すると、ウォール街のど真ん中にあるバンク・オブ・アメリカに就職して、トレーディングをするようになりました。

ウォール街の中心には、自分と同じような黒人も、女性たちもほとんど見かけませんでした。どうやったら子どもの頃から抱いてきた、あの情熱を実現すればいいのかわからなかった。そこでハーバード大学のビジネススクールに通いながら、自分でスタートアップを創業して、育成プログラムに入ったのです。

ある有名なベンチャーキャピタルの投資家を訪ねたときの光景は、いまでも忘れません。ガラス張りの豪華なオフィスに入って、自分のビジネスアイデアを披露したのです。残念ながら興味を持ってもらえなかったのですが、それ以上に気になったことがありました。

ふと黒人女性に投資したことがあるかと聞くと、彼はしばらく黙ってから「私のオフィスで、黒人女性がビジネスについてピッチしたことは、これまで一度もなかった」と答えたのです。これは自分のスタートアップが抱えている今日明日の悩みより、はるかに深い問題だと思いました。

そこで、私はハーバード大学のネットワークを使いながら、将来性のあるマイノリティ起業家を投資家につなぐようになったのです。そしてベンチャーキャピタルで働き口を見つけると、運命的な出会いがありました。それが、バックステージ・キャピタル創業者のアーラン・ハミルトンでした。

あれは2016年、さきほど紹介した「黒人のウォール街」と呼ばれたダーラムで、黒人起業家のために開かれたスタートアップのコンテスト会場でした。これはグーグルが主催した「ブラック・ファウンダーズ・ファンド」という、画期的なイベントでした。

私とアーランは、それぞれ審査員としてこのコンテストに参加していました。彼女はものすごくシャイな性格で、マイクを持って話をしようともしない。ところがコンテストの優勝者が決まった後、アーランは「優勝できなかったスタートアップにも、気に入った会社があった」と言って、バリバリと小切手を切り始めたのです。

いわゆるゲスト気分で参加していた私は、アグレッシブに投資をしてゆく彼女のパワーに圧倒されました。そして、どうやったらアーランと一緒に働けるだろうかと考えるようになったのです。幸運にもバックステージ・キャピタルが投資チームを強化するときに、声をかけてもらうことができた。もちろん「イエス」と即答しました。

「次のザッカーバーグ探し」には参加しない

２０１５年に生まれたバックステージ・キャピタルは、これまで光の当たらなかった女性起業家、マイノリティ出身の起業家、そしてＬＧＢＴＱの起業家たちがつくり出す、すばらしいスタートアップに投資しています。

創業者のアーランはもともとエンタメ産業で働いており、歌手のライブコンサートなどの仕事を手がけていました。しかしあるとき、歌手のジャスティン・ビーバーであったり、俳優のアシュトン・カッチャーであったり、コメディアンのエレン・デジェネレスらが、スタートアップ投資に注力していると知ったのです。

ところが調べてみると、ベンチャーキャピタルの投資するお金の90％以上は、白人男性がつくったスタートアップに流れている。これは、おかしい。すばらしいアイデアをもっているのは白人男性だけじゃない。黒人、女性、レズビアンという「超マイノリティ」だったアーランは、自分がファンドを立ち上げようと思い立ったのです。

当然のように、実績のないアーランに出資しようというＬＰ（出資者）はいませんでした。「それは、いいアイデアだね」と言ってくれた後、お断りという日々が続き、生活費もなくなってしまった。ホームレスのような状態のときに、ある有名な女性エンジェル投資家がイエスと言ったのです。

なぜ、かくもマイノリティの起業家がお金を集めることが難しいのか。それはベンチャーキャピタルの歴史が、長らくシリコンバレーという物理的に近いエリアに暮らしている、白人男性によって運営されてきたシステムだからです。近所に住んでいる、自分と似たような人たちに投資する。こうやってベンチャーキャピタルの歴史は刻まれてきました。

これが2021年においても、まだ続いています。そしてVCの投資家というのは、勝ち組を見つけるための「パターン認識」をおこないます。例えばフェイスブックで大成功したのは、ハーバード大学を中退した、白人男性のエンジニアであるマーク・ザッカーバーグでした。

だからハーバード大学やスタンフォード大学出身の白人起業家を探せ、となるわけです。実際に、あるベンチャーキャピタリストが「いつもザッカーバーグのようなタイプを探している」と言っていたのを覚えています。

しかし、それはバックステージ・キャピタルが狙っている対象ではありません。

私たちの勝ち筋は、他のVCのレーダーにひっかからない、見過ごされているけれどキラリと光る原石を、マイノリティ分野から見つけること。このアプローチによって、「成功したテクノロジー起業家は誰なのか？」というイメージそのものをひっくり返すことです。

すばらしいアイデアになぜかお金が集まらない現実

これまでバックステージ・キャピタルは、190社以上のスタートアップに投資をしてきました。そこで見つけた会社の一つがキーラ・ヘルス（Kiira Health）です。彼女たちは大学に通っているような、若い女性を対象にしたバーチャルクリニックのビジネスをつくっています。

創業者のクリスタル・アデサンヤは大学生の頃、いつもとは違う感じのする腹痛に襲われました。しかし、大学にあるヘルスセンターは運悪く閉まっていた。そこで自分の病気が何であるのかを知ろうとして、グーグル検索をしたわけです。

病気になったら「グーグル先生」に症状を聞くことは、よく行われています。彼女の症状にマッチした検索結果というのは、生理痛の記事でした。そこで薬局に行ってクスリを買ったのですが、まもなく彼女は気を失ってしまい、救急病院に担ぎ込まれたのです。

実際は、生理痛ではなく、命にかかわる病気でした。彼女は大手術を受けて、一命をとりとめましたが、あやうく「グーグル先生」によって死にかけたという経験を忘れませんでした。

どうすれば若い女性が、自分の健康について適切な診断を受けられるのか、考えたのです。

10代後半や20代前半の若い女性というのは、とりわけ婦人科などの受診をためらいます。性感染症であったり、妊娠に関わる問題に向き合うこともあります。だからクリスタルは、彼女たちが気軽に相談できる「チャットボット」のようなサービスをつくりました。

そこでは婦人科医から、メンタルヘルスの専門家まで、話しづらい話題についても気軽に相談できるように設計されています。ビジネスの立ち上げから、有名な産婦人科のドクターたちに協力をしてもらい、このサービスをつくり上げました。

資金集めには、かなり苦労したはずです。いまの世の中はお金が余っていますが、なぜかマイノリティの起業家には届かないのです。そこでバックステージは、小切手を切りました。このスタートアップには、お金を投じる人がいるとシグナルを出したのです。

これでメディアが彼女を取り上げるようになり、世界的なテニスプレイヤーであるセリーナ・ウィリアムズは、そのコンセプトに共感して自分のファンドから出資を決めました。こうしてキーラは、すでに数百万ドル単位の投資を受ける注目株になりました。

しかし、VCから100万ドル以上の投資を受けた黒人女性は、アメリカでもまだ100人に満たないでしょう。彼女はそうした歴史を変えてゆくような起業家の一人でもあるわけです。

創業者を駆り立てる、その情熱は本物か

もっとメジャーな分野に挑んでいる女性起業家もいます。例えばサンフランシスコから始まったゼロ・グロッサリー(Zero Grocery)は、地球環境に大きな負荷をかけている、プラスチック素材をまったく使わないで買い物をするサービスをつくっています。

創業者であるズレイカ・ストラスナーは旅先で投棄プラスチックの山を目撃したことから、それまでプラスチックフリーの生活を貫いてきました。サステナビリティに並々ならぬ情熱を持っていた彼女は、いつしか「持続可能な食料のサプライチェーンを構築する」というビジョンを持つようになりました。

しかし、誰もが「アマゾンが牛耳っているような厳しいコマース市場で、女性起業家になにかできるのか」と懐疑的でした。けれども私たちは、その創業者を駆り立てているものは何か、それが本物なのかを投資基準にしています。そして彼女は本気でサプライチェーンをゼロから変えようと

していました。

私はニューヨークに住んでおり、アマゾンから食料品のデリバリーをしてもらっています。しかし配送用のラッピングから、商品そのもののパッケージまで、とにかく大量の包装材がそこで使われています。アマゾンが送ってくる梱包材に埋もれている人も、多いのではないでしょうか。

ズレイカは、リサイクルができる素材を使って食料品の包装をしてくれるサプライチェーンを、一つずつ丹念に見つけてゆきました。野菜や果物はおろか、例えば鶏肉などであれば、再生可能な紙などでラッピングしてもらうのです。これを食料の上流のプロセスにおいても追求しました。

だからゼロ・グロッサリーのウェブサイトには、そうしたプラスチックフリーの食料品が、1400種類以上も並んでいます。そして毎月の会費を払ってメンバーになれば、配送料は無料で、オーダーした食料品をプラスチックゼロで届けてくれるのです。

これはZ世代など地球環境をとてもシリアスに考える人たちにとっては、とても合理的なビジネスなのです。このサービスが多くの共感を呼べば、プラスチックをサプライチェーン全体から排除することでコストも削減し、誰にとってもプラスになる構造がつくれます。いまはサービスエリアをロサンゼルスにまで広げ、新たな資金調達に入っているところです。

スタートアップエコシステムの民主化を

私たちは、起業家になるためのチャンスを民主化するとともに、投資家になるチャンスも民主化したいと思っています。イベントで講演すると「スタートアップへの投資を始めるにはどうしたらいいのか?」とよく聞かれるようになりました。

そこで、誰もがスタートアップに投資できるような仕組みをつくろうと思ったのです。利用したのが、リパブリック(Republic)という株式型クラウドファンディングのプラットフォームです。このプラットフォームでは、誰もがクレジットカードを使って少額のスタートアップ投資ができます。私たちはバックステージ・キャピタルというVCに対して、一般の人々から出資を募りました。いわゆる富裕層じゃなくても、一口100ドル(約1万1000円)からバックステージに投資できるのです。私たちがファンドの運用で得られたリターンの一部は、そうした小さな投資家に還元されます。

実際に2021年2月、クラウドファンディングをスタートして9時間で、目標としていた107万ドル(約1億1000万円)の資金を集めてしまい、4月1日には500万ドル(約5.5億円)の上限額に到達しました。これまで、投資経験がない人たちをVCの世界に呼び込むことができたのです。

バックステージの使命は、スタートアップエコシステムの民主化です。これまでベンチャーキャピタルが白人男性ばかりに投資してきた理由の一つが、実はベンチャーキャピタルにお金を預けているLP(出資者)たちも、白人を中心にした富裕層に限定されてきたからということです。

アメリカには認定投資家制度という仕組みがあり、保有資産が100万ドル以上(約1.1億円)あるか、もしくは2年連続で年収が20万ドル(約2200万円)を超えているなど、特定の条件を満たさないとスタートアップ投資ができませんでした。つまりお金持ちしか参加できなかった。

しかしもし、誰もがベンチャーキャピタルに投資ができたらどうでしょうか。もっと多様な人たちが少額でも参加できるようになれば、もっとダイバシティが生まれます。私たちに投資した人たちは、VCがどうやって出資をするのか、その内部のプロセスもよくわかるでしょう。つまりこれは、投資家教育としても有効なのです。

私たちはベンチャーキャピタルの世界で得られた知見や利益を、コミュニティに共有しています。これまで資本を手にできなかったマイノリティが、資本を手にする。これまで投資ができなかった人たちが、投資ができるようになる。そうした未来を、私たちは描いているのです。

異文化に眠る、ビジネスを

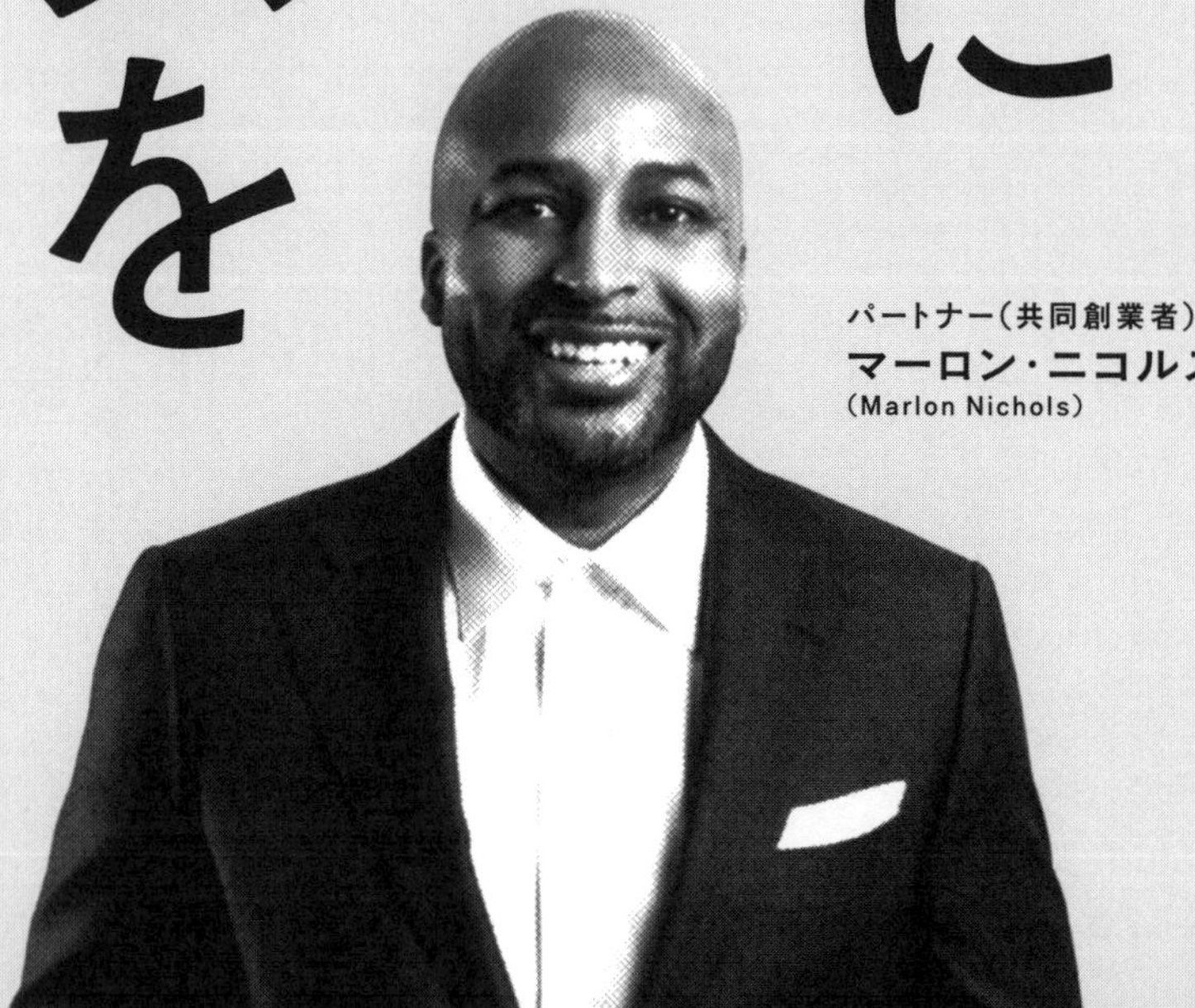

パートナー（共同創業者）
マーロン・ニコルズ
（Marlon Nichols）

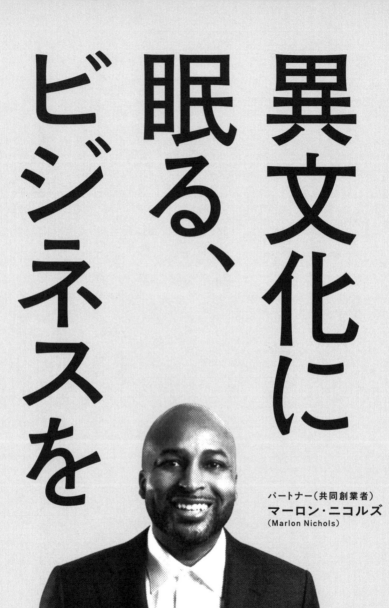

掘り起こす情熱

マック・ベンチャー・キャピタル
(MaC Venture Capital)

2019年、黒人投資家であるマーロン・ニコルズらが設立したVC。米国ではマイノリティ人種の人口が増加しており、彼らの文化を熟知することで、新しいビジネスチャンスを掘り起こしている。貧困地区に向けた緊急医療サービスから、黒人女性向けのヘアサロンまで、多様性あふれる急成長スタートアップを多数抱えている。

本拠地……………………ロサンゼルス(カリフォルニア州)
社員数……………………8人

イグジット数/累計投資先数…………18社/203社

主な投資先……………Ready, Mayvenn, Bolt Financial, Pipe, Gimlet, Thrive Market, Avala, Goodfair, Finesse, PureStream, Spora Health, Citizen, Epsilon, Caffeine

シリコンバレーの投資家たちは、たくさんの才能やビジネスチャンスを見逃している——。

2019年に誕生したマック・ベンチャー・キャピタル（MaC Venture Capital）は、白人エリートたちがよく知らない、黒人やヒスパニックといったマイノリティ出身の起業家たちや、そのカルチャーにスポットライトを当てている新興のベンチャーキャピタルだ。

創業者の一人であるマーロン・ニコルズは、その旗振り役となって「カルチャー投資」を推し進めている。ロサンゼルスを拠点にして、テクノロジーからエンターテインメントまで、マイノリティ人材たちが参加する幅広いネットワークを持っており、優良案件を見つけ出しては注目を集めている。

ちなみにアメリカにおいてマイノリティとは、いわゆる社会問題に留まらず、ビジネスや経済にも大きなインパクトをもたらすものだ。なぜなら今後、アメリカにおける白人の人口は過半数を割り込み、それに代わってマイノリティ人種が「顔」になってゆくからだ。

こうしたトレンドは大きな波になり、例えば歌手のリアーナが立ち上げた化粧品ブランド「フェンティ・ビューティ」は、肌の黒い女性にマッチするコスメアイテムをつくり、爆発的なセールスを記録した。こうした見えざる需要は、医療、雇用、教育、メディア、テクノロジー、食品、リテールなど、あらゆる産業分野に広がっている。

だからこそスタートアップの経営者は、これからマイノリティの市場を味方につけなければいけない。マック・ベンチャーは、そうした分野にノウハウを持つ投資家として、その存在感を高めつつある。複雑な人種国家のアメリカで生まれた、マイノリティ投資のポテンシャルについて、マック・ベンチャー共同創業者のマーロンが話した。

マーロン　私はもともとソフトウェア業界を経て、ニューヨークで経営コンサルタントとして働いていました。しかしコンサルタントの仕事は、本当の意味でビジネスの当事者ではないと感じていました。そこで相談に乗ってくれた金融業界の知人が、ベンチャーキャピタルという仕事を教えてくれたのです。

その知人が行っていた投資業務のリサーチを手伝うと、さらにスタートアップ投資に興味を持つようになりました。ところがベンチャーキャピタルというのは、ものすごく小さい業界であり、正攻法ではなかなか入れません。だから私はコーネル大学のビジネススクールに入学して、この大学の卒業生たちによるファンド運営に関わりました。

そこから道を拓いて、卒業をするとシリコンバレーの名門CVC（コーポレート・ベンチャー・キャピタル）、インテル・キャピタルに採用されました。そこで投資家としての実績を積み上げてゆくと、次第に「将来はインテル・キャピタルのトップになれるかも」と思えるまでになったのです。

しかし、すばらしい創業者たちと出会う中で、新しい目標ができました。それは自分の手で新しいベンチャーキャピタルをつくることでした。そこで2015年に立ち上げたのが、マック・ベンチャーの前身となったクロス・カルチャー・ベンチャーズです。そこで生み出した投資アプローチが「カルチャー投資」です。

私はシリコンバレーでは珍しい黒人投資家だったので、白人中心のシリコンバレーのVCが見落としている、有望なマイノリティ起業家がいると考えていました。そしてマイノリティ文化とテクノロジーの掛け合わせによって、未来の消費者がどのようなサービスを求めているか、自分はそこに焦点を当てたいと思ったのです。

マイノリティと言いながらも、これはニッチ市場ではありません。アメリカの総人口は3億3000万人ですが、いま人口における人種比率が変わっており、2060年までに白人こそマイノリティ(推定43・6%)になります。一方で黒人、ヒスパニック、アジア系といった、有色人種がどんどんメインストリームになるのです。この新しいメインストリームが生み出す文化がわからなければ、そこにあるビジネスチャンスも認識できません。

「壊れた医療システム」が生んだユニコーン

例えば投資先に、救急医療のプラットフォームを運用しているレディ(Ready)というスタートアップがあります。ニューオリンズで生まれたこの会社には、GV(旧グーグル・ベンチャーズ)なども投資しており、そのビジネスは急成長しています。

レディのサービスは、まるで配車サービスのウーバー(Uber)のように、オンデマンドで医師や救命士、看護師といったプロフェッショナルの診療が受けられます。サービスの裏では、非番のために手が空いている有資格者たちのネットワークをつくり、地元で困っている患者のもとに駆けつけたり、遠隔診療で助けてあげるのです。

このビジネスを初めて聞いたときに、私は思わずうなりました。アメリカでは救急医療のサービスが正常に機能していない地区がたくさんあるからです。特にマイノリティが多く住んでいる貧困地区にいるとわかるのですが、911番（米国における救急電話番号）に電話をしても、ぜんぜん応答してくれません。そして待機時間にけが人や病人が亡くなってしまう。これは大きな社会問題であり、新しいソリューションが求められていました。

1990年にリリースされた「911 is a Joke」という名曲があります。これはニューヨークのブロンクス地区出身のヒップホップアーティスト、パブリック・エネミーのヒットソングです。911の救急電話番号に掛けても、誰も応答しないと皮肉っているわけですね。

私もニューヨークで育っており、高校はそのブロンクス地区にありました。だからこの曲で歌われているように、救急車が全然やって来ないことを知っていました。この曲がヒットしたのは、これが貧しい地域で暮らす人のリアルだったからです。

また、心臓がとても痛むので、心臓発作だと思って救急車を呼んでみたら、不安による発作であるケースもあります。こうした勘違いによる911でも、救急車を出動させるには、1回あたり約1万ドル（約110万円）というコストがかかるのです。もちろん、貧しい人たちはそんな金額を払えません。そのコストは地元政府であったり、受け入れた病院などのツケとなるわけです。

しかしレディを使えば、救急車を呼ぶよりはるかに安い数百ドルで、救急医療のニーズに対応できます。これだけコストが下がれば、病気になった患者にとっても、保険金請求をされる保険会社にとっても、地元政府にとってもありがたいのです。

パンデミックでは、感染がひどかったニューヨークにおいて、レディは自宅においてコロナ検査をおこなってくれるプラットフォームとして大活躍しました。最もウイルスの被害が大きく、かつ医師になかなか診てもらえないコミュニティを助けたのです。

いまレディの企業価値は、数年間で60倍以上になり、投資は大きなリターンを生んでいます。

誰も知らなかった「1兆円市場」

マイノリティの理解によって、どれだけ大きな潜在市場をつかめるのか、もう一つカルチャー投資の事例を話しましょう。私たちの投資先であるメイヴン（Mayvenn）は、黒人女性たちに良質なヘアウィッグ（かつら）やエクステンションを提供する、新しい美容プラットフォームです。

黒人女性たちは色とりどりのヘアウィッグなどを、常日頃から使います。この市場はなんと1兆円という規模があるのですが、それまで誰も目をつけませんでした。黒人女性たちはショッピングモールの専門店で、品質がバラバラのアイテムを、一つ数万円～10万円ほどの金額で買っていました。お店のほとんどは、韓国系オーナーによるものです。

そこでメイヴンを立ち上げた黒人起業家は、かつて中国と貿易をしていた経験があったことから、クオリティの高いヘアウィッグを中国から直接仕入れて、それを廉価に届けるサービスを思いついたのです。彼は中国語も話せるため、こうしたルートを開拓しました。

その上で、黒人女性らが通っている美容サロンのスタイリストたちが、メイヴンが仕入れてきた廉価なヘアウィッグをお店で販売して、それを髪に取りつけてあげて、その手数料を得られるようにしたのです。つまり美容サロンのスタイリストが、販売代理店のようになるのです。

美容サロンの経営は、ギリギリの利益で成り立っているケースが多い。そのため、あらかじめ多数のヘアウィッグを在庫として仕入れる余裕がありません。だからメイヴン側が在庫として抱えて、美容サロンはお客さんに取りつけてあげたときに、販売コミッションをもらえるシステムにしているのです。

このメイヴンがいかに大きな市場に挑んでいるのか、当初、シリコンバレーの投資家はわかりませんでした。そのため私たちは調査をしたり、投資家を案内するフィールドツアーまでおこなって、こうした「見えざる市場」のポテンシャルを伝えてきたのです。そして、有名ＶＣから投資を受けるようになりました。

いまやメイヴンのプラットフォームには、全米で6万人以上のスタイリストたちが登録をしており、そこはバーチャルな美容サロンネットワークとなっています。最近では大手小売会社のウォルマートと組んで、リアル店舗でメイヴンのヘアウィッグを売るという取り組みも始まりました。

マイノリティ出身の起業家は、いつも資金調達に苦労をしています。しかしマック・ベンチャーは、メイヴンの創業者のような人たちに会いつづけています。そして徐々にではありますが、確かにマイノリティにはチャンスがありそうだと、一緒に投資をしてくれる投資家たちが増えています。

黒人やヒスパニックに広がる「人材プール」

もっとも日本のみなさんが「カルチャー投資」と聞いても、なかなかピンとこないかもしれません。日本という国では、誰もが日本語を話しますし、基本的には単一の民族によって構成されている国だからです。ところがアメリカでは、まったく異なる文化を持つ人たちが、混じり合っています。

そこには、見えない問題がたくさんあります。例えば白人よりも、黒人のほうが糖尿病になる確率が高い。これは食習慣によるものから、所得格差などによるもの、さらには遺伝的な特性といったものが絡まり合っています。だから病気になったときにも、医師がそうした背景を理解してくれる人なのか、不安になるのです。

だからスポラ・ヘルス（Spora Health）という投資先のスタートアップは、黒人の患者さんたちが安心して診察してもらえるように、黒人のドクターを探すことができる医療プラットフォームをつくっています。これは黒人に限ったことではなく、おそらくヒスパニックであっても、同じように有効なアイデアだと思います。

またスタートアップの経営者にとっては、お客さんとしてマイノリティが大事なだけでなく、自分たちの経営チームや社員たちに多様性を持たせることが、とても大切になっています。私たちは多様性のある人材ネットワークを抱えているため、採用などにおいても投資先を助けています。

最近では、イーロン・マスクの右腕として活躍した元テスラの幹部が、自動運転に欠かせないデータなどを集めて、それを利用するという話題のスタートアップをつくりました。これはアヴァラ(Avala)という会社ですが、創業者はスリランカ出身のエンジニアであり、多様性のあるチームづくりにとてもこだわっていました。

そのため投資家として出資する前から、このアヴァラの採用プロセスを手伝っていました。そうした貢献をとても喜んでくれたおかげで、多くのＶＣがわれ先にと集まってくる競争率の高いディールでしたが、新興のマック・ベンチャーも投資家として名を連ねることができたのです。

シリコンバレーが陥った「同質化」の罠

私は2015年に初めてファンドを立ち上げてから2年後に、その拠点をシリコンバレーからロサンゼルスに移しました。なぜなら、シリコンバレーという場所において「同質化」が進んでいると感じたからです。このエリアの住人は、誰もがテクノロジーのことばかり話しています。

一方のロサンゼルスは、同じカリフォルニアにあっても、はるかに大きな人口を抱える1000万人都市であり、また多様なカルチャーやコミュニティがあります。もともとハリウッド産業に代表されるエンターテインメントが有名ですが、実はたくさんのスタートアップが生まれているハブになっています。

イーコマースからフィンテック、ファッションテック、不動産テックまで。さらにカリフォルニアは、米国でも有数の防衛産業、航空産業の拠点であることを忘れてはいけません。そしてカルチャーに焦点を当てたベンチャーキャピタルとしては、新しく成長しているロサンゼルスのコミュニティにおいて、自分たちのブランドを確立したいと思っています。

いま投資ポートフォリオのなかで、最も早く成長しているパイプ（Pipe）という企業もロサンゼルス生まれです。彼らはフィンテック企業であり、SaaSのビジネスモデルによって、毎月すこしずつしか資金回収ができない企業たちに、前倒してお金を融資するサービスを提供しています。投資時の企業価値は13億円に過ぎなかったのですが、たった1年半で2000億円に化けています。

マック・ベンチャーは産業分野にこだわりません。地理的な環境にもこだわりません。たった一つのコアは、世界の新しいカルチャーがテクノロジーとどう融合するのかを、いつも投資の中心に据えることです。みなさんはこれから、もっと多様なスタートアップが登場するのを目にすることになるでしょう。

私にとっては、それが次なる偉大なスタートアップを見つけるための方法なのです。異なるカルチャーを理解できることには、ものすごく大きな価値がある。つまり「カルチャー・イズ・ニュー・カレンシー（文化とは新しい貨幣である）」と言えるでしょう。

COLUMN

カリスマが率いる「ソロVC」の台頭

「北京で生まれて中国語しか話せなかった私が、ひょんなことからアメリカに来た。そして今では、さまざまなツールを使って発言力と影響力を手にしているなんて！」

2021年のスタートアップ投資の世界で、最も顔が売れたスタートアップ投資家の一人は、まちがいなくアトリエ・ベンチャーズ（Atelier Ventures）を創業したリ・ジンのはずだ。いまや「クリエイターズ・エコノミーの女王」という異名をとっており、世界中を飛び回っている。

その投資先には、クリエイターズ・エコノミーの有名スタートアップがずらりと並んでいる。有料メールマガジンのサブスタック（Substack）、クリエイター向けのクラウドファンディングのパトレオン（Patreon）、新しいお金の稼ぎ方を可能にするゲーム会社のイールド・ギルド（Yield Guild）など。

もともと有名VCのアンドリーセン・ホロウィッツで働いていたが、クリエイターたちの情熱をお金にするビジネスモデルに注目し、そうしたスタートアップや起業家たちとの人脈を築いていった。そして満を持して、みずからのファンドを立ち上げたということだ。

特筆すべきは、彼女はたった一人のGP（ジェネラル・パートナー）として、自分で集めたお金を運用している「ソロVC」であることだ。こうして単独の投資家が、ファンドを運用するトレンドが、ベンチャーキャピタル産業で存在感を増している。

なぜなら、一人の投資家が扱っている運用資産が驚くほど大きくなっているからだ。もともと個人資産を投資するエンジェル投資家などが、スタートアップの支援者として長らく活躍してきたが、ここにきてソロＶＣたちは数十億円、ケースによっては数百億円という資産を運用するようになっている。数百億円の規模が扱えれば、伝統的なＶＣたちの主戦場であるディールにも十分に参加できる。

例えばモバイルゲーム企業のプレイコ（Playco）は、２０２０年秋に大きな資金を集めてユニコーンになった。この資金調達（シリーズA）において、トップＶＣのセコイア・キャピタルと並んで、主要投資家に躍り出たのがバックリー・ベンチャーズ（Buckley Ventures）だった。

２０２０年にたった一人で、２００億円以上を集めたファンド（2号）を立ち上げて話題になったソロＶＣだ。

バックリー・ベンチャーズを経営しているジョシュア・バックリーはこう語る。

「創業したばかりのスタートアップの多くは、賛否両論となるようなものばかりだ。そうしたディールに直面しても、僕は大手のＶＣよりはるかに素早く決断できるんだ」

もともとバックリーには、エンジェル投資家として高い実績があった。英国生まれのバックリーは、10代のころから投資のおもしろさに目覚める。そして16歳になると、ウォーレン・バフェットが経営するバークシャー・ハサウェイの株主総会に出るために、毎年アメリカに通うようになったという。

シリコンバレーに移住してからは人脈を広げ、起業家と投資家のキャリアをパラレルで築いていった。だからエンジェル投資した100社以上のスタートアップの中から、これまでに17社のユニコーン企業が生まれたという。そしていよいよファンドをつくることで、投資活動をスケールアップできたわけだ。

「こうしたソロVCたちは、自分たちが金融サービスをしているとは考えません。まるで起業家のようなマインドセットをもっているんです。解決したいテーマに向かって、たまたま投資というアプローチを選んだという感じです」

そう語るのは、さまざまなソロVCに投資する人物だ。これからフロンティア分野を切り拓いてゆくキープレイヤーとなるソロVCは、意思決定や行動のスピードが早いだけでなく、その分野の情熱ある人々が集まってくるコミュニティをリードし大量のフォロワーを獲得していることを武器にしている。

例えば気候変動のソリューションに特化したソロVC、ジェットストリーム（Jetstream）を立ち上げたのはトミー・リープだ。もともと本書にも登場するトップファンド、フラッドゲート（P258）で経験を積んできた投資家だ。2019年に気候変動の問題の大きさを知り、みずからソロVCを立ち上げることを決めた。

ディープテック分野で注目を集めているのは、デイキン・スロスが率いるプライム・ムーバーズ・ラボ（Prime Movers Lab）だ。エネルギー分野から航空宇宙、農業から海洋上における建物建築まで、いわゆるディープテックと呼ばれるカテゴリーで、次々と急成長するスタートアップたちを見つけているという。

「これからは、ベンチャーキャピタルも個人の時代なんだ。スマートフォン一つで、起業家は自分の気に入った投資家をピンポイントで、選べるようになっているからね」。バックリーが語るように、個人のブランドと情熱をベースにしたカリスマによるソロＶＣは、これからもさらに増えてゆくはずだ。

7章

ベンチャーキャピタルの「不都合な真実」

天才投資家たちの失敗の告白

さて、ここまで数多くのトップVCの物語を知ることになったあなたは、華やかなスタートアップに投資して、そのビジネスを支えながら、大きな金銭的なリターンを手にする投資家に憧れるかもしれない。なにより次から次へと、新しい技術やビジネスを追いかけるのは、さぞかしスリリングな仕事のように思えるだろう。

ところが、この世界で働く人たちが24時間365日にわたってさらされる、巨大なストレスがあることを、この章ではまずお伝えしないといけない。

2章の後半でお伝えしたとおり、ベンチャーキャピタルのファンドが成功するには、巨大なビジネスをつくってゆくような急成長スタートアップへの投資が肝である。つまりホームラン案件の打率をつねに争い、その埋め合わせは、小さなヒットをどれだけ量産してもできない。

それゆえに、もしかしたら自分は歴史的な投資チャンスを見逃しているのではないかという「FOMO(Fear of Missing Out)」と呼ばれる、強い恐怖やプレッシャーに駆られるのだ。

これに罹ってしまうと、夜も眠れないと話す投資家は少なくない。

しかもトップ投資家たちがインタビューで告白しているとおり、どんなスーパースターの投資家であっても、100%の打率でこのホームラン案件をとらえるのは不可能なのだ。

ここで一つユーモラスな「失敗の履歴(アンチポートフォリオ)」を紹介しよう。

1911年に設立された、アメリカ最古の名門ベンチャーキャピタルであるベッセマー・ベンチャー・パートナーズ（Bessemer Venture Partners）は、なぜ「大魚」を見逃したのかを、自ら公表しているのだ。

グーグル：1999年から2000年にかけて、ベッセマーの投資家は、スタンフォード大学出身の友人からグーグル創業者を紹介したいと声をかけられていた。しかし検索エンジンになんの興味もわかず、その友人の自宅ガレージを借りていた、グーグル創業者らに会うことを避けつづけた。これが史上最大の「逃した魚」になった。

アップル：アップルが1980年に株式上場をする直前に、ベッセマーは既存の投資家から、アップルの株式を買い取るチャンスがあった。そのときアップルは、企業価値にして60億円のバリューがあるという条件だった。「ありえないほど、高値だね」と、ベッセマーの投資家はその取り引きを一蹴した。

フェイスブック：ベッセマーの投資家は2004年の夏、あるイベントにおいて、ハーバード大学の学生だったエドアルド・サベリン（フェイスブック共同創業者）から逃げ続けていた。しかしランチの列でつかまってしまい、仕方なく、その学生に「なあ、フレンドスターっていうSNSがあるのを知らないのか？　次のアイデアに進もうぜ」と助言した。

テスラ：2006年、ベッセマーの投資家はテスラの経営チームと出会い、電気自動車のロードスターに試乗してみた。ロードスターを買うための手付金は支払ったが、赤字経営のテスラへの投資は乗り気にならなかった。同僚には「俺はイケてる電気自動車を手に入れて、その他の投資家がその開発資金を払うのさ」と軽口を叩いたが、テスラは2014年には3兆円企業に化けていた。

ベンチャーキャピタルの仕事に関わっている人ならば、こんな話を聞いたら卒倒するかもしれない。上記の一つでも投資をしていたら、天文学的なリターンを手にしていたはずだからだ。実際にベッセマー自身も「もし一つでも当てていたら、僕らはもう投資の仕事をしていないかもしれない」というジョークを披露しているほどだ。

GAFAと呼ばれる世界的なテクノロジー企業4社のうち、3社の投資チャンスをみすみす見逃したベッセマーについて、あなたは運の悪い三流のVCだと思うだろうか。

実際はまったくその逆で、例えばアマゾンの対抗馬となるような、世界的なイーコマースプラットフォームになっているショッピファイ（Shopify）であったり、トゥイリオ（Twillio）やトゥイッチ（Twitch）、ピンタレスト（Pinterest）など、数多くの兆円企業を掘り起こしてきたトップファンドだ。

ここからわかることは、百戦錬磨のベンチャーキャピタリストも、未来をすべて見抜くことは不可能であるということだ。だからこそいつも、このFOMOのプレッシャーに苛まれているわけだ。

この本に登場する合計30のベンチャーキャピタルたちも、輝かしい投資ストーリーを紹介してくれる一方で、逃してしまった魚についても、率直に語ってくれている。

巨大企業への投資チャンスを華麗にスルーしたり、ビットコインなどの暗号資産を馬鹿にしていたことを、死ぬほど後悔している投資家もいる。

無料ユーザーだらけのメッセンジャーアプリの世界にあって、まさかワッツアップ（WhatsApp）が兆円企業になるとは思わなかった。細分化されたイーコマースの世界で、まさかショッピファイが巨大化するとは思わなかった。テスラがトヨタの時価総額を超える日がくるとは想像ができなかった。そして中国のバイオテクノロジー産業が、まさかここまで進化するとは思わなかった――。

2015年に発覚した、シリコンバレーの血液検査のスタートアップ「セラノス」による詐欺事件も、そんなFOMOの心理を巧みに突いたものだった。女性創業者のエリザベス・ホームズは、まるで医療業界のアップルを彷彿とさせるようなマーケティングや秘密主義によって、その期待値と企業価値をどんどん膨らませていった。

そこにシリコンバレーで大成功したオラクル創業者のラリー・エリソンであったり、メディア王のルパート・マードックであったりと、超有名人たちが続々と投資をしたことによって、この未来のヘルスケアのクイーンを見逃してはならないと焦った人たちが、ハリボテのような事業に対して投資をしてしまった。

それくらい、このFOMOの力は時に大きくなるというわけだ。

VCへの出資は本当に「おいしい」のか

みずから投資家の仕事をやるつもりはないが、ベンチャーキャピタルにお金を預けて、スタートアップ投資によって資産を増やせたらいいなと思う人もいるかもしれない。ベンチャーキャピタルの出資者であるLPの多くは、機関投資家や事業会社であるが、中には個人ベースの出資枠を設けているようなVCもある。

ところが残念なことに、このベンチャーキャピタルというのは、資産運用先としてはあまりおいしいとは言えないのだ。実はVCがもたらす投資リターンの平均値というのは、あまり高くない。**むしろあなたがベンチャーキャピタル産業全体に投資したら、運用期間を終える10年後には、期待はずれのリターンしか手にできない可能性が高い。**

それでも多額のお金がVCに流れてくるのは、ベンチャーキャピタル産業においては、少数の勝ち組たちがとてつもなく高いリターンを生み出すからだ。

ピンとこない人のために、図表1として2つのグラフを用意した。一つは「ロングテール（べき分布）」、もう一つは「ベルカーブ（正規分布）」と呼ばれる確率分布のグラフだ。

ベンチャーキャピタルの運用成績を、横軸にファンドの数をとり、縦軸にそのリターンの大きさを表したとすると、「ロングテール」のカーブに散らばることが知られている。

ロングテールが意味するところは、ものすごく少数のトップファンドが、ほとんどの利益を手に

スタートアップ投資は「べき分布」で決まる

［ 図表1 ］ べき分布と正規分布の確率モデル

ロングテール（べき分布）

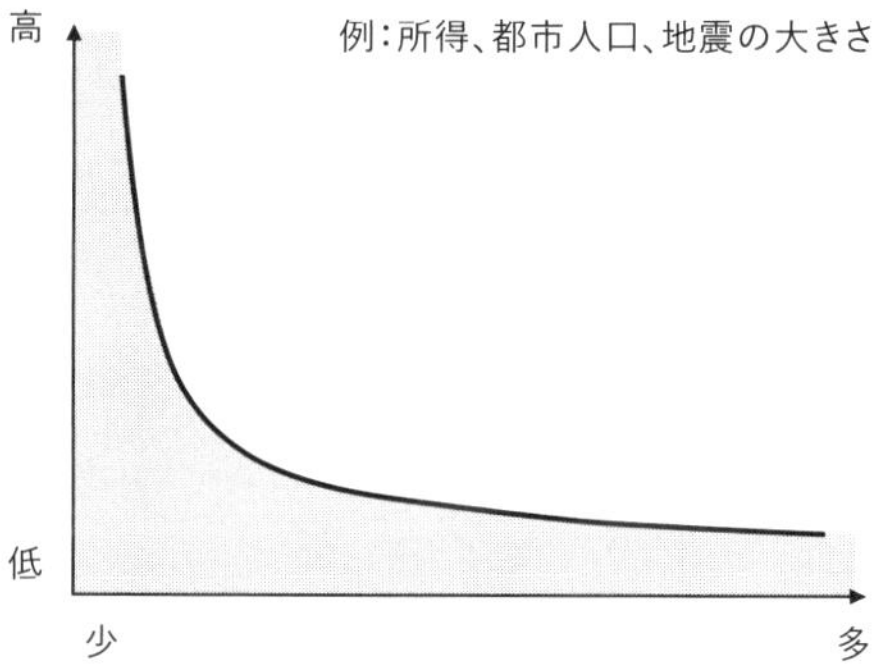

ベルカーブ（正規分布）

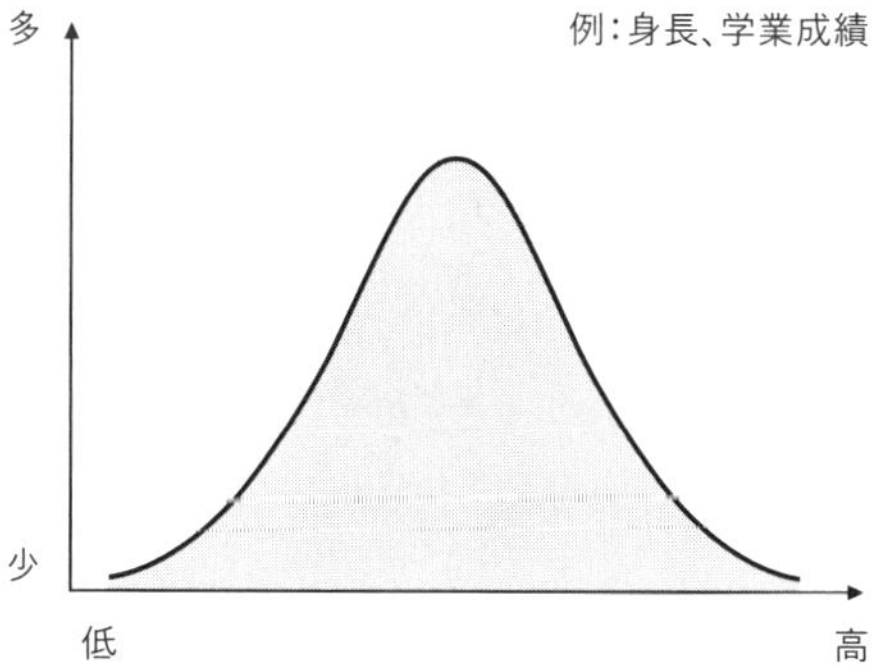

してるという事実だ。これは平均的なパフォーマンスをもたらすプレイヤーが、全体の大部分を占めるという、よく知られているベルカーブとはまったく異なるものだ。

一般的にはベンチャーキャピタルとしては全体の上位25%のファンドが期待されるリターンを出し、とりわけトップ1%ほどの少数のファンドが10～15倍を超えるケタ違いのリターンをもたらす。

この本で紹介したようなトップ1%のベンチマークやファウンダーズ・ファンドなど、常勝しているトップファンドに出資できたら最高だ。しかし、彼らに投資をしたい人たちは世界中に山のようにいる。その出資枠は奪い合いであり、リーマンショックのような経済危機などにあって、たまたま枠が見つかるといった偶然をのぞけば、新参者が入り込む余地はほとんどないと言われる。

繰り返しになるが、VC産業というのは、このロングテールが支配しているビジネスであり、多くが中間的な平均のパフォーマンスに集約されるベルカーブではまったくないことを理解することが、とても大切になる。

だからざっくりとVCに投資しようと思ったら、たいして利益を出さないファンドにお金を出してしまう可能性が高い。

失敗ファンドと成功ファンドの唯一の違い

より具体的にイメージするために、図表2として、「失敗ファンド」「成功ファンド」「大成功ファンド」の典型的な投資結果をモデル化した。

ホームラン案件の有無が結果を左右する

[図表2] VCファンドの3つの典型シナリオ

< モデルファンド1号 >

ファンドサイズ……250億円　投資先…………50社（1社あたり5億円）

運用期間………………10年間　目標リターン……750億円（元本の3倍）

[失敗ファンド]

投資結果	投資件数	リターン
0～1倍前後	35社	87.5億円
2～3倍	15社	187.5億円
10倍	0社	0円
		合計 275億円

目標にまったく届かず！

[成功ファンド]

投資結果	投資件数	リターン
0～1倍前後	25社	62.5億円
2～3倍	15社	190億円
10倍	10社	500億円
		合計 752億円

元本は3倍となり「成功」！

[大成功ファンド]

投資結果	投資件数	リターン
0～1倍前後	25社	62.5億円
2～3倍	15社	190億円
10倍	9社	450億円
300倍	1社	1500億円
		合計 2202億円

1発の特大ホームランのおかげで、元本は8倍に！

※簡略化のため、運用期間を年間に固定。VCが受け取る年間の管理手数料（ファンド総額の約2%）は除外する

興味がある読者はざっと眺めてもらえると、その差がどこにあるか気づくはずだ。そしてスタートアップの世界を支配しているルールの根本が見えてくるはずだ。

シリコンバレーを拠点にするモデルファンド１号は、２５０億円を原資として集め、シード（創業期）、シリーズＡ、シリーズＢのステージにあるスタートアップ50社に対して、それぞれ5億円ずつ投資をすると仮定する。

まず期待したような利益が上げられない、凡庸な「失敗ファンド」を見てほしい。50社のスタートアップに投資をしたところ、35社については価値が上がらない1倍か、もしくはビジネスがうまくいかずに会社を畳んでしまう。残り15社の投資先も、大化けはせずに2〜3倍のミニヒットで終わってしまう。

こうしたケースの場合、２５０億円の原資というのは、10年後には２７５億円ほどになっている。減ってないから良いと思うかもしれないが、２章の図表５（P71）で説明したように、出資者であるLPはこのハイリスクハイリターンの長期投資に、10年間で3倍ほどのリターンを期待する。そうでなければ、公開株や債券など他の資産で運用したほうが、よっぽどリターンが多いからだ。

そして現実には、こうしたファンドであっても毎年の運用手数料が発生するため、戻ってくるお金は元本より少なくなる。そんなファンドに、あなたはまたお金を預けたいと思うだろうか。答えはＮＯだ。つまりこのファンドは、お金の運用に失敗したと言える。

次に、教科書に登場するような、「成功ファンド」の投資結果を見てみよう。同じ50社に投資したうち、失敗ファンドとの違いは、投資額の10倍のリターンをもたらすスタートアップが10社あるということだ。イメージとしては、ユニコーンに届くか、届かないかというスタートアップに育ったり、小ぶりだけど利益がでるスタートアップとして買収される会社になることだ。

このファンドは、10年後に運用額の約3倍の752億円になっている。こうしたケースでは手数料やその他のコストを差し引いても、預けたお金は2倍以上になって手元に戻ってくる。このファンドは他人のお金を預かって、期待どおりに増やすことができた成功例だ。

こうしたファンドというのは、おおよそベンチャーキャピタル全体の上位10〜25％のファンドに分類される。

さて最後に大成功ファンドは何が違うのか。たった一発だけ、100〜300倍のリターンをもたらすような特大の満塁ホームランの案件が出ることだ。具体的には時価総額にして1兆円を上回るような、デカコーンを想像してくれるといいだろう。

なんとこの一発のホームランだけで、およそ1500億円ものリターンが上乗せされることになり、ファンドの利益も2000億円を超えてゆくことがわかるはずだ。こうなってくると、お金を預けたLPたちには10年間で8倍以上のリターンがもたらされる。こうした結果を叩き出してくるファンドこそ、まさにキングメーカーと呼ばれるトップVCたちだ。

こうしてみると、デカコーン（企業価値1兆円以上の未公開企業）であったり、ヘクタコーン（企業価値10兆円以上の未公開企業）と呼ばれるようなスタートアップが、どれだけ巨大なリターンをVCにもたらすかが、わかるはずだ。

逆に言えば、こうしたメガ級のスタートアップを探し出して、そこに投資していなければトップ1％に入ることはできないのだ。

ファンドの大半が「3号」までに淘汰される意味

さて、仁義なきベンチャーキャピタルの世界が、とても少数のトップファンドと、大多数の凡庸なファンドによって成り立っているという、ほとんど知られていない事実が明らかになった。そうなると、本書で収録されているトップファンドたちが、10年、20年という単位で勝ち続けていることが、いかに異常なことであるか改めてわかるはずだ。

よく引き合いに出される調査レポートによれば、ベンチャーキャピタルの平均的なリターンというのは、上場企業の株式投資にも勝っていない。それならばネット証券の口座をつくって、アメリカの株式市場における最も代表的な銘柄を集めた、S&P500などをインデックス化した商品に投資するほうがずっとマシという、驚くべき結果が出てしまっている。

具体的にはアメリカにある1794本のベンチャーキャピタルのファンドがもたらした平均リターンは、10年間の運用で9.0%(2008~2017年)。これは同時期のS&P500のインデックスとほぼ同じリターン水準であり、新興企業が集まるナスダック市場のインデックスと比べると2%以上もパフォーマンスは低い。

一方で勝ち組であるファウンダーズ・ファンド、ベンチマーク、ヴェンロック、アクセルパートナーズ、リビット・キャピタル、QED、アーチといった、本書の3章以降に深掘りしてきたトッププレイヤーたちにとって、ベースの期待値に応えるトップ25%に入るのは最低条件だ。むしろ10倍

多くのVCは「3号ファンド」までに消える

［ 図表3 ］ 米VCファンドの号数分布（2013-2017年）

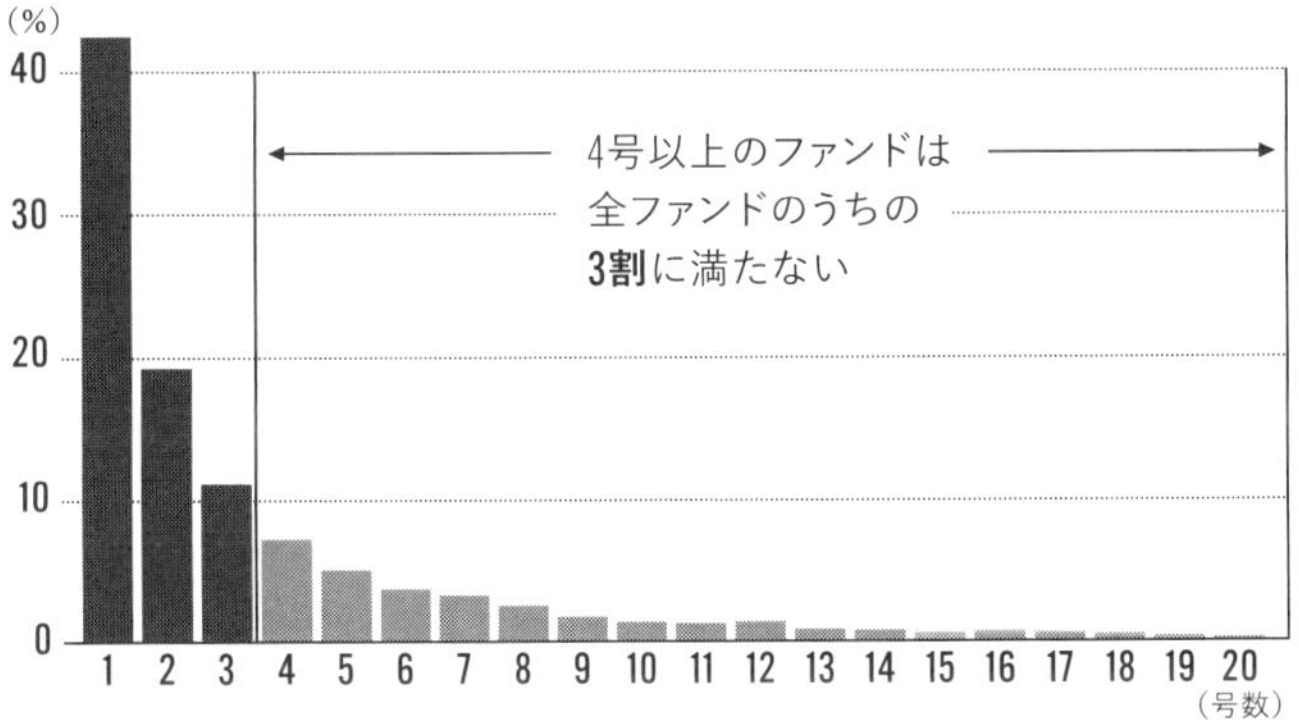

を超えてゆくトップ1%のリターンに、最も近い存在だと数字で証明しつづけている訳だ。

なおアメリカのVC産業は、スタンフォード大学やハーバード大学のビジネススクール卒業生という、アメリカでも超のつく学歴エリートたちが約40%を占めていると言われている。そうしたハイスペック人材たちが昼夜を問わずに働いても、ここで生き残ることが難しいのは、このように勝者が激しく偏ってしまうからだ。

そして目覚ましい結果が出せずに、この世界から退場しなくてはならないのは、投資家という個人だけではない。野心を掲げてスタートさせたファンドも、1号ファンド、2号ファンドと、なんとかお金を集めることができたとしても、そこに結果がついてこなければ、やはり退場コースが待っている。その厳しさを表したのが、図表3だ。

この図は、アメリカのベンチャーキャピタルが運営するファンドを、何号目のファンドであるかによって分類したグラフだ。一般的にベンチャーキャピタルは、1号目のファンドを立ち上げると、その数年後には2号ファンド、そして3号ファンドといった具合に、継続してスタートアップ投資をするためにファンドを募ってゆく。

しかしグラフを見ると、多くのベンチャーキャピタルが3号ファンドを立ち上げるまでに、期待していたリターンを上げられず、淘汰されているのがわかるはずだ。

そして限られた数のVCたちだけが、再現性をもって高い利益をスタートアップ投資で続けているのだ。

VCに必ず聞くべき5つのクエスチョン

スタートアップ投資は、よくも悪くもハッタリが効いてしまうブラックボックスの世界だ。そのためどのベンチャーキャピタルに実績があるのか、外部からは極めて見えづらい。

静かにリターンを生んでいる優良なVCもいれば、実態以上にうまくいっているように語るVCもいる。そのためスタートアップ投資に関わる仕事をする上で、ぜひ注意するべきポイントを最後にお伝えしよう。

Q　実績のある過去の投資先はどこか？

プロサッカー選手の実績として試合におけるゴール数があるように、プロの作家にはその代表作となるコンテンツがあるように、プロの投資家にだってきちんとした投資実績がある。

あまりにも当たり前すぎる話なのだが、なぜかスタートアップ投資については情報開示をぼやかす人が多く、それについて突っ込む人たちも少ない。しかし、これは完全に間違っている。

世界でトップクラスの活躍をしているVCの投資家には、きちんと具体的に、どのスタートアップに、どのタイミングで出資をして、どんな貢献をして、そこから何倍のリターンを得られたのかという、具体的に語るべき実績とポートフォリオがある。

もちろんオンライン上でくわしく公開しているケースは少ないが、ビジネスをともにやる場合、こうした過去のトラックレコード（実績）をきちんと開示するのは当然のことだ。

Q 最も信頼関係のある起業家たちは誰か？

ベンチャーキャピタルの投資家にとって、最高の投資チャンスの多くは、これまで投資してきた起業家たちからもたらされる紹介事案だと言われる。つまり投資家の力量というのは、どれだけ優秀なスタートアップの創業者たちと信頼関係を築けているのかに言い換えられる。

またVCのキャラクターも、どのようなネットワークに網をはっているかで特徴づけられる。

いま世界のスタートアップは「マフィアの時代」だ。例えばテスラの創業メンバーが、新しいスタートアップをつくり、そこで働いていた元従業員がさらに新しいスタートアップをつくる。

つまり有望な企業からは、次々と新世代のスタートアップが生まれるわけだ。こうした起業家のネットワークに深く入れているかは、投資家のポジションを決定的に左右する要素だ。

Q　運用してきたファンドの実績について

ＶＣというのは、まるでマラソンのような長距離走だ。お金を集めてからファンドを運用し、そのリターンが確定するまで10年間という歳月がかかる。つまり成功するのか、失敗するのか確定するまでは、その実情について曖昧にすることもできる。

極端に言えば、うまくいっていないＶＣでも、「まだファンドの折り返し地点ですから」と言い訳することもできてしまう。

だからこそ、そのファンドの投資家が過去に、投資元本を少なくとも2～3倍にして、リターンを生み出せたのかを聞くべきだろう。もしまだファンドを運用中であれば、きちんと現金としてリターンを手にした「実現利益」と、まだ帳簿上の含み益にすぎない「未実現利益」を明確にわけた上で、どのようなリターンが狙えそうなのか、その見通しを具体的に教えてもらうことが大事だ。

Q　なぜ有名スタートアップに投資できたのか？

スタートアップの世界は、よくも悪くもハッタリだらけだ。だから時価総額にして１０００億円以上の価値のあるユニコーン企業に、みずから投資していることがあれば、投資家としての実力をアピールするためのわかりやすい宣伝材料になる。

しかし当たり前だが、有名なユニコーンに投資をしていることが、必ずしも投資家としての実力の証明になるわけではない。むしろ、やたらと自慢をする人物は怪しむほうが良いだろう。

例えばイーロン・マスクが創業した宇宙ベンチャーのスペースXなどは、まるでメルカリで転売するかのように、その株を相対で売り買いをする「セカンダリー取引」がとても多く行われている。つまり値付けに合意できれば、VCの投資家ならスペースXの株を〝転売〟によって入手できてしまうのだ。そこに、イーロン・マスクとの関係は1ミリもない。

またプロの投資家でなくても、未上場の株を買うためのハードルは劇的に下がっている。

例えばエンジェル投資家たちが集まっているプラットフォームのエンジェルリストでは、個人資産で100万ドル（約1.1億円）以上を保有していたり、2年連続で年収20万ドル（約2200万円）を上回るなどの条件を満たせば、さまざまなスタートアップたちにオンライン投資できる。

もはやクレジットカード一つあれば、誰もが「シリコンバレーの投資家」を自称できる時代であることは、覚えておくべきだろう。

Q　フェアなルールで運営されているか？

長期的にそのベンチャーキャピタルが繁栄できるかというのは、コアとなる投資担当者たちが、フェアなかたちで成果報酬を受け取っていたり、きちんと世代交代がなされるかという点がポイントだ。

立ち入った話にはなるのだが、VCによってキャリーと呼ばれる成果報酬を、どのように山わけするのかというルールが大きく異なる。この点について正解はない。

しかし中核となる投資家たちが辞めていったり、チームに亀裂が入ったりするケースの一因になるのが、特定の人物が著しくキャリー(成果報酬)を独り占めするデザインになっているケースだ。そのファンドが成功して巨額のリターンが生まれても、それが非常に偏ってVCの創業者であったり、一部の投資家に配分されると、そのVCには黄信号が灯る。

投資家というのは究極的には個人事業主のように、自分のレピュテーションを築いてゆく仕事でもあるので、そのVCのキャリーをどう「山わけ」するのかというデザインというのは、実は安定性にとても大きく影響する。

もちろんそれは、そのVCがちゃんと期待以上の利益を出すことができた場合ではあるのだが。

ゼロイチに賭ける投資家に敬意を

「自分でファンドを立ち上げて、ベンチャーキャピタルをやってみたいのですが」

Sozo Venturesの共同創業者であるフィル・ウィックハムは、そのような相談をする人たちに、投資家になることをお奨めしないようにしている。なぜならこの世界の第一線で活躍するような人は、ファンドがなくても、自らおもしろい投資案件を引っ張ってくることができるような、起業家精神にあふれた人材だからだ。

この本で紹介したトップ投資家たちには、さまざまなバックグラウンドがありながら、かつて起業家だった人物がとても多い。ゼロからイチをつくる難しさとノウハウを知っているからこそ、単

なる投資家ではなく、未来を創るベンチャーキャピタリストの道を志したというわけだ。

例えば、暗号資産とフィンテックへの投資で活躍するリビット・キャピタル創業者のミッキー・マルカは、ハイパーインフレによって自国通貨がほとんど紙くずのようになったベネズエラで育ち、その半生をすべて金融世界のイノベーションに費やしてきた人物だった。だからこそ、既存産業と戦うための方法を知っている。

テクノロジー産業のゴールドマン・サックスのような存在になろうとしているアンドリーセン・ホロウィッツも、それまでアマチュア経営者扱いされてきた若き創業者こそ、ヒーローであるという理想を掲げて、人事採用からマーケティングまで、お金以外の付加価値を加えるVCとして台頭してきた。そして自らメディア運営をして、実現したい未来を広めて回っている。

40年前にソフトバンクグループを創業した孫正義は、その創業者人生の仕上げともいえるタイミングで、新しい産業づくりを後押しする資本家（投資家）という道を選んだ。その成功はまだ確かではないが、10兆円ファンドという新しいアプローチによって、スタートアップ投資がもはやグローバル産業であることを決定づけた。

ちなみにSozo Venturesも、そうやってできたVCの一つだ。グローバル展開を狙うような野心的なスタートアップに対して、日本というユニークな市場への「上陸作戦」を請け負うことで、投資チャンスを広げてゆく。こうした実績をコツコツと積み上げて、シリコンバレーにおけるSozoの評判を上げてきた。

こうやって、新しい産業をつくるためのスキルやノウハウを持つ野心家たちが、つねに流れ込んでくるからこそ、ベンチャーキャピタルはおもしろい。もちろん新しい投資家たちのすべてが成功するわけではなく、先に説明したように、大半は狙いどおりのリターンを得られずに終わってしまう。だからこそ、トップ1%に入るような投資家たちは尊敬されるのだ。

これから世界には、新しいアイデアやイノベーションが次から次へと登場しては、多くの人を興奮させたり、多くの人を焦らせたり、多くの人にショックを与えることになるはずだ。それが宇宙航空なのか、暗号資産とメタバースなのか、気候変動とクリーンテックなのか、不老長寿とライフサイエンスなのか、それともまだ見ぬ何かなのか、想像もつかない。

しかし断言できるのは、新しい未来が創られる現場には、どんな時代にあってもアイデアをもった起業家と、そこにお金を投じる腕利きの投資家がセットでいるということだ。このコンビは社会課題を解決するパワーがあり、新しい産業を生み出すポテンシャルを備えている。

だからこそ日本においても、未来を創るための大事なピースとして、このベンチャーキャピタルという仕事の持つインパクトと役割を、もっと多くの読者と共有したい。

昨日と変わらない今日、今日と変わらない明日、というイメージの中で生きてゆくだけなら、そんな社会には閉塞感しかない。ベンチャーキャピタルは、今日と異なる明日が創れることを証明することができる、とても魅力的な仕事なのだから。

COLUMN

じわじわと民主化する「夢のスタートアップ投資」

まるでアマゾンでお買い物をするかのごとく、自分が気に入ったスタートアップを物色しては、ワンクリックで投資ができる――。そんな株式型クラウドファンディングと呼ばれる新サービスが、欧米で徐々に広がっている。

もともとスタートアップ大国のアメリカであっても、シリコンバレーなど特殊なエリアに住んでいたり、ハーバード大学やスタンフォード大学などのトップスクールの卒業生など、全人口の上位2％の富裕層だけが、急成長するスタートアップ投資のチャンスにありつけた。

つまり一般人は、ながらくハイリスクハイリターンの未上場スタートアップの投資の「蚊帳の外」にいたのだ。

そこには法的な制約もあった。アメリカでは純資産で100万ドル（約1.1億円）をもっているか、年収が2年連続で20万ドル（約2200万円）を超えており、今後もそのレベルの収入が見込めなければ、スタートアップ投資ができる「適格投資家」になれない。ハイリスクハイリターンであるが故に、一般の個人投資家の保護の観点から設けられた規制であるが、裏を返せば、貧乏人は手を出すなというわけだ。

ところが2016年から、アメリカではJOBS法という法律の施行によって、誰もがオンラインでスタートアップ投資ができるようになった。ビル・ゲイツやジェフ・ベゾスのような大富豪じゃなくても、将来性のあるスタートアップを見つけて、彼らの成長に賭けることができるのだ。

「子どもだった頃、シリコンバレーでグーグルやフェイスブックといった会社が急成長していくのを、ぼくらのような一般人はただただ横目で眺めるしかなかった」

そう語るのは、ワンクリックでスタートアップ投資ができるサービス、リパブリック（Republic）の創業者、ケンドリック・ヌーイェンだ。すでに100万人以上の登録ユーザーがおり、アクティブなユーザー数だけで、10万人を超えている。500以上のスタートアップが、合計で5億ドル（約550億円）を集めたという。

ケンドリックは、華やかなシリコンバレーにあって、貧困地区として取り残されたイースト・パロアルトで育った。ここには仕事のないホームレスや薬物中毒者、クルマなどで生活をしている人々が集まっていた。

しかしクルマで15分も走れば、そこはシリコンバレーの心臓部。急激な成長を遂げるまばゆいばかりのテクノロジー企業が生まれており、彼らにお金を投じた人たちは、信じられないほどの富を手にしていたのだ。

誰もが、アメリカン・ドリームに参加する「チケット」を手に入れられたら――。幼いころからの胸に秘めた想いを実現するため、ケンドリックは金融業界で働くようになり、2018年にスタートアップ投資を「民主化」するサービスを始めたわけだ。

リパブリックのホームページでは、ユーザーはひとくち50ドル（約5500円）からスタートアップの株主になることができる。そこで気に入ったスタートアップたちの「商品説明」を読んで、気に入ったらワンクリックするだけで、クレジットカード決済で投資ができてしまう。

100社以上も並んでいるスタートアップの顔ぶれは、業種も創業者も多種多様だ。例えば、気候変動などに興味があれば、テラフォーメーション（Terraformation）というスタートアップがいま、まさに資金集めをしている真っ最中だ。1万円から、このスタートアップの株主になれる。

またリパブリックでは過去、イーロン・マスクが創業した宇宙ベンチャーのスペースXや、投資アプリのロビンフッドなどの未上場株も、売り出されたことがある。そうした人気の案件では、募集を始めてから1日も経たず、あっという間に募集枠が埋まる。

読者の中には、「本当に有望なスタートアップが、クラウドファンディングでお金を集めるのか」と、疑問に思う人もいるだろう。それは半分、正しい指摘だ。有望なスタートアップはお金集めに困らないため、結果としてクラウドファンディングが、ポテンシャルの低いスタートアップの「駆け込み寺」となるリスクは高い。

いくらリパブリックの運営会社が厳密な審査をしているといっても、それが必ずしも、未来のグーグルやフェイスブックになるようには思えないかもしれない。

しかし、実はどんなにお金がある有望なスタートアップでも、いまや熱烈なファンコミュニティをつくることは最重要テーマの一つだ。ここが株式型クラウドファンディングが注目されている、最も大きなポイントでもある。

これは仮の話だが、例えばウーバーイーツのようなフードデリバリーサービスの配送員たちが、わずかでもウーバーの株を上場前に持つことができたら、どうなるだろうか。おそらくライバルの「出前館」のアプリには目もくれず、徹底してウーバーイーツの成長に貢献するはずだ。

もしティックトックの人気クリエイターが、ティックトックの株を上場前に持てたらどうか。おそらくYouTubeには目もくれず、もっと精力的にコンテンツをつくるかもしれない。こうした熱烈なユーザーたちを、金銭リターンも共有する「最強の応援団」にする可能性があるのが、未上場株を薄く広く売りに出すリパブリックのようなサービスなのだ。

そして実際に、世界では株式型クラウドファンディングで資金を調達して、その後にユニコーンになった会社が出始めている。英国のフィンテックスタートアップのレボリュート（Revolut）はその最たる例で、今や時価総額にして3兆7000億円になっており、ちょこっとでも投資した一般人は、すでに600倍のリターンを得ているはずだ。

こうしたサービスから継続的な利益が生み出されるか、まだ不透明だ。しかし、この株式型のクラウドファンディングの世界は、これまで「上級国民」たちが独占していたスタートアップ投資を、じわじわと民主化していくはずだ。

おわりに
イノベーションに秘密はない

「シリコンバレーで働いていても、（取材先にとって）プラスにもならない、マイナスにもならない、まるで空気のような存在だった」

2019年11月、私がシリコンバレーに隣接するサンフランシスコ市に取材拠点を移したとき、知り合いのジャーナリストがそんな言葉を口にした。彼は英語も達者な敏腕記者であり、かつてシリコンバレーに暮らしながら、さまざまな角度からテクノロジー産業を描いてきた人物だった。

本人にとっては、おそらく謙遜から出た言葉だったに違いない。

しかしNewsPicksという新興メディアを背負って、シリコンバレーで一旗あげようと考えていた自分にとっては、なんとも生々しいショッキングな告白に思えた。

日本人のジャーナリストがどれだけ奮闘しても、結局は外からやってきた「お客さま」として扱われ、シリコンバレーの真髄には触れることができない。そう言われたように感じたのだ。

そこで、そんな日本人記者としての運命にあらがうことに決めた。

なにか具体的なアイデアがあったわけではない。これまで日本メディアが取材した足跡がないところ、ないところに、まずは進んでゆこうという基本方針を固めた。なぜなら日本にはこれまで、シリコンバレーの「最新情報」は輸入されてきたが、その本当のエッセンスはほとんど伝わっていないと思っていたからだ。この輸入モデルをなぞった先に、正解はなさそうだ。

年が明けて2020年1月下旬、私はシリコンバレーにあるSozo Venturesのオフィスを初めて訪問した。最近までホームページもろくにつくっておらず、メディアのジャーナリストが取材にきている形跡もほとんどなかったが、そこに興味を惹かれた。そして対面すると、のっけからウソか本当かわからないような、おもしろ話が飛び出した。

「実は私たち、シリコンバレーという川で〝鵜飼い〟のようなビジネスをやっておりまして」

Sozoの共同創業者である中村幸一郎氏は、自分たちがやっているスタートアップ投資のスタイルが、いかにおもしろいモデルで成り立っているのかを語り始めた。

曰く、自分たちは鵜飼いの「鵜匠」のような存在である。シリコンバレーで最も実力のある投資家たちは「鵜」であり、彼らが口に咥えてきた極上の魚（スタートアップ）を釣り上げるのだという。

例えば、パンデミックにあって世界的なコミュニケーションツールになったズーム（Zoom）。10兆円近い時価総額で上場したズームを支えてきたのは、ＳａａＳ分野のナンバーワンＶＣであるエマージェンス・キャピタルと、シリコンバレーの最高峰ＶＣであるセコイア・キャピタルだ。これは押しも押されぬ、次世代のスター企業になる保証書がついたような会社だ。

しかし、たしかにSozo Venturesは、このズームの投資家として名を連ねているのだ。まさか、シリコンバレーのトップ投資家たちを手玉にとって、本当に鵜飼いのようにしてこのズームという投資案件を釣り上げたのだろうか。本当にそんなことが、創業してから7年ほどしか経っていないＶＣに可能なのだろうか。

「鵜飼いのように簡単ではないかもしれないが、それは可能なんです」（中村）

そんな風にして、私たちのコミュニケーションは始まった。

そして彼らが本当にシリコンバレーの最高峰の投資家たちとネットワークがあるのならば、ぜひピーター・ティールからマーク・アンドリーセン、ポール・グレアム、孫正義まで、すべて一網打尽にインタビューして本にしようじゃないかと持ち掛けた。

さすがに断ると思ったら、ぜひやろうと二つ返事が返ってきた。それが、茨の道の始まりだった。Sozoのフィル・ウィックハムが聞き手となって、トップ投資家たちへのロングインタビューを始めるも、彼らはとてつもなく忙しく、何回もドタキャンと再調整が繰り返された。午前5時に早起きして、やっと捕まえたと思った矢先に、秘書からキャンセルの連絡が送られてくることも1度や2度ではなかった。

中国のユニコーン投資で有名なGGVキャピタルのハンス・タンは、その日で13本目のオンラインミーティングだと断った上で、ものすごい勢いでお弁当を食べながらしゃべってくれた。

インタビュー前の準備に大量の時間を注ぎ込んだが、それでもまったく間に合わなかった。私たちがインタビューをしたトップ投資家たちは、ある人物は生物分野で博士号を持つサイエンティストであり、別の人物は金融機関でクレジットスコアから融資ビジネスまで設計したスペシャリストであり、または脱炭素を加速する化学材料を追いかける元大学教授であったり、もしくは最先端のソフトウェアをずっとウォッチしてきた技術オタクであったりした。

彼らの言っていることを理解するには、英語のテープ起こしをしたあとで、何時間も確認の作業を繰り返さなければならなかった。途中で、これはシリコンバレーに住んでいるスーパーマンのような人たちの、武勇伝をただ収録しているだけなのかと虚しくなることもあった。

しかし日本よりも人口が少ないスウェーデンの投資家たちから、それまで不可能だと思っていたグローバル企業を生むようになった経緯を聞けば、日本からも「ガラスの天井」を突き破る音を聞いてみたいと思うようになった。またインドやインドネシア、シンガポールといったアジアの国々では、情熱的な投資家たちによって、最も優秀な人材がスタートアップに殺到している現実に勇気づけられた。

こうして収録されたインタビューは、それぞれ異なる合計で30本の物語としてまとまった。それぞれの投資家は、専門としている分野も異なれば、住んでいる国や地域、そのアプローチもまったく異なる。しかし、彼らはイノベーションというものを偶然の産物だとはみなさず、大きなリスクをとりながらも、イノベーションを必然にするための努力をひたすら続けている点で酷似している。「神様、仏様、イノベーション様」というメンタリティで未来を待つのではなく、その社会で最もすぐれた「テクノロジー、人材、資本」という三つを混ぜ合わせることによって、今日よりも進歩した明日を創ろうとするベンチャーキャピタルたち。その貪欲なまでのパワーに、この産業の底知れぬポテンシャルを感じざるをえなかった。

この本を読んだあなたは、今日とは異なる明日を創ることができるはずだと信じることができただろうか。イノベーションというのはまぐれ当たりではなく、最高の人材（起業家）とリスクマネー（ベンチャーキャピタル）の掛け合わせによって生み出せるのだと、考えることができるだろうか。

もしそう思えたならば、あなたはすでに「イノベーションの最後尾」から、そっと立ち上がり、新しい一歩を踏み出しているのだろう。

謝辞

この本は、シリコンバレーに拠点を構える経済メディアのNewsPicksと、ベンチャーキャピタルのSozo Venturesとのコラボレーション企画として生まれたものだ。

わずか3カ月ほどで素早くつくり上げようと考えていたが、世界に散らばる合計50人以上の投資家へのインタビュー収録であったり、膨大なリサーチや編集作業のため、結局は1年もの年月がかかってしまった。すべての取材は英語で行われ、また新型コロナによるパンデミックにあって、ほとんどがズームを通したオンラインインタビューで実施された。

まず長期間にわたって、プロジェクトメンバーとして仕事をしてくれた素晴らしい仲間に感謝をしたい。この本に収録されたインタビューのすべてに同席し、リサーチを一緒に行い、執筆に協力をしてくれた同僚ジャーナリストである洪由姫氏の貢献なくしては、この本をつくり切ることはできなかった。

また数多くのインタビューをみずからのコネクションで設定して、その聞き手を引き受けてくれたSozo Venturesのフィル・ウィックハム氏をはじめとして、ベンチャーキャピタルの仕組みや役割について、膨大な時間を割いて繰り返して説明してくださった同じくSozo Venturesの中村幸一郎氏、松田弘貴氏、スペンサー・フォウスト氏、この難しいジョイントプロジェクトに知恵を貸してくれた鳩山玲人氏、二転三転する取材スケジュールを管理してくれたネティ・ライズ氏には、心から謝意をお伝えしたい。

本書ではグローバルなスタートアップ投資の文脈を理解するにあたり、海外で活躍する日本人投資家たちに協力を仰いだ。

とくに世界で活躍する投資家にインタビューする機会をくださったWiL共同創業者の久保田雅也氏には、数多くの助言をもらっている。

インドを中心としたアジア投資の最前線で活躍するBEE NEXTの佐藤輝英氏、インドネシア市場に知見の深いジェネシア・ベンチャーズの鈴木隆宏氏、アフリカはナイジェリアに深く食い込んで、現地スタートアップに投資するKepple Africa Venturesの品田諭志氏の3名には、本書に登場するトップファンドの投資家を直接紹介してもらった上、それぞれの国で起きている目覚ましい変化について、長時間にわたってレクチャーまでしてもらった。

またリブライトパートナーズの蛯原健氏、ノルディックニンジャの宗原智策氏、グローバル・ブレインの上前田直樹氏、アカツキの河村悠生氏など、日本を飛び出して海外でエネルギッシュに働く投資家たちの知見も貸して頂いた。イーストベンチャーズの大久保義春氏には、難しい取材セッティングの手助けをしてもらった。

シリコンバレーの最前線で活躍しているベンチャーキャピタルの投資家の方々には、このテクノロジーの中心地における歴史的な視点を踏まえた、さまざまなアドバイスを頂いた。

とりわけWiLの共同創業者である伊佐山元氏と投資担当者である江あき氏、DNXベンチャーズのCOOである北村充崇氏、スクラムベンチャーズの創業者である宮田拓弥氏には、その多忙にもかかわらず時間を割いてくれ、また本書を書くためのさまざまなヒントを与えてくださった。

バイオテクノロジーやライフサイエンスといった専門性の高い領域を理解するために、各分野に造詣の深い方々にも助けてもらった。

ディープテック投資については東京大学エッジキャピタルパートナーズの郷治友孝氏と宇佐美篤氏、早稲田大学が新設するベンチャーキャピタルの責任者に就任した山本哲也氏らが、快く協力してくださった。また米国のボストンで投資家として活躍するファストトラックイニシアチブの原田泰氏には、この難解な分野をひもとくための手助けを何度もしてもらった。

そしてグローバルな産業動向について造詣の深い塩野誠氏（経営共創基盤・共同経営者）から、つねに温かい励ましとアドバイスを頂いたことは、この仕事を進める上でとりわけ大きな心の支えになったことをお伝えしたい。

私が住むサンフランシスコ市には、こうした投資家と日々向き合う起業家も多く、とりわけ小林清剛氏、内藤聡氏、玉井和佐氏、大柴行人氏は、この企画を応援してくださった心強い人たちだった。

このプロジェクトは海外のベンチャーキャピタルに焦点をしぼったものだが、その取材プロセスにおいて、日本の素晴らしい投資家たちに取材を受けていただけたことも明記したい。

ＤＣＭベンチャーズの本多央輔氏、グロービス・キャピタル・パートナーズの今野穣氏、Ｚベンチャーキャピタルの堀新一郎氏、東京大学エッジキャピタルパートナーズの坂本教晃氏をはじめとして、日本を代表する投資家たちに時間を割いてもらった。

最後に、この本のポテンシャルを信じて、編集作業やデザインを引き受けてくれた方々に御礼を伝えたい。

アイデア段階にもかかわらず、本書のプロジェクトにゴーサインをくれたのは、NewsPicks のパブリッシング部門の編集長である井上慎平氏だ。

また帯のコピーを担当してくださった副編集長の富川直泰氏、美しいブックデザインを担当してくださったのは tobufune の小口翔平氏と須貝美咲氏だ。そして30万字以上にわたる膨大な原稿をすべて読み込み、師走も正月もオフィスで一緒になって仕事をしてくださった担当編集者の中島洋一氏がいなければ、この本が世に出ることはなかったと断言できる。

本の中にある美しいインフォグラフィックや扉のページは、デザイナーの砂田優花氏と國弘朋佳氏が手がけてくれたものだ。

NewsPicksという自由な気風で、新しいチャンスをいつも提供してくれる職場と、この本を応援してくださったすべての同僚への深い感謝をもって、この本を締めくくりたいと思います。

2022年2月5日　後藤直義

参考資料

ウダヤン・グプタ『アメリカを創ったベンチャー・キャピタリスト』翔泳社、2002 年
Scott Kupor『Secret of Sand Hill Road』Portfolio, 2019
Tom Nicholas『VC: An American History』Harvard University Press, 2019
ジェイソン・カラカニス『エンジェル投資家』日経 BP、2018 年
ピーター・ティール『ゼロ・トゥ・ワン』NHK 出版、2014 年
トーマス・ラッポルト『ピーター・ティール』飛鳥新社、2018 年
Michael SteinBerger『Does Palantir See Too Much?』NewYorkTimes Magazine、2020
Gonnie Loizos『Benchmark's Peter Fenton』TechCrunch, 2020
Harry Stebbings『The Twenty Minute VC: Benchmark's Peter Fenton』20VC, 2021
Andrew Braccia & Stuart Butterfield『Serendipity in Design and Entrepreneurship』Entrepreneurial Thought Leaders, 2015
『Andrew Braccia - Building a Startup Ecosystem』Eller College of Management, 2019
『State of Union of Fintech with Micky Malka』FTX2020, 2020
『Masayoshi Son, SoftBank, and the $100 Billion Blitz on Sand Hill Road』Bloomberg, 2018
『A Conversation with Rajeev Misra』Milken Institute, 2021
Hong Lu, Gary P. Pisano, Huafeng Yu『Institutionalized Entrepreneurship: Flagship Pioneering』Harvard Business School Case 718-484, 2018
『Moderna and Flagship Pioneering: Noubar Afeyan』How I Built This with Guy Raz, 2021
『Noubar Afeyan on the Permission to Leap』Conversations with Tyler, 2021
Robert Siegel, Ryan Kissick『Pear VC』Stanford Graduate School of Business Case E630, 2017
『Ted Maidenberg of Tribe Capital』Venture Unlocked, 2020
『Do it now - Td Maidenberg, Tribe Capital』Kauffman Fellows Podcast, 2019
『Dragon's Den' Alum Michele Romanow: How I Made it』Fortune Magazine, 2019
Chris Fralic『Reflections & Lessons Learned from Roblox, After More Than a Decade of Partnership』firstround.medium.com, 2021
Everett Randle『Playing Different Games』randle.substack.com, 2021
Fredrik Cassel『Inside the dusty brains of the first backer of Spotify —— looking at how we were right and wrong about Spotify in 2007』blog.creandum.com, 2018
『Hans Tung, Managing Partner at GGV Capital — Interview』FlyoverLabs, 2017
リンダ・ロッテンバーグ『THINK WILD』ダイヤモンド社、2017 年
『Climate Investor: 2 Billion for Deep Tech Climate Ventures —— Dr.Eric Toone, CTO of Breakthrough Energy』Entrepreneurs for Impact, 2021
Po Bronson, Arvind Gupta『Decoding the World: A roadmap for the Questioner』Twelve; Illustrated edition, 2020
『Equity Crowdfunding: Republic's ken Nguyen, diversity-focused mission』This Week in Startups, 2018
Zack O' Malley Greenburg『A-List Angels: How a Band of Actors, Artists, and Athletes Hacked Silicon Valley』Little, Brown and Company, 2020
『The Anti-Portfolio』Bessemer Venture Partners

図表出典

はじめに

図表1：米ビジネスウィーク誌(1989年7月号)、Yahooファイナンスを元に作成

図表2：NVCA YEARBOOK(2021)、CB Insights State Of Venture(2021)を元に作成

1章

図表1：CB Insigths(2021年12月末)を元に、日本のユニコーン数のみINITIAL(2021年10月28日)のデータより作成

図表2：PitchBookより作成

図表3：CB Insigths(2021年9月8日)を元にバイトダンスの評価額はPitchbook(2021年2月)のデータを統合して作成、上場企業の時価総額は、2021年12月30日時点のもの

図表4：Sozo Ventures提供資料を元に作成

2章

図表1：Sozo Ventures提供資料を元に作成

図表2：Sozo Ventures提供資料及びPitchBookを元に作成

図表4：Sozo Ventures提供資料を元に作成

図表5：Sozo Ventures提供資料及びYahooファイナンスを元に作成

図表6：Correlation Ventures調べの2004-2013年の米国VC投資のデータを元に作成

7章

図表2：Sozo Ventures提供資料を元に作成

図表3：Kauffman Fellows Dataset(2013-2017年)

データ出典

ドル円為替

金額規模の表現のため、近年の為替相場の近似として1ドル110円と換算し、原則としてドル表記のカッコ内に円表記とした

尚、ディール当時の年時が判別できる場合に限り、その年の中心相場/月中平均の年の平均での円表記とした

各インタビュー扉のデータ

ベンチャーキャピタルの社員数/イグジット数/投資先数は、PitchBook(2021年10月時点)より作成

写真出典

3章 Peter Teal:Michael Cohen/Getty Images Entertainment/ゲッティイメージズ、Peter Fenton:Anthony Harvey/Getty Images Entertainment/ゲッティイメージズ、Mamoon Hamid:Steve Jennings/Getty Images Entertainment/ゲッティイメージズ

4章 Masayoshi Son:Tomohiro Ohsumi/Getty Images News/ゲッティイメージズ、Ted Maidenberg:Noah Berger/Bloomberg/ゲッティイメージズ、Howard Morgan:Scott Eells/Bloomberg/ゲッティイメージズ

5章 Nick Nash:Brent Lewin/Bloomberg/ゲッティイメージズ

6章 Nancy Pfund:Steve Jennings/Getty Images Entertainment/ゲッティイメージズ

■ 著者プロフィール

後藤直義（ごとう なおよし）

NewsPicks 副編集長（サンフランシスコ支局長）

1981年東京生まれ。青山学院大学文学部卒業。毎日新聞社、週刊ダイヤモンドを経て、2016年にNewsPicks編集部に参画。企業報道チームを立ち上げ、シリコンバレーにおけるテクノロジーの最前線から、中国で勃興するスタートアップなど幅広くカバー。2019年にはサンフランシスコ支局を開設。著書に『アップル帝国の正体』（共著、文藝春秋）や『韓流経営 LINE』（扶桑社）などがある。

フィル・ウィックハム（Phil Wickham）

Sozo Ventures 共同創業者／パートナー

シリコンバレーの国際展開支援のトップファンドとして知られているSozo Venturesにおいて、ツイッター、スクエア、コインベース、ズームといった投資案件を支援する。ベンチャー投資家、スタートアップ起業家として豊富な経験を有し、カウフマン・フェローズのCEOを経て名誉会長として、ベンチャーキャピタルの次世代リーダーの育成を支援してきた。カウフマン・フェローズ出身者が設立した数多くのファンドを支援し、Creandum Fund等で名誉顧問を務めている。また、スタンフォード大学工学部大学院で教鞭をとり、早稲田大学ビジネススクールの客員教授も務めている。

■ 執筆協力

洪 由姫（こう ゆき）

NewsPicks 編集部（シリコンバレー支局長）

テレビ東京で報道番組ディレクター・記者として勤務。社会部、経済部を経て2009年から5年間ニューヨーク支局特派員として景気のどん底からIT産業をバネに立ち直るアメリカ経済を取材。その牽引力となったシリコンバレー流イノベーションの生み方に刺激を受ける。2016年からスタンフォード大学客員研究員としてデジタルメディアの可能性について研究。2018年にNewsPicks初の海外支局を開設。

プロデュース・リサーチ	中村幸一郎、松田 弘貴、 スペンサー・フォウスト（Sozo Ventures）
装幀・本文デザイン	小口翔平＋須貝美咲（tobufune）
インフォグラフィック・図版	砂田優花
ポートレイトグラフィック	國弘朋佳
本文DTP	朝日メディアインターナショナル
校正	鷗来堂
企画協力	井上慎平、富川直泰
営業	岡元小夜、鈴木ちほ、多田友希
事務	中野薫、小森谷聖子
編集	中島洋一

ベンチャー・キャピタリスト
――世界を動かす最強の「キングメーカー」たち

2022年3月15日　第1刷発行
2022年5月27日　第3刷発行

著者	後藤直義、フィル・ウィックハム
監修	Sozo Ventures
発行者	金泉俊輔
発行所	株式会社ニューズピックス 〒100-0005 東京都千代田区丸の内2-5-2 三菱ビル 電話 03-4356-8988 FAX 03-6362-0600 ※電話でのご注文はお受けしておりません。 　下記のサイトよりお願いいたします。 https://publishing.newspicks.com/
印刷・製本	大日本印刷株式会社

落丁・乱丁の場合は送料当方負担でお取り替えいたします。
小社営業部宛にお送り下さい。

ISBN 978-4-910063-21-8
本書に関するお問い合わせは下記までお願いいたします。
np.publishing@newspicks.com